MW01138119

LOS
GENERALES
DE DIOS

LAS CLAVES DE SUS ÉXITOS
Y SUS FRACASOS

ROBERTS LIARDON

PENIEL

BUENOS AIRES - MIAMI

www.peniel.com

Los generales de Dios: Las claves de sus éxitos y sus fracasos
Roberts Liardon

1a edición

Editorial Peniel
Boedo 25
Buenos Aires, C1206AAA, Argentina
Tel. 54-11 4981-6178 / 6034
e-mail: info@peniel.com
www.peniel.com

ISBN 978-987-9038-37-6

Originally published in English under the title:
God's Generals: Why They Succeeded and Why Some Fail by Roberts Liardon
Copyright © 1996 by Roberts Liardon
Published by Albury Publishing,
Tulsa, Oklahoma 74147-0406, USA.
All rights reserved.

Traducción: Virginia López Grandjean
Adaptación del diseño al español: Arte Peniel • arte@peniel.com

Impreso en Argentina
Printed in Argentina

© 2000 Editorial Peniel

Algunas opiniones sobre este libro

La fortaleza y el poder del cuerpo de Cristo en la actualidad no son obra de la casualidad. Cierto, son obra del Espíritu Santo, pero el Espíritu Santo unge a sus siervos fieles y humildes para llevar a cabo sus propósitos. En este libro, Roberts Liardon ha hecho una obra maestra al abrir nuevas puertas que nos permiten ver por dentro las vidas de algunos de los más grandes héroes de la fe. Los Generales de Dios le alentará y le dará fuerzas para llegar al éxito en cualquier propósito que Dios tenga para usted en su Reino.

Dr. C. Peter Wagner
Escritor y profesor de Crecimiento de la Iglesia en el Seminario
Teológico Fuller, Pasadena, California.

Hacía tiempo que era necesario contar con una obra que combinara las historias de grandes predicadores pentecostales del siglo XX en un libro, y estoy seguro de que esta publicación será grandemente apreciada. Estoy feliz de que mi madre, Aimee Semple McPherson, haya sido incluida entre los otros Generales de Dios, dado que sirvió con todo su corazón como pionera en las trincheras del frente al más grande de todos los Generales: su Señor, Jesucristo. Agradezco sinceramente el tributo que este libro le brinda.

Rolf K. McPherson
Presidente de la Iglesia Internacional del Evangelio Cuadrangular,
Los Ángeles, California.

Muy poca gente aquí sabía algo sobre John Alexander Dowie, Maria Woodworth-Etter, Jack Coe y otros como ellos, hasta que llegó Roberts Liardon. Sus enseñanzas han tenido un profundo impacto sobre las jóvenes iglesias de Asia. Las lecciones que podemos aprender de estos grandes evangelistas del siglo XX, tanto de sus éxitos como de sus fracasos, son absolutamente vitales para impulsar a la generación que está surgiendo, a alcanzar nuevas alturas espirituales mientras entramos en un nuevo milenio.

Hee Kong
Pastor de la Iglesia City Harvest, Presidente del Centro de
Capacitación Bíblica City Harvest, Singapur.

Conozco a Roberts Liardon desde que era un adolescente. Lo conocí cuando buscaba información sobre mi padre, Jack Coe Sr., uno de los doce generales que se estudian en este libro. En ese momento me impresionó su entusiasmo por la tarea, y me alegra ver el fruto que ha producido su vida y su ministerio en el día de hoy. Recomiendo este libro, no sólo por su valor histórico, sino por su verdadera comprensión de lo que es necesario para contar con el verdadero poder de Dios

Jack Coe, Jr.
Evangelista internacional, Presidente de Christian
Fellowship, Dallas, Texas.

Roberts Liardon es uno de los principales expertos en los dinámicos ministerios de sanidad de los siglos XIX y XX. Después de pasar casi dos décadas investigando y estudiando a los líderes espirituales más importantes cuyas vidas han estado caracterizadas por señales, prodigios y milagros, Liardon presenta un impactante e inspirador panorama de sus ministerios. Este es el primer volumen en el que se presenta un estudio detallado de estos gigantes de la fe. Es historia de la iglesia, y de la mejor.

Paul G. Chappell
Ph. D. Decano de Estudios de Posgrado de la Facultad de Teología
de la Universidad Oral Roberts, Tulsa, Oklahoma.

Los pioneros de Dios son figuras controversiales. Muchas veces se equivocan, porque pocos, antes, se han aventurado por los caminos que ellos recorren. Roberts Liardon ha hecho un trabajo excelente, proveyendo un extraordinario material de investigación sobre Los Generales de Dios, los pioneros de la historia pentecostal y carismática. Al leer este libro, su fe recibirá inspiración, y aprenderá algunas lecciones en el camino.

Gerald Coates Pioneer International.

Debemos redescubrir nuestro legado pentecostal. Mientras buscamos tomar agua de la fresca y pura corriente de Pentecostés, que corre desde las páginas del Nuevo Testamento hasta los avivamientos de este siglo, veremos cómo Dios nos lleva a alcanzar nuestro máximo potencial en él. Roberts Liardon ha reconocido la importancia de honrar

a quienes han recorrido el camino antes que nosotros, aprendiendo de sus errores, y permitiendo que sus testimonios nos inspiren. He oído la presentación que el pastor Roberts hace del material incluido en este libro, y sé que los años que ha pasado estudiando las vidas de estos grandes hombres y mujeres de Dios han producido un material que servirá para alentar, exhortar y educar a muchos en esta generación. Por lo tanto, lo recomiendo especialmente, sabiendo que cambiará vidas y nos presentará una vez más aspectos de la vida pentecostal que muchos no conocen.

Colin Dye, B. D.
Pastor del Kensington Temple,
Londres, Inglaterra.

Dedicatoria

Quisiera dedicar este libro a tres grupos de personas:

A mis pastores asociados, Larry y Kathy Burden, y a mi congregación en el Embassy Christian Center en Irvine, California. Quiero agradecerles especialmente por su fidelidad, su lealtad y su confiabilidad. Deseo que sepan que los reconozco como uno de los mejores dones que tengo en el llamado de Dios.

A los pastores Hee y Sun Kong y la congregación de la Iglesia City Harvest en Singapur. Quiero agradecerles principalmente por su aliento y la especialísima amistad que compartimos. La comunión con ustedes es una parte muy importante de mi vida. Es hermoso ser miembro oficial de su iglesia, ¡aunque yo esté a miles de kilómetros de ella!

A los pastores Richard y Gail Perinchief y su congregación en el Spirit Life Christian Center en Florida. Quisiera agradecerles especialmente por su amistad, que se ha mantenido lealmente a lo largo de los años. Y quiero agradecerles por ese carácter especial que aparentemente compartimos en nuestro llamado celestial: ¡parece que siempre terminamos predicando juntos en el mismo país, al mismo tiempo! Es maravilloso ministrar en diferentes naciones con ustedes, y ser considerado su amigo.

Amigos míos, ¡nunca nos demos por vencidos en nuestra búsqueda de alcanzar el elevado llamado de Dios!

Contenido

Prólogo

Quisiera felicitar a mi querido amigo y compañero en el ministerio, Roberts Liardon, por esta contribución que hace conocer la historia. del gran mover de Dios por medio del ministerio de sus verdaderos Generales. Este libro le mostrará sus fortalezas y sus puntos débiles.

Es claro que esto no es obra de un hombre, sino del Espíritu Santo del Dios viviente. Esta obra le enseñará a usted que Dios no depende de lo que somos, ni lo que poseemos, ¡sino de lo que él puede hacer en nosotros!

Al leer este inspirador libro, usted recordará que el Dios de Elías es su Dios; así como fue el Dios de sus otros Generales en el pasado. Tome su Biblia ahora y lea Hebreos 11:1-12:2 antes de embarcarse en este histórico viaje, y verá que "toda verdad es paralela".

Dios siempre ha tenido sus Generales: "Porque muchos son llamados, y pocos escogidos" (Mateo 22:14). Dios no desea que olvidemos esto mientras vemos a muchos nuevos Generales emergiendo en los campos de batalla en la actualidad. Por tanto, miremos siempre a "Jesús, el autor y consumador de la fe" (Hebreos 12:2).

Esta obra literaria está destinada a ser un clásico espiritual que le mostrará que aun la persona más pequeña y aparentemente insignificante puede ser usada por Dios. El comentario de Roberts es poderoso y práctico, y dejará en usted una gran esperanza de lograr la meta.

Los Generales de Dios fueron diamantes en bruto; la mayoría de ellos sencillos, sin gran cultura a los ojos del mundo; pero fueron canales en los que Dios reconoció las características únicas que él podría usar si ellos se rendían a su llamado.

¿Querrá usted rendirse también?

Dr. Morris Cerrullo,
Presidente Morris Cerrullo
World Evangelism
San Diego, California.

Prefacio

Roberts siempre ha tenido un especial anhelo por comprender el llamado de grandes hombres y mujeres de Dios. Como su madre, vió desarrollarse este anhelo espiritual en dos maneras.

Primero, siendo un niño muy pequeño, el interés de Roberts creció porque mi madre le contaba muchas historias sobre los grandes ministerios y sus reuniones en carpas, de las que ella había participado. Sus descripciones eran vívidas y coloridas, y en casi cada una de estas historias ella tenía una lección para enseñar.

Segundo, cuando Roberts cumplió doce años, el Señor se le apareció y le indicó que estudiara las vidas de los grandes hombres y mujeres de Dios. El Señor le dijo que este estudio intensivo sería una parte importante de su preparación para el ministerio.

Inmediatamente después de esta visitación del Señor, Roberts comenzó a estudiar. En nuestra casa ya había una atmósfera de estudio. Yo pasé muchos años avanzando en mi educación mientras los niños crecían, y tenía una biblioteca bien provista. La combinación de la influencia de mi madre y mi diligencia para el estudio aparentemente impartieron a Roberts lo que él necesitaba en ese momento. Recuerdo muchas noches en que todos nos sentábamos a la mesa, inclinados sobre los libros que leíamos y destacando las partes más importantes.

Roberts comenzó a zambullirse en cada libro que podía encontrar, que hablara de un mover de Dios. Si encontraba un nombre en un libro, investigaba todo lo posible sobre esa persona. Si en su investigación descubría que la persona había muerto, buscaba hasta encontrar al pariente o amigo más cercano a ella. El favor de Dios en la vida de Roberts era evidente. Siempre, estas personas le otorgaban entrevistas, e inevitablemente él comenzaba a desarrollar una relación personal con ellas. Estas personas aparentemente estaban dispuestas a darle todo lo que pidiera, ya fueran materiales, fotografías o libros.

Parecía que Roberts nunca sentía inhibiciones o temor en su búsqueda. Recuerdo un incidente en particular, cuando mi hijo recién comenzaba sus estudios secundarios. Cierto día regresé a casa y descubrí que, de alguna manera, Roberts se había puesto en contacto con alguien en el extranjero que estaba ansioso por ayudarlo a investigar sobre reformadores y líderes de avivamientos como Evan Roberts y John Wesley. Cuanto más estudiaba, más se le abrían las puertas. Estaba obedeciendo a Dios, por lo que era natural que las puertas se abrieran. Cuando otras personas que buscaban lo mismo que él se enteraban de su éxito en conseguir materiales para sus investigaciones, le preguntaban: "¿Cómo conseguiste eso?", y él simplemente respondía: "Lo pedí".

Durante los años en que Roberts estaba investigando la vida de Los Generales, yo estudiaba y trabajaba en la Universidad Oral Roberts. Mi hijo pasaba mucho tiempo allí, estudiando los materiales del Centro de Investigaciones del Espíritu Santo. En realidad, él trabajó allí dos veranos, como voluntario, cuando lo necesitaban. Cuando el personal de la universidad descubrió todo el material que Roberts había obtenido por sí mismo, se sorprendieron mucho y le ofrecieron comprarlo. Él estudió la oferta, pero yo me puse firme.

Hoy, esos materiales están en la Biblioteca de los Reformadores y Líderes de Avivamientos, en su instituto bíblico.

El deseo de Roberts de conocer y comprender las vidas de estos hombres y mujeres era tan puro como diligente. Recuerdo claramente que cuando subió por primera vez al púlpito, a los dieciséis años, su investigación estaba completa. Había cumplido su tarea para ese momento. No tenía educación formal, ni contactos, ni experiencia. Simplemente había obedecido a Dios. Fue fiel a lo que se le puso por delante, y esa fidelidad maduró hasta convertirse en un llamado internacional. Para mí es un testimonio de alguien que no sólo comprende una etapa de su vida, sino que la completa.

Roberts probablemente siempre continúe estudiando las vidas de Los Generales de Dios, ya que esto es aún parte de su llamado. Ahora, el ministerio tiene un departamento de investigaciones que es el responsable de continuar la búsqueda donde Roberts la dejó para seguir el llamado de ayudar a las naciones para el regreso del Señor.

Carol M. Liardon, B. S., M.L. S.
Vicepresidenta Ejecutiva,
Ministerios de Roberts Liardon,
Irvine, California.

Agradecimientos

Quiero agradecer especialmente a dos personas:

Mi editora, Denyse Cummings, y mi director de investigaciones, Laurel McDonald. Como equipo, hemos atravesado interminables estudios, entrevistas, escritos y ediciones, para dar forma a este libro y hacer que cumpla su cometido. Ustedes dos me han ayudado a completar una parte vital de mi llamado en la Tierra. Gracias, amigos mios.

Introducción

Cuando yo tenía casi doce años, el Señor se me apareció en una visión. En esta visión, me dijo que estudiara las vidas de los grandes predicadores, para aprender de sus éxitos y sus fracasos. A partir de ese día dediqué una gran parte de mi vida al estudio de la historia de la iglesia.

Cuando muere un personaje prominente del mundo secular, las personas observan sus logros naturales. Pero cuando muere un líder en el cuerpo de Cristo, creo que Jesús desea que estudiemos no sólo lo que esta persona logró en el ámbito natural, sino lo que ha logrado dentro del cuerpo de Cristo. El propósito de ese recuerdo no es alabar ni criticar al líder, sino verlo como un ejemplo para nuestras vidas.

Los "generales" sobre los que escribo en este libro son humanos. Sus historias son una representación de cómo es la vida. No he convertido a nadie en un súper ser humano, ni un hombre o una mujer biónicos. He reflejado sus lágrimas, sus risas, sus éxitos, y sus fracasos. A todos los persiguieron; les mintieron; los calumniaron; los traicionaron; así como también los honraron, adoraron y apoyaron.

Pero lo más importante es que he tratado de revelar los secretos del poder en cada uno de sus llamados al ministerio: cómo actuaban, qué creían, qué los motivó, a cada uno, a CAMBIAR a su generación para Dios.

Los fracasos que se produjeron en las vidas de estos grandes hombres y mujeres de Dios amenazarán con repetirse. Pero sus éxitos también son un desafío para nosotros, y están esperando ser alcanzados una vez más. No hay nada nuevo bajo el Sol. Si algo de esto es nuevo para ti, es porque tú eres nuevo bajo el Sol.

Se necesita algo más que un deseo para cumplir la voluntad de Dios; se necesita fortaleza espiritual. Al leer estos capítulos, permite que el Espíritu Santo te lleve en un viaje que señale las áreas de tu vida en que necesitas concentrarte o rendirte. Luego, decídete a que tu vida y ministerio sean en esta generación un éxito espiritual que bendiga a las naciones de la tierra para la gloria de Dios.

Roberts Liardon

John Alexander Dowie

"El apóstol de la sanidad"

"EL APÓSTOL DE LA SANIDAD"

"¿Se atreverá a orar por lluvia? Si lo hace y no llueve, entonces no es Elías. Si no lo hace, entonces es porque tiene miedo... y eso es aún peor."

"Finalmente el predicador cayó de rodillas detrás del púlpito. Nunca antes la gente había escuchado sus oraciones con tanta tensión en la espera. 'Dios, Padre Nuestro, hemos visto el sufrimiento de esta tierra... mírala ahora en tu misericordia, y envía la lluvia...'"

"De repente, el Sobreveedor General se detuvo; luego dijo: 'Vayan pronto a sus hogares, porque hay sonido de abundancia de lluvia.' Y tan pronto como la multitud se volvió para salir, la lluvia descendió en torrentes."[1]

Pocos, en nuestra generación actual, conocen el fascinante y dramático ministerio de John Alexander Dowie. Sin duda, este hombre logró sacudir al mundo de principios de este siglo. Él trajo a la vista de todos en la sociedad la Iglesia visible del Dios vivo, especialmente en el área de la sanidad divina y el arrepentimiento. Sea que uno estuviera de acuerdo con el Dr. Dowie, o no, es un hecho que la suya es una increíble historia de una fe inquebrantable y una poderosa visión. La cantidad de personas convertidas por el ministerio de Alexander Dowie suman incontables millones. Aunque el final de su ministerio es trágico, rara vez ha habido una misión más vigorosa y vital. Su ministerio apostólico

Contra el ataque de religiosos hipócritas que se le oponían, publicaciones feroces y calumniadoras, multitudes que buscaban matarlo, y autoridades gubernamentales implacables, el Dr. Dowie mostró su llamado apostólico como una corona de Dios, y su persecución como un distintivo de honor.

cambió el mundo. De costa a costa, por sí solo, desafió y triunfó sobre la gran apostasía y el letargo de su época, demostrando claramente que Jesucristo es el mismo ayer, hoy y por siempre.

Contra el ataque de religiosos hipócritas que se le oponían, publicaciones feroces y calumniadoras, multitudes que buscaban matarlo, y autoridades gubernamentales implacables, el Dr. Dowie mostró su llamado apostólico como una corona de Dios, y su persecución como un distintivo de honor.

EXTRAORDINARIO

John Alexander Dowie nació el 25 de mayo de 1847 en Edimburgo, Escocia. Sus padres, John Murray Dowie y su esposa, que eran cristianos, lo llamaron con nombres que, según ellos esperaban, expresaban lo que su hijo llegaría a ser cuando creciera: "John", que significa "por gracia de Dios", y "Alexander", que significa "que ayuda a los hombres".

John Dowie nació en la pobreza. Habría que mirarlo con los ojos de la fe para creer lo que el futuro le depararía a este pequeño niño. Aunque su asistencia a la escuela fue irregular debido a las frecuentes enfermedades, Dowie era la imagen del niño brillante y entusiasta. Sus padres lo formaron y lo ayudaron porque tenían esperanza en su llamado. El joven Dowie participaba activamente en sus reuniones de oración y sus estudios bíblicos. Nunca lo dejaron fuera del ministerio, y lo amaban profundamente. Esta seguridad del amor paterno fue un elemento clave en sus primeros años.

...Dios le hablaba vez tras vez. Su corazón continuamente se sentía atraído hacia el ministerio de tiempo completo. Dowie comprendía que había muchas verdades en la Biblia que habían sido dejadas de lado por los religiosos de esa época.

A la edad de sólo seis años, Dowie leyó la Biblia de tapa a tapa. Con una profunda convicción nacida de su lectura, desarrolló un intenso odio por el uso de bebidas alcohólicas. En esa época, en Escocia se estaba formando un movimiento de abstinencia, y sin siquiera darse cuenta de que la mano de Dios estaba sobre él, Dowie hizo campaña contra el abuso del alcohol y firmó un compromiso de no practicarlo jamás.

Dowie continuó leyendo la Biblia y acompañando a su padre tanto como le era posible en sus viajes a los lugares donde iba a predicar. En uno de estos viajes, conoció a un humilde predicador callejero llamado Henry Wright. Después de escuchar el evangelio de boca de este hombre, Dowie entregó su corazón a Jesucristo.

A la tierna edad de siete años, recibió su llamado al ministerio. Pero aún no sabía cómo responder.

A los trece años John partió con sus padres en un viaje de seis meses por Australia. Una vez ubicado en este nuevo país, comenzó a ganarse la vida trabajando para su tío, que era zapatero. Pronto dejó a su tío y comenzó a trabajar en otros lugares, siempre en puestos casi insignificantes. Aún entonces, sus compañeros notaban que era un joven hombre de negocios realmente extraordinario. Dowie pronto se convirtió en asistente del socio de una firma que facturaba más de dos millones de dólares al año.

Durante estos años de "ascensos laborales", Dios le hablaba vez tras vez. Su corazón continuamente se sentía atraído hacia el ministerio de tiempo completo. Dowie comprendía que había muchas verdades en la Biblia que habían sido dejadas de lado por los religiosos de esa época. Una de ellas, la sanidad divina, le había sido revelada a costa de su propio sufrimiento. Dowie había sido un niño enfermizo, y sufría de "dispepsia crónica", una severa indigestión que lo acosó en su adolescencia. Pero después de leer sobre la voluntad divina con respecto de la sanidad, clamó al Señor y fue "completamente liberado de tal aflicción".[2] Y esta manifestación divina fue sólo una muestra de la revelación que llegaría a su vida.

Finalmente, a la edad de veintiún años, tomó la decisión absoluta de responder al llamado de Dios. Tomaría el dinero que había ahorrado con su trabajo y comenzaría a estudiar con un profesor privado para prepararse para el ministerio. Quince meses después, salió de Australia para inscribirse en la Universidad de Edimburgo, para estudiar en la Facultad de la Iglesia Libre. Aunque se especializó en teología y ciencias políticas, no era considerado un estudiante modelo debido a sus desacuerdos con los profesores y sus doctrinas. Él desafiaba sus letárgicas interpretaciones en forma brillante. John Dowie tenía un hambre y sed extraordinarias por la Palabra de Dios. Leía constantemente y tenía memoria fotográfica. Esto hizo que sobrepasara largamente a sus superiores en conceptos y exactitud.

Mientras estaba en Edimburgo, Dowie se convirtió en "capellán honorario" de la Enfermería. Allí tuvo la oportunidad única de escuchar a los famosos cirujanos de su época, y comparar sus diagnósticos con la Palabra de Dios. Pero mientras los pacientes yacían sin esperanzas bajo los efectos del cloroformo, Dowie escuchaba a estos médicos hablar sobre sus fracasos como profesionales. Entonces fue cuando comprendió que estos médicos no podían curar, y que su único recurso era extraer los órganos enfermos, esperando que de este modo los pacientes mejoraran. Dowie observó muchas operaciones que acabaron en la muerte de los pacientes. Al oír de labios de estos profesores de medicina la confesión de que trabajaban a oscuras, sólo guiándose por su parecer, Dowie desarrolló una tremenda antipatía por la cirugía y la medicina.[3]

Muchos, aún hoy, acusan a Dowie de condenar a toda la medicina. Pero quisiera destacar que en esa época, la práctica de la medicina era muy primitiva. Y él fue uno de los pocos privilegiados que pudo ver detrás de bastidores. Fue testigo de cómo los médicos de su época ofrecían grandes esperanzas a los pacientes, pero luego, en privado, confesaban que no sabían nada. Veía a las pobres víctimas pagando fortunas con la esperanza de ser curadas, para luego recibir los peores resultados. Dowie despreciaba la falsedad, por lo que buscaba una respuesta. Y cuando comenzó a oponerse públicamente a estos métodos engañosos, se comprobó que sus acusaciones eran ciertas.

Mientras estudiaba en la Universidad de Edimburgo, recibió un telegrama de su padre en Australia. Como respuesta al mismo, regresó rápidamente a su hogar para liberarse de cualquier herencia del negocio familiar, debido a su amor al ministerio.

Al dejar todo y regresar al hogar tan repentinamente, quedó en grandes apuros económicos. Pero decidió que esta dificultad no sería un obstáculo para él, y prometió que cumpliría la misión de su vida: sería un embajador de Dios en un ministerio de tiempo completo.

Poco después, aceptó la invitación a pastorear la iglesia congregacional de Alma, Australia. Su tarea allí se dividía entre varias iglesias. Y como era de esperarse, su osada manera de predicar hizo que la congregación se sintiera algo incómoda. Pronto comenzó la persecución contra él y debido a su penetrante método de ministrar, las voces del resentimiento se hicieron oír. Dowie era un visionario, pero a pesar de sus repetidos esfuerzos, no logró despertar a la gente de su letargo. Aunque necesitaba el apoyo económico de la iglesia, decidió renunciar al pastorado porque sentía que continuar era una pérdida de tiempo.

John Alexander Dowie era un reformador, un líder de avivamientos. Esta clase de llamado hace que la persona deba ver resultados, debido a la pasión por Dios que arde con tremenda fuerza en su interior. Él amaba a las personas, pero su compromiso con la verdad hacía que se concentrara únicamente en aquellas que le respondían.

Poco después de renunciar a ese pastorado, fue invitado a ser pastor de la iglesia congregacional de Manly Beach, donde fue recibido muy cálidamente. Pero una vez más le afectó la falta de arrepentimiento y sensibilidad a la Palabra de Dios de parte de la congregación. Aún así, continuó con su pastorado. Su congregación era pequeña y le dejaba tiempo para ocuparse de sus estudios y buscar orientación en cuanto al futuro.

Pasaba el tiempo, y Dowie sentía una inquietud constante en su espíritu. Sabía que era un hombre que tenía una misión, pero no tenía idea de cómo o dónde su misión se cumpliría.

Comenzó a desear una congregación más grande, y pronto se le abrió la oportunidad de pastorear un grupo mayor en Newton, un suburbio de Sydney. Así que, en 1875, cambió nuevamente de iglesia. Aunque él no lo sabía en ese momento, este cambio lo llevaría a la revelación que lanzaría su ministerio a la aclamación mundial.

> *Sabía que era un hombre que tenía una misión, pero no tenía idea de cómo o dónde su misión se cumpliría.*

"¡OH, VENGA ENSEGUIDA! MARY ESTÁ MURIENDO..."

Mientras pastoreaba la iglesia de Newton, una plaga mortal barrió con la región, particularmente en los alrededores de Sydney. La gente moría en tales cantidades que la población estaba totalmente paralizada de terror. A pocas semanas después de haber asumido el pastorado en su nueva iglesia, Dowie ya había oficiado más de cuarenta funerales. La enfermedad y la muerte parecían estar esperando a la vuelta de cada esquina. La tragedia de esta situación golpeó el corazón de Dowie de tal manera, que comenzó a buscar inmediatamente

respuestas. Y sabía que esas respuestas estaban a su alcance en la Palabra de Dios. Escuchemos la nota trágica en las propias palabras del joven pastor:

"Estaba sentado en mi oficina en la Iglesia Congregacional de Newton, un suburbio de Sydney, Australia. Mi corazón estaba muy cargado, porque había estado visitando en sus lechos de enfermedad y muerte a más de treinta miembros de mi congregación, y había devuelto el polvo al polvo de la tierra en más de treinta tumbas en unas pocas semanas. ¿Dónde, oh, dónde estaba aquél que sanaba a sus hijos sufrientes? Ninguna oración por sanidad parecía llegar a sus oídos, pero yo sabía que su mano no se había acortado... A veces me parecía que podía oír la triunfante burla de los enemigos creciendo en mis oídos mientras yo hablaba a los deudos las palabras de cristiana esperanza y consolación. La enfermedad, la sucia hija de Satanás y el pecado, manchaba y destruía... y no había un liberador.

"Y ahí estaba yo, sentado con mi cabeza hundida bajo el peso de la pena por mi pueblo afligido, hasta que lágrimas amargas vinieron a aliviar mi corazón ardiente. Entonces oré pidiendo un mensaje... y las palabras del Espíritu Santo inspiradas en Hechos 10:38 se me presentaron en toda la brillantez de su luz, revelando a Satanás como el Opresor, y Jesús como el Sanador. Mis lágrimas fueron enjugadas, mi corazón se fortaleció; vi el camino hacia la sanidad... y dije: 'Dios, ayúdame ahora a predicar la Palabra a todos los que están muriendo a mi alrededor, y decirles que es Satanás quien aún enferma, y Jesús quien aún libera, porque Él sigue siendo el mismo hoy.'

"El sonido de la campanilla y varios golpes en la puerta... dos mensajeros casi sin aliento que decían: 'Oh, venga enseguida, Mary está muriendo; venga y ore.' ...Salí apresuradamente de mi casa, sin siquiera ponerme el sombrero, corrí calle abajo, entré al cuarto de la dama que moría. Allí estaba, gimiendo, apretando los dientes en medio de la agonía del conflicto con el destructor... La miré, y se encendió mi ira...

"Sucedió en forma muy extraña... la espada que necesitaba estaba aún en mis manos... y ya nunca la pondría a un lado. El médico, un buen cristiano, caminaba en silencio de un lado a otro del cuarto... Entonces se acercó y me dijo: 'Señor, ¿no son misteriosos los caminos de Dios?' '¡Los caminos de Dios!... No, señor, esto es obra del demonio y es hora de que clamemos a Aquel que vino a destruir la obra del diablo".[4]

Ofendido por las palabras de Dowie, el médico salió del cuarto. Dowie se volvió hacia la madre de Mary y le preguntó por qué lo había mandado llamar. Luego de escuchar que ella quería una oración de fe, el pastor se inclinó junto a la cama de la niña y clamó a Dios. Instantáneamente la niña se quedó quieta. La madre preguntó si su hija había muerto, pero Dowie contestó: **"No... vivirá. La fiebre se fue"**.[5]

Pronto, la jovencita estaba sentada en su cama y comiendo. Se disculpó por haber dormido tanto y exclamó cuán bien se sentía. Y mientras el pequeño grupo agradecía al Señor, Dowie fue al cuarto de su hermano y su hermana, oró por ellos, y también ellos fueran instantáneamente sanados.[6]

A partir de ese momento, la plaga se mantuvo alejada de la congregación de Dowie. Ningún otro miembro de su iglesia murió de la epidemia. Y como resultado de esta revelación, surgió el gran ministerio de sanidad de John Alexander Dowie.

CAMPANAS NUPCIALES

Poco después de esta notable revelación de la sanidad divina, Dowie comenzó a pensar en la posibilidad de encontrar una esposa. Entonces descubrió que estaba enamorado de su prima hermana Jeanie, y que no podría ser feliz sin ella. Después de muchas discusiones y

De derecha a izquierda: John, Gladstone, Jeanie y Esther Dowie.

controversias con sus familiares, acordaron que se casarían. Así que a la edad de 29 años, el 26 de mayo de 1876, John Dowie se casó con Jeanie y los dos comenzaron su increíble misión juntos.

Su primer hijo, Gladstone, nació en 1877. Pero Dowie se había equivocado con respecto de ciertas personas en asuntos financieros, y se encontró en grandes apuros económicos. Así que Jeanie y Gladstone fueron a vivir con los padres de ella hasta que la situación pudiera arreglarse. Obviamente, esta decisión causó aún mayores discordias, debido a la desconfianza que sus padres políticos sentían por Dowie. Sin embargo, a pesar de estas dificultades, continuó siendo un hombre con una visión divina. En medio del caos, se aferró a la obra que tenían por delante y escribió a su amada esposa: "**...Veo el futuro mucho más claramente de lo que puedo resolver los misterios del presente inmediato**".[7]

Todo ministerio tiene su futuro. Pero debemos creer en ese futuro, o jamás daremos ese primer paso. Como Dowie, debemos decidirnos a aferrarnos a la Palabra de Dios y luchar por lo que es nuestro en la Tierra. Siempre habrá contratiempos, pero nosotros somos los que decidimos si el problema será permanente. Aunque somos llamados, tenemos aún que luchar contra males espirituales que son enviados para destruir nuestra visión y desanimarnos. Los ángeles de Dios pueden ayudarnos, pero la guerra por nuestro destino es una responsabilidad personal que debemos ganar.

¡BASTA DE RELIGIÓN!

Durante este tiempo de pruebas, Dowie tomó la decisión sin precedentes de abandonar la denominación a la que pertenecía. No podía

comprender, ni trabajar con el estado letárgico y frío de sus líderes. Él ardía con la pasión de proclamar el mensaje de la sanidad divina por toda la ciudad. Sus congregaciones habían crecido hasta más del doble de las demás. Pero su éxito hablaba a oídos sordos, y constantemente debía luchar contra la política y la teología de "la letra de la ley" que amenazaba con apagar su fe.

Debido a la hostilidad que le mostraban los líderes de la denominación, se encontraba constantemente a la defensiva. En una carta a su esposa en la que proclama su decisión de comenzar un ministerio independiente, Dowie escribió que el sistema político de su denominación...

"...mataba la iniciativa y la energía individual, hacía que los hombres fueran herramientas de la denominación o, aún peor, les hacía tener una mentalidad mundana, y los dejaba, en su mayoría, altaneros y secos, inútiles; buenos barcos, pero mal piloteados y terriblemente sobrecargados con mundanalidad y apatía".[8]

Dowie había llegado a darse cuenta de que era posible un avivamiento, si se lograba despertar a la iglesia. Consideró las vastas oportunidades que se abrían delante de él. Estudió el lado letárgico de la iglesia, y luego estudió a los que no asistían a la iglesia. Y tomó la decisión de que alcanzar el vasto número de los que no asistían a la iglesia produciría un mayor fervor por Jesucristo. Entonces decidió dejar de trabajar entre los cínicos. Por eso decidió que su misión alcanzaría a las multitudes agonizantes de las que nadie cuidaba en la ciudad, con la revelación de que Cristo es el mismo ayer, hoy y siempre.

...decidió que su misión alcanzaría a las multitudes agonizantes de las que nadie cuidaba en la ciudad, con la revelación de que Cristo es el mismo ayer, hoy y siempre.

En 1878, Dowie se apartó de su denominación y consiguió el Royal Theatre en Sydney para comenzar un ministerio independiente. Cientos de personas

se agolpaban en el teatro para escuchar sus potentes mensajes. Pero una vez más, la falta de fondos detuvo su tarea. Aunque el número de personas que asistían era enorme, muchas de ellas no tenían ingresos. La única respuesta que Dowie halló fue vender su hogar y sus muebles, poner el dinero en la obra y mudarse a un lugar más pequeño. Después de esto, la obra floreció. En un mensaje en el que hablaba de su decisión, Dowie manifestó:

> **"Habían desaparecido mis hermosos muebles y mis cuadros, pero en su lugar llegaron hombres y mujeres que fueron traídos a los pies de Jesús por la venta de mis bienes personales".** [9]

En su pasión, Dowie no había previsto la tremenda oposición que se levantó contra él. Dowie denunciaba con vehemencia los males de la época, y formó un grupo para distribuir literatura en toda la ciudad. Estos panfletos provocaron una violenta persecución por gran parte de parte de los pastores locales. Pero él continuó denunciando sin misericordia a los líderes letárgicos, y no se ahorró palabras, respondiendo que él **"no les reconocía derecho para pedirle información alguna sobre sus acciones, ni respetaba sus juicios"**. Dowie contestó a un ministro:

> **"Considero que su juicio es tan débil e incapaz como su ministerio... Desearía saber quién distribuyó estos 'repugnantes tratados' entre su rebaño; ciertamente lo felicitaría por haber elegido bien el campo..."** [10]

Parte del llamado de Dowie era atacar los males morales. Una firme posición moral generalmente va acompañada por un ministerio de sanidad fuerte. (Gran parte de las enfermedades y dolencias son causadas por el pecado.) Pero Dowie paralizaba a sus críticos con tal aguda astucia, que esto los llevó a unirse y planear en secreto cómo destruirlo. Así se preparó el escenario para la caída del aparentemente invencible John Alexander Dowie.

UN LLAMADO MAL INTERPRETADO

Dowie era un apóstol, pero no comprendía en su totalidad ese oficio.

La unción que él tenía atravesó las teocracias religiosas de su época, pero pocos lo comprendían, incluyendo a él mismo. Como consecuencia, Dowie interpretó mal algunas de las facetas de la pasión de su oficio. Una de ellas era la política.

El liderazgo de Dowie estaba creciendo en influencia en todo el país. Viendo su potencial y conociendo su posición, la Sociedad de Abstinencia le pidió que se postulara para integrar el Parlamento. Al principio, Dowie se negó. Pero luego, pensando que posiblemente en el campo de la política podría influir mucho más, cambió de idea y entró en carrera.

Pero Dowie sufrió una terrible derrota en las elecciones. Los periódicos locales que habían sido tan dañados por su ministerio lo atacaron sin misericordia. Los políticos y la industria de las bebidas alcohólicas pagaron sumas siderales para verlo calumniado y derrotado. Después de las elecciones, Dowie había herido a su iglesia y avergonzado a su ministerio.

Dowie se movía por un anhelo espiritual tan poderoso que intentó satisfacerlo en lo natural. Sólo puedo especular en cuanto a la razón por la que actuó de esa manera. Podría haber sido porque la iglesia no estaba captando la verdad con la rapidez que él hubiera deseado. Cualquiera fuera la razón, se equivocó al interpretar el plan y los tiempos de Dios para su ministerio.

Debemos comprender que Dios tiene un punto central a partir del cual opera cada aspecto de nuestras vidas, ya sea individualmente o en forma conjunta con otros. Esa área se llama "oportunidad". Según la forma en que se maneje esa palabra, las vidas pueden avanzar en el plan de Dios, o detenerse. Las naciones pueden avanzar, o retroceder. La vida en el ámbito espiritual tiene un tiempo y una oportunidad, de la misma manera que los tiene la vida natural. Por lo tanto, es muy importante que sigamos la guía de nuestro espíritu. Debemos aprender que no siempre es correcto pasar a la acción sólo porque parece que es "lo que hay que hacer". Esta clase de obediencia sólo debe ser resultado de un tiempo de oración e intercesión.

Los políticos y el campo de la política jamás han cambiado al mundo, ya sea a través de la iglesia o del gobierno. Sólo un pueblo cuyos corazones son cambiados por el evangelio puede transformar las leyes y las normal civiles. Los políticos tienden siempre a ceder para gozar del favor del pueblo en general. El oficio apostólico presenta la

Palabra del Señor; luego, depende de las personas conformarse a ella y seguirla. Lo apostólico y lo político no se mezclan. Dowie, con su llamado, jamás debería haberse dedicado a la política.

Mientras hacía campaña para entrar en el Parlamento, también descuidó el mandato de predicar la sanidad divina. Simplemente se apartó de su llamado para buscar una meta personal, pensando que podría alcanzar a un número mayor de personas. Como consecuencia, el resto de su tiempo en Australia fue oscuro e inútil.

LA GENTE VENÍA DE TODAS PARTES

Los dones del Espíritu comenzaron a manifestarse en su vida, y la revelación abundaba como nunca antes. Debido a su obediencia espiritual, miles de personas fueron sanadas por medio de su ministerio.

Finalmente, Dowie se arrepintió, y en 1880 regresó al mensaje de sanidad divina, lo cual le trajo grandes bendiciones físicas y espirituales. Los dones del Espíritu comenzaron a manifestarse en su vida, y la revelación abundaba como nunca antes. Debido a su obediencia espiritual, miles de personas fueron sanadas por medio de su ministerio. La persecución también abundaba, a tal punto que una vez, sus enemigos en el crimen organizado planearon colocar una bomba debajo de su escritorio. La bomba debía explotar a altas horas de la noche, mientras Dowie generalmente trabajaba, pero ese día, Dowie escuchó una voz que le decía: "¡Levántate y anda!" A la tercera vez que escuchó esa voz, Dowie tomó su abrigo y fue a terminar su trabajo a casa. Pocos minutos después que él llegara a salvo a su hogar, la bomba estalló bajo su escritorio, a varias calles de distancia.

En 1888, Dowie sintió que debía trasladarse a los Estados Unidos, y luego, posiblemente, a Inglaterra. Esta unción se hizo realidad en junio de ese año, mientras pasaba bajo el puente Golden Gate en San Francisco. Los periódicos publicaron la noticia de que Dowie iba hacia América, y que gente de todas partes de California venía para ser sanada. De la mañana a la noche, los salones se llenaban de personas que deseaban una audiencia con él, ya que él oraba solamente por una persona a la vez.

El reformador tenía una manera única de orar por los enfermos. Él creía fervientemente que nadie podía ser sanado sin primero haber nacido de nuevo y haberse arrepentido de cualquier estilo de vida que fuera contrario al evangelio. Generalmente se indignaba si captaba mundanalidad en alguna persona que venía para ser sanada. Como consecuencia, al principio de su ministerio, oró por muy pocas personas... pero aquellas por las que oraba eran instantáneamente sanadas.

OLVIDÓ LO DIVINO

Pronto Dowie comenzó a realizar cruzadas de sanidad por toda la costa de California. Fue en esta época que conoció a Maria Woodworth-Etter, la gran evangelista y ministradora de sanidad. Pero se produjo un conflicto entre ellos, y Dowie criticó la forma de ministrar de Maria. Personalmente, creo que esto fue un error trágico de su parte.

En nuestras vidas tenemos muchas relaciones; algunas casuales, otras que llegan a ser íntimas. Pero las más significativas para el reino de Dios son las "relaciones divinas". En cada llamado, sea secular o ministerial, Dios nos envía relaciones divinas que ayudan a fortalecer nuestro andar con él. Tenemos muchas relaciones casuales, pero muy pocas son las relaciones divinas. Generalmente se las puede contar con los dedos de una mano.

Creo que Dowie y su familia se perdieron una tremenda oportunidad de tener una relación divina con Maria Woodworth-Etter. Pero por alguna razón, probablemente cierto "orgullo ministerial machista" Dowie crucificó a Etter en cada oportunidad que pudo hacerlo. Una vez asistió a una de sus reuniones, subió a la plataforma y proclamó que ella era una mujer de Dios. Pero luego se apartó de esa palabra del Espíritu, y no quiso saber nada más de Maria.

El método de ministrar de Etter ponía incómodo a Dowie, porque no lo comprendía. Pero nunca se tomó el tiempo para hablar con ella en privado, de corazón a corazón, sobre ese tema. Su "preferencia" por un estilo determinado de ministerio, hizo que descalificara categóricamente a Maria. Etter también poseía una revelación de sanidad divina, pero tenía más experiencia en trabajar con el Espíritu. Y tenía la fortaleza espiritual para poder hablar a la vida de Dowie. Ella podría haberle indicado cómo vivir en el espíritu al mismo tiempo que descansaba su cuerpo. Dowie tenía un problema en este sentido.

Algunas veces trabajaba cuarenta y tres horas seguidas, movido por su pasión. Por medio de Maria, podría haberse hecho amigo de otras personas de igual fe y el mismo llamado, haciendo avanzar así su propio ministerio. Pero no lo hizo.

Como consecuencia, Dowie tuvo relaciones sólo casuales con algunos de sus seguidores, en lugar de la clase de relación divina que podría haber tenido con otros líderes como él.

Creo que es interesante destacar que entrevistó al gran impostor de su época, Jacob Schweinfurth, que decía ser Jesucristo.[11] También desafió al famoso ateo Robert Ingersoll, a una confrontación.[12] Pero nunca dio a la hermana Etter, siquiera la cortesía de una conversación.

No pierdas las relaciones divinas que puedes tener en tu vida. Siempre habrá colaboradores, pero las relaciones divinas son pocas y aisladas.

FINALMENTE, EL HOGAR

La persecución de varios ministros envidiosos comenzó a levantarse furiosamente contra Dowie. Para esta época, él ya se había convertido en un veterano en el arte de enfrentar la oposición. La persecución hacía surgir toda su brillantez y toda su fuerza, y nunca dedicó siquiera un pensamiento a quienes lo perseguían, a menos que estuvieran en el camino inmediato de su misión.

Dowie recorrió los Estados Unidos y finalmente decidió establecerse en Evanston, Illinois, en las afueras de Chicago. Los periódicos de Chicago lo atacaron amargamente, llamándolo falso profeta e impostor, y declararon con osadía que no era persona deseable en esa ciudad. Pero ninguno de sus ataques hizo retroceder a Dowie, quien permaneció allí donde había elegido estar, y ministraba dondequiera que se sentía llamado a ir.

Cierta vez, mientras hablaba en una convención sobre sanidad divina en Chicago, fue llamado a orar por una mujer que estaba muriendo de un tumor fibroide. En ese momento, Chicago era la segunda ciudad más grande de los Estados Unidos. Había fuertes influencias espirituales malignas dominando la ciudad, y Dowie estaba muy interesado en establecer su base allí. Por eso, tomó el pedido de sanidad de esta mujer como una prueba sobre si debería o no comenzar una obra en ese lugar. El tumor era, según decían, del tamaño de un coco, y había crecido en varios lugares de su cuerpo. Cuando Dowie oró por la mujer, ella fue sanada inmediatamente. Fue una sanidad tan extraordinaria que varios periódicos de Chicago dieron la noticia. Ahora Dowie estaba convencido, así que estableció la sede mundial de su ministerio en esta ciudad. A sus enemigos no les causó demasiada gracia, pero a Dowie eso no le importó.

La Feria Mundial sería inaugurada en unos pocos meses, así que que Dowie construyó una pequeña "choza" a sus puertas. En lo alto de la choza, llamada "Tabernáculo de Sión", había una bandera que decía "Cristo es todo". Allí se hacían reuniones día y noche. Aunque en sus comienzos la asistencia era escasa,

> *Dowie construyó una pequeña "choza" a sus puertas. En lo alto de la choza, había una bandera que decía "Cristo es todo".*

fue creciendo regularmente, y poco tiempo después, la gente tenía que quedarse de pie fuera de la estructura, en la nieve, para poder espiar las milagrosas sanidades que se producían allí.

Como había sucedido antes en Australia, Dowie se había abierto las puertas de la ciudad de Chicago a través de la sanidad divina. Nunca antes, ni después que él, un hombre ha atrapado de tal manera a una ciudad. Aún así, vivió la lucha de su vida en esos primeros años. Él demostraba la Palabra de Dios con todo poder, y al hacerlo, los profesionales médicos y las iglesias sufrían estragos en sus ingresos. Así que los periódicos formaron rápidamente una lista de aliados, incluyendo ministros, que se dedicaron a tratar de detener su ministerio por todos los medios posibles. Pero nadie podía manchar su ministerio. Para desconsuelo de sus rivales, los artículos y las calumnias que se publicaban sin cesar sólo lo hacían crecer más.

OTRO HOGAR... ¡LA CÁRCEL!

Para este entonces, cientos de personas inundaban la ciudad de Chicago para asistir a las reuniones de Dowie. Como consecuencia, era difícil conseguir hospedaje; así que Dowie abrió varias casas grandes para alojar a estas personas, llamadas "Hogares de sanidad". Aquí, los enfermos que habían venido por sanidad podían encontrar refugio y descanso entre los cultos que se desarrollaban en el "Tabernáculo de Sión". Una vez que estaban allí, podían recibir ministración constante de la Palabra hasta que su fe llegaba al punto de la manifestación total. Pero los periódicos, especialmente el Chicago Dispatch, los atacaban sin misericordia, y llamaban a estos hogares "asilos de lunáticos", además de imprimir todas las mentiras imaginables.[13]

Gracias a la existencia de estos hogares de sanidad, los enemigos de Dowie pensaron que habían hallado un punto vulnerable en su ministerio. Por eso, a principios de 1895, lo hicieron arrestar por "práctica ilegal de la medicina". Lo cual era obviamente falso, ya que él hubiera sido la última persona en permitir que se practicara medicina en sus hogares. Dowie contrató un brillante abogado, pero este sólo lo aconsejaba en temas legales. Por tanto, decidió representarse a sí mismo en la corte, ya que nadie podría expresar su llamado en forma tan exacta como él mismo.

El intelecto superior de Dowie no fue suficiente para contrarrestar el maligno dominio que pesaba sobre la corte. A pesar de sus profundos argumentos, la corte le impuso una multa. Pero nunca soñaron que él llevaría el caso a un tribunal superior, lo cual costó mucho más dinero que lo que ellos le habían impuesto en multas. Dowie lo hizo y el tribunal superior denunció el mal en que había incurrido el tribunal inferior, y revirtió la decisión.

La ciudad esperaba que Dowie se desalentara si continuaban arrestándolo y aplicándole multas. Por eso, antes que terminara ese año, lo habían arrestado cien veces. Aunque la persecución era terrible, Dowie nunca perdió el ánimo. La persecución le daba más fuerza a su carácter. En realidad, las aflicciones y los interrogatorios a que lo sometían sus perseguidores hacían surgir lo mejor de sí mismo.

El mal siempre tratará de perseguir el bien de Dios. Pero John tenía una seguridad sobrenatural y estaba anclado firmemente en su autoridad divina. Lo sobrenatural nunca se inclina ante lo natural.

HOJAS DE SANIDAD

Después de intentar sin éxito derrotarlo por medio del sistema legal, los enemigos de Dowie se complotaron para quitarle sus privilegios postales. En 1894, el boletín publicado por él, *Hojas de sanidad*, se distribuía semanalmente a todo el mundo. Este boletín estaba lleno de enseñanzas y testimonios de sanidad. Obviamente, era algo muy especial para Dowie, quien siempre hablaba con cariño del mismo y lo llamaba "palomita blanca".

Coherente consigo mismo, Dowie nunca ahorraba palabras en sus

escritos, denunciaba fervientemente el pecado y exponía las industrias malignas. Y quienes más sufrían a causa de su publicación lo vieron como una nueva oportunidad de terminar con su ministerio. *Hojas de sanidad* también advertía a sus lectores sobre las denominaciones letárgicas y controladoras.

La gente disfrutaba de la charla directa y cargada de dramatismo de Dowie. Muchos deseaban decir esas mismas cosas, por lo que lo consideraban su voz. Aun aquellos que lo despreciaban leían su boletín para ver qué tenía que decir. Por esto, la circulación de la publicación crecía rápidamente. Gran parte del apoyo a su ministerio se atribuía a esta publicación.

El Jefe de Correos de Chicago era un devoto católico, así que los enemigos de Dowie le mostraron uno de sus sermones en que atacaba la infalibilidad del Papa, para que le quitara sus privilegios postales. Inmediatamente, el jefe se sintió ofendido y retiró los privilegios para correspondencia de segunda clase de que gozaban los envíos de Dowie, con lo cual lo obligaba a pagar catorce veces el precio usual.

Pero nadie podía vencer a Dowie. Él pagó el precio requerido y solicitó a sus lectores que escribieran a Washington DC quejándose por esta injusticia. Sus seguidores hicieron sentir su peso, e inmediatamente se le otorgó a Dowie una audiencia con el Jefe General de Correos en Washington. Una vez que Dowie le contó su historia y le mostró las mentiras maliciosas que imprimía el periódico de Chicago, el gobierno de los Estados Unidos denunció tanto al editor como al periódico. En realidad, para 1896, este editor en particular, que era uno de los mayores perseguidores de Dowie, fue enviado a la cárcel por otra acusación, y se convirtió en un espectáculo público. Estaba arruinado para siempre.

Mientras estaba en Washington, a Dowie se le otorgó una audiencia con el presidente William McKinley. Dowie le aseguró que oraría por él mientras estuviera en su cargo y el presidente se lo agradeció cálidamente. Mientras salía de la Casa Blanca, Dowie comentó a sus colaboradores que temía por la vida de McKinley. Luego pidió a sus seguidores que oraran por la seguridad del presidente, ya que este no tenía suficiente protección.[14] A pesar de las advertencias proféticas de Dowie, el presidente McKinley fue atacado con un arma de fuego en Buffalo, Nueva York, el 6 de setiembre de 1901, y murió ocho días después. Fue el tercer presidente de los Estados Unidos que murió asesinado.

"SIÓN HA LLEGADO"

A fines de 1896, Dowie había ganado gran influencia sobre la ciudad de Chicago. Sus enemigos estaban muertos, en la cárcel, o guardaban silencio. La policía local, que lo había arrestado cien veces, era ahora su amiga, y corría a protegerlo apenas fuera necesario. Las autoridades políticas, incluyendo al intendente, habían sido votadas por la gente de Dowie. La sanidad divina se predicaba en cada esquina. John había dividido los distritos de la ciudad, y había enviado equipos llamados "Los setenta", que proclamaban el evangelio en cada área.

Pronto, apenas había alguna persona en Chicago que no había escuchado el mensaje del evangelio

Pronto, apenas había alguna persona en Chicago que no había escuchado el mensaje del evangelio. Ahora, cada semana, Dowie oraba para que miles de personas recibieran la sanidad divina. Sadie Cody, sobrina de Buffalo Bill Cody, fue milagrosamente sanada luego de leer un ejemplar de *Hojas de Sanidad*. Entre otras notables sanidades se cuentan las de Amanda Hicks, prima de Abraham Lincoln; la Dra. Lillian Yeomans; el Rev. F.A. Graves; la esposa de John G. Lake, y la esposa de un congresista de los Estados Unidos.

Por medio de su manto apostólico, John Alexander Dowie literalmente gobernaba la ciudad de Chicago para Jesucristo. Alquiló el auditorio más grande de Chicago por seis meses, y mudó el gran Tabernáculo de Sión a este edificio. Los seis mil asientos se llenaban en cada culto.

Ahora Dowie podía, finalmente, proseguir con el sueño que hacía tiempo tenía en su corazón: organizar una iglesia sobre los principios apostólicos. El deseo de toda su vida había sido regresar a las enseñanzas y los fundamentos de la iglesia primitiva que se encontraban en el Libro de los Hechos. Esta obra se llamó "Obra Católica Cristiana", en la cual la palabra "Católica" significaba "universal", sin conexión alguna con la Iglesia Católica Romana.

Él jamás permitiría que su iglesia fuera conocida como "algo nuevo". La consideraba una "restauración" de los principios que el cuerpo de Cristo había perdido. Su teología era buena en el sentido de que advertía que si algo era "nuevo", entonces era "falso". En pocos años, la Iglesia Católica Cristiana se había multiplicado y tenía decenas de miles de miembros.

Creo, sin duda alguna, que los cinco ministerios que menciona Efesios 4 están vivos y activos hoy (ver vv. 11-13). El oficio apostólico no terminó cuando los primeros doce apóstoles murieron. Tampoco permitió Dios que su plan para la iglesia muriera cuando la carne de los apóstoles pereció. Los principios de su nuevo pacto deben continuar hasta el regreso de Cristo. No están limitados por las ideas humanas ni por su teología; y las promesas de Dios no se terminan cuando los hombres se ponen nerviosos. Ha habido muchos más que los doce apóstoles originales, y hay hombres que en la actualidad aún son llamados a ese oficio.

Efesios 2:20 dice que los fundamentos de la iglesia están basados en los apóstoles y los profetas, con Jesucristo mismo como piedra angular. El oficio de apóstol trae consigo gran autoridad, y creo que Dios, soberanamente, elige y equipa a quienes desea para ese puesto. Pero siempre ha faltado conocimiento en lo relativo a la administración de ese oficio. Creo que Dowie fue llamado soberanamente y equipado como un apóstol. Y no creo que su ministerio haya fallado porque él aceptó ese llamado apostólico. Sí creo que a causa de su falta de conocimiento y comprensión, se equivocó al interpretar la forma en que este oficio operaba espiritualmente. Y creo que esto, en sí, fue la principal deficiencia que hizo que utilizara mal su autoridad.

Durante la época en que la iglesia de Dowie se estaba estableciendo, se produjeron ciertos hechos muy interesantes. Este período ha sido llamado "los años dorados" de Sión.[15] Los tres años siguientes fueron tranquilos, prósperos y de gran influencia. Fue entonces que Dowie hizo sus planes secretos para una ciudad muy especial.

LOS GENERALES DE DIOS

Dowie y su esposa Jeanie sentados frente a una pared llena de trofeos en la Iglesia Católica Cristiana

Dowie predicando en Australia

John Alexander Dowie - "El apóstol de la sanidad"

Última fotografía de Dowie poco antes de su muerte

43

Sabiendo que tal esfuerzo provocaría curiosidad, Dowie distrajo la atención de las multitudes declarando una "guerra santa" y anunció un mensaje próximo que llevaría por título "Médicos, drogas y demonios". El mensaje fue anunciado durante semanas y causó no poco revuelo. Entonces, mientras sus enemigos estaban distraídos por todo esto, Dowie secretamente contrató algunas personas que fueran a observar unas tierras a unos setenta kilómetros al norte de Chicago, para construir una ciudad. Cuando ellos encontraron seis mil seiscientos acres sobre el Lago Michigan, Dowie se disfrazó de vagabundo para no ser reconocido, y recorrió el terreno. Antes que sus enemigos pudieran descubrir lo que estaba sucediendo, el terreno había sido comprado y ya se estaban haciendo planes decisivos para construir la ciudad de Sión, en Illinois.

Dowie reveló los planes de construcción de Sión en la Vigilia de Año Nuevo, el 1° de enero de 1900. Cuando inició la Asociación de Inversiones Inmobiliarias Sión, tanto sus seguidores como el mundo secular elogiaron su capacidad para hacer negocios. Se hicieron subdivisiones y comenzó la construcción. La tierra no se vendería, sino que se daría en alquiler durante un período de mil cien años. Los términos de este "alquiler" prohibían estrictamente la posesión y el uso de tabaco, licor, y carne de cerdo dentro de los límites de la ciudad.[16] Dos años después, ya había casas completamente edificadas y la ciudad estaba tomando forma.

EL COMPLEJO DE ELÍAS

Aunque su "utopía moral" parecía florecer, quienes estaban más cercanos a Dowie notaron un cambio. En Sion estaban comenzando a surgir problemas. Ya no había tiempo para predicar la sanidad divina porque Dowie tenía todos sus esfuerzos concentrados en dirigir la ciudad. Él se había nombrado a sí mismo Sobreveedor General de la ciudad. El gobierno de la misma debía estar absolutamente en sus manos. Astutamente, comenzaron a surgir problemas y más problemas que lo apartaban del mandato original de su ministerio.

Durante este tiempo, algunos ministros se acercaron a Dowie proclamando que él era el Elías que la Biblia anunciaba. Al principio, Dowie, sanamente, rechazó sus afirmaciones. Pero esas palabras siguieron sonando en sus oídos. Luego, después de un tiempo, Dowie mismo dijo que una voz parecía decirle: "Elías tiene que venir... y ¿quién está haciendo la obra de Elías, sino tú?"[17]

Finalmente, Dowie se había apartado tan tristemente del plan de Dios para su vida, que aceptó las sugerencias de algunos seguidores y las proclamó como verdaderas, creyendo que él era Elías. Hasta llegó a creer que estableciendo otras ciudades como Sión a las puertas de cada ciudad importante de los Estados Unidos, podría eventualmente reunir el dinero necesario para construir cerca de Jerusalén. Su plan era comprar a los turcos, los musulmanes y los judíos, para poder tomar Jerusalén para Cristo, de manera que el Señor pudiera establecer su ciudad para el reinado del milenio. Dowie estaba totalmente engañado. Pronto su predicación se deterioró al punto que sólo atacaba a sus enemigos. También "disertaba" sobre puntos de vista de política mientras exhortaba a sus seguidores a invertir más en la obra de la ciudad.[18] No aceptaba consejos de nadie, excepto en temas menores. Y quitó todas las restricciones que podían haber puesto freno a su poder o haber sido obstáculo para sus planes.

> *Finalmente, Dowie se había apartado tan tristemente del plan de Dios para su vida, que aceptó las sugerencias de algunos seguidores y las proclamó como verdaderas, creyendo que él era Elías.*

KNOCK-OUT EN EL MADISON SQUARE GARDEN

Lo que una vez fuera una batalla en la persecución contra la Palabra de Dios se había convertido en una guerra personal para mantener el nivel de la influencia personal de Dowie. La persecución por ser un hombre de Dios había sido la que había activado el manto de su oficio apostólico, pero ahora estaba luchando para mantener su propia influencia y su éxito personal. Y eso lo destruyó.

Un ejemplo tristemente claro de la vanidad de Dowie en esta área fue lo que sucedió en la llamada "visitación de Nueva York". El Dr. Buckley, obispo de la Iglesia Metodista y editor de su periódico denominacional, pidió una entrevista con Dowie. Éste le otorgó una audiencia y pensó que lo había persuadido totalmente de que creyera sus afirmaciones. Pero no era así. Según el artículo que luego Buckley escribió en su periódico, Dowie estaba "en la tierra fronteriza de

John Alexander Dowie, Sobreveedor
General de Sión, vestido con su atuendo
de sumo sacerdote

la locura, donde algunas veces se han originado grandes movimientos de duración limitada." También agregaba: "Lo crea o no, [Dowie] no es más que un nuevo impostor."[19] Enfurecido, Dowie alquiló el Madison Square Garden y, aun con grandes esfuerzos económicos, hizo los arreglos necesarios para que ocho trenes transportaran a miles de sus seguidores a Nueva York. Una vez allí, planeaba hacer una demostración abierta de las fuerzas de ambos, [Buckley y él mismo] para demostrar el poder que aún tenía. Lo que una vez había sido inspirado por la dirección divina de Dios, ahora quedaba reducido a una iniciativa solamente de Dowie. Fue algo hecho totalmente en la carne. Dowie reaccionó frente a una herida y al dolor emocional que esta le provocaba, y estaba decidido a vengarse.

El acto fue un fracaso estrepitoso. Aunque miles de personas acompañaron a Dowie, miles más vinieron con un plan diferente en mente. Llenaron el Garden, pero cuando Dowie subió a la plataforma para hablar, comenzaron a salir por decenas. La escena confundió terriblemente a Dowie y le impidió hablar como había planeado hacerlo originalmente. En general, la ciudad de Nueva York ni siquiera tenía idea de que había tenido lugar esta reunión. Fue como si Dios hubiera silenciado los periódicos por misericordia para con su siervo.

EL FINAL FATAL

Para este entonces, la ciudad de Sion estaba en quiebra. Dowie buscó entonces la manera de escapar iniciando un carísimo viaje por todo el mundo, durante el cual en muchas ciudades le negaron la bienvenida. Durante este viaje, su tren llegó a Pomona, California. Había habido una grave sequía en la tierra, y no había llovido durante ocho meses. Por lo tanto, los reporteros provocaron a Dowie, recordándole que Elías había orado en un tiempo de sequía en Israel, y a consecuencia de ello había llovido. Si él era Elías, seguramente podría hacer lo mismo por California. Dowie oró verdaderamente pidiendo lluvia al final del culto, y antes que la multitud comenzara a dispersarse, la lluvia caía a torrentes.

Al salir de California, Dowie planeó un viaje a México, donde establecería la "plantación Sión". Esperaba que esta nueva empresa pagara las deudas de la anterior. Pero sus seguidores, quebrados económicamente y desilusionados, lo habían abandonado. No podían evitar ver que ellos mismos habían empobrecido, mientras Dowie vivía en el otro extremo, daba fiestas fastuosas y se iba de viaje por todo el mundo.

Algunos dicen que Dowie construyó su propia ciudad porque estaba cansado de las persecuciones. Pero en mi opinión personal, no creo que sea así. Aunque era grandemente ungido y enviado por Dios, aparentemente tenía debilidad por el poder y el éxito. Él mismo manifestaba:

"Para ser un apóstol, no es cuestión de elevarse, sino de ponerse por debajo... no creo haber alcanzado la profundidad suficiente para una verdadera humildad... para negarme a mí mismo verdaderamente y borrarme de la superficie, lo suficiente como para practicar el elevado oficio de un apóstol..." [20]

Jesús nunca nos ordenó que construyéramos comunidades: Nos ordenó "¡Id!", no "protegeos". La comunidad que vemos en el Libro de los Hechos tampoco duró demasiado tiempo (Hechos 2:44-47; 5:1-10). La persecución golpeó al grupo, que se dispersó por todas las regiones de la Tierra (Hechos 8:1). ¿Por qué? Para que pudiera cumplirse la Gran Comisión de Mateo 28:19-20. Debemos ser luces del mundo y penetrar en las tinieblas de Satanás. Si nos quedamos todos juntos, protegiéndonos unos a otros, no llegaremos a cumplir la tarea.

La mayor prueba de un líder no es la persecución, aunque muchos caen en ella. Creo que una de las más grandes trampas se presenta bajo la apariencia del poder y el éxito. Nunca debemos pensar que "lo logramos" y comenzar a dictar a partir de nuestro poder personal como consecuencia del éxito que Dios nos ha dado. El éxito trae consigo una multitud de caminos y empresas. Si nos atrapa alguna

de las numerosas avenidas que surgen del éxito y no desarrollamos nuestra tenacidad espiritual, podemos caer víctimas del "torbellino". No podemos tener paz con el pasado utilizando el poder del presente.

Nunca debemos pensar que "lo logramos" y comenzar a dictar a partir de nuestro poder personal como consecuencia del éxito que Dios nos ha dado. El éxito trae consigo una multitud de caminos y empresas. Si nos atrapa alguna de las numerosas avenidas que surgen del éxito y no desarrollamos nuestra tenacidad espiritual, podemos caer víctimas del "torbellino".

Con cada nueva altura, debemos desarrollar una nueva tenacidad. Es por eso que algunas iglesias crecen hasta un determinado nivel, y luego se vuelven "cómodas", o caen. Los líderes se ocupan demasiado en las "avenidas" y pierden el tiempo y la energía que deberían dedicar a desarrollarse a sí mismos y a sus miembros para nuevas alturas en Dios.

Cuando obedecemos a Dios, tendremos éxito. Por eso, ¡nunca temas al éxito! Pero para administrarlo correctamente, debemos mantenernos en la fortaleza del Espíritu, escuchando atentamente para seguir su dirección; no la nuestra. Sólo con la fortaleza del Espíritu y teniendo hambre de Dios podremos continuar en el camino que Dios ha hablado, como pioneros hacia el próximo nivel.

Dowie se proclamó poco después Primer Apóstol de una iglesia renovada de los últimos tiempos, renunció a su apellido, y comenzó a firmar documentos con el nombre de "John Alexander, Primer Apóstol".[21] No mucho después de este "autonombramiento", sufrió un ataque en la plataforma, mientras predicaba su último sermón. Mientras estaba fuera de la ciudad, recuperándose, la ciudad de Sión se reunió en asamblea para votar la expulsión de Dowie.

Dowie luchó contra esta decisión con sus últimas fuerzas, pero no logró retomar su puesto. Se le permitió vivir sus últimos días dentro de la Casa de Siloé, su hogar durante muchos años, y murió el 9 de marzo de 1907. Su muerte fue documentada con estas palabras por el juez V. V. Barnes:

"...la última noche que John Alexander pasó en esta Tierra, estaba una vez más en el espíritu, sobre la plataforma, hablando a la multitud de su gente. Esa noche predicó pensando que exponía los principios del evangelio a miles de personas. Mientras enseñaba las mismas viejas verdades... cayó otra vez en un sopor, despertando de tanto en tanto para continuar con la dispensación del viejo mensaje del evangelio. La última canción que cantó, mientras la luz del día comenzaba a asomarse, fue: "Soy un soldado de la cruz". Entonces ellos prestaron atención para escuchar su última frase, y él dijo: 'Ha llegado el milenio; regresaré por mil años'. Estas fueron las últimas palabras que habló, la última frase que pronunció".[22]

¿Cómo pudo una gran vida como esa acabar tan tristemente? ¿Existe alguna respuesta? Una vez más, creo que la respuesta se encuentra en una mala interpretación de los principios espirituales.

Dios había asignado a Dowie a la ciudad de Chicago, y él la conquistó. Mientras vivió en esa ciudad, y llevó a cabo la tarea que Dios le había ordenado, los principados y las potestades no pudieron tocarlo. Pero Dowie, aparentemente, salió de Chicago movido por su propio deseo de poder, y de esa manera dio al diablo la libertad de destruir su vida. Cuando dejó la ciudad a la que había sido llamado, el enemigo mató la influencia que él tenía en todo el mundo por medio del engaño, mató a un miembro de su familia, destruyó su matrimonio, y destruyó a Dowie mismo, con "toda clase de enfermedades" que comenzaron a afectar su cuerpo.[23]

Debemos quedarnos con el plan original que ha sido ungido por Dios para nuestras vidas, y permitir que sea él quien abra los caminos necesarios para administrarlo. Quizá Dowie debería haber construido iglesias e institutos bíblicos en lugar de construir una ciudad. Ese camino habría impulsado a miles de personas al ministerio a través de su influencia como hombre de Dios.

Dowie se fue en paz, para estar con el Señor. Quienes estuvieron con él en el final dijeron que había regresado a la fe de sus primeros años. Muchos incluso testifican que se había convertido en un hombre suave y amoroso que actuaba como si se hubiera quitado un tremendo peso de encima. Y la ciudad de Sión, Illinois, permanece hasta la actualidad, pero el liderazgo está dividido entre muchos hermanos... "...porque no existe una sola persona que pueda ocupar por completo el lugar del Dr. Dowie".[24]

UNA GRAN LECCIÓN OBJETIVA

Gordon Lindsay, biógrafo oficial de John Alexander Dowie y fundador de Cristo para las Naciones en Dallas, Texas, describió el ministerio de Dowie como "la más grande lección objetiva en la historia de la iglesia."[25] En cuanto al ministerio, su vida estuvo llena de detalles vívidos e instructivos. Las lecciones que podemos aprender no tienen intención de degradar ni criticar de ninguna manera a este gran hombre de Dios. Debemos separar sus problemas personales del llamado de Dios.

John Alexander Dowie pasó a la historia como un impostor, pero fue un genio llamado por Dios. Aun en medio de su error, profetizó la venida de la radio y la televisión en nuestra generación. Tuvo sus fracasos, pero de su influencia surgieron grandes hombres de Dios.

> *John Alexander Dowie pasó a la historia como un impostor, pero fue un genio llamado por Dios.*

Su ministerio produjo a John G. Lake, el gran apóstol de Sudáfrica; F. F. Bosworth y su hermano B. B. Bosworth, cuyas campañas de sanidad tocaron a millones y millones de personas; Gordon Lindsay, cuya vida y ministerio dieron inicio a la gran universidad interdenominacional *Cristo para las Naciones*, en Dallas, Texas; Raymond T. Richey, que condujo cruzadas de sanidad; y Charles Parham, el "padre de Pentecostés", cuyo instituto bíblico en Topeka, Kansas, fue utilizado como puerta de entrada para un nuevo mover del Espíritu Santo. Muchos otros de sus seguidores han tenido grandes ministerios radiales y obras misioneras llenas de poder.

Sin duda, John Alexander Dowie logró hacer que la Biblia cobrara vida para millones de personas. Fue un instrumento usado por Dios para restaurar las claves de la sanidad divina y la revelación del arrepentimiento a una generación tibia y aletargada. Si existe una moraleja en el mensaje del fracaso de su vida, es esta: Nunca te apartes de lo que Dios te ha llamado a hacer en la Tierra. No importa cuál sea tu edad, tu generación no ha pasado hasta que salgas de la Tierra para entrar al cielo. Así que, si Dios te ha encomendado cumplir una comisión, haz que ella sea tu prioridad absoluta durante toda tu vida.

CAPÍTULO UNO: JOHN ALEXANDER DOWIE
Referencias

1   Gordon Lindsay, John Alexander Dowie: A Life Story of Trials, Tragedies and Triumphs (John Alexander Dowie: La historia de una vida de pruebas, tragedias y triunfos) (Dallas, TX: Christ for the Nations, 1986), págs. 228-229.
2   Ibid., pág. 15.
3   Ibid.
4   Ibid., págs. 22-24.
5   Ibid., pág. 25.
6   Ibid.
7   Ibid., pág. 43.
8   Ibid., págs. 44-45.
9   Ibid., pág. 46.
10 Ibid., pág. 49.
11 Ibid., pág. 95.
12 Ibid., pág. 151.
13 Ibid., págs. 107-109.
14 Ibid., págs. 133-135.
15 Ibid., pág. 161.
16 Ibid., pág. 173.
17 Ibid., pág. 188.
18 Ibid., pág. 199.
19 Ibid., pág. 221.
20 Ibid., págs. 155-156.
21 Ibid., pág. 235.
22 Ibid., pág. 260-261.
23 Ibid., pág. 251.
24 This We Believe (Esto creemos), Manual de la Iglesia Católica Cristiana, pág. 7.
25 Lindsay, John Alexander Dowie: A Life Story... Introducción.

María Woodworth-Etter

"La Mujer que Mostró el Espíritu de Dios"

"LA MUJER QUE MOSTRÓ EL ESPÍRITU DE DIOS"

El Señor me ha dado una misión especial para traer un espíritu de unidad y amor... Dios está levantando un pueblo en cada tierra, que busca más de él y que dice: 'Ven y ayúdanos. Queremos el espíritu de amor. Queremos las señales y las maravillas'." [1]

Desde el Libro de los Hechos, no ha habido una persona que mostrara mejor el Espíritu de Dios en la historia pentecostal, que María Woodworth-Etter. Fue una mujer increíble de visión y fortaleza espiritual, que se plantó firmemente frente a la feroz oposición, levantó su pequeña mano, y permitió que el Espíritu Santo esparciera su fuego. La hermana Etter vivió en el ámbito del espíritu como un canal poderoso de la guía de Dios y sus manifestaciones sobrenaturales. Fue una fiel amiga del cielo, y prefirió perder su reputación terrenal para ganar una celestial.

María nació en 1844 en una granja en Lisbon, Ohio y nació de nuevo al comienzo del Tercer Gran Avivamiento, a la edad de trece años. El predicador que la llevó a los pies de Cristo oró para que su vida fuera "una luz brillante". [2] No tenía forma de saber que esta niña por la que acababa de orar sería la abuela del movimiento pentecostal que se extendería por todo el mundo.

María escuchó inmediatamente el llamado del Señor y le dedicó su vida. Más tarde, diría sobre su llamado: **"Escuché la voz de Jesús llamándome a ir a los caminos y los arbustos para reunir a las ovejas perdidas."** [3] Pero algo la detenía: era una mujer, y en esa época, no se permitía predicar a las mujeres. A mediados del siglo XIX, las mujeres ni siquiera podían votar en las elecciones nacionales, así que ser predicadora

> *"Escuché la voz de Jesús llamándome a ir a los caminos y los arbustos para reunir a las ovejas perdidas."*

era decididamente algo impensable. Y estar en el ministerio siendo una mujer soltera estaba completamente fuera de lugar. Por lo tanto, María pesó en su corazón lo que el Señor le había dicho, y decidió que tendría que casarse con un misionero para cumplir con su llamado. Por eso planeó continuar con su educación y luego entrar en una universidad para prepararse.

Pero su familia, que era muy unida, fue azotada por la tragedia. Su padre murió mientras trabajaba en los campos de su granja, por lo que María debió regresar inmediatamente para ayudar a sostener a la familia. Ahora sus sueños de obtener una educación formal habían desaparecido, y se acomodó a lo que según ella pensaba, sería una vida cristiana normal.

"ENTRARON ÁNGELES A MI CUARTO..."

Durante la Guerra Civil, María conoció a P. H. Woodworth, que había regresado a su casa de la guerra, con licencia, debido a que había sido herido en la cabeza. Después de un breve e intenso noviazgo, se casó con el ex soldado. Juntos se dedicaron a trabajar en la granja, pero sus labores no producían fruto. Parecía que todo fracasaba.

Con el paso de los años, María se convirtió en madre de seis hijos, y trató de establecerse en una vida de hogar normal, mientras el Señor continuaba llamándola. Pero ella, absorbida por su rol como esposa y madre, no podía responder a ese llamado. Estaba casada con un hombre que no tenía deseos de estar en el ministerio, tenía seis hijos que criar, y era de constitución enfermiza. Entonces una verdadera tragedia sacudió su hogar. Los Woodworth perdieron a cinco de sus seis hijos a causa de diversas enfermedades. María pudo recuperarse de este terrible episodio, pero su esposo nunca logró volver a ser el mismo. Ella hizo su mayor esfuerzo para ayudarlo mientras criaba a la única hija que había sobrevivido. En medio de todas estas luchas, jamás sintió amargura hacia Dios, ni su corazón se endureció como resultado de sus pérdidas.

Pero ella necesitaba respuestas para el dolor que oprimía su corazón a causa de la calamidad que había atacado a su familia. Negándose a darse por vencida, comenzó a buscar en la Palabra de Dios. Y al leerla, vio cómo las mujeres habían sido utilizadas por Dios en repetidas ocasiones en toda la Biblia. Leyó la profecía de Joel que dice que el Espíritu del Señor se derramaría sobre hombres y mujeres. Pero

María miraba al cielo y decía: **"Señor, yo no puedo predicar. No sé qué decir y no tengo educación."** Pero continuaba leyendo y encontrando verdades en la Palabra de Dios, mientras luchaba con su llamado. Luego escribiría: **"Cuanto más investigaba, más hallaba para condenarme".**[4]

Entonces tuvo una gran visión. Ángeles entraron a su cuarto, y la llevaron hacia el Oeste, por sobre praderas, lagos, bosques, y ríos, donde vio un amplio campo sembrado de granos dorados. Mientras la visión se desarrollaba, María comenzó a predicar y vio que los granos caían como gavillas. Entonces Jesús le dijo que "así como caía el grano, caerían las personas" cuando ella predicara.[5] Finalmente comprendió que jamás sería feliz hasta que respondiera al llamado. En respuesta a esta gran visión divina, dijo humildemente **"sí"** al llamado de Dios para su vida, y le pidió que la ungiera con gran poder.

"MUJER" NO ES SINÓNIMO DE "DÉBIL"

Muchas mujeres que están leyendo este libro han sido llamadas por Dios para predicar. Has tenido visiones y unciones del Espíritu de Dios para ir a liberar a los cautivos. Dios te ha hablado en el área de la sanidad divina, de la liberación, de la libertad en el Espíritu. Nunca permitas que un espíritu de religiosidad

> *Ángeles entraron a su cuarto, y la llevaron hacia el Oeste, por sobre praderas, lagos, bosques, y ríos, donde vio un amplio campo sembrado de granos dorados. Mientras la visión se desarrollaba, María comenzó a predicar y vio que los granos caían como gavillas.*

silencie lo que el Señor te ha hablado. A la religión le agrada suprimir a las mujeres y sus ministerios, especialmente si son jóvenes. Necesitas aprender a obedecer a Dios sin cuestionamientos. Si María hubiera respondido desde su juventud, posiblemente sus hijos no habrían muerto. No digo que Dios haya matado a sus hijos. Lo que digo es que si desobedecemos directamente a Dios, nuestras acciones abren la puerta a la obra del diablo. Su obra es destruir; la obra de Dios es dar vida. Aprende a obedecer a Dios con osadía. La osadía trae el poder de Dios y dejará a tus acusadores sin palabras en tu presencia. También, busca mujeres fuertes, que tengan ministerios sólidos, de las que puedas aprender. Y permite que estas palabras de la hermana Etter conmuevan tu corazón:

"**Mi querida hermana en Cristo, que al escuchar estas palabras el Espíritu de Cristo venga sobre ti, y te dé el deseo de hacer la obra que el Señor te ha asignado. Es ya tiempo de que las mujeres hagan brillar su luz; que saquen a la luz los talentos que han estado escondidos, arrumbándose; que los utilicen para la gloria de Dios, y que hagan con sus fuerzas lo que le viene a la mano hacer, confiando en que Dios les dará fuerzas, ya que él ha dicho: 'Nunca te dejaré'. No digamos que somos débiles; Dios utilizará lo débil del mundo para asombrar a los sabios. Somos hijos e hijas del Dios Altísimo. ¿No deberíamos honrar nuestro elevado llamado y hacer todo lo que podamos para salvar a quienes están en el valle de la sombra de muerte? ¿Acaso él no envió a Moisés, Aarón y María a ser vuestros líderes? Barac no se atrevió a enfrentar al enemigo a menos que Débora liderara la caravana. El Señor levantó hombres, mujeres y niños que él mismo eligió: Ana, Hulda, Ana, Febe, Narciso, Trifena, Pérsida, Julia, las Marías y las hermanas que colaboraban con Pablo. ¿Es acaso ahora menos digno para una mujer trabajar en la viña de Cristo y en su reino, de lo que era en ese entonces?**"[6]

Busca al Espíritu de Dios por ti misma. Si eres llamada, tendrás que responder por ello. Obedece a Dios sin preguntas. Él arreglará los detalles.

HUBO LLANTO EN LA CASA

Al principio, María inició su ministerio dentro de su propia comunidad. No tenía idea de lo que diría, pero Dios le dijo que fuera, y que él pondría en su boca las palabras.[7] Y el Señor cumplió su Palabra. María, de pie frente al primer grupo de personas que la escucharía, compuesta en gran parte por sus propios familiares, abrió la boca, y la gente comenzó a llorar y caer al suelo. Algunos se levantaron y huyeron, llorando. Después de esto, todos buscaban a María en la comunidad. Varias iglesias le pidieron que fuera a revivir sus congregaciones. Pronto había expandido su ministerio hacia el oeste y realizado nueve campañas evangelísticas, predicado doscientos sermones e iniciado dos iglesias con una asistencia a la escuela dominical de más de cien personas. Dios honró a María y compensó los años que había perdido en un breve tiempo.

Una reunión en particular se realizó en una ciudad llamada "La Cueva del Diablo". Ningún ministro había tenido éxito allí jamás, y la gente vino solamente a burlarse de ella. Querían ver a la mujer evangelista que pronto saldría corriendo de la ciudad, destruida y vencida. Pero se llevaron la sorpresa más grande de sus vidas. La hermana Etter podría ser simplemente una mujer, pero no era para tomarla a la ligera. Conocía la clave de la guerra espiritual, y la oración ferviente que abría los cielos.

Durante tres días, María predicó y cantó. Nadie se movió. Finalmente, el cuarto día, ejerció su autoridad espiritual por medio de la intercesión y destrozó el principado demoníaco que gobernaba La Cueva del Diablo. Oró para que Dios mostrara en gran manera su poder para romper la dureza y la formalidad de la gente, y esa noche, durante toda la reunión, hubo personas que se arrepentían, llorando, ante Dios. Fue la mayor manifestación de la presencia de Dios que la ciudad hubiera experimentado jamás.

PODER DEMOLEDOR

No somos llamados a darnos por vencidos. Somos llamados para obedecer a Dios sea cual fuere el costo, y que nuestro éxito sea la respuesta para quienes nos critican. Si te parece que has llegado a un duro obstáculo en tu vida o en tu ministerio, no te quejes ni llores. No trates de explicarlo. ¡Ora! Las explicaciones y las excusas nos quitan fortaleza y poder. No sacudas la cabeza ni corras. Utiliza la autoridad que te ha sido dada por medio de Jesús y derrota a los poderes demoníacos que ciegan a las personas. Por medio de la oración, toma autoridad y limpia el camino para que el Espíritu de Dios ministre a los corazones de las personas. La hermana Etter preparaba su espíritu por medio de la oración, y así obtenía una fortaleza invencible. Llegó a ser conocida como una líder de avivamientos que podía romper las fuerzas que cerraban una ciudad.

LLEGARON CLAMANDO POR MISERICORDIA

La hermana Etter fue pionera de las manifestaciones pentecostales que hoy son tan comunes en este movimiento. Solo cuando predicó en una iglesia al oeste de Ohio que había perdido su poder, el significado de la visión de las espigas de trigo cobró claridad para ella.[8] Fue en esta iglesia que las personas cayeron en "trance". Esta fue la manifestación espiritual que se constituyó en la marca distintiva de su ministerio, y también la que más oposición le atrajo.

Hasta este punto, tal manifestación no era conocida en la iglesia como lo es ahora. En sus propias palabras, María explicaba:

> **"Quince personas vinieron al altar gritando y clamando por misericordia. Hombres y mujeres cayeron y quedaron como muertos. Nunca he visto nada como esto. Sentí que era obra de Dios, pero no sabía cómo explicarlo, o qué decir".[9]**

Después de yacer en el suelo durante un tiempo, estas personas se pusieron de pie sin dificultad, con rostros radiantes y gritando alabanzas a Dios. La hermana Etter dijo que ella nunca había visto conversiones tan brillantes. Los ministros y los ancianos lloraban y alababan al Señor por su "poder pentecostal". Y a partir de esa reunión, el ministerio de la hermana Etter estaría marcado por esta particular manifestación que siempre seguía su predicación, tras la cual cientos de personas se entregaban a Cristo.

HABLANDO SOBRE LOS "TRANCES"

Los "trances" se convirtieron en la comidilla del día. Cientos de personas se agolpaban intentando probar ese poder, mientras otros se acercaban para observar o burlarse. Cierta vez, quince médicos, provenientes de diferentes ciudades, aparecieron en una reunión con el objeto de investigar los trances. Uno de los médicos era un líder mundial en su campo. La hermana Etter lo relata de esta forma:

> **"Él no quería admitir que el poder era de Dios, y habría sido muy feliz si hubiera podido comprobar que se trataba de otra cosa. Vino a investigar... pero**

alguien lo llamó a otra parte de la casa. Fue, esperando encontrar algo nuevo. Para su sorpresa, encontró a su hijo en el altar, deseando que su padre orara por él. Él no podía orar. Dios le mostró lo que era, y lo que estaba haciendo. Entonces comenzó a orar por sí mismo. Mientras oraba cayó en trance, y vio los horrores del infierno en el que iba a caer. Después de una terrible lucha Dios lo salvó, y se fue a trabajar y ganar almas para Cristo".[10]

En la ruta

La hermana Etter también habló de una fiesta en la que varias jóvenes pensaban divertirse imitando caer en trance. Pero inmediatamente el poder de Dios las atrapó, y sus burlas se convirtieron en clamores por la misericordia de Dios.[11]

Cierta vez, un hombre anciano que había viajado por todo el mundo estaba de visita en un lugar donde María estaba ministrando. Era un hombre religioso, por lo que decidió asistir a una de sus reuniones, para satisfacer su curiosidad. Mientras participaba de la reunión, hizo un comentario jocoso a sus amigos en relación con el poder que

allí se manifestaba. Lleno de orgullo, el hombre se acercó osadamente a la plataforma para investigar. Pero antes que llegara al púlpito, fue "derribado al suelo por el poder de Dios" y estuvo allí tendido durante más de dos horas. Mientras estaba en este estado, Dios le mostró una visión del cielo y el infierno. El hombre comprendió que debía elegir; inmediatamente eligió a Dios y nació de nuevo. Entonces se levantó, alabando a Dios.

Lo único que podía decir este hombre al salir del trance era que lamentaba haber pasado sesenta años perdido en la religión, sin haber conocido personalmente a Jesucristo.[12] Aun así, los periódicos y los ministros incrédulos advertían a la gente que se mantuviera alejada de esas reuniones. Decían que "hacían volver locas a las personas". Sin embargo, miles de personas eran salvas, y muchas de ellas eran "derribadas al suelo, cayendo como muertas", aun cuando iban camino a sus hogares. Se dice que muchas personas también cayeron bajo el poder del Espíritu estando en sus casas, a kilómetros de distancia de donde se realizaban las reuniones.

¿Qué son los "trances"? Son una de las cuatro formas en que Dios se manifiesta en una visión. La primera forma es una "visión interna". La figura que vemos en nuestro hombre interior, en nuestro hombre espiritual, nos será de gran bendición si hacemos caso de ella. En segundo lugar, está la "visión abierta". Esta visión se produce con los ojos abiertos. Es como ver la pantalla de un cine abrirse delante de nosotros para mostrarnos la escena que Dios desea que veamos. En tercer lugar, tenemos la "visión nocturna". Ésta es un sueño que Dios nos da para mostrarnos algo determinado. La última clase de visión es la "visión en trance". En esta visión, las capacidades naturales se congelan y de esa manera Dios puede ministrar todo lo que sea necesario. Cuando las personas se levantaban después de haber tenido un trance en las reuniones de la hermana Etter, decían haber visto tanto el cielo como el infierno.

La hermana Etter tenía un estilo "diferente", por llamarlo de alguna manera, de los de los ministros de su época. Jamás prohibía a la congregación que participara. Al contrario del estoico orden eclesiástico de fines del siglo XIX, María estaba de acuerdo con que la gente gritara, cantara, danzara y predicara. Creía que la expresión emocional era importante, mientras fuera realizada con orden. Y creía que la falta de manifestaciones físicas era una señal de apostasía.

¿FRENESÍ O CUMPLIMIENTO?

Creo que Dios está molesto con algunas iglesias en la actualidad, porque se niegan a permitir que las personas se expresen ante él con toda libertad. Si las personas no pueden expresarse ante Dios, entonces Dios no puede moverse sobre sus vidas. Algunas personas tienen miedo de expresar emociones en la iglesia. No tienen problema en hacerlo en casa, o en un evento deportivo. Pero por alguna razón "religiosa", creen que la iglesia debería ser silenciosa y serena. Quisiera decirles algo: ¡El cielo no es silencioso ni sereno! Algunas personas se van a llevar una tremenda sorpresa cuando mueran y lleguen al cielo. Tendrán que aprender a regocijarse con el

Al contrario del estoico orden eclesiástico de fines del siglo XIX, Maria estaba de acuerdo con que la gente gritara, cantara, danzara y predicara. Creía que la expresión emocional era importante, mientras fuera realizada con orden. Y creía que la falta de manifestaciones físicas era una señal de apostasía.

resto de nosotros... ¡porque el cielo está lleno de vida y energía! ¡Tenemos mucho por qué gritar, tanto aquí como allí!

Nuestras iglesias deben tener un fresco mover de Dios. Y nos guste o no, un mover de Dios afecta las emociones. "Bien, Roberts, realmente no creo que Dios esté en todo eso de la danza y los gritos." Gritar y danzar no es cosa de Dios. Eso es simplemente una respuesta totalmente libre a su poder. Escucha; ¿alguna vez has metido un dedo en un enchufe? ¿Pudiste quedarte quieto? ¡Cuánto más cuando se trata del poder de Dios! ¡Si Dios te toca, reaccionarás! Si me dices: "Bueno, ¿y qué de los que se van a los extremos?", te respondo: "¿Por qué nos preocupan tanto los costados del camino cuando podríamos estar mirando directamente adelante?"

Concéntrate en lo verdadero, y lo falso se desvanecerá. Cuando el poder de Dios venga sobre ti, lo disfrutarás. Y cuando disfrutas de algo, lo demuestras. Así que... aprende la verdad de lo que a Dios le agrada en sus adoradores, y hazlo.

Ahora me dices: "Bueno, es que la gente va a comenzar a hablar de nosotros." Te respondo: "¿Y qué?" La verdad vive más que la mentira. Cuando las personas no comprenden, persiguen. La gente mintió

acerca de Jesús, pero él sigue vivo aún hoy. Cuando estas personas experimenten el verdadero toque de Dios, cambiarán de idea.

"¿Y si perdemos dinero?" Bueno... ¿acaso es nuestro dios el dinero? Quisiera recordarte que los billetes no pueden salvar almas. El Espíritu Santo es quien atrae a la humanidad hacia Cristo. Al obedecer al Espíritu, levantamos a Cristo. No hay dividendos ni pérdidas económicas. Si eres un líder de iglesia, Dios te ordena que obedezcas al Espíritu Santo y aprendas a andar en sus caminos. La Biblia dice que quienes son guiados por el Espíritu son hijos de Dios (Romanos 8:14). ¡Entonces, deja que él te guíe!

Si eres guiado por el Espíritu, habrá más visiones en la iglesia. Debemos ser espiritualmente maduros para poder enfrentar los problemas y los males espirituales. Las religiones de la Nueva Era se han metido tan profundamente en el mundo espiritual equivocado que han hecho que la iglesia tenga miedo de buscar las verdaderas manifestaciones del Espíritu de Dios. El ámbito espiritual incluye tanto a Dios como a lo demoníaco, y si el Espíritu Santo no es tu guía al entrar en él, estarás sujeto a lo demoníaco. Pero los seguidores de la Nueva Era no entran al mundo espiritual con Jesucristo. Vienen por sí solos. Y allí son engañados. No somos nada sin la sangre de Jesús. Algunos tienen miedo de que si buscan a Dios en forma sobrenatural, serán acusados de estar metidos en la Nueva Era. Si estás siguiendo al Espíritu de Dios, él te mantendrá puro.

Así que, abre tu iglesia al mover de Dios, y aprende de quienes han recorrido el camino antes que tú. Donde está el Espíritu de Dios, hay libertad, y sí, también hay orden. Pero no estoy hablando de los límites que se fijan por temor, por control denominacional. Las personas anhelan ver a Dios y ser libres. Algunas cruzarán el continente para escuchar a alguien que realmente conoce a Dios y las manifestaciones de su Espíritu.

"LOS HACE CAER COMO TONTOS"

Para cuando la hermana Etter cumplió los cuarenta años, era un fenómeno nacional. Varias denominaciones reconocieron su capacidad para revivir las iglesias muertas, atraer a los inconversos, y movilizar a las personas para un andar con Dios más profundo. Médicos, abogados, ebrios, adúlteros... toda clase de personas fueron gloriosamente salvadas y llenas del Espíritu Santo en sus reuniones. En 1885, después

de una de sus reuniones, los policías de una ciudad dijeron que nunca habían visto tan cambiada la ciudad. ¡Estaba tan limpia que no les había quedado nada para hacer![13]

Un periodista de un periódico dijo de la hermana Etter:

> "Es como si le hiciera zancadillas a la gente. Cuando menos lo esperan, los hacer caer como tontos con alguna clase de poder sobrenatural, y mientras están abajo aplica su presión hidráulica y bombea la gracia de Dios dentro de ellos de a toneladas".[14]

Finalmente, el Señor indicó a María que comenzara a orar por los enfermos. Al principio ella se resistía, pensando que esto desplazaría su llamado evangelístico. Pero Dios continuó mostrándole claramente su voluntad, y ella accedió. Estudió la Palabra y comenzó a predicar la voluntad divina sobre la sanidad. No le tomó mucho tiempo descubrir que evangelismo y sanidad iban de la mano, mientras miles de personas eran ganadas para Cristo luego de ver a otras ser sanadas.

María predicaba que las fuertes manifestaciones del Espíritu no eran **"nada nuevo; eran simplemente algo que la iglesia había perdido"**.[15] Y se negaba a dejarse atrapar por las doctrinas favoritas de la época. Ella sólo deseaba que el Espíritu Santo hiciera su obra.

Una vez, en una reunión, una multitud de personas se agolpó hacia la plataforma, gritando: "¿Qué debemos hacer?" María nos relata el fin de la historia:

> *Estudió la Palabra y comenzó a predicar la voluntad divina sobre la sanidad. No le tomó mucho tiempo descubrir que evangelismo y sanidad iban de la mano, mientras miles de personas eran ganadas para Cristo luego de ver a otras ser sanadas.*

"Todos cayeron bajo el poderoso viento del Espíritu Santo, que cubrió a los hijos de Dios hasta que sus rostros brillaron como el de Esteban cuando sus enemigos dijeron que parecía un ángel. Muchos recibieron dones; algunos para el ministerio, otros como

evangelistas, otros de sanidad, y cientos de pecadores recibieron el regalo de la vida eterna".[16]

En otra reunión, más de veinticinco mil personas se reunieron para escuchar a la hermana Etter. Recordemos que en esa época, ¡no existían los micrófonos! María escribió que aún antes que ella terminara de predicar, el poder de Dios cayó sobre la multitud y se apoderó de aproximadamente quinientas personas que cayeron al suelo.[17]

Iglesia construida por la hermana Etter en Indiana, conocida como "Tabernáculo Etter"

Sioux City, Iowa

La evangelista M.B. Woodworth-Etter. En los últimos años de su ministerio, María siempre vestía de blanco cuando ministraba

Etter en su ataúd.

EL SALVAJE, SALVAJE OESTE

Naturalmente, la vida de la hermana Etter estuvo marcada por gran persecución. Había problemas a la vuelta de cada esquina, sin mencionar las presiones provenientes de liderar tan enormes masas de personas que estaban experimentando sus primeras manifestaciones del Espíritu. Además de todo esto, María era una mujer que trabajaba en el ministerio... y a la cual su marido le era infiel.

La infidelidad de P. H. Woodworth se reveló mientras María ministraba en su controvertida cruzada en Oakland, California. La hermana Etter decidió abandonarlo, y durante el tiempo que duró la cruzada se alojaron en cuartos separados. Finalmente, después de veintiséis tormentosos años de matrimonio, en enero de 1891, se divorciaron. Menos de un año y medio después, P. H. Woodworth volvió a casarse y calumnió públicamente el carácter y el ministerio de María. Poco después, el 21 de junio de 1892, murió de fiebre tifoidea.

A pesar de su accidentada relación con este hombre, María apartó tiempo de sus ocupaciones ministeriales y viajó para estar presente en su funeral. Se dice que no sólo asistió al mismo, sino que también tuvo una participación en el culto.

María sufrió las más grandes pruebas mientras ministraba en la costa oeste. Ella creía que el Oeste podía ser ganado para Dios, así como había ocurrido con el Oeste Medio. Por eso, en 1889, llegó a Oakland y compró una carpa con capacidad para ocho mil personas sentadas. Pronto, la carpa se llenó de personas que venían a ver los trances, escuchar sobre las visiones y observar todas las otras manifestaciones del Espíritu Santo.

Pero María también sufrió gran persecución en la Costa Oeste. Los grupos de matones, o "pandillas", como hoy los conocemos, comenzaron a molestar en sus reuniones. Varias veces estos hombres colocaron explosivos en las estufas a leña... y milagrosamente nadie sufrió lesiones, nunca. Una vez, una tormenta de viento rasgó la tela de la carpa durante una reunión. María recibía amenazas de muerte todas las semanas; los periódicos la atacaban sin descanso; y los ministros estaban divididos en su opinión sobre ella. Ciertas personas, con malvadas intenciones, llevaban enfermos mentales a sus reuniones, sabiendo que ellos causarían grandes escenas emocionales. Esto sucedió tantas veces que muchos incautos creyeron que eran las reuniones de María las que volvían insanas a estas personas. Y dado que muchos malinterpretaban su teología, los ciudadanos pedían todos los días a las autoridades que clausuraran la carpa. Pero María se negaba a dejar la ciudad hasta que sintiera que Dios había terminado su obra allí.

Cuando parecía que las pandillas comenzaban a dominar las reuniones, el Departamento de Policía de Oakland envió "guardianes", encargados de mantener fuera los elementos indeseables, para proteger los cultos. Pero esto produjo más descontrol, ya que los guardianes no tenían gran experiencia ni en carácter ni en sentido común.

Otro problema fue la extraña profecía que vino de María, diciendo que la Costa sería azotada por un desastre que la destruiría. Después que pronunció esta profecía, los periódicos convirtieron a María en una delincuente común. Tergiversaron y exageraron la profecía a tal punto que ya no se sabía qué era lo que ella había

> *Cuando parecía que las pandillas comenzaban a dominar las reuniones, el Departamento de Policía de Oakland envió "guardianes", encargados de mantener fuera los elementos indeseables, para proteger los cultos.*

dicho realmente. Luego, como era de esperarse, otros hombres y mujeres que se ocupaban de copiar falsamente los dones del Espíritu se subieron al "tren de la profecía". Engañadas por el enemigo, estas personas profetizaron cada vez más condenación y desastre para la Costa Oeste, causando grandes controversias.

La hermana Etter tenía a muchos ministros prominentes a su favor, y muchos otros en su contra. Uno de estos últimos era John Alexander Dowie. Mientras ella estaba en la Costa Oeste, Dowie se sumó a los que la criticaban y atacó públicamente su "evangelismo por trance", diciendo que era un gran engaño.[18] No había otro ministerio, excepto el de María, que se comparara al suyo propio en sanidades y popularidad, por lo que muchas veces se refería a ella cuando hablaba de los abusos. Sólo una vez la hermana Etter se defendió públicamente contra Dowie. Y lo hizo con estas palabras:

> **"Después de decir, en nuestra reunión, delante de miles de personas, que nunca había visto tal poder de Dios, tan maravillosamente manifiesto, y después de decir a toda su gente que me apoyara, fue por toda la costa predicando en contra de mí y de mis reuniones, hasta terminar con todas sus obras misioneras. Su única objeción era que algunas personas caen bajo el poder de Dios en nuestras reuniones.**

> **"Disertó en mi contra dos o tres veces en San Francisco, y dijo que yo estaba asociada con Satanás. Muchos fueron a escucharlo... pero decía tales cosas que muchas personas se retiraron, disgustadas, mientras él aún hablaba. Yo dije a la gente que había sido amiga suya, y que lo había tratado como a un hermano, y que él no estaba luchando contra mí, sino contra el Señor y Su Palabra. Siempre les dije que lo dejaría en manos de Dios y que yo continuaría con mi trabajo para el Señor.**

> **"Les dije que observaran y se fijaran cuál sería el fin de cada uno, y entonces verían que él terminaría en desgracia, y que yo estaría aún viva cuando él muriera".[19]**

La hermana Etter vivió diecisiete años más que Dowie.

Puede decirse que María cometió algunos errores en su cruzada en Oakland. Y no es de extrañarse, con todos los ataques que se planeaban en su contra. Pero debemos recordar que en 1906, la ciudad de San Francisco vivió el terremoto más devastador de la historia de los Estados Unidos, y la profecía de la hermana Etter había sido dada en 1890.

La hermana Etter también se hizo de varios buenos amigos allí. Una de ellos era Carrie Judd Montgomery. Esta había venido desde la Costa Este para realizar reuniones en California. Las dos se reunieron y comenzaron una amistad que duraría toda la vida. Carrie y su esposo, George, participaron activamente en el desarrollo del movimiento pentecostal y fundaron el "Hogar de Paz" en Oakland. Este matrimonio apoyó firmemente a María durante todo su ministerio.

"UN REGALO DE DIOS"

Durante esta fase de la vida de la hermana Etter, también hubo algunos momentos de frescura. Además de las amistades que María había hecho, Dios no deseaba que ella llevara sola el manto del ministerio. Llevó algo de tiempo, pero diez años después de su divorcio, conoció a un hombre maravilloso de Hot Springs, Arkansas, llamado Samuel Etter. Dios le envió el compañero perfecto. Se casaron en 1902. La hermana Etter tenía un gran respeto por este caballero y muchas veces se refería a él diciendo que era "un regalo de Dios". Tiempo después escribiría sobre él:

> **"Estuvo valientemente a mi lado en la batalla más difícil, y desde el día que nos casamos, jamás ha retrocedido. Él defiende la Palabra y todos los dones y operaciones del Espíritu Santo, pero lo hace sin fanatismo ni necedad. No importa lo que yo le pida que haga. Ora, predica, canta y es muy bueno para trabajar en el altar. El Señor sabía lo que yo necesitaba, y él fue quien lo preparó todo, por su amor por mí y por la obra".[20]**

Tres años después de casarse con Samuel Etter, María desapareció del ministerio público y se mantuvo en silencio durante los siguientes

siete años. Jamás se ha descubierto la razón de este largo silencio. Pero cuando emergió, siete años después, tenía tanto poder como antes, y ahora tenía el apoyo y el amor de un maravilloso esposo. Samuel Etter amó y cuidó fielmente a María. Él era quien manejaba las reuniones por dentro y por fuera, y quien coordinaba todos sus escritos y la distribución de sus libros. El ministerio de la hermana Etter publicó varios libros:

1. *Life, Work and Experience of Maria Beulah Wood worth, Evangelist. (Vida, obra y experiencia de Maria Beulah Woodworth, evangelista).*

2. *Marvels and Miracles God Wrought in the Ministry of Mrs. M. B. Woodworth-Etter for Forty Years. (Maravillas y milagros producidos por Dios en el ministerio de la Sra. M. B. Woodworth-Etter durante cuarenta años).*

3. *Signs and Wonders God Wrought in the Ministry of Mrs. M. B. Woodworth-Etter for Forty Years. (Señales y maravillas producidos por Dios en el ministerio de la Sra. M. B. Woodworth-Etter durante cuarenta años).*

4. *Cancioneros.*

5. *Questions and Answers on Divine Healing. (Preguntas y respuestas sobre la sanidad divina).*

6. *Acts of the Holy Ghost. (Hechos del Espíritu Santo). Luego publicado bajo el título de "A Diary of Signs and Wonders" (Diario de señales y maravillas).*

Algunos de los libros de la hermana Etter fueron reeditados varias veces, y algunos fueron traducidos a otros idiomas. Aunque tenemos una gran variedad de libros cristianos en el mercado, en la actualidad, los libros de la hermana Etter son muy escasos. Personalmente, me han ofrecido miles de dólares por mi colección privada, que no he aceptado. En mi opinión, lo que la hermana Etter ha escrito no puede ser comprado con ninguna suma de dinero.

De esta manera, Samuel Etter (esposo, amigo, editor, administrador y ayuda en el ministerio), el "regalo de Dios", encontró paz en su puesto de apoyo al ministerio de su esposa. Una capacidad muy difícil de hallar y un carácter notable para un hombre. Por lo tanto, fue una parte vital del ministerio de María en prácticamente todas las áreas hasta el momento de su muerte, doce años después.

PERSECUCIÓN, PROBLEMAS, JUICIOS Y CÁRCELES

María fue la única evangelista líder del Movimiento de la Santidad que adoptó la experiencia pentecostal de hablar en lenguas. Hoy la llamaríamos una predicadora "de la Santidad Pentecostal". Adoptó la doctrina de la Santidad, así como la doctrina pentecostal del hablar en lenguas. Muchos ministros no comprendían las manifestaciones del Espíritu Santo, ni comprendían su doctrina respecto de ellas. Y María se defendía a sí misma en público tan raramente, que cuando lo hacía todos lo notaban. Generalmente ella decía que no había sido llamada a defenderse a sí misma, sino a llevar a otros a Jesucristo.

La hermana Etter mostraba una fortaleza invencible para avanzar a pesar de la oposición. Cuando la acosaban situaciones en que su misma vida estaba en peligro, se negaba a abandonar una ciudad hasta haber terminado su trabajo. Y nunca tenía miedo de peligros desconocidos, porque sabía que el Señor lucharía por ella. Muchas veces, hombres rudos se abrían paso en sus reuniones y causaban alboroto, porque alguien les había pagado para hacerlo. Otros lo hacían por voluntad propia. Una vez, María escribió:

> *María fue la única evangelista líder del Movimiento de la Santidad que adoptó la experiencia pentecostal de hablar en lenguas.*

"He estado en grandes peligros; muchas veces no sabía si me atacarían con armas de fuego, estando en el púlpito o camino a alguna reunión, o de regreso... Pero dije que jamás correría, ni voy a ceder. El Señor siempre puso su enorme poder sobre mí, quitándome así todo temor, y me hizo como un gigante... Si alguien hubiera tratado de dispararme, o matarme, Dios lo habría matado, y algunas veces yo misma se lo dije a ellos".[21]

Uno de estos hombres vino a la reunión y, decidido a interrumpirla, se acercó a unos tres metros de la plataforma y comenzó a derramar una corriente de palabras soeces y juramentos. Pero entonces, repentinamente, su lengua se negó a obedecerle, mientras "un extraño poder parecía atar sus cuerdas vocales". Totalmente protegida por el poder de Dios, María parecía no haberse dado cuenta de la presencia de ese hombre. Más tarde, cuando dos periódicos importantes fueron a entrevistar al hombre, aún sacudido por la experiencia, este les contestó: "Vayan y averigüen por sí mismos".[22]

María fue arrestada cuatro veces durante su ministerio, pero tres de estas citaciones nunca llegaron a la corte. Nueva Inglaterra fue el único lugar en que fue arrestada y llevada ante un tribunal. El juicio en su contra, realizado en Framingham, Massachusetts, estaba basado en la acusación de que ella practicaba ilegalmente la medicina e hipnotizaba a las personas haciéndolas caer en trance. Fue un gran espectáculo para la causa de Cristo. Muchas personas atestiguaron en su favor, relatando testimonios personales que podrían haber sido tomados del Libro de los Hechos. El gran escritor y fundador del Instituto Bíblico Bethel, E.W. Kenyon, fue uno de los testigos. Kenyon luego tendría su propio y gran ministerio de enseñanza y sanidad. Fue un autor prolífico. Muchos de sus libros son utilizados como textos en institutos bíblicos de todo el mundo.

El amor que María sentía por las diferentes culturas también fue causa de persecución racial. Ella amaba a las comunidades africano-americanas y americanas nativas tanto como amaba a los blancos. Predicó muchas veces para iglesias negras, ayudaba a sus pastores, y apoyaba sus campañas evangelísticas. También iba a una reservación india, donde se quedaba durante semanas costeándose sus propios gastos. Todas las clases sociales eran bienvenidas en su hogar: ricos o pobres, de igual manera. La hermana Etter amaba a todos.

"NADA QUE NO FUERA UN CIRCO"

Todos los actos ministeriales de María Woodworth-Etter no pueden condensarse en un único libro. Era una dínamo espiritual, pero muy humilde; alguien que "parecía una abuela común, pero ejercía una autoridad espiritual tremenda sobre el pecado, la enfermedad y los demonios".[23] La hermana Etter no podía atender todas las invitaciones que recibía para ministrar. Y las que sí aceptó crearon una conmoción nacional que jamás ha sido silenciada.

Una de estas reuniones fue planeada por el entonces joven pastor F. F. Bosworth en Dallas, Texas. Sus escritos sobre las espectaculares reuniones que se prolongaron de julio a diciembre sacudieron al mundo. Como consecuencia, Dallas se convirtió en un centro del avivamiento pentecostal.

Una noche, tres ministros muy solemnes asistieron a la reunión. Dado que no quedaban lugares libres para sentarse, los predicadores que estaban sentados en la plataforma les cedieron sus asientos. Contra su voluntad, los "solemnes" aceptaron. El culto avanzó, y el poder de Dios se manifestó con su acostumbrada fuerza. Entonces, repentinamente, uno de los pastores "almidonados" cayó de su silla y quedó tendido, inmóvil, en el suelo. Los otros dos intentaron ignorarlo. Pero pocos minutos después, el segundo pastor también cayó al suelo, sin poder evitarlo, y luego el tercero cayó también. Los tres estuvieron en el suelo, bajo el poder de Dios, durante más de tres horas. Finalmente, uno por uno, se levantaron, se sacudieron el polvo, y totalmente aturdidos, se dirigieron hacia la salida.[24]

Miles de personas venían a Dallas, algunas luego de recorrer más de 3.200 kilómetros, trayendo personas enfermas y afligidas para ser sanadas. Un hombre había sufrido una caída y se había roto tres costillas. Apenas podía mantenerse de pie a causa del dolor. La hermana Etter le impuso las manos e hizo la oración de fe, e instantáneamente, los huesos que habían quedado doblados hacia adentro se colocaron en su lugar. Al principio, el hombre retrocedió cuando María lo tocó, pero al darse cuenta de que el dolor y la hinchazón habían desaparecido, acabó golpeándose el pecho con los puños. Otro hombre, que sufría de tuberculosis, fue traído en una camilla. Su estado era desesperante, ya que también sufría de una fístula, una herida abierta que había causado un gran hueco en su cuerpo. Pero cuando María oró, el poder de Dios golpeó a este hombre. Se levantó de un salto y comenzó a correr delante de la multitud. Luego volvió a su casa, sentado en el vehículo, como los demás, y a partir de ese día comenzó a engordar dos kilos diariamente.

El cáncer había carcomido todo un lado del rostro de un hombre. Era tan doloroso, que tuvieron que retirarlo de la primera reunión a la que asistió. Pero cuando la hermana Etter le impuso las manos y oró, el poder de Dios cayó sobre él. El dolor, la rigidez y el ardor desaparecieron inmediatamente. De repente, pudo girar el cuello de un lado a otro, y luego se levantó y predicó a la congregación.

> **El dolor, la rigidez y el ardor desaparecieron inmediatamente. De repente, pudo girar el cuello de un lado a otro, y luego se levantó y predicó a la congregación.**

Una noche, tres personas que habían sido sordomudas, y que no se conocían entre sí, se reunieron frente al altar, llorando, abrazándose y gritando porque Dios había abierto sus oídos y les había dado el habla. Muchos otros, que los observaban, lloraban mientras se acercaban al altar para conocer a Dios y ser salvos. Uno de los tres que había sido sordomudo testificó diciendo:

"Cuando la hermana Etter puso su dedo en la base de mi lengua y luego en mis oídos, ordenando que el espíritu 'sordo y mudo' saliera, Dios abrió instantáneamente mis oídos y me dio la voz".[25]

Una mujer sufría de cáncer y tuberculosis al mismo tiempo. Era como un esqueleto vivo. Los mejores médicos de Dallas la habían atendido y habían declarado que no tenía esperanzas. Fue traída en una camilla, y muchos pensaron que moriría antes que la hermana Etter llegara a su lado. Cuando María oró por ella, ¡la mujer fue instantáneamente sanada y saltó de la camilla gritando! Esta mujer volvió a cada una de las reuniones siguientes y se sentaba con los demás. Aunque aún estaba muy delgada, los que la conocían decían que estaba ganando peso y su salud mejoraba día a día.

El gran pastor y evangelista de la sanidad, F. F. Bosworth, escribió sobre las reuniones en Dallas:

"Noche tras noche, tan pronto como se hacía la invitación, todo el espacio disponible de catorce metros alrededor del altar se llenaba con tantas personas que sufrían de enfermedades y afecciones y tantos otros que deseaban ser salvos y bautizados en el Espíritu Santo, que era difícil abrirse paso entre todos ellos".[26]

En cada reunión había una demostración del poder del Espíritu tal como nunca se ha visto en nuestra generación. Un periodista de Indiana escribió: "Vehículos de todas clases comenzaron a entrar a la ciudad a hora temprana... nada que no fuera un circo o un mitín político

atrajo tanta gente antes".[27] Otro escribió que era la primera vez que su comunidad de Iowa pudiera recordar, en que una reunión religiosa había "desplazado a una buena función". Según él, aun "las personas que tenían abonos en el teatro de ópera local fueron a la reunión en la carpa, para ver qué era eso que se había llevado todo su público".[28]

LA CUESTIÓN QUE PROVOCÓ LA DIVISIÓN

Un respetable hombre de negocios cristiano de Los Ángeles, el Sr. R. J. Scott, visitó Dallas mientras se estaban realizando estas reuniones. Él y su esposa habían sido bautizados en el Espíritu Santo en el avivamiento de Azusa. Pero para este momento, la mayoría de los participantes de dicho avivamiento se habían dispersado. Scott estaba buscando una forma de llevar una obra sobrenatural, unida, a Los Ángeles. Había oído sobre las sanidades milagrosas y había venido a ver si eran ciertas, y si la doctrina de María coincidía con la suya. Lleno de gozo por lo que había experimentado, decidió pedirle a María que fuera a Los Ángeles para tener lo que él pensaba que sería "un campamento de ensueño". Él creía que María tenía el poder que Los Ángeles necesitaba. La hermana Etter aceptó ir.

Como era de imaginarse, miles de personas llegaron en tropel a Los Ángeles para la campaña. Las reuniones se extendían durante todo el día y casi toda la noche. Miles de personas llegaban de todas partes de los Estados Unidos, levantaban carpas y acampaban allí. En realidad, llegó a haber tantas carpas, que hubo que definir "calles" tentativas, con nombres como "Avenida de Alabanza", "Camino Aleluya", o "Avenida de la Gloria". Esto hacía que fuera mucho más fácil ubicar dónde estaba situada una carpa...

Aunque los resultados de la campaña fueron fenomenales, esta Campaña Mundial de Los Ángeles (Campaña Azusa/Arroyo Seco) en 1913 también fue conocida como origen de la cuestión que dividió al naciente movimiento pentecostal. Fue aquí que surgió el debate sobre "Sólo Jesús", la "unicidad", o "el nuevo tema". La enseñanza provino de John G. Scheppe, un hombre que pasó una noche en oración durante la campaña. Scheppe creyó que había visto algo nuevo sobre el uso del nombre de Jesús, y corrió por todo el campamento compartiéndolo con otras personas. Como consecuencia, la gente comenzó a bautizar "sólo en el nombre de Jesús", en la Costa Oeste, y a decir que si alguien había sido bautizado en nombre de la Trinidad, debería ser rebautizado. Esta enseñanza dividió al movimiento pentecostal. La "campaña soñada" de R. J. Scott había sido preparada para promover la unidad en el cuerpo de Cristo. Por el contrario, produjo una de las más grandes divisiones conocidas en esta generación.[29]

Pronto, el movimiento pentecostal se dividió en varios otros grupos que ponían énfasis en diversas doctrinas. La hermana Etter intentó mantenerse apartada de estos temas. Ella creía que lo más importante era advertir a los pecadores que Jesús regresaría pronto, por medio de la predicación de su Palabra con señales y maravillas. Y así lo expresó de la mejor manera en un sermón titulado "No descuides el don que hay en ti", en el que decía:

> **"Sus embajadores deben terminar con todas estas contiendas, todas las teorías que causan división deben ser dejadas de lado; este continuo machacar en 'la obra terminada' o 'la santificación', que produce antagonismo a los santos, debe concluir. Pablo dice que la predicación debe ser con manifestación del Espíritu Santo y poder... Que la Palabra salga con demostración y poder, para que la gente pueda ver lo que Dios tiene para ellos".[30]**

La hermana Etter adoptó la política de predicar solamente en reuniones donde no se hablaba de doctrinas "divisorias". Años más tarde, sostuvo que la posición que apoyaba la "unicidad" era **"el mayor engaño que jamás haya inventado el diablo".[31]**

"NOS ELECTRIZABA"

Es comprensible que María tuviera emociones mezcladas en relación con la campaña en Los Ángeles. Se la había anunciado como la oradora principal, y miles de personas venían de todas partes de los Estados Unidos para estar presentes en sus reuniones. Pero debido a la controversia política, los ministros varones tomaron el control, y la hermana Etter se vio obligada a ministrar solamente por las mañanas. Los hombres tomaron las reuniones de la tarde y la noche, principalmente para exponer sobre la nueva doctrina de la "unicidad". La presionaban para que terminara sus reuniones matutinas más temprano, para que pudiera comenzar el predicador de la tarde. Y a pesar de todo esto, cientos de personas fueron milagrosamente sanadas. Se dice que cuando el tiempo que le correspondía estaba por terminar, la hermana Etter simplemente levantaba las manos hacia el cielo, mientras salía de la tienda, y en ese momento, muchos eran sanados. Un jovencito recordaba: "Ella levantaba sus pequeñas manos y el poder de Dios nos electrizaba".[32]

Los inválidos se levantaban de sus lechos de enfermedad; los sordos oían; los ciegos veían; los que sufrían de artritis eran sanados instantáneamente; los tumores eran destruidos; la hidropesía se esfumaba. En pocas palabras, toda forma de enfermedad y dolencia que se atreviera a mostrarse en las reuniones de la hermana Etter debía inclinar su rodilla ante Jesucristo y se desintegraba en el fuego del Espíritu. Y todo esto, a pesar de las divisiones doctrinales.

Elizabeth Waters recuerda estas reuniones de esta forma:

> "Recuerdo como si fuera ayer, que mi amiga y yo empujamos a mi madre en su silla de ruedas a lo largo de seis o siete largas cuadras... Dos hombres grandes llevaron la silla hasta delante del púlpito circular que ya estaba rodeado de sillas de ruedas. Hacía tanto calor que mi madre nos rogaba que la lleváramos a casa, pero yo insistí en que nos quedáramos. Gloria a Dios, porque la señalaron para subirla a la plataforma, donde esa hermosa y pequeña dama que jamás olvidaré, habló a mi madre. La vi contestar sacudiendo la cabeza y entonces ella [la hermana Etter] la golpeó en el pecho (a mí me pareció que la había golpeado muy fuerte). Fue como si un rayo la atravesara, se levantó de un salto y salió corriendo y saltando llena de gozo. Toda la gente gritaba; dudo que hubieran visto algo así antes. Vimos muchos más milagros. Casi tuvimos que atar a mi madre a la silla para regresar a casa. Ella quería caminar, pero estaba débil, porque había estado confinada a su cama durante dos años. Cuando llegamos a casa, mi abuela y algunos vecinos nos esperaban. Mi madre se levantó de la silla de ruedas y subió las escaleras. Todos gritaban y lloraban. A partir de ese día, mi madre fue completamente sana, recuperó peso, y amó al Señor".[33]

Debido a las campañas de Dallas y de Los Ángeles, la hermana Etter continuó siendo una evangelista líder durante el resto de su vida. Y aunque amaba la vida itinerante, Dios tenía otros planes para ella. Aún no había terminado de escribir las páginas de la historia.

CUENTOS DEL TABERNÁCULO

Después de cuarenta y cinco años de ministerio, y de haber predicado miles de sermones de costa a costa del país, María escuchó la voz de Dios diciéndole que construyera un tabernáculo en el oeste de Indianápolis. Muchos le habían pedido que construyera un lugar permanente donde pudieran ir en cualquier momento a recibir su ministración. Había recibido ofrecimientos de todas partes de los Estados Unidos para establecerse allí, pero ella eligió Indiana por su ubicación central. Según el estilo de la hermana Etter, el Tabernáculo fue un modelo para las iglesias pentecostales de hoy. María construyó la iglesia contigua a su hogar, y ministró allí durante los últimos seis años de su vida.

En ese momento había pocas iglesias grandes. Así que cuando la hermana Etter levantó ese edificio con capacidad para quinientas personas, no fue poco trabajo. Durante todo su ministerio, María jamás presionó a la gente para que aportara dinero. Pero para construir este Tabernáculo, envió cartas pidiendo ayuda económica. El dinero llegó y el edificio comenzó a cobrar altura. Fue dedicado el 19 de mayo de 1918, y hasta la fecha, sólo otra mujer ha sobrepasado su capacidad para "construir iglesias". Se trata de la evangelista que emuló en gran medida el estilo de María: Aimee Semple McPherson.

La hermana Etter utilizó el Tabernáculo como su base. María tenía una capacidad especial para elegir a los colaboradores que contribuirían al avivamiento. Como consecuencia, la iglesia permanece aún hoy (aunque ubicada en otro lugar) y está afiliada a las Asambleas de Dios. Gente de todas partes de los Estados Unidos se acercó para asistir a esta iglesia, y muchos quedaron en ella como fieles miembros. Un hombre recordaba que "la gente se acercaba hacia el altar y caía al suelo antes de llegar". Este hombre dijo que nunca vio que se utilizara la sugestión ni que se empujara a las personas: "Era de Dios. La hermana Etter no hacía nada falso".[34]

Una historia increíble ocurrida en el Tabernáculo fue protagonizada por una familia rumana. La hija de esta familia sufría de tuberculosis,

y dos mujeres pentecostales habían ido a su casa para orar por ella. Al descubrir que su hija había sido sanada después de esta oración, la familia buscó una iglesia pentecostal donde congregarse y encontró el Tabernáculo. Durante el primer culto, una mujer que había sido milagrosamente sanada de cáncer se puso de pie, y dio un mensaje en lenguas que duró veintiocho minutos.

> *"La gente se acercaba hacia el altar y caía al suelo antes de llegar."*

Algunos se preguntaban por qué la hermana Etter permitía que esa mujer hablara con tanta libertad en el Espíritu durante un tiempo tan largo. Pero la respuesta llegó el domingo siguiente, cuando se supo que esta mujer había hablado en rumano, un idioma que jamás había oído y naturalmente, nunca había aprendido.

Esta pequeña familia rumana recibió un mensaje de Dios en su propio idioma, y se quedaron sentados, escuchando, totalmente abrumados. El padre era el único que hablaba inglés. Se ha dicho que María y los miembros del Tabernáculo "aprendieron a esperar experiencias como esa, de la misma manera que algunas congregaciones saben que se va a cantar la doxología al final de un culto".[35]

Otra historia ocurrida en el Tabernáculo se refería a la sanidad de un niño que tenía tuberculosis y al que se le había desarrollado un tumor del tamaño de un puño. Cuando su madre lo llevó a María, esta dijo: **"Simplemente lo cortaremos con la Espada del Espíritu".** Con estas palabras, la hermana Etter tomó su Biblia y golpeó al niño en el cuello, y este fue sanado.[36]

EL ENCUENTRO DE DOS GRANDES

Una de mis historias favoritas relacionadas con el Tabernáculo es la que relata el encuentro entre María Woodworth-Etter y Aimee Semple McPherson. En ese momento, Aimee era aún una evangelista itinerante. Ella amaba verdaderamente a la hermana Etter y deseaba intensamente reunirse con ella y asistir a una de sus reuniones. En mi opinión personal, creo que Aimee devoraba todo lo que pudiera leer sobre la hermana Etter, y que fortaleció su propio llamado con el coraje que María demostraba.

Había habido una cuarentena debido a la gripe en la ciudad de Indianápolis, hasta que llegó el "Coche del Evangelio" de Aimee. La cuarentena se levantó la noche en que ella llegó, y Aimee lo atribuyó a la voluntad de Dios. El 31 de octubre de 1918, Aimee escribió en su diario:

> "Durante años he tenido el deseo de ver a la hermana Etter, y he hablado sobre esto con mayor frecuencia en los últimos meses. Mi anhelo era escucharla predicar y estar en sus reuniones... Mañana el tabernáculo de la hermana Etter estará abierto y yo cumpliré el deseo de mi corazón. ¡Gloria!"

Después de asistir a la reunión, Aimee escribió:

> "Nos gozamos y alabamos juntas a Dios. El poder de Dios cayó... y derramó sobre nosotras sus bendiciones".[37]

La hermana McPherson salió de Indianápolis al día siguiente, regocijándose, sin duda, en el camino hacia su propio destino divino: California. Sólo podemos imaginar los hermosos recuerdos que seguramente le habrán quedado de su encuentro con María.

Aunque no hay registro oficial de lo que la hermana Etter pensaba de Aimee, su compañera de viajes, Bertha Schneider, sí hizo un comentario al respecto. En cierta ocasión, la hermana Etter y Aimee estaban en la misma ciudad. Era su noche libre, por lo que el grupo de la hermana Etter asistió a un culto de Aimee. Pero María decidió no ir. La razón, según la señora Schneider, fue que "la hermana Etter expresaba su preocupación por la dirección que estaba tomando el ministerio de Aimee, con representaciones teatrales y otras atracciones populares".[38] Personalmente, creo que dado que la hermana Etter era de trasfondo de la Santidad, su preocupación era genuina, no crítica.

Muchos grandes predicadores de la época visitaron el Tabernáculo. Aunque no hay documentos que prueben que la hermana Etter haya conocido al legendario evangelista británico Smith Wigglesworth, muchos creen que él fue un discípulo de su ministerio. Se cree que él tomó varios de sus lemas de la hermana Etter.[39] Y Wigglesworth condujo una serie de reuniones en el Tabernáculo después de la muerte de María, en 1925.

Quizá estas historias intimiden a algunos de los que leen este libro. Comprendan que Dios está restaurando lo sobrenatural en su

iglesia, en el día de hoy. Algunos de los que leen tienen miedo. Dios les ha dicho que oren por los enfermos en sus iglesias, y no lo han hecho. Quizá no saben mucho sobre la voluntad de Dios para la sanidad. Quizá se sienten confundidos. La voluntad de Dios es que el hombre sea libre. Él vino para destruir la obra del diablo, no para tolerarla o vivir soportándola. La iglesia de hoy debe aprender a manejar al destructor y dar vida a las personas.

Son demasiados los que permanecen dentro de los confines de una doctrina "confortable" o una teología que les permite "elegir". Dios desea que todo el consejo de su Palabra sea predicado y demostrado a las personas. Por eso Jesús dio su sangre. Comienza a leer el Libro de los Hechos, y aprenderás sobre las personas que demostraron el Espíritu Santo y la oposición que causaron. Como los apóstoles, la hermana Etter permaneció fiel a todo el consejo de Dios durante toda su vida, a pesar de las presiones y la persecución, y nosotros debemos hacer lo mismo. Ella nos ha pasado la antorcha, y nosotros debemos llevarla con fidelidad.

LA QUE MARCÓ EL CAMINO

El verano de 1924 fue difícil para María. A los ochenta años de edad, con una salud deteriorada por la gastritis y la hidropesía, recibió una noticia que le destrozó el corazón. Su única hija, Lizzie, de sesenta años, había muerto en un accidente automovilístico. Ahora toda su familia inmediata había ido a descansar con el Señor. Y aunque era de edad avanzada y frágil, María todavía pudo reunir fuerzas suficientes para plantarse frente al púlpito y conducir el funeral. En su mensaje exhortó a los presentes a tener fe en Dios y mirar a los cielos, no a la tumba.[40]

Durante ese año, hubo momentos en que la hermana Etter estaba tan débil que no podía caminar. Pero eso no impedía que predicara. Si no podía caminar, pedía a alguien que la llevara detrás del púlpito. Finalmente, el Tabernáculo le regaló una gran silla de madera. Entonces, cuando ella estaba demasiado débil para caminar, algunos hombres fuertes llevaban su silla de la iglesia a su casa, la sentaban en ella, y la llevaban a la iglesia. Tan pronto como sus pies tocaban la plataforma, el Espíritu de Dios la reanimaba y podía caminar por todas partes, predicando y ministrando en el poder sobrenatural de Dios. Cientos de personas son testigos de cuán débil parecía, y cuán increíblemente fuerte estaba sobre la plataforma. Al final del culto, los hombres volvían a sentarla en su silla para llevarla a su casa.

La fe de la hermana Etter hizo que continuara, aun cuando muchos se habrían dado por vencidos. Recordemos que para este tiempo la hermana Etter tenía ochenta años. No había aviones, y muy pocas comodidades, en esa época. No había aire acondicionado ni todas las facilidades modernas. Ella había viajado por todo el país en coches pequeños y trenes, y muchas veces, cuando el dinero escaseaba o no le daban alojamiento, había dormido en carpas. Pero eso no le importaba.

> *La fe de la hermana Etter hizo que continuara, aun cuando muchos se habrían dado por vencidos.*

Tres semanas antes que muriera, el Señor reveló a María que "faltaban sólo unos pocos días para que partiera" a recibir su recompensa. Durante este tiempo, una mujer le trajo flores, y la hermana Etter le respondió: **"Pronto estaré donde las flores florecen para siempre"**.[41] Varias veces hasta predicaba a las personas que iban a visitarla en su hogar.

Al morir María, Agust Feich, uno de sus colaboradores, escribió:

> "Unos pocos días antes de fallecer, me llamó a su lado, tomó mi mano y me dijo: 'Hermano Feich, ¿comprende usted que voy a seguir el camino de toda carne?' Mi respuesta fue: 'Sí, madre', a lo cual ella contestó: 'Usted ha sido muy fiel en su ministerio conmigo durante todos estos años. Ahora confío en que la bendición de Dios descanse sobre usted; pronto ya no me tendrá más a su lado para ayudarle".

El final de María Woodworth-Etter llegó sin luchas, mientras ella se hundía lentamente en un profundo sueño:

"Tenía buena vista para una persona de su edad. Sus facultades mentales fueron agudas hasta el final. No hubo ni un momento en toda su enfermedad en que no pudiera charlar tranquilamente con alguien de cualquier tema que surgiera. Los santos que la rodeaban entraban libremente en todo momento para verla y hablar con ella.

Algunos venían guiados por el Espíritu para orar por ella; otros, para que María orara por ellos. Ella imponía las manos sobre los enfermos y oraba por los necesitados, y esto lo hizo hasta el final. Lo hacía, sabiendo que al mismo tiempo sus propias fuerzas se escapaban sin remedio. Ella dijo repetidas veces durante su ministerio que prefería gastarse por Jesús a herrumbrarse".[42]

Antes de morir, a los ochenta años, María había enterrado a sus seis hijos y dos esposos; había predicado miles de sermones de punta a punta del país; había vencido a todos los matones y los ministros que se le oponían; había marcado el camino para las mujeres en el ministerio; y había mostrado sin claudicar el poder del Espíritu Santo con poderosas señales y maravillas que le seguían.

No era una persona culta. No le importaban los estudios en el seminario y no se tomaba el tiempo para explicar cómo obraba Dios. Maria predicó un evangelio muy simple; se ofreció completamente al Señor, y creyó que se producirían señales y maravillas. Su única pasión fue que el evangelio cobrara vida y que las personas fueran guiadas por el Espíritu. Predicó muchas veces con lágrimas surcando sus mejillas, rogando a quienes la oían que se acercaran a Cristo. Sus reuniones y sus enseñanzas prepararon el camino para la fundación de muchas denominaciones pentecostales, incluyendo las Asambleas de Dios, la Iglesia Cuadrangular y otras similares.

LA FAMILIA DE MARÍA EN LA ACTUALIDAD

El legado inmediato de María no volvió a ser recordado sino hasta 1977. El hijo de su tataranieto, Tom Slevin, estaba interesado en estudiar su árbol genealógico. Con gran sorpresa, descubrió que una "pequeña predicadora pionera", llamada María Woodworth-Etter, también conocida como "la abuela Etter", era su parienta directa. Ella había sido una famosa evangelista y fundadora de una iglesia que no estaba lejos de su casa. Tom preguntó a su madre, Mary, acerca de ella, pero su madre no pudo responder con detalle, ya que gran parte de la información se había perdido. El señor Slevin se negó a darse por vencido. Comenzó a estudiar los libros y los sermones de María, leyéndolos continuamente. Pronto, sintió en su propia vida la influencia de los sermones de esta mujer, algunos de los cuales habían sido predicados más de 80 años atrás.

Slevin dijo: "Cuando leí por primera vez sus libros, pensé que quizá había exagerado en los relatos de los tremendos milagros. Por eso fui a otras ciudades e investigué por medio de microfilms. Leí los periódicos antiguos y descubrí algo maravilloso. ¡Descubrí que las historias que relataban sus libros eran absolutamente ciertas, y que los periódicos habían omitido muchos milagros!"

Slevin y su madre desarrollaron tal curiosidad por la vida de María, que fueron a escuchar a un evangelista que había recibido la ministración de la hermana Etter cuando era un niño. Este evangelista, Roscoe Russell, era aquel que había sido milagrosamente sanado cuando María lo "golpeó" en el cuello con una Biblia. Cuando la madre de Slevin pasó al frente para que oraran por ella, el evangelista le dijo: "El mismo Dios que respondió las oraciones de su tatarabuela está aquí hoy. Él responderá sus oraciones de la misma manera". Después de esto, la madre de Slevin fue bautizada en la iglesia asociada al ministerio de la hermana Etter.

A Slevin le agrada comparar el ministerio de María con el de Smith Wigglesworth. Él cree que la relación de ambos con Dios era muy similar, especialmente en el área de la fe. Aunque tiene muchas historias favoritas, Slevin recordó que John G. Lake conoció a María en 1913. Se dice que después de esa reunión, Lake dijo a su gente que "oraran como la Madre Etter".

A partir de sus investigaciones, Slevin conoció mejor el carácter de su antepasada. "Lo que más me impresionó", recuerda, "fue cuán completamente había entregado su vida a Dios. Era tan diferente de muchas personas hoy en día. Iba a dondequiera que Dios le decía que fuera, así hubiera veinte personas o mil. Su tiempo le pertenecía a Dios. Nunca estaba 'demasiado ocupada' como para no hacer lo que Dios le decía. Todos eran importantes para ella, porque eran importantes para Dios. Por eso conocía a Dios tan bien. Por eso podía 'golpear a alguien en el estómago', o 'darle un golpe en el cuello'. Ella conocía a Dios y sabía que Él lo sanaría".[43] Sin duda, a través de la familia Slevin, el legado espiritual de la hermana Etter continuará.

UN PUNTO DE VISTA PERSONAL

Según las observaciones que hice personalmente, el ministerio que realizaba la hermana Etter ha pasado a otros y aún continúa en la tierra. Todo ministerio debería ser seguido por señales y maravillas.

86

Si no lo es, los ministros simplemente están jugando con el ministerio. Si tu ministerio obedece los mandatos de Jesús, le seguirán señales y maravillas.

> *Si tu ministerio obedece los mandatos de Jesús, le seguirán señales y maravillas.*

Los estilos de ministerio y los métodos cambian de persona a persona. Ninguna persona obrará en la misma forma que otra, porque todos somos individuos y tenemos diferentes generaciones para alcanzar.

Pero cuando un ministerio opera en la misma magnitud de uno que ha pasado antes que él, algunas veces digo que el "manto" ha pasado de uno a otro. Un manto es un término espiritual que puede ser comparado, en lo natural, con un chal o un abrigo. Cuando "vestimos" el manto, operamos en una forma similar a la del ministerio del cual lo recibimos.

Desde este punto de vista personal, creo que Aimee Semple Mc Pherson continuó donde María dejó, por medio de grandes señales, prodigios y maravillas. Creo que ella recibió el manto de María. De McPherson, pareciera que un manto similar pasó a Kathryn Kuhlman. Kuhlman también fue conocida por la gran magnitud de los milagros que se produjeron en su ministerio y por su hambre de comunión con el Espíritu Santo. Hoy, en la década del ´90, me parece que un manto similar de sanidad ha pasado de Kathryn Kuhlman a Benny Hinn, aunque a este no le agrada que se diga eso de él, ya que cree que tiene un manto que Dios le ha dado directamente a él, no proveniente de otro. Benny Hinn es el gran pastor y evangelista de la sanidad de Orlando, Florida.

NO TE HERRUMBRES

María Woodworth-Etter alcanzó a miles y miles de personas en todos los Estados Unidos con el mensaje liberador de Jesucristo. Esto fue lo que se escribió sobre ella:

"Gloria a Dios y al Señor Jesús por llamarla, dotarla de poder, guardarla y hacer de ella una 'Madre en Israel' para nosotros. El mismo amor que la guardó es nuestro hoy. Amén."[44]

Nuevamente vemos en esta Tierra poderosas señales y maravillas. Por eso, cultiva los tesoros divinos que hay en ti por medio de la experiencia y de la Palabra; y luego hazlos surgir a la superficie por medio de la oración y la obediencia. Cree que Dios hará que se produzcan señales y maravillas a través de ti. Decídete a ser utilizado en esta hora, y avanza hacia la plenitud que Dios tiene para ti. No permitas que los contratiempos te frustren o sean obstáculos para tu vida. Pide al Espíritu de poder que te ayude a completar tu carrera con una victoria completa. Adopta como lema estas palabras de la hermana Etter:

"Es mejor gastarse por Jesucristo, que herrumbrarse".

No te detengas hasta que hayas terminado. El mundo está buscando la respuesta que tienes dentro de ti.

CAPÍTULO DOS: MARIA WOODWORTH-ETTER
Referencias

1   Wayne E. Warner, "Neglect Not the Gift That Is in Thee," (No descuides el don que hay en ti), Etter. Sermón tomado de The Woman Evangelist (La mujer evangelista) (Metuchen, NJ y Londres: The Scarecrow Press, Inc., 1986), pág. 307, apéndice C.
2   Ibid., pág. 6.
3   Ibid., pág. 7.
4   Ibid., pág. 8.
5   Ibid., pág. 10.
6   Maria Woodworth-Etter, "A Sermon for Women" (Sermón para mujeres), A Diary of Signs and Wonders (Diario de señales y maravillas), (Tulsa, OK: Harrison House, reimpresión de la edición de 1916), págs. 215-216, 30-31.
7   Warner, The Woman Evangelist, pág. 14.
8   Ibid., pág. 21.
9   Ibid., pág. 22.
10 Woodworth-Etter, A Diary of Signs and Wonders, págs. 67-68.
11 Warner, The Woman Evangelist, pág. 41.
12 Woodworth-Etter, A Diary of Signs, pág. 111.
13 Warner, The Woman Evangelist, pág. 42.
14 Ibid.
15 Ibid., pág. 148.
16 Ibid., pág. 146.
17 Ibid.
18 Ibid, pág. 81, nota al pie No. 18, John Alexander Dowie, "Trance Evangelism" (Evangelismo por trance), Leaves of Healing, 8 de marzo de 1895, pág. 382. Reimpresión de un viejo ejemplar de Leaves of Healing, pág. 98.
19 Maria Woodworth-Etter, Life & Testimony of Mrs. M. B. Wood worth-Etter, (Vida y testimonio de la Sra. M. B. Woodworth-Etter,) pág. 12.
20 Woodworth-Etter, A Diary of Signs, pág. 151.
21 Ibid., pág. 184.
22 Warner, The Woman Evangelist, pág. 41.
23 Ibid., pág, 213.
24 Ibid., pág. 167.

25 Woodworth-Etter, A Diary of Signs, pág. 166.

26 Ibid., pág. 173.

27 Warner, The Woman Evangelist, pág. 201.

28 Ibid., págs. 202-203.

29 Ibid., pág, 172.

30 Artículo de The Latter Rain Evangel (El evangelio de la lluvia tardía), agosto de 1913.

31 Warner, The Woman Evangelist, pág. 188. Nota al pie No. 42 to mada de Spirit-Filled Sermons (Sermones llenos del Espíritu Santo), de Maria Woodworth-Etter.

32 Ibid., pág. 169, Fire on Azusa Street (Fuego en la calle Azusa), de A. C. Valdez.

33 Carta personal de Elizabeth Waters a Thomas Slevin, chozno de la hermana Etter.

34 Warner, The Woman Evangelist, pág. 268, nota al pie No. 21.

35 Ibid., págs. 256-257 y 267, nota al pie No. 13.

36 Ibid., pág. 256.

37 Aimee Semple McPherson, This is That (Esto es), (Los Ángeles, CA: Echo Park Evangelistic Assoc., Inc., 1923), págs. 149-150.

38 Warner, The Woman Evangelist, pág. 294, nota al pie No. 11.

39 Ibid., pág. 287.

40 Ibid., pág. 290.

41 Woodworth-Etter, Life & Testimony of Mrs. M. B. Woodworth-Etter, pág. 123.

42 Ibid., pág. 124.

43 Entrevista personal con Tom Slevin, chozno de la hermana Etter.

44 Woodworth-Etter, Life & Testimony of Mrs. M. B. Woodworth-Etter, pág. 138.

Evan Roberts

"Líder del avivamiento en Gales"

"LÍDER DEL AVIVAMIENTO EN GALES"

E n mi opinión, la historia del joven líder del avivamiento en Gales, Evan Roberts, es la más triste de las que he investigado sobre los Generales. Este joven predicador de las minas de carbón en el sur de Gales tenía una inconfundible dispensación de avivamiento mundial destinada para él. Pero debido a la inexperiencia, a una limitada revelación y al control demoníaco, su increíble ministerio fue truncado mucho antes que llegara su tiempo. Antes de explorar su vida, quisiera dejar en claro que las verdades que aquí se presentan no son expuestas en forma de crítica. Las lecciones que sacaré están insertadas constructivamente de modo que nuestra generación pueda guardar su corazón, llevar la unción y prevalecer exitosamente en el calor del fuego del avivamiento.

UNA VERDAD CUBIERTA DE CARBÓN

Evan John Roberts nació el 8 de junio de 1878 en el rígido hogar calvinista-metodista de Henry y Hannah Roberts. Creo que el "espíritu del avivamiento" se manifestó inmediatamente en él. Sus padres influyeron grandemente en el cultivo de ese espíritu y esa naturaleza en él. Su naturaleza era de excelencia y sensibilidad. La familia era conocida por su amor por la Palabra de Dios y su duro trabajo. Cada miembro de la familia, sin importar cuán joven fuera, tenía su Biblia bien gastada.

> *Su naturaleza era de excelencia y sensibilidad.*

Quisiera destacar algo aquí: Padres, permitan que sus hijos se involucren en el mover de Dios. Ningún énfasis es suficiente a la hora de recordar cuán vitalmente importante es enseñar y preparar a los hijos en las cosas de Dios. Ellos necesitan saber cómo orar, cómo estudiar la Biblia, y cómo recibir la unción. Enséñenles a adorar a Dios con ustedes, y muéstrenles cómo hacerlo. El fuego del avivamiento muere porque los padres dejan a sus hijos en la "clase cuna" en lugar de hacerlos entrar en el mover de Dios. Las clases de infantes son una bendición cuando los hijos son bebés o tienen uno o dos años, pero llega un momento en que ellos pueden darse cuenta de cómo deben comportarse, y pueden participar del culto.

¿Cómo puede continuar el avivamiento si no se lo pasa a otros? Muchos avivamientos del pasado y algunos líderes de los mismos no tomaron en cuenta a la generación siguiente. Como consecuencia, Dios debió buscar otra generación para reencender el fuego que jamás debería haberse apagado. Los avivamientos no tienen por qué terminar. Los avivamientos son enviados para que continúen. El fuego de Dios debe ser pasado a cada nueva generación. Los niños son sensibles y moldeables, y desean aprender. Son como pequeñas esponjas ansiosas por incorporar cualquier cosa que desees compartir con ellos. Si tienes hijos, esa responsabilidad divina de pasar el fuego de Dios a ellos está en tus manos. Y es evidente que la familia de Evan Roberts tomó esa responsabilidad muy seriamente.

El firme carácter de Roberts fue resultado de la formación recibida en su familia. Cuando Evan aún era muy joven, su padre se lesionó en un accidente en las minas. Por lo tanto, Evan debió dejar de estudiar para ayudarlo en el trabajo minero. Pero nunca se quejó por esto.

Pronto, Evan desarrolló el hábito familiar de memorizar la Biblia. Nunca se lo veía sin su Biblia. Se ha dicho que solía esconderla en hendiduras de la mina donde trabajaba. Un día se produjo un enorme incendio que quemó todo a su paso... todo, excepto la Biblia de Evan. Sus páginas sólo fueron algo chamuscadas, por lo que él pudo continuar llevándola todos los días y memorizando pasajes de ella. Cada mañana, Evan se ubicaba a la entrada de la mina, para dar un pasaje en particular a cada uno de los obreros que pasaban, para que lo meditaran. Luego, cuando los veía salir por la noche, les preguntaba: "¿Qué verdad encontraste en ese texto?"[1] Estos hombres, esforzados trabajadores, que pasaban junto a ese joven cubierto de polvo de carbón, no tenían la menor idea de cómo Dios utilizaría a Evan para cambiar a su nación.

"¿QUÉ HARÍA JESÚS?"

Evan era totalmente diferente de los demás jovencitos de su edad. Nunca participaba en actividades deportivas, distracciones o bromas pesadas. Trabajaba en las minas todo el día, y luego iba a su casa y caminaba más de un kilómetro y medio hasta llegar a su iglesia, la Capilla Moriah. A los trece años de edad, experimentó su primer encuentro con Dios. Fue entonces que se comprometió a dedicarse aún más a la obra del Señor. Una frase simple, pero profunda, pronunciada desde el púlpito de la Capilla Moriah, cambió la vida de Evan. La frase "¿Qué haría Jesús?" se convirtió en su obsesión. Repetidas veces se preguntaba: "¿Qué he hecho para Jesús?", mientras se dedicaba más a la tarea del Señor.

El deseo de Evan de entregar su vida al Señor era tan intenso que leía todo lo posible relativo a él. Utilizaba sus ganancias para comprar instrumentos, que luego aprendía a tocar. En realidad, podía ser excelente en casi cualquier cosa a la que se aplicara, porque se entregaba de lleno. Se desarrolló en forma excelente en las muchas oportunidades como aprendiz de negocios que se le ofrecieron, y su carácter personal era excelente. También fue un escritor prolífico, y muchos de sus poemas y ensayos eran publicados por los periódicos locales.

Mientras otros jovencitos de su edad estaban interesados en salir con chicas, Evan casi siempre estaba dentro de la iglesia, discutiendo sobre las Escrituras con otros hombres. Pronto, los ancianos de la iglesia le encomendaron comenzar un grupo de debate para jóvenes de su edad, que se reuniría semanalmente. Pero estos tiempos felices terminaron abruptamente cuando se produjo una explosión en la mina en la que Evan trabajaba. Los hombres solteros fueron los primeros en perder su trabajo. Así que en 1898, Evan comenzó a trabajar en Mountain Ash, una ciudad al norte de donde él vivía. Y se fue de su hogar, sin darse cuenta de la preparación espiritual que había obtenido.

"ESTOY ARDIENDO, ESPERANDO UNA SEÑAL"

En ese momento, pocas personas entendían el poder de la oración. La mayoría asistía a la iglesia por compromiso moral, no espiritual. Pero Evan no. Debido a su deseo único por el Señor, se entregaba a la oración y la intercesión. Tanto es así, que cuando tenía veinte años, algunos lo consideraban un "lunático místico".[2] Por todas partes todas partes circulaban historias sobre él. Había rumores de quienes decían haberlo visto "como en trance" parado junto al camino, mientras suspiraba profundamente y sus labios se movían sin pronunciar sonido.[3] También se decía que meditaba tan largamente en la Palabra que muchas veces pasaba sin cenar. Algunas veces se quedaba hasta altas horas de la madrugada hablando con algún amigo. y orando por el avivamiento.

Varios ministros, muy preocupados por su comportamiento, se acercaron a Evan. Él simplemente les respondió: **"Pero el Espíritu me movió"**. Durante este tiempo, sus amigos le presentaron a un médico estadounidense, el Dr. Hugues. Este dijo a sus amigos que Evan sufría de "manía religiosa". Un hombre cristiano dijo de Evan:

> "Generalmente teníamos una lectura y una oración juntos, antes de apagar la lámpara. Después de esto, yo oía a Evan clamando y gimiendo en el Espíritu. No podía entender qué era lo que le estaba diciendo a Dios, una vez más, y un santo temor me impedía preguntárselo".[4]

Aunque la gente no entendía los métodos de Evan, el poder espiritual que él demostraba era inconfundible. En cierta ocasión, viajó hacia Builith Wells para una reunión de oración en la que le habían pedido que orara. Los corazones de los presentes se derritieron ante el poder que se desprendió de la oración de Evan. Después del culto, el ministro se acercó a él y le aconsejó que considerara la posibilidad de entrar en el ministerio de tiempo completo.

Evan la consideró, y respondió al llamado. Por medio de su iglesia, recibía invitaciones para predicar en las doce iglesias afiliadas, y sus sermones eran recibidos con gran aprobación. Evan confió a un amigo que su secreto celestial era: **"Pide, y te será dado. Practica una fe completa y definitiva en la promesa de Dios en el Espíritu"**.[5]

Durante este período, Evan escribió a un amigo diciéndole: **"He orado para que el Señor nos bautice a ti y a mí con el Espíritu Santo"**.[6] Poco después, fue sacudido tan profundamente por el Señor, que su cama tembló. Después de esto, cada noche a la 1:00 de la madrugada, Evan despertaba **"para tener comunión con Dios"**. Oraba durante cuatro horas, se dormía a las 5:00 de la mañana, durante otras cuatro horas, y nuevamente oraba desde las 9:00 hasta el mediodía.[7]

En diciembre de 1903, Evan supo en su corazón que Dios había planeado un gran avivamiento para la comunidad de Gales. Mientras predicaba en Moriah, dijo: **"He extendido mi mano y tocado la llama. Estoy ardiendo y esperando una señal"**.[8]

Quisiera destacar algo aquí. El avivamiento debe estar en tu corazón

antes de llegar a la Tierra. Cada avivamiento no tiene nada que ver con el anterior, pero tiene todo que ver con la persona que lo trae.

Durante este tiempo, todas las denominaciones en Gales estaban orando por un avivamiento. La Capilla Moriah tenía una doctrina calvinista muy estricta, por lo que Evan estaba bien entrenado en la doctrina de "hombre, pecado y salvación". Los jóvenes estudiantes que aspiraban a entrar en el ministerio debían escuchar a los grandes hombres de su denominación y copiar sus estilos de predicación. Pero Evan era la excepción. Aunque había sido admitido en el instituto bíblico, no pudo completar sus estudios debido a su ardiente deseo de predicar y orar.

Capilla Moriah

"¡DOBLÉGANOS! ¡DOBLÉGANOS!"

Para Evan Roberts, 1904 fue un año de grandes luchas. Se sentía atormentado por estar entre dos extremos: lo que todos esperaban que hiciera, y lo que él sentía que el Espíritu de Dios deseaba que hiciera.

Su amigo más íntimo, Sidney Evans, asistió a una reunión de oración de la regresó muy entusiasmado, y contó a Evan que había rendido

enteramente su vida a la obra del Señor. Pero Evan reaccionó en forma muy extraña. Temiendo no poder recibir la plenitud del Espíritu de Dios, cayó en una profunda depresión, algo que se repetiría varias veces durante su ministerio. Estaba tan consumido por esta idea que nada podía aliviarlo.

Luego, en setiembre, los amigos de Evan lo persuadieron de que fuera con ellos a escuchar al tosco evangelista Seth Joshua. Sin que Evan lo supiera, el Rev. Joshua había orado durante años para que Dios levantara otro "Eliseo" de una persona común, y lo "invistiera con el manto de poder".[9] Y Joshua recibió exactamente lo que había pedido.

Cuando se produjo el tremendo avivamiento a través del liderazgo de Evan Roberts, los grandes y solemnes predicadores de Inglaterra y Gales se vieron obligados a sentarse a los pies de rudos y toscos trabajadores mineros, para ver las maravillosas obras de Dios.

Evan permaneció en silencio durante todo el culto. Pero cuando Joshua comenzó a orar: "¡Dobléganos! ¡Dobléganos", el alma de Evan se conmovió en su interior. Después de la reunión, el grupo fue a la casa de Joshua para desayunar, pero Evan se negó a comer. Estaba extremadamente tenso y solemne. Temía que el Espíritu Santo viniera a él y él no estuviera listo para aceptarlo. Así, una vez más, Evan se colocó a sí mismo en un estado depresivo.

> *Cuando se produjo el tremendo avivamiento a través del liderazgo de Evan Roberts, los grandes y solemnes predicadores de Inglaterra y Gales se vieron obligados a sentarse a los pies de rudos y toscos trabajadores mineros, para ver las maravillosas obras de Dios.*

En mi opinión, esto mostraba que el joven Evan no comprendía bien las formas en que obra el Espíritu Santo. Esta presión intensa y poco natural que se imponía a sí mismo sólo lo llevó a equivocarse más adelante. El Espíritu Santo jamás obliga a nadie. Nunca ofrece algo que no podemos recibir, ni nos pide que hagamos algo que no podemos hacer. El Espíritu Santo no está para torturar nuestras almas, empujarnos o presionarnos para que nos aislemos de los demás. Él ha venido para darnos poder para servirle. Vino a impartir valentía, sensibilidad y fuerza. Lo único que debemos decir es: "Ven, Espíritu Santo". Si nuestras vidas necesitan ajustes, él revelará las áreas en que sean necesarios, así como su plan para madurar en ellas. El reino de los cielos es justicia, paz y gozo. Cualquier otra cosa hará que perdamos el equilibrio.

Evan dejó a sus amigos y volvió a la capilla donde el Rev. Joshua había predicado. Mientras estaba allí, comenzó a responder a la oración que Joshua había orado, clamando a gritos al Señor: "**¡Doblégame! ¡Doblégame!**" En esta oración de sumisión completa, recibió una revelación del amor de Dios. Ese día, Evan se rindió a la voluntad del Señor y permitió que su compasión lo llenara. Más tarde, Roberts diría de esta experiencia: "**Era Dios, enviando su amor, que me doblegó... Después que me doblegó, una oleada de paz y gozo llenaron mi alma**".[10] Ahora él se sentía listo para ser el mensajero de Dios.

Aunque muchas veces pareciera que Evan Roberts se sentía movido hacia las cosas de Dios en forma poco natural, también puede decirse que tuvo un gran amor por el Espíritu Santo y su mover en la Tierra.

UN BRAZO EXTENDIDO DESDE LA LUNA

Evan no solía tener visiones con frecuencia. Tuvo su primera visión en octubre de 1904.

Mientras paseaba por un jardín con Sidney Evans, Evan notó que Sidney estaba como absorto, observando la Luna. Entonces él miró hacia el cielo y preguntó: "**¿Qué estás mirando? ¿Qué ves?**" Entonces, repentinamente, Evan lo vio también. Vio un brazo que parecía estar extendido desde la Luna, apuntando hacia Gales.

Evan había estado orando fervientemente para que cien mil almas se agregaran al reino de Dios, y recibió esta rara visión como respuesta directa a sus oraciones. Ahora estaba más decidido que nunca a lanzar su ministerio. Estaba dispuesto a dar todo su tiempo y todo su dinero para la obra que tenía por delante. Su afirmación: "**No podemos hacer nada sin el Espíritu Santo**",[11] marcó el precedente para el resto de su ministerio, que algunas veces fue efectivo, y otras fue extremista.

Evan, en su ferviente amor por el Espíritu Santo, parecía sentir el deber de "defenderlo personalmente" algunas veces. En cierta ocasión, mientras participaba de un culto, se levantó de un salto, interrumpió el sermón, y acusó a la congregación de falta de sinceridad.[12] Tan rápidamente como se inclinaba hacia lo extremo, Evan volvía a la normalidad e instruía a quienes lo rodeaban sobre cómo obtener paz con Dios.

LAS CLAVES PERDIDAS

Evan finalmente obtuvo permiso para comenzar una pequeña serie de reuniones. Lo que comenzó el 31 de octubre como una sencilla reunión en una iglesia se convirtió rápidamente en un tremendo avivamiento y se prolongó durante dos semanas.

El grupo comenzó con unos pocos creyentes consagrados que escuchaban atentamente el mensaje de Evan. En lugar de quedarse detrás del púlpito, el joven líder caminaba por los pasillos, predicando

> *En lugar de quedarse detrás del púlpito, el joven líder caminaba por los pasillos, predicando y formulando preguntas a las personas sentadas en los bancos.*

y formulando preguntas a las personas sentadas en los bancos. Esto era algo inaudito para aquella época. El objetivo de aquellas primeras reuniones era dedicar y capacitar a los intercesores para el avivamiento que se acercaba. Evan lo logró exitosamente. Él creía que el avivamiento vendría por el conocimiento del Espíritu Santo, y que se debe "cooperar" con el Espíritu para poder operar con poder. Incluso niños fueron entrenados para orar de mañana y de noche para que Dios "¡envíe su Espíritu a Moriah, por el amor de Jesús!"

Pronto, los cultos se volvieron más fervorosos, y Evan pidió más obreros al instituto bíblico. Fuertes oleadas de intercesión inundaban el salón durante cada culto, y muchas veces las reuniones se extendían hasta pasada la medianoche. Una vez, Evan oró toda la noche con una congregación y no regresó a su casa hasta la mañana siguiente. Este pequeño grupo de intercesores liderados por el joven evangelista transformó la comunidad entera. Algunas reuniones duraban hasta las 4:00 de la madrugada, y las personas se reunían en la puerta de calle para comenzar a orar a las 6:00 de la mañana. En dos años, el nombre de Evan Roberts era conocido en toda Gales.

Durante este vertiginoso avivamiento, Evan se negó a ser reconocido como líder del mismo; criticaba a cualquiera que lo señalara como tal, y rehusaba ser fotografiado. Se dice que una vez llegó a esconderse detrás del púlpito cuando el fotógrafo de un periódico entró

a una reunión con una cámara. Como consecuencia de esto, las únicas fotografías que tenemos de Evan son posesión de su familia.

Los cultos de Evan se caracterizaban por las risas, el llanto, la danza, el gozo y el quebrantamiento.[13] Pronto comenzaron a ser tema de artículos en los periódicos, y el avivamiento se convirtió en noticia en todo el país. Algunos de los mismos periodistas se convirtieron en las reuniones. El avivamiento se extendió por Gales con gran fervor. Pronto los bares y los cinematógrafos cerraron. Ex prostitutas comenzaron a liderar estudios bíblicos. Las personas comenzaron a pagar deudas que habían tenido por largo tiempo. Y los que alguna vez habían gastado egoístamente su dinero en alcohol repentinamente se convirtieron en motivos de gozo para sus familias y un gran sostén para ellas.

Febrero 1905

Las reuniones del avivamiento de Gales no contaban con coros o ceremonias especiales. No había ofrendas, ni himnarios, ni comités, ni líderes de adoración ni promociones pagas. Los líderes de las denominaciones que anhelaban más de Dios asistían a las reuniones. Se dice que en una ciudad, todos los ministros intercambiaron púlpitos por un día, en un esfuerzo por romper los muros denominacionales y establecer la unidad. Aun las mujeres podían participar. Hasta ese momento, las mujeres de Gales tenían prohibido participar en cualquier rol público en la vida de la iglesia, pero ahora podían ser vistas orando y alabando abiertamente. Finalmente, Evan llegó a abogar porque las barreras nacionales y raciales fueran derribadas.

El avivamiento de Gales se basó en estos cuatro puntos: (1) Confiesa todo pecado que conozcas. (2) Investiga todas tus cosas secretas y dudosas. (3) Confiesa al Señor Jesucristo abiertamente. (4) Comprométete a obedecer sin reservas al Espíritu.

Evan Roberts había descubierto las claves para el avivamiento. Y si estas claves eran importantes en su época, ciertamente lo son también ahora. Creo que "arrepentimiento" es una palabra que ha perdido algo de su brillo en la actualidad. Ha perdido algo de su significado debido a temas sociales y actitudes erróneas. Algunas personas se dejan llevar tanto por la ley de gracia y misericordia de Dios que dejan de lado sus otras leyes. La gracia y la misericordia no nos dan permiso para vivir como queramos. No vivimos en una gracia y una misericordia baratas. La justificación que disfrutamos como creyentes fue comprada con la sangre de Jesús; un precio demasiado caro para simples palabras. Si no obedecemos, no recibiremos. El arrepentimiento nos trajo al reino de Dios, y el arrepentimiento nos mantendrá en él.

También debemos amar a Dios más que cualquier otra cosa. Cuando yo era un niño, sentí que debía dejar de jugar al básquetbol. No hay nada de malo en el básquetbol. Pero en ese momento, supe lo que Dios me había llamado a hacer, y parecía que yo amaba más el básquetbol que la oración. Así que dejé ese deporte. Dios había marcado un plan para mi vida. Yo lo acepté, y la oración se convirtió en la fuerza que me daba vida. Está bien disfrutar de la vida. Sólo asegúrate de no amar más a tu vida que a Dios.

"DIOS ME HA HECHO FUERTE Y VARONIL"

Las reuniones de avivamiento de Roberts eran totalmente diferentes de cualquier otra cosa que Gales hubiera experimentado. Un culto comenzó con dos jovencitas paradas frente al púlpito. Una de ellas rogaba y oraba para que las personas se rindieran al Espíritu Santo. La otra dio su testimonio cantando, antes de romper a llorar. Esto era lo que llamaban "calentar el ambiente".[14] Si la congregación se preguntaba por qué Evan Roberts no subía a la plataforma una vez que las jovencitas habían terminado, sólo tenían que mirarlo. Estaba de rodillas, llorando y clamando a Dios. Muchos decían que no era la elocuencia de Evan Roberts lo que conmovía a los hombres, sino sus lágrimas. En su libro Azusa Street, Frank Bartleman cita a un testigo ocular que manifestó: "Evan Roberts, en el clímax de su agonía, solía caer sobre el púlpito, mientras muchos de los que estaban en la multitud se desvanecían".

Era común en las reuniones de Evan que los miembros de la congregación repentinamente cayeran de rodillas y oraran en voz alta.

Oleadas de gozo y de tristeza inundaban a la congregación. Las mujeres caían de rodillas y los hombres estaban tendidos en los pasillos, llorando, riendo, orando. Mientras tanto, no había lectura bíblica ni música instrumental. Algunos se sentían inspirados a ponerse de pie y cantar himnos. Se dice, incluso, que la congregación estaba tan absorbida por Dios que olvidaban ir a su casa a comer, los domingos. Esto era algo inaudito en el sur de Gales en esa época. A medida que avanzaba el día, el culto vespertino se convertía en una reunión de oración continuada. Podía verse a Evan caminando por los pasillos, moviendo los brazos, palmeando las manos, y saltando arriba y abajo.

> *Si no sentía la unción para predicar, permanecía en silencio.*

Aunque su éxito se había convertido en el comentario de toda la nación, muchos aún no sabían qué pensar de Evan Roberts. Estaban acostumbrados a los ojos ardientes de los antiguos predicadores, y Evan jamás levantaba la voz. Algunas veces lo llamaban "el predicador silencioso". Si no sentía la unción para predicar, permanecía en silencio. En cierta ocasión, Evan se quedó sentado en el primer banco durante tres o cuatro horas, y luego se levantó a predicar durante sólo quince minutos.

También, en ese tiempo, la gente estaba acostumbrada a predicadores de rostros serios y solemnes. Pero Evan era todo lo contrario. Su rostro brillaba continuamente. Una vez, cuando un ministro leyó una lista de treinta y tres personas que se habían convertido, Evan lo abrazó y exclamó: "**¿No es glorioso?**"

A causa del avivamiento, las librerías locales no contaban con suficientes Biblias en su existencia. La industria minera galesa también cambió. Sus caballos habían sido entrenados para responder a órdenes que incluyeran palabras soeces. Pero a medida que los trabajadores de las minas nacían de nuevo, descubrieron que sus caballos tenían que ser entrenados otra vez, ya que no sabían seguir una orden normal, sin palabras sucias.

Naturalmente, estaban las preocupaciones usuales. La gente murmuraba porque parecía no haber orden en los cultos. Y Evan trabajaba todo el día, sin descanso. Cuando alguien le preguntó al respecto, cierta vez respondió:

"¿Cansado? Jamás. Dios me ha hecho fuerte y varonil. Puedo enfrentar a miles de personas. Mi cuerpo está lleno de electricidad día y noche y vuelvo a las reuniones sin dormir".[15]

Es un hecho documentado que Evan Roberts comía y dormía muy poco durante los primeros dos meses de este avivamiento. En realidad, sólo dormía dos o tres horas por noche.

ESCUCHA ESTO: DEBES DESCANSAR

Para andar continuamente en el Espíritu, debemos obedecer las leyes naturales instituidas por Dios. Una de ellas es cuidar de nuestro cuerpo físico. Aunque es cierto que el Espíritu es mayor que la carne, si no cuidamos de esa carne mientras estamos en la Tierra, el cuerpo se debilita, y puede llegar a morir. Si el cuerpo muere, el espíritu debe partir. Dios estableció una ley natural que dice que nuestros cuerpos necesitan descanso y nutrición adecuados. Dios mismo descansó en el séptimo día después de la obra de la creación, estableciendo así el principio para nosotros.

Cuando estoy en la unción, esta afecta cada parte de mi ser. Mi cuerpo se siente energizado, y mi mente está sometida a la voluntad de Dios. ¿Por qué? Porque la unción da vida. Pero las demandas físicas sobre mi cuerpo continúan, con unción o sin ella. Mi cuerpo aún necesita de oxígeno y nutrientes, y mi mente aún necesita descanso. Todavía no tenemos nuestros cuerpos glorificados. Por eso, los obreros maduros deben aprender a cuidar de sus cuerpos físicos. Podemos vivir "afuera", en el espíritu, funcionar en la unción, y tener el descanso necesario. Si no lo hacemos, sobreviene el desastre. El Espíritu Santo jamás te empujará; él sólo te guía. No puedes seguir a Dios y oír su voz adecuadamente si tu cuerpo está exhausto y agotado. La presión y la necesidad abundan cuando se produce un avivamiento, porque las personas toman conciencia de su condición espiritual. El líder debe, entonces, saber liderar y descansar de manera de continuar siendo un instrumento vital en manos de Dios. Creo que una de las razones principales por las que el ministerio de Evan Roberts terminó prematuramente fue que no había aprendido este principio.

Evan comenzó a mostrar señales de agotamiento emocional poco

después. Pero a pesar de la sobrecarga, continuó yendo de ciudad en ciudad, rogando a la gente de cada lugar que pensara en los perdidos. Cuando sus amigos le sugerían descansar, reaccionaba casi violentamente. Aunque su cuerpo se desgastaba con rapidez, el poder de Dios continuaba satisfaciendo el hambre de la gente. Un periódico relataba que mientras algunos gritaban a causa de su profunda convicción, otros, literalmente, temblaban.[16]

DEMOSTRACIÓN DEL PODER DIVINO

Estar en una reunión de Evan Roberts era una experiencia sobrenatural. Él tenía la capacidad de hacer sentir la presencia del Espíritu Santo, casi como una fuerza tangible. Hacía que la persona común que iba a la iglesia tomara conciencia del mundo espiritual, especialmente en el área de la pureza y la santidad hacia Dios. Dado que raramente predicaba, Evan permitía que tres mujeres cantantes, Annie Davies, Maggie Davies y S. A. Jones, viajaran con él. Muchas veces estas mujeres cantaban mensajes inspirados por Dios a la congregación. Evan reprendía a cualquiera que intentara detener su canto. Él creía que el Espíritu Santo debía tener el rol primordial y nadie tenía derecho a interrumpirlo; de ser así, se estaría abriendo las puertas a una clase de autoridad y control equivocados.

Para Evan, el Espíritu Santo no era una fuerza invisible, sino una Persona Divina que debe ser alabada y adorada por derecho propio y obedecida hasta el fin. Llegó a tal punto que cuando una o dos personas en la congregación no participaban, Evan se ponía de pie y decía: **"El Espíritu no puede estar con nosotros ahora".**[17] Y muchas veces, después de esto, se retiraba.

Era común que personas provenientes de ciudades y comunidades cercanas atestaran las reuniones de Evan. En un pueblo en que vivían tres mil personas, más de mil asistían a las reuniones. Si no llegaban a tiempo para conseguir un asiento, se quedaban afuera, aunque sólo fuera para poder ver a hurtadillas qué sucedía. Atónitos, los reporteros informaban que estas comunidades jamás habían tenido tantos visitantes como cuando Evan Roberts llegaba a alguna de ellas.

Atónitos, los reporteros informaban que estas comunidades jamás habían tenido tantos visitantes como cuando Evan Roberts llegaba a alguna de ellas.

Pronto la noticia de este avivamiento se esparció a otros países. Gente de Sudáfrica, Rusia, India, Irlanda, Noruega, Canadá y Holanda corría a Gales. Un grupo de estadounidenses llegó solamente para poder decir: "Estuve allí cuando se produjeron los milagros".[18] Muchos venían para llevarse una parte de ese avivamiento a sus propios países. Se dice que durante este tiempo, el evangelista y periodista californiano Frank Bartleman escribió a Evan preguntándole cómo podría llevar el avivamiento a Estados Unidos. Evan intercambió varias cartas con Bartleman, y en cada una incluía principios para el avivamiento, mientras le aconsejaba que lo buscara y le aseguraba que estaban orando por él en Gales. Bartleman luego tendría el importante rol de registrar lo ocurrido durante el avivamiento de la calle Azusa que se originó en el sur de California en 1906. No hay dudas de que el avivamiento en Gales despertó un hambre por Dios a nivel mundial.

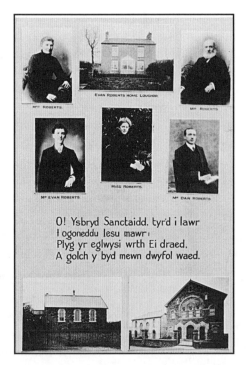

La Sra. Roberts, el Hogar Evan Roberts en Loughor, el Sr. Roberts, el Sr. Evan Roberts, la Srta. Roberts y el Sr. Dan Roberts

Monumento a Roberts

Líder del avivamiento galés

Roberts con las damas que cantaban en sus reuniones

Evan Roberts lee la Palabra

Evan Roberts sentado en el asiento trasero de un auto, con algunos amigos

Un alma que ardía de pasión por Dios

CONFUSIÓN Y COLAPSO

En 1905, Evan Roberts sufrió una gran confusión mental. Muchas veces decía que deseaba participar de **"los padecimientos del Maestro"**. Algunas veces comenzaba un culto con gran gozo, y repentinamente saltaba, agitando los brazos, y reprendía severamente a quienes no eran de corazón puro. Luego amenazaba con abandonar el culto. Le comentaba a su amigo, Sidney Evans, que tenía miedo de hablar palabras que no fueran de Dios. Escuchaba muchas voces, y algunas veces no estaba seguro de cuál era de Dios, y cuál era la suya.[19] También estaba constantemente examinándose a sí mismo en busca de algún pecado no confesado. Su principal temor era que la gente lo exaltara a él, en lugar de exaltar a Dios.

Mientras el avivamiento continuaba y comenzaban a hacerse visibles algunas necesidades específicas, Evan comenzó a operar en los dones del Espíritu. Por ignorancia, la gente decía que Evan era telépata, ya que no comprendían cómo podía lograr tal exactitud espiritual. Pero en lugar de detenerse a enseñar a la gente lo relativo a los dones del Espíritu, Evan simplemente continuaba practicándolos.

Algunas veces, mientras estaba predicando, Evan se detenía repentinamente, elevaba la mirada hacia los asientos ubicados en el nivel más alto, y exclamaba que alguien allí necesitaba ser salvo. Segundos después, la persona caía de rodillas y clamaba, arrepentida, a Dios. Esto sucedía con frecuencia en los cultos.

Algunas veces Evan nombraba un pecado específico que estaba presente y pedía arrepentimiento inmediato. Otras veces sabía que había alguna persona fuera del templo, agonizando delante de Dios. Entonces dejaba abruptamente el lugar, salía a la calle y encontraba a esa persona, de rodillas, clamando a Dios.

Las voces que Evan escuchaba comenzaron a preocuparlo cada vez más. Pero en lugar de buscar consejo de líderes más maduros, decidió continuar siguiendo las señales e ignorando su inquietud interior. Fue en este momento que Evan Roberts sufrió su primer colapso emocional, y se vio obligado a permanecer en el hogar de un amigo, y cancelar sus reuniones.

"OBSTÁCULOS QUE LLEGAN Y OBSTÁCULOS QUE SE ALEJAN"

Cuando todos se enteraron de que las reuniones se habían cancelado, se ofendieron y se pusieron furiosos. Aunque estaba terriblemente fatigado, Evan se dejó llevar por la presión y puso una nueva fecha para la reunión.

Pero tal como era de esperarse, en la reunión, Evan estaba algo confuso y reprendió severamente a la multitud. Incluso llegó a señalar **"obstáculos que llegan"** y **"obstáculos que se alejan".** Las personas comenzaron a preocuparse más por el conflicto que él estaba señalando que por su propio anhelo de Dios. Después de esto, las críticas y las quejas en contra de Evan se multiplicaron por toda Gales. Lo llamaban "hipnotizador", "exhibicionista", "ocultista". Como respuesta, Evan comenzó a castigar a congregaciones enteras por los corazones duros de una o dos personas que aparecían en sus reuniones. Una vez llegó a "condenar" el alma de un hombre, prohibiendo a cualquier persona que orara por él.

Las acusaciones y las críticas se extendieron como un reguero de pólvora. Cada día aparecían nuevos y amargos cargos en periódicos y cartas. Y cada nueva reunión estaba llena de agnósticos desafiantes que decían que Evan "llevaba un fuego falso" y lo llamaban "profano".

Sus amigos trataban de justificar sus acciones, diciendo que era un ministro joven e inexperto, y que era de esperar que cometiera "los errores que cometen los jóvenes".

Pronto, Roberts sufrió un nuevo colapso físico y emocional y, para deleite de sus críticos, canceló todas las reuniones. Entonces se lo consideró insano, y los que se habían convertido en el avivamiento comenzaron a dudar si no habrían sido engañados por Satanás. En respuesta a este exabrupto, un psicólogo que examinó a Evan publicó este comentario: "Nuestros organismos no pueden soportar tales implacables tensiones y repetidos choques violentos, que sacuden los nervios y dejan exhaustos al cerebro y al cuerpo".[20] Con esto, Evan cayó en el silencio por un tiempo.

GRAN GLORIA, GRAN TENSIÓN

La gente que apoyaba a Evan, sin dejarse influir por los críticos, inundaba a su secretaria con invitaciones para ministrar. Después de un breve período de descanso, Evan decidió aceptar las invitaciones, y publicó en los periódico el itinerario que seguiría.

El día de la primera reunión, las calles estaban atestadas de gente. Cientos de personas llegaron desde temprano para conseguir asientos. Cuando estaba a punto de comenzar, la secretaria de Evan subió a la plataforma y leyó una nota escrita por él: **: "Dile a la gente que no iré al culto. El Espíritu me impide ir y no puedo hablar"**.[21] Hubo grandes gritos de desilusión e ira. Aun los amigos de Evan no podían apoyar esta "guía del Espíritu". Lo mejor que podían decir de él era que estaba bajo una gran presión.

Evan se encerró para pasar tiempo en oración y lectura de la Palabra, y después de otro breve período de descanso, volvió al ministerio público. Esta vez los resultados fueron como en los primeros días del avivamiento. Evan se veía a sí mismo como "el mensajero especial del Señor que levantaría a las iglesias para la tarea de salvar a la nación."[22]

> *Evan se veía a sí mismo como "el mensajero especial del Señor que levantaría a las iglesias para la tarea de salvar a la nación".*

Una vez más se levantaron agudas críticas en su contra. Evan, que ya no se caracterizaba por su mansedumbre, respondió abiertamente a los líderes públicos

y anunció que una iglesia en particular en la que estaba ministrando "no estaba fundada sobre la Roca". Un golpe devastador se produjo en una reunión de hombres en esta misma iglesia cuando Evan reemplazó al pastor, y debió enfrentarse a cientos de hombres muy molestos. Cuando llegó, no quiso subir a la plataforma, y prefirió quedarse sentado, en silencio, en su silla, durante dos horas. Mientras los ministros lo criticaban abiertamente allí mismo, Evan se levantó y abandonó la capilla. Cuando el pastor regresó, prometió que las reuniones continuarían en paz, y rogó a los ministros que se condujeran de manera pacífica. Cuando Evan subió a la plataforma esa noche, simplemente sonrió y exhortó a la congregación a estudiar el verdadero Pastor, en Ezequiel 34.[23]

Debido a su frágil constitución, las heridas emocionales de Evan se hicieron más difíciles de sanar. Se molestaba en gran manera por pequeñas cosas. Cuando alguien decía que los convertidos "ladraban como el diablo" o "seguían a sanadores y profetisas", él lo tomaba en forma personal. Como consecuencia, se sentía deprimido gran parte del tiempo.

El punto crítico en la caída de Evan Roberts se produjo cuando regresó al noroeste de Gales en el verano de 1906. Había sido invitado a participar en Pascua en una conferencia tipo Keswick, para ministros y líderes eclesiásticos. Fue allí que Evan habló de lo que él llamaba su "nueva carga", que era identificarse con Cristo por medio del sufrimiento.[24] Poco después, se sintió tremendamente abrumado por la tensión y sufrió un nuevo colapso.

APARECE JEZABEL

En la reunión de Keswick, la Sra. Jessie Penn-Lewis se presentó a Evan. La Sra. Penn-Lewis era una mujer inglesa muy rica e influyente en la sociedad. Ella también ministraba, pero su ministerio había sido objeto de burlas por parte de los galeses, debido a serios conflictos doctrinales. Ellos rechazaban sus enseñanzas sobre el "sufrimiento" y abolieron su ministerio en su nación.

Cuando la Sra. Penn-Lewis escuchó el mensaje de Evan sobre la cruz, se acomodó a esta enseñanza para ganar su aceptación, y confió a algunos amigos que Evan "también había sido duramente sacudido y necesitaría alguna clase de escape". Entonces convenció a Evan de su posición, mientras destacaba las enseñanzas excelentes que él daba y los abusos que debía sufrir a causa de ellas. En su estado de debilidad, Evan sucumbió a su influencia. A menos de un mes de estar continuamente en compañía de Penn-Lewis, Evan sufrió su cuarto y más serio colapso nervioso.

Algunas cartas que han sido recientemente descubiertas muestran que Penn-Lewis tenía oscuras intenciones con respecto a Evan Roberts. Ella utilizó su nombre repetidas veces mientras defendía sus propias creencias y métodos. También dijo a los ministros de Gales que estaba tan herida por la opinión que tenían de ella, que no regresaría a su país. Y agregó que sería mejor para Evan mantenerse lejos de Gales, dado que, como ella, él estaba "demasiado destrozado como para hacer algo".[26]

Después de este anuncio de la Sra. Penn-Lewis, Roberts fue rápida y secretamente llevado en tren fuera de su amada patria natal, el lugar donde había ministrado. Penn-Lewis y su esposo llevaron a Evan a su propiedad en Inglaterra, llamada Woodlands. Allí construyeron un nuevo hogar que respondiera a las necesidades de Evan. Le construyeron un dormitorio, un cuarto de oración, y su propia escalera privada. Allí fue que el gran evangelista quedó confinado a la cama.

¿1 REYES 21?

Mientras estaba en Woodlands, Penn-Lewis visitaba diariamente a Evan. Él la escuchaba respetuosamente mientras la mujer hablaba de los errores y los juicios equivocados que según ella, él había cometido durante su ministerio. Pero Evan no podía discernir que todo lo que ella decía estaba basado enteramente en sus propias opiniones.

En sus visitas a Evan, que estaba postrado en cama, Penn-Lewis comenzó a preguntarle sobre los dones sobrenaturales que operaban por medio de él.

El Sr. y la Sra. Penn-Lewis

La mujer llegó a la conclusión de que la depresión de Evan se debía a esta actividad espiritual. Criticando estos dones que habían sido dados a Evan, Penn-Lewis le advirtió que a menos que crucificara totalmente el yo, estaría engañándose. Lleno de condenación, Evan finalmente aceptó que todas las manifestaciones sobrenaturales que había experimentado no podían haber provenido de Dios y llegó a la conclusión de que, además de confundir a las multitudes, él mismo había sido engañado por las manifestaciones sobrenaturales.

A partir de este momento, Evan decidió, bajo la influencia de los consejos de la Sra. Penn-Lewis, que no volvería a confiar en ningún mover de lo sobrenatural. Y llegó a la conclusión de que para que el Espíritu Santo pudiera moverse a través de un creyente, este debería tener muchísima más sabiduría y experiencia que las que él poseía. El estado depresivo del líder del avivamiento lo volvía extremadamente frágil, y el aguijoneo constante de Penn-Lewis lo hacía sentirse aún más frustrado.

> *A partir de este momento, Evan decidió, bajo la influencia de los consejos de la Sra. Penn-Lewis, que no volvería a confiar en ningún mover de lo sobrenatural.*

Me pregunto si Evan alguna vez pensó en los miles de personas que se habían vuelto a Dios y habían nacido de nuevo gracias a estos dones. ¿Recordaría las multitudes que venían de otros países para recibir de su ministerio y llevarlo a sus propias tierras? Sin dudas había oído las noticias del obrar de Dios en esos otros países.

Me pregunto si pensó en las multitudes que, anhelando un toque de Dios, esperaban en las calles, porque él había sido lo suficientemente transparente como para que el Espíritu Santo lo utilizara. ¿Alguna vez pensó que era la falta de descanso, no de consagración, lo que causaba su confusión? ¿Acaso pensaría que los errores que había cometido por estar exhausto eran el único fruto que su ministerio había dado?

Si Evan Roberts alguna vez consideró estas cosas, el pensamiento nunca se convirtió en acción. De esta manera, el equipamiento espiritual que acompañó su llamado se vio severamente dañado para cualquier manifestación futura.

¿MINISTRAR DESDE EL PÚLPITO? ¡NUNCA MÁS!

Enfrentada con las críticas debidas a la forma en que manejaba a Evan, la Sra. Penn-Lewis escribió a un respetado líder del avivamiento. En su carta decía que Evan Roberts debía ser "salvaguardado" y que estaba madurando "muy rápidamente, considerando cuán engañado había sido". Más tarde escribió a este mismo ministro, esta vez para decirle cuánto había crecido Evan espiritualmente y que ella podía ver que ambos estaban siendo "especialmente preparados para una gran obra".[27]

En mi opinión, la Sra. Penn-Lewis estaba utilizando la fuerza y el llamado de Evan Roberts para promoverse a sí misma. Según sus antecedentes, ella no tenía ni la fortaleza, ni el carácter ni el llamado para hacerlo por sí sola. Por lo tanto, creo que necesitaba algo que probara su validez espiritual. Y ese "algo" fue Evan Roberts. Si podía ganar su colaboración, entonces podría compartir la plataforma con él.

Aunque Evan estaba aislado en el hogar de los Penn-Lewis, un ministro y un amigo recibieron permiso para visitarlo. Al aconsejarlo y orar con él, influyeron en gran manera en su recuperación. Su amor alentó mucho a Evan espiritualmente, pero debió pasar otro año antes que el líder, que tanto había sufrido emocionalmente, pudiera ponerse de pie o caminar.

Después de un año, algunos médicos aconsejaron a Evan no volver a ministrar desde el púlpito. Podría aconsejar en forma informal, pero le advirtieron que no volviera a predicar. Obviamente, por razones que iban más allá que la preocupación por su salud, la Sra. Penn-Lewis estuvo de acuerdo.

Sin saber del debilitado estado físico de Evan, los que se habían convertido en el avivamiento en Gales se sentían profundamente heridos y abandonados por su líder. Un año o poco más después que Evan se mudara a Woodlands, algunos amigos, muy preocupados por él, acusaron a Penn-Lewis de engañar a Evan y guardar demasiados secretos en cuanto a su relación. Evan respondió a las críticas diciendo que él permanecía en la propiedad de los Penn-Lewis por su propia voluntad. También dijo que Penn-Lewis había sido "enviada por Dios" y que su obra sólo podría ser comprendida por "los fieles a quienes Dios abriera los ojos para ver".[28] Lamentablemente, aunque tenía los ojos bien abiertos, era Evan el que se negaba a ver.

LAZOS DE SANGRE CORTADOS

Poco después, Evan comenzó a negarse a permitir que lo visitaran sus familiares directos. Cuando su madre enfermó gravemente, la noticia no le fue dada debido a su estado nervioso. Aparentemente fue Penn-Lewis quien tomó la decisión. Pero cierta vez, cuando su padre vino a verlo, no fue Penn-Lewis, sino el mismo Evan, quien se negó a hablar con él. La razón que dio para no ver a su padre fue que **"había sido apartado para una tarea altamente espiritual y por lo tanto, se veía obligado a olvidar los lazos de sangre"**.[29]

Aquí hay algo muy importante que deseo destacar. Nunca olvides a tu familia. El hecho de que te veas con ellos cara a cara o no, no importa. Muchos de ustedes están donde están hoy debido a las oraciones de sus familiares. El viejo dicho: "La sangre es más fuerte que el agua", es cierto. Aun cuando todo el infierno se desate contra nosotros, generalmente podemos confiar en que nuestra familia nos amará y nos cuidará, especialmente si fuimos criados en un hogar cristiano. Al cortar nuestros lazos de sangre, estamos cortando parte de nuestro propio legado. Por alguna razón, parece que los líderes de los avivamientos se engañan fácilmente con respecto a esto, especialmente si creen que su familia no es suficientemente espiritual para ellos. John Alexander Dowie pasó por lo mismo. Hasta dejó de utilizar su apellido durante un tiempo. Nunca debemos volvernos tan espirituales que olvidemos la Palabra de Dios que ordena: "Honra a tu padre y a tu madre, que es el primer mandamiento con promesa; para que te vaya bien, y seas de larga vida sobre la tierra" (Efesios 6:2, 3).

Según la Palabra, si deshonras a tu familia, no estarás en paz, y tu vida podría acortarse. Si sientes que eres demasiado espiritual para tu familia, ámalos hasta que lleguen a tu nivel. Nunca los olvides.

GUERRA EN LAS FILAS

Durante estos años de aislamiento, Penn-Lewis dependió de la unción de Evan Roberts y escribió varios libros. El primero, *War on the Saints* (Guerra a los santos), fue publicado en 1913. La Sra. Penn-Lewis dijo que el libro era producto de seis años de oración y prueba en busca de la verdad. Se cree que Evan y ella escribieron el libro entre los dos, pero ella se llevó el crédito. Y era justo. Aunque la intención del libro era ser un manual completo de respuestas a problemas espirituales, en realidad era una compilación de confusiones espirituales.

Un año después que el libro fuera publicado, Roberts lo criticó, y dijo a sus amigos que era **"un arma fallida que había confundido y dividido al pueblo del Señor"**.

Aunque su opinión cambió más tarde, durante los años en que el libro estaba siendo escrito, Evan parecía hipnotizado por la Sra. Penn-Lewis. Decía: **"No conozco a nadie que pueda igualarse a ella en el entendimiento de las cosas espirituales; es una veterana de lo celestial"**.[30] En esta etapa de la recuperación de Evan, Penn-Lewis lo convenció de que sus sufrimientos eran parte del plan de Dios para equiparlo para batallar contra los poderes satánicos, y entrenar a otros para la batalla. Así lo convenció de que tradujera al galés las revelaciones de ella sobre la guerra espiritual, y que escribiera libritos sobre el tema en inglés.

Es increíble ver cómo el líder de un avivamiento nacional, que alguna vez fuera tan fuerte e invencible por el poder del Espíritu Santo, podía ahora ser tan sometido, controlado y engañado. Las historias bíblicas de Elías y Jezabel, o de Sansón y Dalila, se repiten a lo largo de la historia.

SERMONES EN LAS SOMBRAS

El recién formado "equipo" de Roberts y Penn-Lewis también publicaba una revista titulada *The Overcomer* (El vencedor). Era una idea de Penn-Lewis, en la que Evan escribía un ensayo y ella, el resto. Según mi propio punto de vista, la revista fue simplemente otra de las herramientas que Penn-Lewis utilizó en su necesidad por dar validez y popularidad a su trabajo. En ella atacaba a todos los primeros grupos pentecostales y calificaba sus prácticas de satánicas. Pero con una lista de envíos de aproximadamente cinco mil personas, su circulación llegaba a Gran Bretaña, Europa, América del Norte, Sudáfrica, Corea y China.

Penn-Lewis enfermó a fines de 1913. En su ausencia, Evan escribió gran parte del material de la revista. Varios meses después de recobrar la salud, ella anunció que cerraría la revista. Decidió entonces realizar lo que llamaba "Conferencias de obreros cristianos", en las que ella predicaría. Durante estas conferencias, Evan permanecía en el salón de oración, y algunas veces se le permitía aconsejar a algunas personas. Esta actitud se justificaba por el consejo de los médicos que le habían dicho que jamás debería volver a ponerse detrás de un púlpito. Así que Evan se sometió, y utilizó sus dones para aconsejar. Una persona que integró un grupo aconsejado por él dijo: "Lo que más me llama la atención es la exactitud de sus apreciaciones, ya que rara vez falla en su diagnóstico y su discernimiento espiritual".[31]

¿Cómo podía alguien que alguna vez pareciera tan invencible en el poder del Espíritu Santo, y que replicaba ferozmente a quien se atreviera a sugerir lo contrario, limitarse ahora solamente a unas pocas sesiones de aconsejamiento?

Las conferencias de Penn-Lewis, gradualmente, fueron perdiendo convocatoria a lo largo de los años. Cuando esto sucedió, Evan encontró ocupación en la Escuela de Oración. Esta escuela surgió de la "Vigilia de Oración" que se instituyó en la Convención de Swansea en 1908. En la Escuela de Oración, Evan enseñaba a interceder por familias, ministros e iglesias. También escribió ensayos sobre diversos aspectos y niveles de oración. Varios ministros comentaron que todo lo que sabían de oración lo habían aprendido gracias a Evan.

Evan cobraba vida cuando hablaba de oración. La escuela encendió una nueva llama en su interior. Finalmente se apartó de la Vigilia de Oración y se concentró en su propia vida de oración.

Durante un tiempo, varias personas se reunían con él en su cuarto de oración, en el hogar de los Penn-Lewis. Después él se apartó del grupo y decidió interceder en forma privada delante del Señor. Cierta vez, Evan comentó a un amigo: "Me gustaría llegar a un estado de oración en que mi vida sea nada más que orar de la mañana a la noche".[32]

> *"Me gustaría llegar a un estado de oración en que mi vida sea nada más que orar de la mañana a la noche".*

Evan parecía estar feliz de ser llamado a una vida de intercesión. Su ministerio de oración se concentraba en los líderes cristianos y los creyentes de todo el mundo. Cuando un grupo del Ejército de Salvación francés le preguntó sobre la guerra espiritual agresiva, les respondió:

"En Lucas no dice 'predicad sin desmayar', sino 'orad sin desmayar'. No es difícil predicar. Pero

mientras oras, estás solo en algún lugar solitario, luchando en una batalla de oración contra los poderes de las tinieblas. Entonces conocerás el secreto de la victoria".[33]

Creo que esta afirmación reforzaba la decisión de Evan de abandonar el ministerio público. En realidad, Evan se distanció tanto de la humanidad que ya no podía relacionarse con las personas. Penn-Lewis escribió así sobre su comportamiento:

"Quienes lo rodean no pueden iniciar una conversación con él... aunque estén en la misma casa".[34]

Evan Roberts permaneció dentro del hogar de los Penn-Lewis durante ocho años.

La vida de Evan Roberts fue compleja. Me resulta interesante que aunque Penn-Lewis utilizó la influencia del ministerio de Evan por sus propios motivos, Evan obviamente lo permitió. En un principio, probablemente no tuviera muchas más opciones, debido a su condición de inválido. Pero el joven líder del avivamiento permaneció en esa casa durante ocho años. Esto me deja un sinnúmero de preguntas. ¿Era este hogar una zona de refugio para él? ¿Acaso perdió toda confianza en su imagen pública? ¿Por qué no regresó a su casa? ¿Acaso debido a sus colapsos nerviosos se sentía más seguro si otra persona estaba en control? Lo único que podemos sacar como conclusión segura es que Evan Roberts decidió abandonar la escena pública. Y el lugar donde deseaba estar era el hogar de los Penn-Lewis.

"¿VOLVEREMOS A TENER UN AVIVAMIENTO?"

No queda claro cómo o por qué Evan Roberts se separó de Penn-Lewis. En primer lugar, en 1920 era notorio que ya no contribuía con ninguno de sus escritos. Cuando le preguntaron a la Sra. Penn-Lewis al respecto, ella respondió: "Es notable que el Sr. Roberts jamás haya podido volver a tomar parte en este trabajo, pero su lugar ha sido ocupado por otros".[35]

Además, en algún momento entre 1919 y 1921, Evan se mudó a Brighton, Sussex. Había comprado una máquina de escribir y comenzó a redactar varios libritos. Pero no estaban bien organizados, y gran

parte de las citas bíblicas estaban fuera de contexto. Los libritos nunca fueron un éxito.

Evan había escrito a varios amigos en su tierra natal para decirles que nunca había olvidado su ayuda y su apoyo. Inglaterra y Gales estaban terriblemente divididas en este tiempo. Regresar a su tierra natal no hubiera sido fácil sin el apoyo y el permiso de los ciudadanos de Gales. Además del hecho de que Evan se había ido, los convertidos en el avivamiento en Gales estaban conmocionados y furiosos por lo que habían leído en *War on the Saints*. Les parecía que su líder ahora estaba contradiciendo todo lo que alguna vez había defendido. Los galeses no sabían qué pensar del líder del avivamiento. Habían creído conocer su corazón, pero no podían explicar sus acciones.

Evan escribió a su denominación y felicitó a un ministro que había ascendido a una nueva posición dentro de ella. El ministro se regocijó al recibir esta carta y preguntó si podría publicarla, para romper con los diez años de silencio de Evan. Este aceptó, y fue invitado a regresar a Gales cuando lo deseara. Así lo hizo.

En 1926, el padre de Evan cayó enfermo. Cuando su hijo regresó a su casa para visitarlo, la familia lo recibió bien. Todos estaban felices de verlo y le aseguraron que todo había sido perdonado. Mientras él estaba allí, algunos miembros de una capilla le pidieron que predicara en un culto. Olvidando el consejo de los médicos, Evan subió al púlpito. Aunque la congregación estaba sorprendida por su apariencia, como la de un hombre mayor de edad, reconocieron el poder del Espíritu Santo que aún resonaba en su voz. La gente se entusiasmó tanto que comenzó a correr el rumor por el norte de Gales: "¿Volveremos a tener un avivamiento?"

La Sra. Penn-Lewis murió de cáncer pulmonar en 1927. Evan había anhelado regresar a su tierra natal en Gales durante un tiempo. Después de la muerte de la mujer, en 1927, Evan regresó a su hogar en forma permanente. Es interesante el hecho de que aunque había comenzado a visitar Gales, nunca volvió a establecerse allí hasta que Penn-Lewis murió.

"EL CUARTO SE LLENÓ DE LUZ"

El padre de Evan murió en 1928, y en el funeral, Evan hizo algo inusual. Mientras alguien hablaba solemnemente comentando las virtudes de su padre, él lo interrumpió y dijo: **"Esto no es una muerte,**

sino una resurrección. Demos testimonio de la verdad". Una persona comentó sobre este hecho: "Fue como si nos corriera electricidad por el cuerpo. Sentimos que si hubiera continuado, habría comenzado otro avivamiento en ese preciso momento y en ese preciso lugar."[36]

En realidad, se produjo un breve avivamiento. Los diáconos de Moriah pidieron a Evan que participara en un culto especial. Cuando decidió predicar, la noticia recorrió todo Gales. Comenzaron a llegar visitantes en masa, y la gente del lugar se apresuraba para ir a los cultos después del trabajo. Dos horas antes que comenzara el culto, la capilla estaba abarrotada. Afuera, en las calles, otra gran multitud se había reunido. Los jóvenes estaban ansiosos por escuchar al hombre del que habían hablado sus padres. Evan habló con calma a la multitud y luego salió a la calle para hablar a los que habían quedado afuera.

> *"Fue como si nos corriera electricidad por el cuerpo. Sentimos que si hubiera continuado, habría comenzado otro avivamiento en ese preciso momento y en ese preciso lugar".*

Durante este breve período, Evan visitó varias capillas, advirtiendo a la gente sobre el materialismo sofocante que se había infiltrado en la iglesia. Cierta vez, un matrimonio trajo a su hijo al cuarto de oración. Mientras Evan oraba por el niño, "el cuarto se llenó de luz y de la presencia del Espíritu de Dios". Los padres comenzaron a alabar y adorar a Dios con toda su voz. Pronto, los obreros que estaban cerca los escucharon y dejaron su trabajo para unirse al grupo. La gente que hacía compras en esa zona también escuchó la celebración y corrió a participar de ella. En poco tiempo se había formado una multitud tan grande en las calles que los coches no podían pasar. Según testigos oculares, Evan oraba por sanidades y liberaciones y practicaba el don de profecía. Pero se dice que reprendió abiertamente a algunos que trataron de hablar en lenguas. Sin embargo, algunas personas pensaron que Evan se había vuelto pentecostal.[37] Sanidades, conversiones, y oraciones respondidas fueron los resultados más comentados de este pequeño avivamiento. Un año después, Evan Roberts desapareció completamente de la vida pública.

UNA SOMBRA DEL ÉXITO

Para 1931, Evan era prácticamente un hombre olvidado. Se alojaba

en un cuarto provisto por la esposa del Sr. Oswald Williams, una mujer que sólo deseaba asegurarse de que él estuviera tranquilo. Evan pasó los últimos años de su vida escribiendo poesía y cartas a ministros. Llevaba un diario y disfrutaba de ver espectáculos teatrales y deportivos. En mayo de 1949, tuvo que quedarse en cama todo un día por primera vez. En la sección de su diario correspondiente a setiembre de 1950, escribió una sola palabra: **"enfermo"**.

Evan Roberts fue sepultado el 29 de enero de 1951 a la edad de setenta y dos años. Fue enterrado en la parcela que su familia poseía detrás de la Capilla Moriah en el norte de Gales. Algunos años después, se levantó una columna en su memoria en el frente de Moriah, conmemorando sus esfuerzos por extender el avivamiento.

El funeral en sí se convirtió en un memorial. Cientos de personas que amaban a Evan Roberts pero lo habían perdido de vista durante años, asistieron al mismo y cantaron sus himnos favoritos.

Uno de los muchos tributos que le fueron dados, el memorial en *The Western Mail*, fue el que mejor lo representó. Así decía:

> "Fue un hombre que había experimentado cosas extrañas. En su juventud, parecía que tenía a la nación en las palmas de sus manos. Soportó tensiones y grandes cambios de opinión y de puntos de vista, pero sus convicciones religiosas permanecieron firmes hasta el fin".

Realmente, Evan Roberts fue un gran líder del avivamiento, que tuvo las claves del despertar espiritual. Fue pionero de un tremendo mover del Espíritu de Dios en Gales. Pero cuarenta años después, ni siquiera restos de ese avivamiento podían encontrarse en su tierra natal. Este sería solamente un recuerdo en los corazones de quienes lo experimentaron.

Pero... ¿por qué sólo un recuerdo?

Porque un hombre no puede llevar todo el peso de un avivamiento por sí solo. Puede liderar un mover de Dios, pero el pueblo también tiene que hacer su parte. Si el mover de Dios se desvanece, es en parte porque el pueblo nunca continuó avanzando en lo que había recibido. Por eso, nos equivocamos si echamos toda la culpa sobre el líder.

Hay una multitud de preguntas sin respuesta sobre la vida de Evan Roberts. Algunos creen que Evan recibió de Dios un ministerio público de dos años, y luego fue llamado a pasar el resto de su vida en oración e intercesión por el mundo entero. Si esto fuera totalmente cierto, creo que habría muerto feliz. Pero en sus diarios se encontraron poesías oscuras y depresivas. Cuando tenía más de sesenta años, Evan se preguntaba si le quedaba algún propósito a su vida. Su reacción era una mezcla de "pérdida personal, soledad y fracaso".[38] Parecía que continuamente estaba buscando qué rol le tocaba representar.

> *Si el mover de Dios se desvanece, es en parte porque el pueblo nunca continuó avanzando en lo que había recibido. Por eso, nos equivocamos si echamos toda la culpa sobre el líder.*

Creo que Evan Roberts tenía las verdades que podían sacudir al mundo, pero esas verdades estaban solamente en su corazón. Parece que nunca pudo hallar la clave de la fortaleza emocional. Evan deseaba que su propia personalidad se desvaneciera en las sombras, y muchas veces dijo: **"No quiero que me vean a mí"**. Pero, en mi opinión, la debilidad de su disposición emocional hizo que se lo viera mucho más que si hubiera tomado su lugar en el liderazgo de autoridad que viene con el mover de Dios.

Para llevar el peso que implica liderar un avivamiento, especialmente si se trata de una nación, las tres partes del ser humano, espíritu, alma y cuerpo, deben ser fortalecidas. Como podemos ver en su vida, el avivamiento implica algo más que una revelación espiritual. En el comienzo siempre existen el hambre espiritual y la revelación. Pero somos más que seres espirituales. El cuerpo y las emociones humanas deben ser suficientemente fortalecidas con la Palabra de Dios para que el avivamiento pueda permanecer en la Tierra.

Tu obra para Dios no tiene por qué fallar o terminar prematuramente. Fortalece tu cuerpo, prepara tu alma y rinde tu espíritu al plan de Dios. ¡Tú puedes tener un avivamiento en tu país y liderarlo con éxito!

CAPÍTULO TRES: EVAN ROBERTS
Referencias

1 Brynmor Pierce Jones, An Instrument of Revival: The Complete Life of Evan Roberts 1878-1951 (Instrumento del avivamiento: La vida completa de Evan Roberts, 1878-1951), (South Plain field, NJ: Bridge Publishing, 1995), pág. 4.

2 Ibid., págs. 10-12.

3 Ibid., pág. 10.

4 Ibid., págs. 10-12, 19.

5 Ibid., pág. 14.

6 Ibid.

7 Ibid., págs. 14-15.

8 Ibid., pág. 15.

9 Ibid., pág. 23.

10 Ibid., pág. 24.

11 Ibid., pág. 26.

12 Ibid., pág. 28.

13 Ibid., pág. 37.

14 Ibid., pág. 44.

15 Ibid., pág. 41.

16 Ibid., pág. 53.

17 Ibid., págs. 58-59.

18 Ibid., pág. 76.

19 Ibid., págs. 77-105.

20 Ibid., págs. 92-98.

21 Ibid., pág. 109.

22 Ibid., pág. 145.

23 Ibid., pág. 130.

24 Ibid., pág. 158.

25 Ibid., pág. 161.

26 Ibid., pág. 165.

27 Ibid., págs. 165-166.

28 Ibid., pág. 168.

29 Ibid., pág. 170.

30 Ibid., págs. 169-170.

31 Ibid., pág. 183.

32 Ibid., pág. 190.

[33] Ibid., pág. 192.
[34] Ibid., pág. 198.
[35] Ibid., pág. 204.
[36] Ibid., pág. 217.
[37] Ibid., págs. 220-221.
[38] Ibid., pág. 240.

Charles Fox Parham

"El padre de Pentecostés"

"EL PADRE DE PENTECOSTÉS"

"En la segunda venida de Cristo, la iglesia será hallada con el mismo poder que tuvieron los apóstoles y la iglesia primitiva. El poder de Pentecostés es manifiesto en nosotros. La religión cristiana debe demostrarse. El mundo desea que se la mostremos. Entonces, que el poder de Dios sea manifiesto por medio de nosotros".[1]

Charles F. Parham dedicó su vida a restaurar las revolucionarias verdades de la sanidad y el bautismo del Espíritu Santo a la iglesia. (Nota: al referirnos al "bautismo del Espíritu Santo", en este capítulo, debe inferirse que la experiencia siempre va acompañada de la "evidencia del hablar en lenguas".) Los primeros cuarenta años del siglo XX contaron con la poderosa visita del mensaje pentecostal de este hombre, que cambió las vidas de miles de personas en todo el mundo.

Los milagros que se produjeron en el ministerio de Charles Parham son demasiado numerosos para registrarlos. Miles de miles de personas hallaron salvación, sanidad, liberación, y el bautismo del Espíritu Santo. Cuando, en 1901, él proclamó al mundo que **"hablar en lenguas es la evidencia del bautismo del Espíritu Santo",** las verdades pentecostales de la iglesia primitiva fueron maravillosamente restauradas. Pero el evangelista pagó un precio por ello. Los ataques incesantes de persecución y calumnias que Parham soportó durante toda su vida hubieran destruido a otro que tuviera menos carácter. Pero sólo sirvieron para fortalecer la

> *Cuando, en 1901, él proclamó al mundo que "hablar en lenguas es la evidencia del bautismo del Espíritu Santo", las verdades pentecostales de la iglesia primitiva fueron maravillosamente restauradas.*

ya sólida determinación y la resuelta fe de Parham.

PREDICA HASTA QUE LAS VACAS VUELVAN A CASA

Charles F. Parham nació el 4 de junio de 1873. Después de su nacimiento en Muscatine, Iowa, sus padres, William y Ann Maria Parham, se mudaron al sur, a Cheney, Kansas. Ellos se consideraban verdaderos pioneros y vivían como tales.

Además de la dura vida de los pioneros, los primeros años de su infancia no fueron fáciles para el pequeño Parham. A los seis meses de edad, lo atacó una fiebre que lo confinó a la cama. Durante los cinco primeros años de su vida, sufrió dramáticos espasmos, y su frente se hinchaba, haciendo que su cabeza aumentara anormalmente de tamaño. Cuando Parham tenía siete años, su madre murió.

Aunque Parham tenía otros cuatro hermanos, al morir su amada madre sintió que la pena y la soledad lo abrumaban. El recuerdo del amor y la atención que su madre le había brindado durante su enfermedad lo volvió melancólico y pesimista. Al despedirse antes de morir, su madre lo miró y le dijo: "Charlie, pórtate bien". Allí, en presencia de Dios y de su madre moribunda, Parham prometió reencontrarse con ella en el cielo.[2] Estas simples palabras hicieron una profunda impresión en él. Se dice que ellas influyeron en su decisión posterior de entregar su vida a Dios. El padre de Parham se casó, más tarde, con una joven llamada Harriett Miller, a quien toda la familia amaba y necesitaba mucho.

Cuando Parham tenía nueve años, contrajo reumatismo inflamatorio, lo cual hizo que su cuerpo quedara lleno de "nudos". Cuando esta enfermedad finalmente se retiró, su piel era totalmente transparente. Entonces comenzó a tener parásitos, y para combatirlos debieron darle medicamentos tan fuertes que carcomieron e hicieron desaparecer los tejidos que revestían las paredes de su estómago. Además, estos medicamentos atrofiaron su crecimiento durante tres años.[3]

Además, a los nueve años de edad, Parham fue llamado al ministerio. Dado que él y sus hermanos habían sido llevados a la escuela dominical desde sus primeros años de vida, Parham disfrutaba de una temprana conciencia de la presencia de Dios. Aun antes de convertirse, su pensamiento constante era: "**¡Ay de mí, si no predicara el evangelio!**"[4]

Por lo tanto, comenzó a prepararse para el llamado de Dios por medio de la literatura. Aunque Kansas aún no estaba modernizada, y no había muchas bibliotecas en las cercanías, Parham logró sumar algunos libros de historia a su Biblia. Y encontró otras formas de prepararse para el ministerio haciendo sus tareas y ayudando a sus hermanos. Mientras trabajaba con el ganado de la familia, Parham solía predicar sonoros sermones a las vacas, sobre diversos temas, desde el cielo hasta el infierno.

"UN RAYO QUE PENETRÓ MI SER"

Parham jamás lamentó haber tenido que estudiar tanto por su propia cuenta. En realidad, esto fue una ventaja para él. Había tan pocas iglesias y pastores en el campo que, dado que nadie podía enseñarle lo contrario, estudió la Palabra de Dios y la tomó literalmente. No hubo interferencias de teologías de creación humana en su doctrina, ni tradiciones que romper. Desde una edad temprana, hasta los trece años, había oído los sermones de sólo dos predicadores. Fue durante una de estas reuniones que se convirtió.

Parham creía que en el corazón de la persona convertida debía producirse un profundo arrepentimiento, pero se sentía vacío de tal experiencia emocional. Por eso, después de la reunión en la que fue salvo, mientras regresaba a su casa, comenzó a cuestionar su conversión. Estaba tan cargado y su corazón tan apesadumbrado que no podía orar, así que comenzó a tararear el himno "Voy hacia la cruz", y al llegar a la tercera estrofa, Parham recibió inmediatamente la seguridad de su conversión. Tiempo después diría de esta experiencia: **"Del cielo partió una luz superior al brillo del Sol, como un rayo que penetró mi ser y conmocionó cada fibra en mí"**.[5] A partir de ese momento, nunca se apartó del ancla de su salvación.

"¿VAS A PREDICAR?"

Después de su dramática conversión, Parham sirvió como obrero y maestro en la escuela dominical. Tuvo su primera reunión pública a la edad de quince años, con notables resultados. Predicó durante un tiempo, y luego entró al Southwestern College, de Kansas, a los dieciséis.

Al comenzar la universidad, Parham tenía toda la intención de entrar al ministerio, pero notaba la falta de respeto y el disgusto con que el mundo secular trataba a los ministros en general, y escuchó historias sobre la pobreza que acompañaba al ministerio. Desanimado por estas historias, se volvió con gran interés hacia otras profesiones. Pronto, negó su llamado y comenzó a apartarse del Señor.

Recordando sus traumáticas enfermedades infantiles, supuso que la medicina sería una buena carrera, y comenzó a estudiar para ser médico. Pero constantemente lo atormentaba el recuerdo de su promesa de hacerse misionero, y pronto contrajo fiebre reumática.

Después de sufrir durante meses el ardor de esta fiebre, cuando estaba en cama, un médico lo atendió y declaró que estaba próximo a morir. Pero los meses que pasó postrado le habían hecho recordar las palabras que alguna vez resonaran en sus oídos: "¿Vas a predicar? ¿VAS A PREDICAR?" Una vez más se sentía urgido a responder a este llamado, pero no deseaba vivir en la pobreza que aparentemente era inevitable para los ministros de esa época. Entonces clamó a Dios:

"Si me dejas ir a algún lugar donde no tenga que estar pidiendo dinero o rogar para ganarme la vida, predicaré".

Estaba tan sedado con morfina que no podía pensar más palabras para orar, y comenzó a recitar el Padrenuestro. Cuando llegó a las palabras "...hágase tu voluntad, así en la tierra como en el cielo", su mente se aclaró y pudo entrever la majestad de Dios. Tuvo un atisbo de cómo la voluntad de Dios se manifestaba en cada átomo de la creación y comprendió que la voluntad de Dios era sanar. Entonces clamó al Señor, orando: **"Si tu voluntad se hace en mí, seré sano".** Al pronunciar esta oración, cada articulación de su cuerpo se aflojó y cada órgano fue sano. Sólo sus tobillos continuaron siendo débiles. Pero sus pulmones estaban limpios y su cuerpo se recuperó.

Muy poco después de su recuperación, lo invitaron a predicar en una reunión evangelística. Entonces renovó su promesa a Dios, y prometió dejar la universidad y entrar al ministerio si Dios sanaba sus tobillos. Parham se arrastró debajo de un árbol y comenzó a orar. Dios inmediatamente envió una "poderosa corriente eléctrica" a sus tobillos, y de esa manera los sanó.[6]

UN PATÁN CON PODER

Parham realizó su primera reunión evangelística a la edad de dieciocho años, en el salón de la Escuela Pleasant Valley, cerca de Tonganoxie, Kansas. No pertenecía a la comunidad campesina cuando pidió permiso para realizar una campaña en su escuela, así que cuando ellos se lo otorgaron, subió a una colina, extendió su mano sobre el valle y oró para que toda esa comunidad fuera ganada para Dios.[7]

La primera noche, la asistencia fue buena, pero la mayoría de la gente no estaba acostumbrada a una participación activa. Parham recibió pocas respuestas al principio, pero antes que terminara la noche, hubo muchas conversiones.

Los Thistlewaite asistieron a esta reunión y escribieron a su hija Sarah comentándole sobre ella. Esta había crecido en esa comunidad y ahora estaba en la ciudad de Kansas, estudiando. Cuando regresó a su casa, las reuniones habían terminado, pero la comunidad había arreglado que Parham regresara al domingo siguiente.

En la reunión, la refinada Sarah Thistlewaite se sorprendió con lo que veía. Parham era muy diferente de los predicadores cultos y ricos a los que estaban acostumbrados en la ciudad de Kansas. Y cuando tomaba el púlpito, no tenía el sermón escrito como los predicadores que ella había visto. En realidad, Parham jamás escribía lo que iba a decir. Confiaba en que el Espíritu Santo lo inspiraría. Al escuchar predicar al joven evangelista, Sarah comprendió su falta de devoción a la fe. Sabía que estaba siguiendo a Cristo "de lejos", y tomó la decisión de consagrarse totalmente al Señor. También comenzó a cultivar una amistad con Charles y pronto, lo que comenzó como un simple interés se convirtió en una unión llena de propósito y destino.

¿DENOMINACIONES? ¡NUNCA MÁS!

Cuando Parham tenía diecinueve años de edad, lo invitaron a pastorear la iglesia metodista de Eudora, Kansas. Lo hizo fielmente, al tiempo que pastoreaba en Linwood los domingos por la tarde. Sarah y su familia asistían regularmente a los cultos.

La congregación comenzó a crecer cada vez más y tuvieron que construir un nuevo edificio para acomodar a toda la gente. Los líderes de la denominación veían en Parham a un joven con gran futuro, y le hubieran dado cualquier pastorado o asignación si él se hubiera sometido a su autoridad. Pero las cosas no andaban del todo bien entre Parham y la denominación metodista. Charles había prometido seguir la guía del Espíritu Santo, a pesar de lo que los hombres le pidieran hacer. Al aconsejar a los recién convertidos, los exhortaba a buscar cualquier iglesia donde congregarse, aunque no fuera metodista. Él les explicaba que para entrar al cielo no era necesario pertenecer a una denominación determinada, y que las denominaciones pasaban más tiempo predicando sobre su iglesia en particular que sobre Jesucristo y su pacto. Esto le causó muchos conflictos dentro de su denominación. Hablando sobre estos conflictos, escribió:

> **"Al alcanzar los confines del pastorado, y sentir la estrechez de la mentalidad sectaria, muchas veces tuve conflictos con las autoridades superiores, que eventualmente resultaron en una ruptura total; y así dejé el denominacionalismo para siempre, aunque sufría una amarga persecución por parte de la iglesia... ¡Oh, la estrechez de muchos que se llaman hijos de Dios!"[8]**

Muchas falsas acusaciones habían sido levantadas contra él, y le preocupaba que la persecución que se avecinaba arruinara definitivamente su obra. Entonces, un día, mientras se encontraba sumido en la oración, escuchó estas palabras: "Yo me despojé a mí mismo".

Los padres de Parham se sintieron realmente decepcionados por su hijo, ya que apoyaban totalmente a la iglesia. Por eso, al renunciar, Charles buscó apoyo en el hogar de unos amigos, que lo aceptaron como a su propio hijo.

Comenzó a orar pidiendo dirección del Señor. Muchas falsas acusaciones habían sido levantadas contra él, y le preocupaba que la persecución que se avecinaba arruinara definitivamente su obra. Entonces, un día, mientras se encontraba sumido en la oración, escuchó estas palabras: "Yo me despojé a mí mismo". Inmediatamente se sintió fortalecido y animado. Mientras el Espíritu Santo continuaba dándole Palabra, marcó su rumbo. Entraría al campo evangelístico, sin asociarse con denominación alguna. Realizaría sus reuniones en escuelas, salones, iglesias, tabernáculos, en todo lugar que pudiera, y creería que el Espíritu Santo se manifestaría con gran poder.

Mientras llevaba a cabo una campaña en el oeste de Kansas, escribió a Sarah Thistlewaite para proponerle matrimonio, advirtiéndole que su vida estaba totalmente dedicada a Dios y que su futuro era incierto, pero si ella podía confiar en Dios en cuanto a él, deberían casarse. Charles y Sarah se casaron seis meses después, el 31 de diciembre de 1896, en casa del abuelo de Sarah.

CÚRATE A TI MISMO

La joven pareja comenzó a viajar, y todos los recibían con gran aprobación. En septiembre de 1897 nació su primer hijo, Claude. Pero el gozo de este suceso duró poco, ya que Charles cayó enfermo con una afección cardíaca. Tomaba más y más medicinas, pero cada vez estaba más débil. Entonces, repentinamente, el pequeño Claude fue atacado por una fiebre muy alta. Los Parham caminaron de un lado a otro de la casa orando por el niño, pero sin resultado. El médico no podía diagnosticar la causa de la fiebre de Claude, y por lo tanto, no tenía cura para ella.

Parham fue llamado a orar por otro hombre que estaba enfermo, y salió a verlo, aunque él mismo se sentía débil. Mientras oraba por este hombre, el texto: "Médico, cúrate a ti mismo" explotó en su interior y mientras oraba, el poder de Dios tocó a Parham, y fue sanado instantáneamente.

Parham se apresuró a regresar a su casa después de este incidente, y contó a Sarah lo que había sucedido. Luego oró por su bebé, y arrojó todas sus medicinas, prometiendo que jamás volvería a confiar en nada que no fuera la Palabra de Dios. La fiebre abandonó el cuerpo de Claude, y el niño continuó creciendo sano.

Quisiera aclarar algo aquí. El ministerio de Parham fue controvertido para quienes lo malentendieron. Él vivió en una época en que los médicos, en general, se oponían al evangelio. Fue la fe personal de Parham la que lo inspiró a desechar sus medicinas. Él creía que confiar totalmente en la medicina era negar la sangre de Jesucristo y el precio que Cristo pagó en la cruz. Cuando se produce una revelación certera, la misma es invencible y siempre tendrá éxito. La profunda revelación de Parham se transfirió a su familia y en su hogar se prohibieron las medicinas. Pero en los casos de otras personas, él dejaba que ellas fueran quienes tomaran la decisión final en cuanto al uso de medicinas. Siempre habrá quienes sigan la inspiración de otro, sin tener ninguna revelación para sí mismos. Debido a esto vemos a sectores enteros del cuerpo de Cristo negarse a utilizar medicinas y llamar "pecadores" a quienes lo hacen. Parham nunca enseñó esto, por lo cual sería un error culparlo, como tantos lo han hecho, por los errores que algunos creyentes han cometido en relación con la sanidad divina.

"VIDA O MUERTE"

No mucho después que Parham y su hijo fueron sanados, el evangelista recibió una terrible noticia. En una semana, dos de sus amigos más cercanos habían muerto. Consumido por la pena, corrió a visitar sus tumbas. Fue un día que marcó el resto de su ministerio:

"Allí, arrodillado entre las tumbas de mis dos amados amigos, que podrían haber vivido si yo les hubiera hablado del poder de Cristo para sanar, hice el voto de que sería para mí cuestión de vida o muerte predicar este evangelio de la sanidad".[9]

Parham se mudó con su familia a Ottawa, Kansas, donde tuvo su primera reunión de sanidad divina. Durante esta reunión proclamó valientemente las verdades de la Palabra de Dios. Una mujer que sufría de hidropesía y a la cual habían dado tres días de vida, fue instantáneamente sanada. Una joven inválida, ciega y consumida, sintió que su pecho se abría como si lo partieran en dos, y fue completamente sanada. Dios también restauró su vista en forma inmediata, y la mujer pasó el resto de su vida ganándose la vida como costurera.

Las verdades de la sanidad divina eran raramente predicadas en la iglesia de esa época.

Las verdades de la sanidad divina eran raramente predicadas en la iglesia de esa época. Dowie y Etter tenían gran éxito, pero estas verdades eran virtualmente desconocidas en esta región del país. Aunque no se podían negar los resultados, muchos decían que el poder que se manifestaba a través de Parham era del diablo. Las acusaciones hicieron que se encerrara para estudiar más en profundidad la verdad. Mientras oraba y estudiaba las Escrituras, descubrió que dondequiera que mirara, en la Biblia se hablaba de sanidad. Entonces comprendió que la sanidad, así como la salvación, se producía a través de la obra expiatoria de la sangre de Jesús; y a partir de ese momento, la persecución y las calumnias lo siguieron a todas partes. Entonces se le ocurrió una idea revolucionaria: él proveería un hogar de refugio para quienes buscaban la sanidad. ¡Parham estaba lleno de gozo!

UN HOGAR DE FE "CON TODO"

El Día de Acción de Gracias, en noviembre de 1898, nació una hija en el hogar de los Parham. Sus padres la llamaron Esther Marie. No mucho después, Charles abrió su hogar "de sanidad divina" en Topeka, Kansas, al cual él y Sarah llamaron "Bethel". El propósito del lugar era proveer una atmósfera hogareña a quienes confiaban en Dios para su sanidad. La planta baja tenía una capilla, un cuarto de lectura y una imprenta. El primer piso tenía catorce cuartos con grandes ventanas. Los Parham mantenían las ventanas llenas de flores frescas, creando una atmósfera pacífica y bella en el hogar. En la capilla había cultos todos los días, y la Palabra de Dios se enseñaba con poder. Se oraba en forma individual, varias veces, de día y de noche.

Bethel también ofrecía clases especiales a ministros y evangelistas, para prepararlos para el ministerio. Este lugar de refugio también servía para encontrar hogares cristianos a los huérfanos, y trabajos para los desempleados.

Una persona que se alojó en Bethel escribió:

> "¿Quién podría pensar en un nombre más dulce que 'Bethel'? Ciertamente es la casa de Dios. Todo se mueve en amor y armonía. Al entrar a los cuartos uno siente la influencia divina que está generosamente esparcida por aquí... Es un hogar de fe, con todo".[10]

En sus comienzos, el boletín quincenal publicado por Parham, llamado *The Apostolic Faith* (La fe apostólica), tenía un precio de suscripción. Pero Parham cambió rápidamente esto, pidiendo a sus lectores que leyeran Isaías 55:1 y luego ofrendaran según como sintieran

del Señor. El boletín publicaba maravillosos testimonios de sanidades y muchos de los sermones con los que se enseñaba en Bethel.

Parham siempre creyó que Dios proveería para el sostén económico de Bethel. Cierta vez, después de un día de duro ministerio, comprendió que debía pagar la renta al día siguiente y no tenía el dinero necesario. Cansado, miró al cielo y dijo al Señor que él tenía que descansar, y que sabía que Dios no le fallaría. A la mañana siguiente, un hombre apareció en Bethel, diciendo: "Repentinamente desperté pensando en usted y en su obra; y no pude dormir hasta que prometí traerle esto". Era la suma exacta de lo que debían pagar de renta.

Otra vez, Parham sólo tenía parte del dinero necesario para pagar una boleta que había vencido. Así que fue hacia el banco para pagar lo que tenía, y mientras iba hacia allí, pasó un conocido que le prestó algo de dinero. Cuando Parham llegó al banco, descubrió que este dinero era la suma exacta que necesitaba para pagar por completo la deuda.[11] Hay muchas más increíbles historias de provisión económica para el ministerio de Parham.

La familia fue bendecida con otro hijo en marzo de 1900. Lo llamaron Charles, como su padre. Ahora la familia parecía haber crecido demasiado para el Hogar Bethel, así que construyeron una casa pastoral. Así como crecía su familia, también crecía el hambre espiritual de Parham, que sintió que debería dejar Bethel y visitar diferentes ministerios. Dejó dos ministros de la Santidad a cargo y salió a visitar los ministerios de varios hombres de Dios en Chicago, Nueva York y Maine. Cuando regresó, estaba refrescado y renovado, con un anhelo de Dios aún mayor.

"Regresé a casa totalmente convencido de que aunque muchos habían obtenido una experiencia real en la santificación y la unción que permanece, aún quedaba un gran derramamiento de poder para los cristianos que cerrarían esta era".[12]

Estas palabras contenían las semillas de las verdades que luego Parham develaría.

RODEADA POR UN HALO

Debido a su tremendo éxito en Bethel, muchos comenzaron a insistir

para que Parham abriera un instituto bíblico. Así que nuevamente se recluyó en ayuno y oración. En octubre de 1900, obtuvo una hermosa estructura en Topeka, Kansas, con el fin de comenzar allí un instituto bíblico, y la llamó *"Stone's Folly"*.

El estilo del edificio iba a ser el de un castillo inglés. Pero el constructor se quedó sin dinero antes de completar el estilo de la estructura. La escalera que unía a la planta baja con el primer piso estaba hecha de finas maderas de cedro, madera de cerezo, arce y pino. El segundo piso se terminó con madera común pintada.

El exterior del edificio estaba recubierto de ladrillos rojos y piedra blanca, con una escalera caracol que llevaba a un observatorio. Otra puerta llevaba desde allí a un pequeño cuarto llamado "torre de oración". Los alumnos se turnaban para orar durante tres horas por día en esa pequeña torre.

> *El exterior del edificio estaba recubierto de ladrillos rojos y piedra blanca, con una escalera caracol que llevaba a un observatorio. Otra puerta llevaba desde allí a un pequeño cuarto llamado "torre de oración". Los alumnos se turnaban para orar durante tres horas por día en esa pequeña torre.*

Cuando se dedicó el edificio, un hombre miró hacia fuera desde la torre de oración y vio una visión por sobre Stone's Folly: "un vasto lago de agua fresca a punto de rebosar, que contenía agua suficiente para satisfacer toda sed".[13] Esta visión sería luego confirmada como una señal de lo que estaba por venir.

El instituto bíblico de Parham estaba abierto a todo ministro y creyente en Cristo que estuviera dispuesto a "dejarlo todo". Eran personas dispuestas a estudiar la Palabra en profundidad y creer que Dios proveería para sus necesidades personales. La fe del alumno era el único costo de la enseñanza; todos debían creer que Dios proveería para sus necesidades.

Ese diciembre se tomaron exámenes sobre los temas de arrepentimiento, conversión, consagración, santificación, sanidad y la segunda venida de Cristo. Cuando se incluyó el Libro de los Hechos para el estudio de estos temas, Parham dio a sus alumnos un trabajo práctico de naturaleza histórica. Ellos debían estudiar las evidencias bíblicas del bautismo en el Espíritu Santo e informar sobre lo que hubieran descubierto tres días después. Después de asignarles esta tarea, fue a conducir una reunión en la ciudad de Kansas. Luego regresó para la vigilia anual de oración en su escuela.

Stone's Folly, Topeka, Kansas

La mañana en que se debían entregar los informes, Parham escuchó cuarenta informes, y lo que escuchó lo dejó perplejo. Aunque se habían producido diferentes manifestaciones del Espíritu durante el derramamiento de Pentecostés, en el Libro de los Hechos, cada uno de los estudiantes había llegado a la misma conclusión general: ¡Todos los que habían sido bautizados con el Espíritu Santo hablaban en otras lenguas!

Ahora había gran entusiasmo y un nuevo interés sobre el Libro de los Hechos en el instituto. Entre las setenta y cinco personas reunidas para el culto de vigilia, la atmósfera estaba llena de expectativa.

La reunión parecía haber sido cubierta con un manto de frescura. Entonces, una alumna, Agnes Ozman, se acercó a Parham y le pidió que le impusiera las manos para que ella recibiera el bautismo del Espíritu Santo. La joven creía que había sido llamada al campo misionero,

y deseaba estar equipada con poder espiritual. Al principio Parham vaciló, y le dijo que él mismo no hablaba en otras lenguas. Pero ella insistió, y Charles, humildemente, le impuso las manos sobre su cabeza. Más tarde, él relataría este incidente con las siguientes palabras:

"Apenas había yo repetido unas tres docenas de frases, cuando la gloria cayó sobre ella, un halo pareció rodear su cabeza y su rostro, y comenzó a hablar en idioma chino, y no pudo volver a hablar inglés hasta tres días después".[14]

Ozman testificó más tarde que ya había recibido algunas de estas mismas palabras mientras estaba en la torre de oración. Pero cuando Parham le impuso las manos, el sobrenatural poder de Dios la inundó por completo.

LENGUAS DE FUEGO

Después de ser testigos de este increíble derramamiento del Espíritu Santo, los estudiantes corrieron sus camas en el dormitorio del piso superior y lo convirtieron en un cuarto de oración. Durante dos noches y tres días, todos esperaron en el Señor.

En enero de 1901, Parham predicó en una iglesia en Topeka, relatando las maravillosas experiencias que estaban produciéndose en el instituto, y les dijo que creía que pronto él también hablaría en otras lenguas. Esa noche, al regresar a su casa después de la reunión, se encontró con uno de los estudiantes, que lo llevó al cuarto de oración. Una gran sorpresa se apoderó de él al ver allí a doce ministros de diferentes denominaciones. Estaban sentados, arrodillados o de pie, con las manos levantadas, y todos hablaban en otras lenguas. Algunos temblaban bajo el poder de Dios. Una anciana se acercó, para relatarle que, momentos antes que él entrara al cuarto, "lenguas de fuego" se habían posado sobre sus cabezas.

> *Estaban sentados, arrodillados o de pie, con las manos levantadas, y todos hablaban en otras lenguas. Algunos temblaban bajo el poder de Dios.*

Abrumado por lo que había visto, Parham cayó de rodillas detrás de una mesa, alabando a Dios. Entonces le pidió que le diera a él esa misma bendición, y al hacerlo, escuchó claramente el llamado de Dios a que se plantara firmemente en el mundo para revelar la verdad de este tremendo derramamiento dondequiera que fuera. Este visionario ministro también pudo ver las terribles persecuciones que conllevaría su llamado. Pero calculó el costo y decidió obedecer, así como había obedecido al proclamar la sanidad divina. Fue entonces que Charles Parham mismo fue lleno del Espíritu Santo, y habló en otras lenguas.

"En ese mismo instante sentí que algo se torcía en mi garganta, y la gloria cayó sobre mí, y comencé a adorar a Dios en la lengua sueca, que luego se transformó en otros idiomas y continuó..." [15]

Pronto, la noticia de lo que Dios estaba haciendo en el instituto hizo que este se viera acosado por reporteros, profesores de idiomas e intérpretes del gobierno, que asistían a los cultos para luego hablar al mundo entero de este fenómeno increíble. Habían llegado al consenso de que los estudiantes del instituto estaban hablando en los idiomas del mundo. Y los periódicos gritaban en sus titulares: "¡Pentecostés! ¡Pentecostés!" Los vendedores de periódicos anunciaban: "¡Lea todo sobre el Pentecostés!"

El 21 de enero de 1901, Parham predicó el primer sermón dedicado únicamente a la experiencia del bautismo del Espíritu Santo con la evidencia de hablar en otras lenguas.

UNA ENTRADA HACIA LO SOBRENATURAL

Algunos dicen que "ha pasado el tiempo de las lenguas". Pero, amigo mío, cuando pase el tiempo de los milagros, cuando pase el tiempo de las señales y maravillas, cuando pase el tiempo de las manifestaciones del Espíritu Santo, entonces, pasará el tiempo de las lenguas. Mas no necesitaremos otras lenguas. Pero mientras estemos en la Tierra, estas cosas permanecerán. El Libro de los Hechos continúa siendo vivido en la vida de la iglesia actual. Lo único que ha pasado es el tiempo de los sacrificios de corderos, porque Jesús cumplió con el sistema del derramamiento de sangre y quitó el velo que separaba al hombre de Dios.

Orar en otras lenguas será el nacimiento de la voluntad de Dios en tu espíritu. Ya no dependerás de tu intelecto ni de la dirección de los demás. "Sabrás" por ti mismo cuál es la voluntad del Padre para tu vida. Algunas veces, nuestra vida de oración se ve limitada por nuestro idioma, y no siempre sabemos cómo orar por una situación. La Palabra nos dice que "orar en el espíritu", o en lenguas, nos permite orar la voluntad perfecta de Dios en toda situación, porque orar en lenguas nos lleva al ámbito del Espíritu. Puedes ir al cielo sin haber sido bautizado en el Espíritu Santo, pero no es lo mejor que Dios desea para ti.

Hay varias diferentes operaciones de las lenguas que se mencionan en la Biblia. Primero, las lenguas pueden manifestarse en un idioma sobrenatural que personas de otras nacionalidades pueden comprender (ver Hechos 2:8-11). Segundo, el don de lenguas puede ser ejercido por una persona en una reunión pública y seguido de la interpretación de ese idioma, lo cual edifica a quienes están allí reunidos (ver 1 Corintios 14:27-28). Y está el idioma de lenguas de oración, que edifica y fortalece la fe. Finalmente, orar en el espíritu da osadía, fortaleza, dirección y guía a la vida de un creyente. Orar en lenguas es también una de las formas más poderosas de intercesión (ver 1 Corintios 14:4; Judas 20; Romanos 8:26-27; Efesios 6:18).

Si no has experimentado el bautismo en el Espíritu Santo con la evidencia de hablar en otras lenguas, pide fervientemente a Dios que te lo dé. Hablar en otras lenguas no es sólo "para algunos". Es para todos, como la salvación. Cuando decidas entrar en esta medida de la plenitud de Dios, tu vida nunca volverá a ser la misma.

UN PADRE ESPIRITUAL

En esta etapa de la vida de Parham, había una "gloria refinada" y paz en su hogar tal como nunca la hubo antes. Parham iba por toda la región, predicando las verdades del bautismo en el Espíritu con maravillosas demostraciones. Cierta vez, en un culto, comenzó a hablar en otras lenguas, y cuando terminó, un hombre de la congregación se puso de pie y dijo: "Soy sanado de mi incredulidad; he oído en mi propia lengua el Salmo 23 que aprendí sentado en las rodillas de mi madre".[16] Este fue

> *"Soy sanado de mi incredulidad; he oído en mi propia lengua el Salmo 23 que aprendí sentado en las rodillas de mi madre".*

sólo uno de los incontables testimonios del don de otras lenguas en el ministerio de Parham. Pronto, cientos y cientos de personas comenzaron a recibir esta manifestación. Pero junto con este poderoso derramamiento se produjo una calumniosa persecución por parte de quienes lo despreciaban.

Entonces la tragedia golpeó el hogar de Parham nuevamente. Su hijo más pequeño, Charles, murió el 16 de marzo de 1901. La familia se sintió agobiada por la pena. Su dolor se profundizó aún más cuando quienes los atacaban los acusaron de contribuir a la muerte de su hijo. Y muchos que amaban a la familia, pero no creían en la sanidad divina, hicieron crecer su tristeza al aconsejarles que olvidaran sus creencias en esa área. Pero en toda esta prueba, los Parham mostraron una tremenda fortaleza de carácter al decidir que mantendrían sus corazones sensibles al Señor y ganarían esta prueba de fe. Por lo tanto, Parham continuó predicando con mayor fervor aún, el milagroso evangelio de Cristo por todo el mundo.

En el otoño de 1901, el instituto bíblico en Topeka fue vendido sin que Parham lo supiera, para ser dedicado a usos seculares. Parham advirtió a los compradores que si lo destinaban a un uso secular, el edificio sería destruido. Ellos ignoraron su advertencia profética, pero a fines de diciembre Parham recibió la noticia de que el edificio había sido totalmente destruido por un incendio.

Después que se vendió Stone's Folly, los Parham alquilaron una pequeña casa en la ciudad de Kansas. Fue entonces que él comenzó a predicar en reuniones en toda la región. Cientos de personas de todas las denominaciones recibieron el bautismo del Espíritu Santo y la sanidad divina. Como sucede con cada evangelista pionero en un avivamiento, era amado u odiado con igual intensidad por la gente, pero su personalidad vital y su corazón cálido eran reconocidos por todos. Un periódico de Kansas escribió: "Digamos lo que dijéremos sobre él, ha atraído más atención hacia la religión que cualquier otro profesional de la religión en años".[17]

En 1901 Parham publicó su primer libro, *A Voice Crying in the Wilderness* (Una voz que clama en el desierto). El libro estaba lleno de sermones sobre la salvación, la sanidad y la santificación. Muchos ministros de todo el mundo lo estudiaron y lo utilizaron como libro de texto para enseñar.

Los Parham tuvieron otro hijo, llamado Philip Arlington, en junio

de 1902. Para entonces, Charles se había convertido en el padre del despertar pentecostal, y cuidaba constantemente a sus hijos espirituales para ayudarlos a crecer en la verdad. Tuvo su primer enfrentamiento con el fanatismo en 1903, cuando predicó en una iglesia donde se produjeron manifestaciones carnales, fuera de orden. La experiencia agregó una nueva dimensión a sus enseñanzas. Aunque jamás se permitió ser llamado líder del movimiento pentecostal, Parham se sentía personalmente responsable de controlar que el bautismo del Espíritu Santo se manifestara según la Palabra. Por eso se dedicó a estudiar la personalidad del Espíritu Santo, y hablaba decididamente en contra de cualquier cosa que se opusiera a lo que había aprendido. Quizá fue esta pasión personal la que lo motivó a criticar las manifestaciones de Azusa en años posteriores.

"PREDICA EN GRANDES TROZOS"

En el otoño de 1903, los Parham se mudaron a Galena, Kansas, y levantaron una gran carpa. La misma tenía capacidad para dos mil personas, pero aun así era pequeña para acomodar a todos los que se acercaban. Por eso, tan pronto como llegó el invierno, consiguieron un edificio. Pero aún entonces, debían dejar las puertas abiertas durante los cultos, para que quienes quedaban afuera pudieran participar. Multitudes de personas provenientes de otras ciudades se agolpaban en Galena cuando se producían las fuertes manifestaciones del Espíritu, y cientos eran milagrosamente sanados y recibían la salvación.

En esa época, se entregaban tarjetas a quienes venían en busca de sanidad. El procedimiento común era escribir números en esas tarjetas y entregarlas a quienes deseaban oración. Luego, durante el culto, se llamaba al azar diversos números y se oraba por quienes tenían las tarjetas con esos números. Con esta práctica, todos tenían las mismas oportunidades. Pero Parham abolió esa costumbre y decidió orar por todos los que vinieran, sin importar el tiempo que eso insumiera.

Dos periódicos, el Joplin Herald y el Cincinnati Inquirer, declararon que las reuniones de Parham en Galena eran la mayor demostración de poder y milagros desde el tiempo de los apóstoles, y escribieron "Muchos... vinieron a burlarse, pero se quedaron para orar".[18]

"Muchos... vinieron a burlarse, pero se quedaron para orar".

El 16 de marzo de 1904 nació Wilfred Charles en el hogar de los Parham. Un mes después, se mudaron a Baxter Springs, Kansas, y Charles continuó realizando tremendas reuniones en todo el estado.

Parham siempre advertía a la gente que no lo llamara "sanador", recordándoles que él no tenía más poder para sanar que para salvar. Un observador dijo: "El hermano Parham predicó la Santa Palabra de Dios en forma directa; como si fuera en trozos grandes, puros y suficientemente duros como para hacer caer las escamas de nuestros ojos".[19]

Las reuniones eran siempre muy interesantes. Era sabido que él sentía un gran amor por la Tierra Santa, y siempre implementaba sus creencias en sus enseñanzas. Así que además de los muchos milagros, generalmente exponía una gran variedad de vestimentas de la Tierra Santa que había coleccionado. Los periódicos siempre destacaban este aspecto de su ministerio en forma favorable.

Alumnos del instituto bíblico Stone's Folly, 1905

Equipo de la cruzada de Houston, Texas, 1905

En 1905, Parham viajó a Orchard, Texas, en respuesta a la invitación de algunos creyentes que habían asistido a sus reuniones en Kansas y habían orado fervientemente para que él fuera a su región. Mientras ministraba, hubo tal derramamiento del Espíritu, que esto inspiró a Parham para realizar sus "Días de campaña". Estos eran series de reuniones que se planeaban y realizaban estratégicamente en diferentes lugares de los Estados Unidos. Cuando regresó a Kansas, muchos obreros se ofrecieron voluntariamente para ayudar en las reuniones.

¡TODO ES GRANDE EN TEXAS!

El primer "Día de campaña" se realizó en Houston, Texas. Parham y veinticinco obreros realizaron esta campaña en un lugar llamado Bryn Hall, donde se los había promocionado como no pertenecientes a denominación alguna, y se había invitado a cualquiera que deseara experimentar más del poder de Dios, a asistir. Los periódicos disfrutaron con la novedad de la exposición de trajes de Tierra Santa que traía Parham, y comentaron en forma decididamente favorable todos los milagros que se producían.

Después de estas reuniones, Parham y su grupo realizaban grandes desfiles, marchando por las calles de Houston con sus trajes de Tierra Santa. Los desfiles ayudaban a despertar el interés de muchos que asistieron a los cultos vespertinos. Cuando se terminaron los "Días de campaña", el grupo regresó a Kansas, gozándose grandemente en el Señor.

Debido a la alta demanda de la gente, el grupo regresó una vez más a Houston, pero esta vez debieron enfrentarse con una fuerte persecución. Varios de los colaboradores de Parham fueron envenenados durante una reunión, y enfermaron seriamente, con terribles dolores. Pero Parham oró por cada uno de ellos inmediatamente, y se recuperaron por completo.

También hubo varios ataques en contra de la vida de Parham, pero siempre escapó. Cierta vez, después de tomar un sorbo de agua mientras estaba en la plataforma, se dobló sobre sí mismo, presa de un dolor insoportable. Pero comenzó a orar y el dolor se fue inmediatamente. Luego, cuando el agua de ese vaso fue examinada químicamente, se descubrió que contenía suficiente veneno como para matar a una docena de hombres.[20]

Sin dejarse amilanar por las persecuciones, Parham anunció que abriría un nuevo instituto bíblico en Houston, y mudó su sede allí en el invierno de 1905. El instituto se sostenía de igual manera que el de Topeka, por medio de ofrendas voluntarias. Los estudiantes no debían pagar cuota alguna, y cada uno debía creer que Dios proveería lo necesario. Se decía que en el instituto reinaba un orden militar y que cada persona comprendía cómo trabajar en armonía.[21]

Los "institutos" de Parham nunca pretendieron ser seminarios teológicos. Eran centros de capacitación donde se enseñaba las verdades de Dios en la forma más práctica posible, con la oración como ingrediente clave. Muchos ministros salieron de esos institutos para servir en diferentes lugares del mundo.

> *Los "institutos" de Parham nunca pretendieron ser seminarios teológicos.*

En Houston, Parham conoció a William J. Seymour. Hasta este momento, las leyes Jim Crow impedían que blancos y negros asistieran juntos a la escuela. Y las reuniones de Parham eran segregadas, pero únicamente porque no había negros

que quisieran asistir al instituto... esto es, hasta que apareció Seymour. Su humildad y su hambre de la Palabra conmovieron de tal manera a Parham que decidió ignorar las reglas racistas de su época. Seymour obtuvo un lugar en el instituto, donde experimentó las verdades revolucionarias del bautismo del Espíritu Santo. William Seymour se convertiría luego en el líder de la obra misionera de la calle Azusa, en Los Ángeles, California.

Después que su histórico instituto bíblico en Houston se cerró, Parham se mudó nuevamente a Kansas con su familia, y el 1 de junio de 1906 nació Robert, su último hijo.

Continuaba realizando reuniones en todo el país y era muy solicitado. En este tiempo recibió cartas de Seymour, pidiéndole que fuera a la obra misionera de Azusa, en Los Ángeles. Se dice que Seymour le escribió "urgentes cartas pidiéndole ayuda, ya que manifestaciones espiritistas, fuerzas hipnóticas y contorsiones carnales... se habían desatado en las reuniones. Él deseaba que el señor Parham acudiera rápidamente y le ayudara a discernir entre lo real y lo falso".[22] A pesar de estos ruegos, Parham sintió que el Señor lo impulsaba a realizar una campaña en la ciudad de Sión, en Illinois.

CAMINANDO SOBRE LAS AGUAS EN SIÓN

Cuando Parham llegó a Sión, encontró a la comunidad muy angustiada. Dowie había sido desacreditado en su ministerio allí, y otros estaban tomando control de la ciudad. Había una gran opresión sobre la ciudad, dado que personas de todas las naciones y de toda condición había invertido su futuro en las manos de Dowie. Desanimada y quebrantada, esa gente había perdido toda esperanza. Parham vio esto como una maravillosa oportunidad para traer el bautismo del Espíritu Santo a Sión. No se le ocurría mayor bendición o gozo que presentar la plenitud del Espíritu Santo a estas personas.

Cuando llegó, se encontró con una fuerte oposición, y no pudo conseguir un edificio donde llevar a cabo las reuniones. Todas las puertas de oportunidades parecían cerrarse. Pero finalmente, ante la invitación del administrador de un hotel, pudo preparar una reunión en un salón privado. A la noche siguiente, la gente llenaba dos salones y el pasillo, y el número de asistentes siguió creciendo.

Pronto comenzó a realizar reuniones en los mejores hogares de la ciudad. Uno de estos hogares fue el del gran evangelista y escritor, F.

F. Bosworth. El hogar de Bosworth literalmente se convirtió en un salón de reuniones durante la estadía de Parham. Cada noche, dirigía cinco reuniones en cinco hogares; todas comenzaban a las 19:00. Cuando sus colaboradores llegaban, él iba predicando de reunión en reunión, conduciendo rápidamente para asegurarse de llegar a todas. De esta manera, cientos de ministros y evangelistas salieron de Sión llenos del poder del Espíritu para predicar la Palabra de Dios con señales.

Aunque Sión era una comunidad cristiana, parecía que la persecución en contra de Parham allí era la más terrible. Los periódicos aprovecharon la noticia, publicando que "el profeta Parham" había tomado la tierra de "el profeta Dowie".[23] Dowie mismo salió al ruedo a criticar el mensaje y las acciones de Parham. El nuevo Sobreveedor de Sión, Wilbur Voliva, estaba ansioso porque Parham abandonara la ciudad. Voliva le escribió preguntándole cuánto tiempo pensaba quedarse en Sion. Éste replicó: **"Tanto como el Señor desee que me quede"**.[24]

En octubre de 1906, Parham sintió que Dios lo liberaba de su tarea en Sión y se apresuró a ir a Los Ángeles para responder al llamado de Seymour.

HISTORIA DE LOS ÁNGELES

Parham había escuchado que Seymour había ido a Los Ángeles con un espíritu humilde. Quienes eran de Texas y se habían mudado a Los Ángeles con Seymour estaban impresionados por su capacidad. Era claro que Dios estaba haciendo una obra maravillosa en su vida, pero también era claro que Satanás estaba tratando de "hacerla pedazos".[25] Dado que Seymour había estudiado en el instituto de Parham, este se sentía responsable por lo que estaba sucediendo.

Las experiencias de Parham en Azusa le hicieron comprender mejor lo que era el fanatismo. Según él, había muchas experiencias genuinas de personas que habían recibido el verdadero bautismo, pero también había muchas falsas manifestaciones. Parham predicó dos o tres cultos en Azusa, pero no pudo convencer a Seymour de que cambiara su forma de actuar. La puerta de la obra misionera se cerró para que él no pudiera regresar. Pero en lugar de salir de Los Ángeles, Parham alquiló un edificio grande y realizó allí grandes cultos que ministraban liberación de espíritus malignos a quienes habían asistido previamente a las reuniones.

Charles, que consideraba que el conflicto de Seymour era producto del orgullo espiritual, escribió sobre esto en su boletín, observando que el fanatismo siempre produce un espíritu que no se presta a la enseñanza. Quienes están bajo la influencia de estos espíritus, explicaba Parham...

"...se sienten exaltados, pensando que tienen una experiencia más importante que la de cualquier otra persona, y que no necesitan instrucción ni consejo... lo cual los coloca fuera del alcance de aquellos que podrían ayudarlos".

Y terminaba su "exposición" en el boletín, diciendo:

"...aunque muchas formas de fanatismo se han infiltrado, creo que todo verdadero hijo de Dios saldrá de esta niebla y estas sombras más fuerte y mejor equipado contra todos los extremos que pueden presentarse en cualquier momento en reuniones de esta clase".[26]

LAS BURLAS

Parham regresó a Sión, proveniente de Los Ángeles, en diciembre de 1906, y al no poder conseguir un edificio, levantó una gran carpa en un terreno vacío. Las reuniones contaban con una asistencia de aproximadamente dos mil personas. En la víspera de Año Nuevo, predicó durante dos horas sobre el bautismo del Espíritu Santo, y produjo tal entusiasmo que varios hombres se acercaron a él con la idea de formar un "movimiento" y una gran iglesia.

Parham se opuso a la idea, y les dijo que él no estaba allí para obtener ninguna ganancia personal, sino para traer la paz de Dios que reemplazara la opresión que había sobre la ciudad. Parham creía que los Estados Unidos ya tenían suficientes iglesias, y dijo que lo que Sión necesitaba era más espiritualidad en las iglesias que ya tenía. Sentía que si su mensaje tenía valor, la gente lo apoyaría sin necesidad de una organización. Lo preocupaba que los grupos que giraban

alrededor de la verdad del "bautismo del Espíritu Santo" desarrollaran finalmente un objetivo secular y mundano.

Después de confrontar estos temas, Parham renunció oficialmente al puesto de "proyector" del Movimiento de Fe Apostólica. Muchas controversias sobre el liderazgo se habían producido ya en otros estados que adoptaran el movimiento. En su boletín, Parham escribió:

> **"Ahora que ellos [los seguidores de la Fe Apostólica] son generalmente aceptados, yo simplemente ocupo mi lugar entre mis hermanos para impulsar este evangelio del reino como testigo a todas las naciones".**[27]

La posición que Parham sostenía le hizo ganar muchos nuevos enemigos en Sión, y cuando terminó su serie de reuniones, se dirigió solo a Canadá y Nueva Inglaterra para predicar.

Su familia se quedó en Sión y fue tremendamente atacada. Cada día los hijos de Parham eran perseguidos en la escuela. Muchas veces los niños regresaban a casa de la escuela con lágrimas en los ojos. La familia creía que eran perseguidos principalmente porque se negaban a organizar un movimiento. Más tarde, Charles escribiría:

> **"Si difiero completamente de Sión con respecto a alguna de estas verdades, es sólo en la misma manera en que los individuos de Sión difieren entre sí".**[28]

Pero un día, la señora Parham recibió una inquietante carta de un habitante de Sión que amenazaba a su esposo en forma escandalosa. Ella denunció la carta, diciendo que era una mentira, pero la persecución y la situación se volvieron tan terribles que decidió llevar a sus hijos de regreso a Kansas.

LAS LLAMAS DEL INFIERNO: EL ESCÁNDALO

Aquí es donde llegamos a la más grande controversia en la vida de Charles Parham. Es obvio que tenía muchos enemigos en prominentes organizaciones cristianas, pero su principal antagonista era Wilbur Voliva, el Sobreveedor General de Sión. Después que Parham renunciara públicamente como "proyector" del Movimiento de Fe Apostólica, circularon varios rumores en los círculos pentecostales, asegurando

que Parham había sido arrestado por inmoralidad sexual. El periódico Waukegan Daily Sun sugirió que su repentina partida de Sión se debía a "misteriosos hombres, de los que se decía que eran detectives, que estaban dispuestos a arrestarlo por algún cargo igualmente

> **Parham tenía muchos enemigos en prominentes organizaciones cristianas.**

sospechoso". Luego el periódico admitió que esta información se había basado en un rumor y que el departamento de policía de Sión no sabía absolutamente nada sobre el incidente.[29] Pero el daño ya estaba hecho.

En el verano de 1907, Parham estaba predicando en una ex obra misionera de Sión ubicada en San Antonio, cuando una historia que había aparecido en *San Antonio Light* se convirtió en noticia a nivel nacional. El titular decía: "Evangelista arrestado. C. F. Parham, principal evangelista en reuniones realizadas aquí, es llevado bajo custodia".[30] El artículo decía que Parham había sido acusado de sodomía, que era un delito según la ley de Texas, y que había sido arrestado con su supuesto compañero, J. J. Jourdan, quien supuestamente había sido liberado, al igual que él, después de pagar mil dólares.

Parham, enfurecido, se defendió inmediatamente. Contrató un abogado, C. A. Davis, y anunció que su antiguo némesis, Wilbur Voliva, "había urdido una elaborada trampa". Parham estaba seguro de que Voliva estaba furioso por una iglesia de la ciudad de Sión en la que Parham había predicado cierta vez, y que había pertenecido a Sión, pero luego se había unido al Movimiento de la Fe Apostólica.

Parham prometió limpiar su nombre e, indignado, se negó a dejar la ciudad. Pero su señora, habiendo leído previamente los rumores en una carta en Sion, salió de Kansas con destino a San Antonio. El caso jamás llegó a la corte y el nombre de Parham desapareció por completo de los titulares de los periódicos seculares tan pronto como apareciera. No se realizó nunca ninguna acusación formal, y a la fecha, no hay registro alguno del incidente en el Tribunal del Condado de Bexar.[31]

Pero los periódicos religiosos no fueron tan bondadosos con Parham como lo habían sido los seculares. Esta prensa parecía conseguir aún más detalles sobre la "relación". Dos periódicos que se tomaron libertades con la historia fueron el *Burning Bush* y el *Zion Herald* (el

periódico oficial de la iglesia de Wilbur Voliva en Sión). Se decía que estos periódicos citaban información del *San Antonio Light*, junto con un relato de un testigo ocular de las supuestas acciones impropias de Parham, incluyendo una confesión escrita. Pero cuando se investigó en profundidad, se descubrió que los artículos "citados" en el Herald y el Bush nunca habían aparecido en el periódico de San Antonio. También se supo que el escándalo había sido publicado solamente en ciertas áreas, y que las fuentes podían ser rastreadas hasta el Zion Herald. Si el rumor recorrió todo el país, fue porque viajó a través de "la viña del Señor".[32]

Sin duda, parece que Voliva estaba aprovechando al máximo el escándalo, y "no dejaba piedra sin remover". Aunque nadie pudo señalar directamente a Voliva como instigador de las acusaciones, se sabía que ya en otras ocasiones él había esparcido rumores de inmoralidad en contra de sus principales rivales. Además de Parham, Voliva había lanzado varios ataques verbales sobre sus asociados en Sión, llamándolos "adúlteros" e "inmorales". Los colaboradores de Parham intentaron iniciar acciones legales con las autoridades de los EE.UU. por "difamación ilegal", pero estas se negaron a actuar.[33]

La señora Parham creía que sus enemigos seguramente tenían gran fe en las creencias de Parham, ya que si esta clase de ataque hubiera ocurrido a una persona secular, sin duda se hubiera iniciado una acción legal. Pero Parham nunca discutió el tema en público. Lo dejó a discreción de sus seguidores, creyendo que quienes le eran fieles jamás creerían las acusaciones.[34] En su cumpleaños número cuarenta, escribió:

"Creo que la mayor pena de mi vida es pensar que mis enemigos, al intentar destruirme, han arruinado y destruido tantas preciosas almas".[35]

Pero el dolor y la destrucción no marcan diferencia alguna para quienes se oponen al ministerio de Dios. Cuando Parham regresó a predicar a Sión nueve años después, los seguidores de Voliva fabricaron pósters y panfletos que mostraban una confesión de culpa del delito de sodomía, firmada.[36]

EL SUEÑO LARGAMENTE ESPERADO

Durante los años que siguieron al escándalo, Parham continuó evangelizando en todo el país. Muchos decían que sus sermones criticaban a los cristianos pentecostales; otros, que nunca pudo recuperarse de las acusaciones de Voliva. En 1913, en Wichita, una multitud armada de palos y tridentes quiso atacarlo. Pero un amigo lo rescató, enviándolo por una ruta secreta, y la reunión continuó como había sido planeada. Cientos de personas se arrepintieron y muchos fueron sanados en Wichita, según se dice.

Aunque había sido herido por aquellos que él pensaba que eran sus amigos, Parham jamás dejó de ir a las ciudades donde Dios lo llevaba. Hasta regresó a Los Ángeles y realizó una reunión tremenda en que miles de personas fueron salvas, bautizadas en el Espíritu Santo, sanadas y liberadas. En el invierno de 1924, tuvo reuniones en Oregon y Washington. Fue en una de ellas que Gordon Lindsay recibió la salvación. Lindsay luego llevó a cabo una magnífica obra para Dios, estableciendo el instituto bíblico internacional llamado Cristo para las Naciones, en Dallas, Texas.

Finalmente, en 1927, el sueño de toda su vida se convirtió en realidad para Charles F. Parham. Sus amigos reunieron los fondos suficientes como para que pudiera visitar Jerusalén. El viaje fue un gran gozo para él. Lo fascinaba caminar por Galilea, Samaria y Nazaret. Allí fue que encontró su pasaje favorito de las Escrituras, el Salmo 23. En Palestina, la realidad del Pastor y sus ovejas cobró vida para él, trayéndole gran paz y consuelo. Cuando regresó al puerto de Nueva York, en abril de 1928, llevaba consigo las diapositivas de la tierra que amaba. A partir de entonces, las reuniones de Parham consistieron en mostrar estas diapositivas que él llamaba "El Salmo 23".

"PAZ, PAZ, COMO UN RÍO"

Para agosto de 1928, Parham estaba cansado y desgastado, y dijo a sus amigos que su obra estaba prácticamente terminada. A uno de ellos, Parham le escribió diciendo:

"Estos días estoy viviendo al borde de la tierra de la gloria, y todo es tan real al otro lado de la cortina, que me siento terriblemente tentado a cruzarla".

"Estos días estoy viviendo al borde de la tierra de la gloria, y todo es tan real al otro lado de la cortina, que me siento terriblemente tentado a cruzarla".[37]

Después de pasar la Navidad de 1929 con su familia, debía predicar y mostrar sus diapositivas de la Tierra Santa en Temple, Texas. Su familia estaba preocupada por este viaje, ya que su salud estaba algo deteriorada, pero él estaba decidido a ir. Varios días después, la familia recibió la noticia de que se había desplomado durante una reunión, mientras mostraba sus diapositivas de Tierra Santa. Se dice que mientras estaba en el suelo, recobró la conciencia y que sólo decía que deseaba continuar con la proyección.

La familia se dirigió a Temple para ver cómo estaba. Cuando llegaron, tomaron la decisión de cancelar las reuniones y regresar con Charles a Kansas en tren. Parham, debilitado por un problema cardíaco a tal punto que apenas podía hablar, esperó que su hijo Wilfred regresara de ministrar en California. Mientras lo esperaba, se negó a tomar medicamento alguno, diciendo que de hacerlo "iría en contra de sus creencias". Sólo pidió a los demás que oraran.

Su hijo más joven, Robert, abandonó su trabajo en una tienda para orar y ayunar en la casa donde su padre estaba. Después de varios días, se acercó al lecho de Parham para decirle que él también "había entregado su vida al llamado al ministerio". Profundamente gozoso al saber que dos de sus hijos continuarían la obra del evangelio, Charles recobró suficientes fuerzas como para decir:

"Cuando me encuentre con mi Maestro cara a cara, no podré vanagloriarme de ninguna buena obra que haya hecho; pero podré decir que he sido fiel al mensaje que él me dio, y viví una vida pura y limpia".

Sarah dijo que nunca olvidaría el rostro de su amado, al saber, "con un gozo y una mirada de pacífica satisfacción, que su oración de tantos años había sido respondida".[38]

Algunos oyeron a Charles Fox Parham decir en su último día en la tierra: **"Paz, paz, como un río. En eso he estado pensando todo el día"**. Durante la noche, cantó parte del himno "Hay poder en la sangre", y pidió a su familia que terminara de cantarlo para él. Cuando terminaron, les pidió: **"Cántenlo otra vez".**[39]

Al día siguiente, el 29 de enero de 1929, a los sesenta y seis años de edad, Charles F. Parham partió para estar con el Señor.

A su funeral asistieron más de dos mil quinientas personas, que visitaron su tumba cubierta de nieve fresca. Un coro de cincuenta personas ocupó la plataforma, junto con varios ministros de diversas partes de la nación. De todo el país llegaron ofrendas que permitieron que la familia comprara un púlpito de granito para la lápida de su tumba. En ésta se inscribió lo siguiente: "Juan 15:13", el último pasaje de la Biblia que Parham leyó en su última reunión en esta Tierra: "Nadie tiene mayor amor que este, que uno ponga su vida por sus amigos".

LOS VERDADEROS FIELES

Antes que Charles Parham muriera, su ministerio contribuyó a más de dos millones de conversiones, directa o indirectamente. Las multitudes que asistían a sus reuniones con frecuencia ascendían a más de siete mil personas. Y aunque algunos hablaron en lenguas mucho antes de Topeka, Kansas, fue Parham el pionero de esta verdad de las lenguas como evidencia del bautismo del Espíritu Santo.

Su vida ejemplifica la dura realidad de la persecución y el conflicto que siempre acompañan a los líderes de avivamientos enviados por Dios. Aunque varios hombres trataron de destruirlo, no pudieron tocar el pilar de fortaleza que se levantaba en su espíritu.

Aunque varios hombres trataron de destruirlo, no pudieron tocar el pilar de fortaleza que se levantaba en su espíritu.

Las calumnias que lo acosaron jamás lograron que se apartara de su llamado. Y cuando dejó la Tierra, lo hizo porque lo deseaba. Aunque algunos no aceptan el ministerio de Parham debido a su apoyo al Klu Klux Klan,[40] la mayoría lo recuerda por su amor sacrificial y, principalmente, por su fidelidad. El mayor clamor de Dios es que seamos fieles a su plan. Y Charles Fox Parham no podía vivir otro plan que el que Dios había marcado. La fidelidad siempre soporta el conflicto que aparece para desafiarla.

Dios nos ha llamado a un área de servicio. Sea que estemos en

medio de las masas o ante los pocos que integran nuestra familia, no-sotros, como Charles Parham, también debemos probar nuestra fide-lidad. Pero en nuestra generación amante de la velocidad y de las co-sas que "nos hacen sentir bien", la fidelidad aparentemente ha cedido espacio. Pero no importa a qué generación hablemos, la Palabra de Dios es aún la misma. 1 Corintios 4:2 dice que la fidelidad es un re-quisito para todos los creyentes.

Creer en la Palabra de Dios, y confiar en que Dios cumplirá las promesas que nos ha hecho, a pesar de los conflictos de la vida, nos hará fieles. ¡Cuán maravilloso será escuchar al Señor decir: "Bien, buen siervo y fiel...", en lugar de escucharlo decir simplemente: "¿Y bien...?"

Te desafío hoy a que consideres tu vida, evalúes el costo, y anali-ces cuál es tu posición en el área de la fi-delidad. Te desafío a saber qué es lo que crees, y a qué te opones, y permanecer fiel a esas convicciones. Demuestra "la vanguardia" de la verdad a las naciones de la Tierra, y no permitas que se te con-sidere uno más de los perseguidores, los envidiosos, los despreciativos. Sea cual fuere tu llamado en la vida, sé genuino y quédate del lado de Dios. Sé fiel.

> *Te desafío hoy a que consideres tu vida, evalúes el costo, y analices cuál es tu posición en el área de la fidelidad.*

CAPÍTULO CUATRO: CHARLES F. PARHAM
Referencias

1   Mrs. Charles Parham, The Life of Charles F. Parham (La vida de Charles F. Parham), (Birmingham, AL: Commercial Printing Company, 1930), págs. 59, 74.
2   Ibid., pág. 1.
3   Ibid., pág. 2.
4   Ibid.
5   Ibid., pág. 5.
6   Ibid., págs. 6-9.
7   Ibid., pág. 11.
8   Ibid., pág. 23.
9   Ibid., pág. 33.
10 Ibid., pág. 42.
11 Ibid., págs. 46-47.
12 Ibid., pág. 48.
13 Ibid., pág. 57.
14 Ibid., págs. 52-53.
15 Ibid., pág. 54.
16 Ibid., pág. 62.
17 Ibid., pág. 76.
18 Ibid., págs. 95-97.
19 Ibid., pág. 100.
20 Ibid., pág. 134.
21 Ibid., pág. 136.
22 Ibid., págs. 155-156.
23 Ibid., págs. 158-159.
24 Ibid., pág. 159.
25 Ibid., págs. 161-162.
26 Ibid., págs. 163-164, 168.
27 Ibid., pág. 176.
28 Ibid., pág. 182.
29 James R. Goff Jr., Fields White Unto Harvest (Campos blancos para la siega) (Fayeteville y Londres: The University of Arkansas Press, 1988), págs. 136 y 223, nota al pie No. 32.
30 Ibid., pág. 136.
31 Ibid., págs. 136-137, 224, nota al pie No. 39.

32 Ibid., págs. 138-139, 224-225, nota al pie No. 41.

33 Ibid., págs. 225-226, notas al pie Nos. 44 y 45.

34 Ibid., pág. 141

35 Parham, The Life of Charles F. Parham, pág. 201.

36 Ibid., págs. 260-261, y Goff, sección central, fotografías de pósters.

37 Parham, The Life of Charles F. Parham, pág. 406.

38 Ibid., págs. 200 y 410.

39 Ibid., pág. 413.

40 Goff, Fields White Unto Harvest, pág. 157.

CAPÍTULO CINCO

William J. Seymour

"El catalizador de Pentecostés"

"EL CATALIZADOR DE PENTECOSTÉS"

"Mirándome a través de sus impertinentes con patillas de oro, me dijo: 'Reverendo, yo creo en el bautismo del Espíritu Santo y fuego... pero no me agradan los ruidos, los gritos'.

"Hermana, usted es como yo', le respondí. 'Hay muchas manifestaciones que veo en el pueblo de Dios que personalmente no me agradan, pero, sabe usted, cuando el Espíritu de Dios viene sobre mí, lo disfruto'.

"Sus labios pequeños se cerraron finamente en ligero desacuerdo, pero continué:

"...Ahora, hermanita, si usted desea ir al cuarto de oración y orar para ser bautizada en el Espíritu Santo, por favor, hágalo. Y cuando suceda, no grite a menos que lo sienta. Simplemente sea usted misma'.

"Ella asintió vigorosamente. 'Naturalmente, así será'.

"...Yo estaba ocupado en mi oficina, a más de veinte metros de distancia, y pronto olvidé que ella estaba allí. Entonces, de repente... escuché un grito agudo.

"Me puse en pie de un salto, y abrí rápidamente la puerta para ver dentro de la iglesia, y ahí venía la damita, saliendo del cuarto de oración, corriendo como si la hubieran disparado con un cañón. Comenzó a saltar y danzar, y gritar en el Señor. Era algo extraordinario ver a esta dama reservada y refinada de impertinentes de oro, danzando y agitándose, gritando y cantando intermitentemente en lenguas y en inglés.

"Salí a recibirla y, sonriendo por dentro, comenté: 'Hermana, lo que usted está haciendo no me agrada especialmente'.

"Ella saltó muy 'indecorosamente' por el aire y gritó: '¡Quizá a usted no, pero a mí sí!'" [1]

William J. Seymour sirvió como "catalizador" del "movimiento pentecostal" en el siglo XX, y de esa manera convirtió a un pequeño establo en la calle Azusa de Los Ángeles en el centro de un avivamiento internacional. Dado que el bautismo del Espíritu Santo con la evidencia del hablar en lenguas era parte vital de las reuniones que allí se realizaban, Seymour se convirtió en el líder del primer movimiento organizado que promoviera esta experiencia. En Azusa, blancos, negros, hispanos y europeos se reunían y adoraban juntos, cruzando límites culturales anteriormente inquebrantables. Aunque el éxito del avivamiento fue breve, aún disfrutamos de sus resultados. Hoy, Azusa es una palabra común en la familia de Dios.

> *En Azusa, blancos, negros, hispanos y europeos se reunían y adoraban juntos, cruzando límites culturales anteriormente inquebrantables.*

La obra misionera de la calle Azusa fue escenario de algunas historias extrañas. Poco les preocupaba el tiempo a estos pioneros pentecostales que muchas veces oraban toda la noche por la liberación de alguna persona. Ellos creían en la Palabra de Dios y aguardaban su manifestación.

En cada situación que surgía, los hermanos demandaban en la autoridad de la Palabra de Dios. Si los insectos amenazaban con destruir la cosecha de un hermano, los creyentes de Azusa marchaban al campo y declaraban la Palabra de Dios sobre los sembrados y los insectos. En cada relato que haya quedado registrado, los insectos se quedaron donde estaban y no cruzaron los límites de los campos. Si estaban destruyendo el campo del vecino, se quedaban a unos veinte metros de distancia de los sembrados del creyente.

Otro relato dice que un gran grupo de bomberos llegó corriendo a la obra misionera de la calle Azusa mientras se estaba desarrollando un culto, con mangueras para apagar un incendio. ¡Pero no había incendio! Los vecinos de la obra misionera habían visto una luz que les había hecho pensar que el edificio estaba envuelto en llamas, y habían llamado a los bomberos. Pero lo que habían visto era, en realidad, la gloria de Dios.

OJO DE TIGRE

Centerville, Louisiana, es una ciudad del Sur situada en un terreno pantanoso a pocas millas del Golfo de México. El 2 de mayo de 1870, Simon y Phyllis Seymour tuvieron allí un hijo varón. Los Seymour habían sido liberados de la esclavitud sólo pocos años antes. William nació en un mundo de horrible violencia racial. El Ku-Klux-Klan había estado haciendo estragos durante años. Se había dictado la ley Jim Crow, que prohibía a los negros cualquier tipo de justicia social. La segregación era común, aun en la iglesia.

Una vez libres de esclavitud, los padres de Seymour continuaron trabajando en la plantación. William creció y siguió sus pasos. Sin dejarse abatir por la falta de posibilidades de acceder a la educación, él, como muchos otros, se enseñó a sí mismo principalmente por medio de la lectura de la Biblia.

Seymour encontró su identidad en Jesucristo, creyendo que el Señor era el único liberador de la humanidad. Era un joven sensible y animoso, hambriento de las verdades de la Palabra de Dios. Se dice que experimentó visiones divinas, y que siendo de muy temprana edad comenzó a anhelar el regreso de Jesucristo.[2]

A la edad de veinticinco años, Seymour finalmente rompió con la atadura mental de su complejo de inferioridad e hizo algo que pocos hombres negros se atrevían a hacer: dejó su tierra natal en el sur de Louisiana, y se dirigió al Norte, a Indianápolis, Indiana.

Según el censo de los Estados Unidos en 1900, sólo el 10 por ciento de los negros habían dejado el Sur. Pero Seymour estaba convencido, y partió. Estaba decidido a que las cadenas hechas por el hombre jamás volvieran a atarlo.

SANTOS Y VIRUELA

Indianápolis, al contrario del ambiente rural del Sur, era una ciudad pujante que ofrecía cantidad de oportunidades. Pero muchos comercios aún cerraban sus puertas a la población negra, por lo que Seymour sólo pudo encontrar trabajo como botones en un hotel.

No mucho después de llegar, comenzó a congregarse en la Iglesia Metodista Episcopal Simpson Chapel. Esta rama de los metodistas del Norte tenía un fuerte empuje evangelístico para gente de todas clases, que atraía a Seymour. El ejemplo de la iglesia lo ayudó a formular más en detalle sus propias creencias. Para él cada vez era más claro que en la redención de Jesucristo no había división alguna por clase o color de piel.

Pero no pasó mucho tiempo antes que las divisiones raciales se endurecieran en Indianápolis, por lo que se mudó a Cincinnati, Ohio. Allí continuó asistiendo a una iglesia metodista, pero pronto notó que su doctrina también se estaba endureciendo. Seymour era un ávido seguidor de John Wesley. Wesley creía en la oración ferviente, en la santidad, la sanidad divina y que no debía haber discriminación en Jesucristo. Pero parecía que los metodistas estaban apartándose de sus raíces originales.

En busca de una iglesia, encontró accidentalmente a los Santos de la Luz Vespertina, que luego serían conocidos como Movimiento de Reforma de la Iglesia de Dios. El grupo no utilizaba instrumentos musicales. Las mujeres no usaban anillos ni maquillaje. No bailaban ni jugaban a las cartas. Aunque parecía una religión de prohibiciones, eran extremadamente felices, y encontraban gozo en su fe tanto en los momentos buenos como en los tiempos difíciles.[3]

Seymour fue cálidamente recibido por los Santos. Fue en este ambiente que recibió el llamado al ministerio, pero luchó con este llamado, al que tenía miedo de responder.

> *Seymour luchó con este llamado, al que tenía miedo de responder.*

En medio de esta lucha, contrajo viruela, que en esa época generalmente era fatal. Sobrevivió a tres semanas de horribles sufrimientos, pero quedó ciego del ojo izquierdo y con terribles marcas en el rostro.

Seymour creía que había contraído la enfermedad por negarse al llamado de Dios, por lo que inmediatamente se sometió al plan del Señor y fue ordenado por los Santos. Pronto comenzó a viajar como evangelista itinerante, reuniendo lo necesario para su propio sostén. En esa época, pocos ministros pedían ofrendas, y Seymour, como muchos en su círculo, creía que Dios sería su proveedor. Creía que si Dios lo había llamado, lo sostendría.

¿HABLAR EN LENGUAS, HOY?

Seymour dejó Cincinnati y viajó hacia Texas, evangelizando por todo el camino. Cuando llegó a Houston, encontró familiares suyos allí, por lo que decidió hacer de esta ciudad la base de su ministerio.

En el verano de 1905, el evangelista Charles F. Parham realizaba cruzadas en el Bryn Hall, ubicado en el centro de Houston. Cada noche, después que se despejaba el tránsito, Parham y sus colaboradores marchaban por el centro vestidos con sus espectaculares trajes de la Tierra Santa, llevando en alto el estandarte del "Movimiento de la Fe Apostólica". Los periódicos escribían favorablemente sobre las reuniones, que muchas veces llegaban a ser noticia principal.[4]

Houston era una ciudad de gran diversidad cultural, por lo que las reuniones de Parham atraían a gente de todas las razas. Una mujer amiga de Seymour, la señora Lucy Farrow, asistía a las reuniones de Parham regularmente, y había desarrollado una agradable relación con su familia. Parham le ofreció el puesto de gobernanta de sus hijos si los acompañaba a Kansas, donde vivían. Farrow era pastora de una pequeña iglesia de la Santidad, pero su amor por la familia de Parham y su hambre espiritual la motivaron a ir con ellos. Cuando aceptó, preguntó a Seymour si pastorearía la iglesia en su ausencia. Él aceptó hacerlo hasta que ella regresara, dos meses después, con la familia Parham.

Cuando la Sra. Farrow regresó a Houston, le contó a Seymour los maravillosos encuentros espirituales que se habían producido en el hogar de los Parham, incluyendo el hecho de que ella misma había hablado en lenguas. Seymour se conmovió con la experiencia, pero cuestionó la doctrina. Más tarde la aceptaría, aunque él mismo no habló en lenguas sino hasta tiempo después.[5] Los Santos de la Luz Vespertina no aprobaban la nueva teología de Seymour, por lo que este dejó el grupo, sin haber hablado en lenguas aún. Entonces Charles Parham anunció la apertura de su instituto bíblico en Houston en el mes de diciembre, y la señora Farrow insistió firmemente en que Seymour asistiera. Movido por el fervor de su amiga y por su propio y creciente interés, Seymour se inscribió.

El instituto de Parham en Houston fue establecido en forma muy similar al de Topeka, Kansas. Era un estilo de vida comunitario en una casa. Los estudiantes y su instructor pasaban días y noches juntos, orando y estudiando la Palabra informalmente. Los alumnos no debían pagar cuota alguna, pero debían confiar en que Dios proveería para sus necesidades. Debido a la práctica culturalmente aceptada en esa época, es dudoso que se permitiera a Seymour quedarse allí por las noches. Parham se conmovió al ver el hambre que Seymour tenía por la Palabra. Y personalmente creo que, aunque Parham lo había recibido muy bien, Seymour sólo se quedaba en el instituto durante el día. Aunque no adoptó todas las doctrinas que Parham enseñaba, adoptó la verdad doctrinal relativa a Pentecostés, y pronto desarrolló su propia teología a partir de esta.

EN EL PRINCIPIO

Después de completar sus estudios en la escuela de Parham, los eventos que llevaron a Seymour a Los Ángeles se produjeron rápidamente. A principios de 1906, Seymour comenzó a hacer planes para comenzar una nueva iglesia pentecostal en la que pudiera predicar su recién hallada doctrina. Entonces, inesperadamente, recibió una carta de la señorita Neely Terry. Esta, que había estado visitando unos parientes en Houston, había asistido a la iglesia en que Seymour había reemplazado a la Sra. Farrow. Cuando Terry regresó a California, no había olvidado su suave pero seguro liderazgo. En la carta, la Srta. Terry invitaba a Seymour a ir a Los Ángeles para pastorear una congregación que se había separado de una iglesia nazarena. Creyendo que esta carta revelaba su destino, Seymour empacó y partió para California a fines de enero. Luego escribiría:

"**Fue un llamado divino el que me trajo de Houston, Texas, a Los Ángeles. El Señor lo puso en el corazón de una de los santos en esa ciudad para que me escribiera diciendo que sentía que el Señor deseaba que yo fuera allí, y sentí que era del Señor. Él me proveyó los medios y vine a hacerme cargo de la obra misionera en la calle Santa Fe**".[6]

EL ESTADO ESPIRITUAL DE LA CIUDAD

En Los Ángeles estaba surgiendo un hambre espiritual. Había un profundo deseo, un anhelo, de que algo sucediera.

Había evidencias de un avivamiento espiritual aún antes que Seymour llegara. Los evangelistas del principio del siglo habían extendido el fuego por todo el sur de California y muchos grupos de personas estaban orando y testificando por la ciudad, puerta a puerta. En realidad, la ciudad entera estaba al borde de un gran estallido espiritual, ya que muchas congregaciones cristianas de Los Ángeles estaban buscando a Dios con sincera devoción.

En 1906, Los Ángeles era una figura en miniatura del mundo. La discriminación racial rara vez era practicada, ya que personas de todas las culturas, desde la china hasta la hispana, se dirigían hacia allí.

Un grupo en particular, la Primera Iglesia Bautista de Los Ángeles, estaba esperando el regreso de su pastor, el Rev. Joseph Smale, que había emprendido un viaje de tres semanas a Gales para visitar al gran evangelista galés, Evan Roberts. Smale ardía de pasión por Dios, y esperaba traer ese mismo avivamiento que había visitado Gales, a su regreso a Los Ángeles.

Otro evangelista y periodista, Frank Bartleman, compartía una visión similar, y se unió a esta iglesia en oración. Bartleman escribió a Roberts pidiéndole instrucciones para el avivamiento. Una respuesta de Evan terminaba de esta manera: "Oro para que Dios escuche su oración, mantenga firme su fe, y salve a California". Bartleman decía que de estas cartas recibió el don de la fe para el avivamiento que se avecinaba. Él creía que las oraciones de Gales tenían mucho que ver con el derramamiento de Dios en California, y afirmó luego que "El avivamiento mundial que existe hoy surgió de la cuna de la pequeña Gales".[7]

En Los Ángeles había un pequeño grupo negro ansioso de recibir más de Dios, que se reunía para adorar. La líder de este grupo era la hermana Julia Hutchinson, que enseñaba la santificación en una forma que no estaba de acuerdo con la doctrina de su iglesia. Por lo tanto, el pastor expulsó a las familias que se prestaban a su enseñanza, las cuales eventualmente formarían el grupo que luego tendría a Seymour como pastor.

El grupo no se desalentó. Rápidamente comenzaron a reunirse en el hogar de Richard Asbery y su esposa, y crecieron tanto que debieron alquilar un pequeño salón para una obra misionera en la calle Santa Fe. Junto con este crecimiento vino el deseo de un cambio en el liderazgo. El grupo sentía que un extraño al área de Los Ángeles funcionaría mejor, ya que podría inspirarles más respeto. Y la señorita Terry, prima de los Asbery, creía que había sólo un hombre que podía cumplir esa tarea. Después de orar al respecto, todos decidieron enviar una invitación a Seymour.

HACIENDO LLEGAR EL MENSAJE

Seymour llegó a Los Angeles, donde ya se vivía un clima de avivamiento en toda la ciudad que parecía revalidar su sentido de haber sido llamado. El gran grupo se reunió, ansioso por escuchar el primer sermón de Seymour, quien disertó poderosamente sobre el evangelio de la sanidad divina y el pronto retorno de Cristo. Luego comenzó su mensaje sobre Hechos 2:4 y el hablar en otras lenguas. Seymour enseñó que una persona no es bautizada en el Espíritu Santo a menos que hable en otras lenguas, y al mismo tiempo admitió que él mismo no había recibido aún esta manifestación. Pero aún así la proclamó como Palabra de Dios.

Recibió reacciones diversas ante este mensaje. Mientras algunos estuvieron de acuerdo, otros lo criticaron fervientemente. Una familia de apellido Lee lo invitó a cenar con ellos un domingo por la noche. Al regresar con él a la obra misionera, después de cenar, encontraron las puertas cerradas con candados. La hermana Hutchinson estaba enfurecida y había declarado que no permitiría enseñanzas tan extremas en su pequeña obra misionera de la calle Santa Fe. Seymour tampoco pudo entrar al cuarto donde dormía, contiguo a la misión.[8]

La hermana Hutchinson estaba enfurecida y había declarado que no permitiría enseñanzas tan extremas en su pequeña obra misionera de la calle Santa Fe.

Ahora Seymour se encontraba con poco dinero y sin lugar donde alojarse, así que los Lee se vieron obligados a llevarlo a su casa, aunque tenían ciertas reservas. Mientras estuvo con los Lee, permaneció a puertas cerradas en su cuarto, orando y ayunando. Después de varios días, Seymour los invitó a orar con él. Ellos aceptaron la invitación y comenzaron a actuar en forma diferente hacia él. Pronto otros miembros de la obra misionera se enteraron de las reuniones de oración en casa de los Lee y comenzaron a reunirse con ellos. Seymour empezó a ser conocido como un hombre de oración.[9]

Pronto la hermana Hutchinson supo que varios estaban uniéndose a Seymour, por lo que organizó una reunión entre este y los líderes de la Santidad para determinar de dónde surgía el error. Seymour enfrentó a un grupo difícil y numeroso de líderes de la Santidad en su propia

Inquisición, pero se aferró a la Palabra. Volvió a leer Hechos 2:4 y explicó que a menos que los predicadores de la Santidad tuvieran la experiencia que se había producido en el Aposento Alto, no estarían bautizados en el Espíritu Santo. Según Seymour, el problema de ellos era con la Palabra de Dios, no con él.

Un ministro que había estado en su contra, luego dijo: "La contienda surgía enteramente de nuestra parte. Nunca he encontrado un hombre que tuviera tal control de su espíritu. Ninguna acusación, ninguna confusión parecía alterarlo. Se sentó detrás de esa maleta y nos sonrió hasta que nuestras propias acciones nos condenaron a todos".[10]

CALLE BONNIE BRAE NORTE 214

Todos pudieron ver el efecto calmante del liderazgo de William J. Seymour. Después de concluida esta investigación, los Asbery le pidieron que se mudara a su hogar en la calle Bonnie Brae Norte y condujera reuniones allí regularmente. Seymour aceptó, y el pequeño grupo comenzó a reunirse a fines de febrero de 1906. Las reuniones consistían en orar durante horas buscando el bautismo del Espíritu Santo.

Cuando las reuniones crecieron, Seymour pidió ayuda a su vieja amiga, Lucy Farrow. Explicó al grupo que Farrow tenía una extraordinaria capacidad para presentar el bautismo del Espíritu Santo, y reunieron dinero para traerla de Houston.

Cuando la hermana Farrow llegó, Seymour anunció que el grupo iniciaría un ayuno de diez días hasta que recibieran la bendición divina del bautismo del Espíritu Santo. El grupo ayunó y oró todo el fin de semana. El lunes, el Sr. Lee llamó a Seymour para que fuera a su casa y orara por su sanidad. Seymour ungió a Lee con aceite, oró por él, y Lee fue sanado instantáneamente. Entonces, Lee le pidió que le impusiera las manos y orara por el bautismo del Espíritu Santo. Seymour le impuso nuevamente las manos, y esta vez Lee comenzó a hablar en alta voz en otras lenguas. Los dos se regocijaron en el espíritu durante el resto del día, y luego fueron juntos a la reunión de oración vespertina.

Cuando llegaron al hogar de los Asbery en la calle Bonnie Brae, todos los cuartos estaban atestados de gente. Muchos ya estaban orando. Seymour se ocupó de la reunión, y guió al grupo en canciones, testimonios y más oración. Luego comenzó a relatar cómo el Sr. Lee

había sido sanado y lleno del Espíritu Santo. Tan pronto como Seymour terminó, Lee levantó las manos y comenzó a hablar en otras lenguas. Todo el grupo cayó de rodillas, adorando a Dios y clamando por el bautismo. Entonces, seis o siete personas levantaron la voz y comenzaron a hablar en otras lenguas. Jennie Evans Moore (que luego se casaría con Seymour), quien estaba sentada al piano, cayó de rodillas y fue una de las primeras en hablar en lenguas.

Algunos se apresuraron a salir al porche de entrada, profetizando y predicando. Otros, mientras hablaban en lenguas, corrieron a las calles para que todos los vecinos los oyeran. ¡La joven hija de los Asbery corrió a la sala de estar para ver qué sucedía, sólo para encontrarse con su asustado hermano corriendo en dirección opuesta! Entonces, Jennie Evans Moore regresó al piano y comenzó a cantar con su hermosa voz, en hasta seis idiomas, todos con interpretación. La reunión duró hasta pasadas las 22:00, cuando todos partieron llenos de gozo y gratitud.[11]

Durante tres días, celebraron lo que dieron en llamar "el primer Pentecostés restaurado". La noticia se esparció rápidamente, atrayendo multitudes que llenaban el patio de los Asbery y rodeaban su hogar. Grupos de todas las culturas comenzaron a abrirse paso hacia Bonnie Brae Norte 214. Algunos se quedaban junto a las ventanas, esperando escuchar a alguien orar en lenguas. Algunas veces oían fuertes gritos. Otras, reinaba el silencio. Muchos "caían bajo el poder del Espíritu" y quedaban tendidos en el suelo, algunos durante tres a cinco horas.[12]

También se producían sanidades extraordinarias. Una persona relataba:

> "El ruido del gran derramamiento del Espíritu fue lo que me atrajo. Yo había sido 'una farmacia ambulante' durante toda mi vida, debido a mis pulmones débiles y al cáncer. Al mirarme, me dijeron: 'Hija, Dios te sanará'. En esos días del gran derramamiento, cuando decían que Dios te sanaría, te sanaba. ¡No he vuelto a ver a un médico en treinta y tres años, gracias a Dios, ni he vuelto a esas viejas medicinas! El Señor me salvó, me bautizó con el Espíritu Santo, me sanó, y me envió de regreso con gozo".[13]

Se dice que el porche del frente de la casa de los Asbery "se convirtió en el púlpito, y la calle en los bancos", mientras Seymour predicaba a la gente desde ese hogar. Finalmente, el porche se derrumbó al no poder soportar el peso de la multitud, pero rápidamente lo reforzaron para que las reuniones pudieran continuar.

Fue durante la tercera noche de estas reuniones que Seymour finalmente experimentó su propio encuentro con el Espíritu Santo. Era tarde en la noche del 12 de abril de 1906, y muchos ya habían regresado a sus casas después de la reunión, cuando Seymour mismo fue lleno y comenzó a hablar en otras lenguas. Estaba arrodillado junto a un hombre que lo estaba ayudando a orar por una nueva apertura espiritual, cuando finalmente recibió el bautismo. El don del Espíritu Santo, tan largamente esperado, había llegado a ese hombre cuya predicación había llevado libertad a tantos otros.

CALLE AZUSA 312

Todos sabían que pronto deberían encontrar un nuevo lugar para reunirse. El hogar de los Asbery ya no podía contener a tanta gente. Por eso, el 14 de abril de 1906, Seymour y sus ancianos salieron a buscar el lugar perfecto. Vagaron por la ciudad en la zona circundante, hasta que llegaron a una calle sin salida que tenía aproximadamente ochocientos metros de largo. Allí, en el sector industrial de Los Ángeles, Seymour encontró lo que alguna vez había sido una Iglesia Metodista. Después de ser usado por los metodistas, el edificio había sido remodelado con otros fines. Lo dividieron por la mitad; la parte superior había sido convertida en apartamentos. Pero un incendio había destruido el piso, y el techo de catedral había quedado aplanado y cubierto de hollín.

Cuando Seymour consiguió el edificio, el piso alto se utilizaba como depósito. La planta baja había sido convertida en un establo. Las ventanas estaban rotas y bombillas eléctricas desnudas colgaban del techo. Este edificio le fue ofrecido a Seymour por ocho dólares al mes.[14]

El piso alto se utilizaba como depósito. La planta baja había sido convertida en un establo. Las ventanas estaban rotas y bombillas eléctricas desnudas colgaban del techo. Este edificio le fue ofrecido a Seymour por ocho dólares al mes.

173

Pronto corrió la voz y llegó gente de todas partes para ayudar a restaurar el edificio. A. G. Osterburg, pastor de la Iglesia del Evangelio Completo local, pagó a varios hombres para que ayudaran a renovar el edificio. Los voluntarios barrieron los pisos y pintaron con cal las paredes. J. V. McNeil, un devoto católico y dueño de la mayor compañía maderera de Los Ángeles, donó madera para la causa. En los pisos se colocó aserrín, y se armaron bancos con planchas de madera y barriles. El púlpito se armó con dos cajones clavados uno encima del otro.

Fue en este ambiente humilde, de barrio bajo, que los nuevos inquilinos de la calle Azusa 312 se prepararon para un avivamiento internacional.

LOS COMIENZOS

El 18 de abril de 1906 fue el día en que la historia registra el gran terremoto de San Francisco. Al día siguiente, un temblor algo menor fue sentido en Los Ángeles, que llevó a muchos a arrepentirse de sus pecados por temor a morir. Cientos de personas corrieron a Azusa para escuchar el mensaje del evangelio y experimentar el bautismo en el Espíritu Santo con la evidencia de hablar en otras lenguas. Aun los ricos se acercaban a esta zona de clase baja de la ciudad, para escuchar sobre el poder de Dios.

Los asientos estaban dispuestos en manera muy original en Azusa. Dado que no había plataforma, Seymour estaba al mismo nivel que el resto de la congregación. Y los "bancos" estaban dispuestos de manera que las personas estaban sentadas enfrentadas. Las reuniones eran espontáneas, así que nadie sabía nunca qué iba a suceder o quién sería el orador.

En los primeros tiempos de Azusa, la música también era espontánea, y no se utilizaban instrumentos ni himnarios. Las reuniones comenzaban con alguien que daba su testimonio o cantaba una canción. Dado que no había programa, generalmente luego alguien se levantaba, ungido para dar el mensaje. El orador podía ser de cualquier raza, edad o sexo. Y todos sentían que Dios era responsable de las invitaciones evangelísticas que podían producirse en cualquier momento de la reunión.

En Azusa, los sermones eran inspirados en inglés o en lenguas, con interpretación. Algunas veces los cultos duraban diez o doce horas.

Algunas veces se extendían por varios días y noches. Muchos decían que la congregación nunca se cansaba porque el Espíritu Santo les daba energía. Al final de los cultos, en las primeras horas de la madrugada, aún podía verse a muchos reunidos bajo las luces de la calle, hablando de cosas del Señor.

En Azusa, los cultos eran tan ungidos, que si alguien se levantaba para hablar puramente por conocimiento intelectual, los creyentes llenos del Espíritu rompían en gemidos. Esto queda claramente ilustrado en una historia sobre una mujer llamada "Madre Jones". Un hombre se levantó para hablar, aparentemente sin haber sido guiado por el Espíritu. Se dice que mientras él predicaba, la Madre Jones corrió hacia la plataforma, donde se sentó al pie del púlpito. Allí se quedó mirando al sujeto con ojos helados, que no presagiaban nada bueno, hasta que finalmente le dijo: "¿Acaso no se da cuenta de que no ha sido ungido para predicar?" Gracias a este incidente, la Madre Jones rápidamente cobró una fama que desalentaba a cualquier predicador no ungido de acercarse al púlpito. ¡Se dice que tan pronto como ella se ponía de pie, el supuesto predicador salía corriendo del púlpito!

William J. Seymour en la calle Azusa 312

Pronto, toda clase de personas comenzaron a asistir a las reuniones en Azusa. En su libro, Azusa Street, Frank Bartleman escribió:

"Muchos eran sólo curiosos, incrédulos, pero otros tenían hambre de Dios. (...) La persecución de afuera nunca hizo daño a la obra. Lo que más debíamos temer eran los espíritus malignos de adentro. Aun los espiritistas y los hipnotizadores venían a investigar, y trataban de probar su influencia. Luego vinieron todos los enfermos y dementes religiosos, buscando un lugar en la obra. Teníamos mucho para temer de estos. Pero este es un peligro que acecha a toda nueva obra. Ellos no tienen lugar en otra parte. Esta situación produjo un temor muy difícil de sobrellevar para muchos y fue un gran obstáculo para el Espíritu. Muchos temían buscar a Dios, por miedo a que los atrapara el diablo".[15]

También escribió:

> "En Azusa pronto descubrimos que tan pronto como queríamos estabilizar el arca, el Señor cesaba su obra. No nos atrevíamos a llamar demasiado la atención de la gente sobre las obras del demonio, pues a esto le seguiría el temor. Sólo podíamos orar. Y Dios nos dio la victoria. Había una presencia de Dios con nosotros, por medio de la oración, de la cual podíamos depender. Los líderes tenían una experiencia limitada, y la maravilla es que la obra sobrevivió a todos sus poderosos adversarios".[16]

Creo que esta afirmación de Bartleman quizá sea una de las razones principales por las que Seymour ha sido duramente criticado como líder. Dios estaba buscando un canal dispuesto, y lo encontró en él. Dios no está buscando a quienes se jactan de su posición y su experiencia. Pero, en términos espirituales, la limitada experiencia de Seymour quizá haya sido la causa de sus dificultades. Estoy de acuerdo en que los líderes deben exponer firmemente la verdad en lugar de concentrarse en lo falso. El engaño no puede prevalecer frente a la autoridad, la fortaleza y la sabiduría de los líderes ungidos por Dios que se entregan a la oración. Me alegro de que ellos dependieran de la oración. Pero Dios también da voz a sus líderes, y esa voz, por la fortaleza del Espíritu Santo, sabrá cómo separar lo que es valioso de los engaños que corrompen. Los líderes fuertes, guiados por Dios, pueden separar el oro del bronce.

Pero a pesar de la confusión espiritual, Azusa comenzó a operar día y noche. El edificio había sido organizado para ser utilizado en su totalidad. Se hacía gran énfasis en la sangre de Cristo, lo cual inspiraba al grupo a un nivel de vida más elevado. Y el amor divino comenzó a manifestarse, impidiendo que se hablaran palabras negativas entre los hermanos. Todos ponían empeño en asegurarse de que el Espíritu de Dios no fuera contristado. Tanto los ricos y cultos como los pobres y analfabetos se sentaban juntos sobre el aserrín y los bancos hechos con barriles.

CALLES ATESTADAS Y GENTE QUE CAÍA COMO ÁRBOLES

Un hombre de Azusa dijo: "...hubiera preferido vivir seis meses de ese tiempo que cincuenta años de vida común. (...) Más de una vez me detuve a dos calles de ese lugar y oré pidiendo fortaleza antes de atreverme a entrar; la presencia del Señor era tan real..."[17]

Se dice que el poder de Dios se sentía en Azusa, aún fuera del edificio. Docenas de personas caían en la calle, postradas, antes de llegar a la obra misionera. Luego, muchas se levantaban, hablando en lenguas sin la ayuda de ninguno de los que estaba adentro.[18]

Para el verano, las multitudes habían alcanzado un número increíble, con frecuencia contándose por miles. La escena se había transformado en una reunión internacional. Un relato dice que: "Cada día los trenes descargaban cantidades de visitantes provenientes de todo el continente. Nuevos relatos de la reunión se extendían por la nación tanto a través de la prensa secular, como de la religiosa".[19]

> *Se dice que el poder de Dios se sentía en Azusa, aún fuera del edificio. Docenas de personas caían en la calle, postradas, antes de llegar a la obra misionera.*

La inexperiencia quizá haya sido la nota prevaleciente al principio, pero ahora estaban llegando experimentados veteranos para ayudar a Seymour en la tarea. La mayoría venían de las filas de la Santidad, o eran misioneros que regresaban de sus campos. El resultado de esta mezcla de gente fue una maravillosa nueva oleada de misioneros que fueron lanzados a todo el mundo. Muchos, recién bautizados en el Espíritu Santo, se sentían llamados a una nación determinada, y así hubo hombres y mujeres que partían hacia Escandinavia, China, India,

Egipto, Irlanda y muchas otras naciones. Aún la hermana Hutchinson, quien en un principio había impedido la entrada a Seymour a su obra misionera, fue a Azusa, recibió el bautismo del Espíritu Santo y salió como misionera a África.[20]

William J. Seymour y su esposa, Jennie Evans Seymour

William J. Seymour

Seymour con F. F. Bosworth (en el medio) y John G. Lake, (abajo, derecha)

Papá Seymour

179

Obra misionera de la Fe Apostólica en Azusa 312, Los Ángeles, California

Owen Adams, de California, viajó de Azusa a Canadá, donde conoció a Robert Semple, primer esposo de Aimee Semple McPherson. Cuando Adams conoció a Semple, le contó sobre los milagrosos eventos que se producían en Azusa, y sobre su experiencia con el hablar en lenguas. Semple, entusiasmado, inmediatamente se lo contó a su joven esposa Aimee, antes de partir ambos hacia China, donde Robert moriría. Pero la noticia que Adams les había dado había encendido en el corazón de la joven Aimee una ardiente curiosidad. Cuando regresó a los Estados Unidos, basó en Los Ángeles su ministerio, que luego crecería en forma realmente extraordinaria.[21]

Aunque había gran entusiasmo y excitación en relación con el bautismo del Espíritu Santo en Azusa, muchos malinterpretaron el propósito principal del hablar en otras lenguas. Muchos sintieron que era solamente un lenguaje divinamente dado para la nación a la que eran enviados.[22]

En estos momentos, todos parecían amar a William J. Seymour. Cuando el Espíritu se movía, se decía que él mantenía su cabeza dentro de las cajas que tenía delante de sí a manera de púlpito, hundido en oración. Nunca pidió un salario, por lo cual solía vérselo "caminando por en medio de la gente con billetes de cinco o diez dólares sobresaliendo de sus bolsillos, donde la gente los había puesto sin que él lo notara".[23]

John G. Lake visitó las reuniones de la calle Azusa. En su libro *Adventures With God* (Aventuras con Dios), escribiría luego sobre Seymour: **"Tenía el vocabulario más disparatado. Pero quisiera decirles que había médicos, abogados y profesores, escuchando las cosas maravillosas que brotaban de sus labios. No fue lo que decía en palabras, sino lo que decía de su espíritu a mi corazón, lo que me mostró que había más de Dios en este hombre que en cualquiera que yo hubiera conocido hasta ese momento. Era Dios en él quien atraía a la gente".**[24]

Los misioneros eran llamados de los campos para venir a ser testigos del fenómeno espiritual que se producía en Los Ángeles. Muchos vinieron y luego llevaron el mensaje pentecostal de Azusa a todo el mundo. No es posible registrar todos los milagros que se produjeron allí.

Los miembros de Azusa llevaban pequeñas botellas de aceite dondequiera que iban. Golpeaban a las puertas de las casas para testificar y orar por los enfermos en toda la ciudad de Los Ángeles. Se ubicaban en las esquinas de las calles, cantando y predicando, y trabajaban como voluntarios para dar vestido a los pobres y alimentar a los hambrientos. Era algo emocionante e increíble.

En setiembre de 1906, debido a la demanda popular, Seymour comenzó una publicación llamada *The Apostolic Faith* (La fe apostólica). En pocos meses, la lista de envíos creció hasta tener más de veinte mil nombres. Al año siguiente, tenía más del doble. En esta publicación, anunciaba su intención de restaurar "la fe que alguna vez se había entregado" por medio de las viejas predicaciones, reuniones en carpas, campañas, obras misioneras, y trabajo en las calles y en las cárceles.[25]

En la primera publicación, Seymour escribió: **"...han llegado multitud de personas. Dios no hace diferencias de nacionalidades".**[26]

Unos pocos meses después escribió:

"La reunión fue un tiempo de unión. Todos nos hemos derretido y formado una sola masa, un solo pan, todos un cuerpo en Jesucristo. No hay judíos ni gentiles, esclavos ni libres, en la obra misionera de Azusa. Ningún instrumento que Dios pueda usar es rechazado a causa de su color o su vestimenta o su falta de educación. Esta es la razón por la que Dios ha levantado esta obra... lo más dulce es esta amorosa armonía".[27]

Obviamente, esto era revolucionario en un tiempo de tan fuertes divisiones raciales.

EL COMIENZO DE LA DECLINACIÓN

Era de esperarse que hubiera persecución desde fuera de Azusa, pero finalmente esta también comenzó dentro de la obra. Una mañana de otoño, muy temprano, algunos miembros llegaron a Azusa y vieron las palabras "Obra de la Fe Apostólica" escritas en lo alto del edificio, y comenzaron a acusar a la obra de convertirse en una denominación más. La Fe Apostólica era el nombre del movimiento que fuera el primer mentor de Seymour, por lo que la obra misionera de Azusa ahora era considerada un desprendimiento libre del ministerio de Charles Parham. Y muchos temieron que la obra se convirtiera en una más de la red de iglesias y escuelas bíblicas de Parham. Cierta persona escribió: "...desde ese momento comenzaron los problemas y las divisiones. Ya no era un Espíritu libre para todos, como lo había sido. La obra se había convertido en un grupo partidista y un cuerpo más entre sus rivales, junto con las otras sectas e iglesias de la ciudad... La iglesia es un organismo, no una organización humana".[28]

Para este entonces, se habían plantado centros evangelísticos salidos de Azusa en Seattle y Portland, bajo la dirección de una mujer llamada Florence Crawford. Y la obra madre, en Los Ángeles, estaba intentando atraer a todos los centros evangelísticos de la Costa Oeste a su organización, pero fracasó. El avivamiento mismo estaba lentamente preparándose para el fracaso final.

LA ESPERA Y LAS LENGUAS

El nuevo cuerpo de creyentes también había malentendido el concepto de "la espera". Simplemente esperaban durante horas que viniera

el Espíritu, y cuando sentían que muchos habían abusado de ese tiempo, comenzaba la incomodidad. Lo que ellos no comprendían era que el Espíritu Santo ya había llegado. ¡Estaba allí!

También se produjo una confusión en lo relativo al hablar en lenguas. Hasta ese momento, se había enseñado casi exclusivamente que las lenguas eran para las misiones extranjeras. Creían que si una persona iba al campo misionero, debía tener el don de hablar en el idioma de esa nación. Muchos misioneros de Azusa se sintieron terriblemente decepcionados al descubrir que esta no era la regla general. Aunque es un hecho bíblico e histórico que las lenguas se manifiestan con este propósito, no es el único uso que tienen. Sería luego, durante el crecimiento del movimiento pentecostal, que llegaría a entenderse que las lenguas podían ser también idiomas de oración. Pero en Azusa Street, la experiencia de hablar en lenguas "estaba en pañales".

Los miembros de Azusa también creían que la persona sólo debía hablar en lenguas una vez para ser llena del Espíritu Santo. Para los primeros miembros de Azusa, hablar en otras lenguas era un mover soberano de Dios que significaba esperar que Dios viniera sobre ellos.

Junto con estos errores de interpretación, comenzaron a circular acusaciones de manifestaciones carnales que la gente llamaba "mover del Espíritu". Dado que este movimiento espiritual era tan nuevo, es de imaginar lo que habrá sido dirigirlo. Entonces fue que Seymour escribió a Charles Parham, y le pidió que viniera a Azusa para tener una gran reunión evangelística.

FANÁTICOS, FALSOS Y FRACCIONES

Aunque Seymour no estaba totalmente de acuerdo con la teología de Parham, creo que respetaba su experiencia en el liderazgo y confiaba en ella. Quizá sintió que Parham podía presentar un nuevo punto de vista y encender un fresco mover de Dios.

Se dice que muchos otros escribieron cartas a Parham rogándole que viniera a Azusa y determinara qué manifestaciones eran falsas y cuáles eran reales. Aunque estas cartas no han sido documentadas, la señora Pauline Parham sostiene que algunas de ellas están en su colección.[29] Tenemos una carta escrita por Seymour a Parham que dice:

"...estamos esperando que comience nuevamente un avivamiento [general] cuando usted llegue, que estos pequeños avivamientos se unan y formen un gran avivamiento unido".[30]

Es cierto que hubo muchas divisiones dentro del avivamiento de Los Ángeles. Pero por ejemplos previos del carácter de Seymour, creo que él deseaba que Parham uniera la ciudad, en lugar de disciplinarla. Y es seguro que Parham no habría venido a Azusa sin ser invitado.

Cuando Parham llegó, Seymour lo presentó como el "padre de este evangelio del reino".[31] Creo que Seymour era sincero. Necesitaba un padre espiritual que lo ayudara a liderar este gran movimiento. Pero, fuera lo que fuese lo que Seymour había esperado de Parham, las cosas no resultaron como él había planeado. Después de escuchar los sermones y las exhortaciones privadas de Parham, Seymour cerró con candado la obra misionera para impedirle la entrada.

¿Qué dijo Parham a Seymour? ¿Qué podría haber hecho, para que este le impidiera la entrada a Azusa? Aunque es cierto que la educación, el liderazgo y la experiencia de Parham diferían de las de Seymour, su opinión sobre el bautismo del Espíritu Santo aparentemente era la misma. ¿O no lo era?

Parham participó del culto y observó, horrorizado, las manifestaciones que se producían a su alrededor. En sus cultos se permitía cierta libertad, pero nada que se pareciera siquiera al fanatismo. Incluso, algunos de los estudiantes de su instituto creían que él era demasiado estricto en su definición de "fanatismo". Y en Azusa, además de los gritos y las danzas, la gente se sacudía y temblaba. Era una atmósfera altamente emocional, y había muchas expresiones genuinas, provocadas por el Espíritu, junto con las falsas. Debido a las muchas culturas allí representadas, Seymour creía que cada persona debía estar en libertad para tener su propia experiencia emocional, basada en la forma en que cada individuo entendía el mover del Espíritu, fuera correcta o no.

La teología de Seymour era permitir al Espíritu Santo que hiciera cualquier cosa que deseara. Pero muy pocos sabían lo suficiente sobre un mover del Espíritu Santo como para guiar a la gente en uno de ellos. Seymour sentía que si se forzaba a una cultura a comportarse dentro de los límites de un modo o una forma de expresión determinada, el Espíritu Santo no se manifestaría en ellos. Creo que Seymour era muy sensible espiritualmente en su liderazgo, y obedeció a esta sensibilidad en la medida de su capacidad. Es muy fina la línea que separa herir a un espíritu humano de ofender al Espíritu Santo.

No existe registro escrito alguno de Seymour en relación con sucesos de hipnotismo, pero sí de Parham. Este es su relato:

"Me apresuré a llegar a Los Ángeles, y para mi completa sorpresa y asombro, encontré que la situación era aún peor de lo que yo había imaginado... manifestaciones de la carne, control espiritista, personas que practicaban hipnotismo a los que se acercaban al altar para recibir el bautismo, aunque muchos recibían el bautismo real del Espíritu Santo.

"Después de predicar allí dos o tres veces, dos de los ancianos me informaron que ya no era bien recibido en ese lugar. Con obreros de Texas, abrimos una gran campaña evangelística en el edificio de la W.C.T.U. en Los Ángeles. Grandes cantidades de personas fueron salvas, se produjeron maravillosas sanidades, y entre doscientas y trescientas personas que habían sufrido tremendos ataques y espasmos y controles en la obra de Azusa fueron liberadas, recibieron las verdaderas enseñanzas de Pentecostés, y hablaron en otras lenguas.

"Al hablar de las diferentes fases del fanatismo que hemos encontrado aquí, lo hago con todo amor y al mismo tiempo, con justicia y firmeza. Quisiera hablar claramente en cuanto a la obra tal como la encontré aquí. Encontré influencias hipnóticas, influencias de espíritus familiares, influencias espiritistas, y toda clase de ataques, espasmos, personas que caen en trance, etc.

"Una palabra sobre el bautismo en el Espíritu Santo. El hecho de hablar en lenguas nunca es producto de ninguna de las prácticas o influencias mencionadas anteriormente. No se conoce entre nuestros obreros la sugestión de ciertas palabras y sonidos, ni movimientos de la barbilla, ni masajes en la garganta. Hay muchos en Los Ángeles que cantan, oran y hablan maravillosamente en otras lenguas, como el Espíritu les da, y también hay chapurreos que no tienen nada que ver con las lenguas. El Espíritu Santo no hace nada que sea antinatural o impropio, y cualquier esfuerzo extraño al cuerpo, la mente o la voz no es obra del Espíritu Santo, sino de algún espíritu familiar u otra influencia. El Espíritu Santo nunca nos lleva más allá del autocontrol o el control de los demás, mientras que los espíritus familiares y el fanatismo nos llevan tanto más allá del autocontrol como de la capacidad de ayudar a los demás".[32]

Quizá lo que Parham percibía era lo correcto, pero aun así, las cosas habrían resultado de otra manera si hubiera actuado en forma más paternal que dictatorial. Seymour no cambió su teología; tampoco lo hizo Parham. Seymour no mencionó esta rivalidad durante dos meses, y cuando finalmente lo hizo, sus palabras fueron muy discretas, evitando cualquier crítica directa:

"Algunos preguntan si el Dr. Charles F. Parham es el líder de este movimiento. Podemos responder que no, él no es el líder de este movimiento de la Obra Misionera de Azusa. Pensábamos pedirle que fuera nuestro líder y así lo expresamos en nuestro periódico, antes de esperar en el Señor. Algunas veces nos apresuramos, especialmente cuando somos muy jóvenes en el poder del espíritu Santo. Somos como un bebé, llenos de amor, y estábamos dispuestos a aceptar a cualquiera que hubiera tenido el bautismo en el Espíritu Santo como nuestro líder. Pero el Señor comenzó a establecernos, y vimos que el Señor debería ser nuestro líder. Por tanto, honramos a Jesús como Gran Pastor de las ovejas. Él es nuestro modelo".[33]

Así que, en un esfuerzo por sostener su doctrina de unidad, Seymour permaneció fiel a sus enseñanzas al no permitir que ni una palabra amarga fuera pronunciada contra ninguno de sus acusadores.

EL PROBLEMA DE LA SANTIFICACIÓN

Aunque Seymour seguía a John Wesley, no siguió sus enseñanzas en relación con la santificación. Seymour creía que una persona podía perder su salvación si reaccionaba en la carne. Enseñaba que la

santificación, o la perfección sin pecado, era una obra de gracia separada de la salvación. Una vez que una persona era santificada, creía Seymour, la misma actuaba en forma santificada todo el tiempo. Pero si pecaba, la perdía.

¿Podríamos imaginar los problemas y las acusaciones que este tipo de enseñanza causó dentro de Azusa? Muchos creyentes, exageradamente celosos, comenzaron a señalar con el dedo a otros y juzgarlos. Comportándose como si fueran los únicos justos, provocaron choques, divisiones y controversias. En realidad, esta es una de las razones por las cuales Seymour nunca reaccionó en la carne a ninguna persecución en su contra. Según su teología, esto era necesario para mantener su salvación. Él decía:

> *Seymour creía que una persona podía perder su salvación si reaccionaba en la carne. Enseñaba que la santificación, o la perfección sin pecado, era una obra de gracia separada de la salvación. Una vez que una persona era santificada, creía Seymour, la misma actuaba en formas antificada todo el tiempo. Pero si pecaba, la perdía.*

"Si te enfadas, o hablas maldad, o respondes a un ataque, no me importa cuánto hables en lenguas, no tienes el bautismo del Espíritu Santo en ti. Has perdido tu salvación".[34]

¡Seymour podía cerrar las puertas con candados para impedir la entrada a un ministro que se oponía a él, pero jamás hablaría en su contra!

AMOR Y TRAICIÓN

A pesar de las muchas acusaciones, errores y persecuciones, Seymour permaneció fiel al propósito del avivamiento. Parecía que siempre confiaba y creía lo mejor de casi todos. Fiel a su naturaleza suave y casi ingenua, escribiría más tarde:

"No podemos ganar a las personas predicando en contra de su iglesia o su pastor... si nos ponemos a predicar en contra de las iglesias, encontraremos que

falta... ese dulce Espíritu de Cristo, y un duro espíritu de juicio ha tomado su lugar. Las iglesias no deben ser culpadas por las divisiones. Las personas estaban buscando la luz. Levantaron denominaciones porque no conocían un camino mejor. Cuando se quedan sin el amor de Dios, comienzan a predicar sobre el vestido y la comida, y las doctrinas de los hombres y a predicar en contra de las iglesias. Todas estas denominaciones son hermanas nuestras... Busquemos la paz, y no la confusión... Tan pronto como sintamos que tenemos toda la verdad o más verdad que los demás, caeremos".[35]

En la primavera siguiente, Seymour tenía que decidir si compraría el edificio en Azusa o se mudaría a otro lugar. Así que presentó la opción a la congregación, y esta decidió hacer un pago inmediato de $ 4.000 como parte de los $ 15.000 del precio total. Un año después, el saldo estaba pago, mucho antes de lo planeado. Para este entonces, los relatos de los milagros y las obras misioneras fundadas en diferentes lugares llegaban de a centenares desde todo el mundo. Animado por las noticias, Seymour comentó: **"Estamos al borde del mayor milagro que el mundo haya visto jamás".[36]**

Durante este tiempo, Seymour comenzó a pensar en el matrimonio. Jennie Evans Moore, fiel miembro de su ministerio en Los Ángeles, se convirtió en su esposa. Jennie era conocida por su belleza, su talento musical, y su sensibilidad espiritual. Era una mujer suave, y siempre se mantuvo fiel al lado de Seymour. Fue ella quien sintió que el Señor deseaba que se casaran, y Seymour accedió. Se casaron el 13 de mayo de 1908. Después de la ceremonia, William y Jennie se mudaron a un modesto apartamento en la parte alta de la obra misionera de Azusa.

Pero la noticia de su matrimonio enfureció a un grupo pequeño pero muy influyente en la obra. Una de las principales antagonistas era Clara Lum, la secretaria de la obra y responsable de la publicación del periódico. Después de enterarse de que Seymour se había casado, Clara decidió abruptamente que era tiempo de dejar la obra misionera.

Algunos creyentes de Azusa tenían ideas muy extrañas sobre el matrimonio. El grupo al que pertenecía Lum creía que el matrimonio era deshonroso en estos últimos tiempos, debido al pronto regreso de Cristo, y criticó seriamente a Seymour por su decisión.

Es posible que Clara Lum estuviera secretamente enamorada de Seymour y actuara por celos. Sea cual fuera la razón, ella se mudó a Portland, Oregon, para unirse a la obra misionera liderada por una ex colaboradora de Azusa, Florence Crawford. Y al mudarse, se llevó con ella las listas de envíos nacionales e internacionales.

Esta acción impensable restringió severamente la distribución de la publicación de Seymour, que tenía alcance mundial. Las listas nacional e internacional enteras, con más de cincuenta mil nombres, habían sido robadas, y sólo le quedaba la lista de Los Ángeles. Además, cuando salió el número de mayo de 1908 de *Apostolic Faith*, la tapa era la misma, pero en el interior había una columna que anunciaba su nueva dirección en Portland para el envío de contribuciones y correo. Los miles de personas que leían ansiosamente la publicación y enviaban ofrendas comenzaron a enviarlas ahora a Portland, sin cuestionar el cambio. En el número de junio de 1908, ya no aparecía ningún artículo firmado por Seymour. Finalmente, para mediados del verano de 1908, se omitieron todas referencias a la obra de Los Ángeles. Cuando fue claro que Lum no regresaría, los Seymour viajaron a Portland para confrontarla y pedirle las listas. Pero estas nunca les fueron devueltas. Sin esta información vital, era imposible que Seymour continuara la publicación, y así terminó una época dramática de Azusa.

LA ÚLTIMA DIVISIÓN: ¿HOMBRE O DIOS?

Entre 1909 y 1911, Seymour continuó con su ministerio en Azusa, aunque el número de asistentes disminuyó drásticamente debido a la falta de influencia y fondos. Por lo tanto, Seymour dejó a dos jóvenes hombres a cargo de la obra y partió hacia Chicago en una gira de predicación por el campo. A principios de 1911, William H. Durham llevó a cabo reuniones en Azusa en su lugar.

El estilo dramático de predicación de Durham hizo que cientos de personas llenaran nuevamente la obra misionera. Hasta muchos de los antiguos colaboradores de la obra regresaron, aun provenientes de diversas partes del mundo. Lo llamaron "el segundo aguacero de la lluvia tardía", y el fuego comenzó a caer en Azusa una vez más. En un culto, hubo que dejar afuera a más de quinientas personas. La gente no dejaba sus asientos entre reuniones por miedo a perderlos.[37]

El último conflicto en Azusa se produjo entre Seymour y Durham. Ambos diferían grandemente en su teología. Durham predicaba categóricamente y en voz bien alta que las personas no podían perder su salvación aunque pecaran en la carne. La salvación era por fe expresada en obras, no por obras solamente. Durham predicó el equilibrio entre la ley y la gracia que el movimiento pentecostal necesitaba desesperadamente, ya que la doctrina de las "obras" había causado muchas divisiones.[38] Su enseñanza fue como una lluvia fresca para quienes la escucharon. A raíz de esto, la gente comenzó a regresar literalmente de a montones.

Alarmados por la gran cantidad de personas que seguían a Durham y por las diferencias doctrinales, los ancianos de Azusa se pusieron en contacto con Seymour. Este regresó inmediatamente a Los Ángeles para reunirse con Durham. Pero no lograron ponerse de acuerdo en la doctrina. ¡Así que en mayo, Seymour utilizó nuevamente el candado, esta vez para impedir la entrada a Durham![39]

Sin dejarse conmover por esta acción, Durham y sus seguidores consiguieron un gran edificio de dos plantas, con capacidad para más de mil personas sentadas. La planta alta servía como salón de oración, abierto día y noche. La multitud que se había reunido en Azusa siguió a Durham. Miles de personas fueron salvadas, sanadas, y bautizadas allí, mientras la vieja obra misionera de Azusa quedó virtualmente desierta.

> *La multitud que se había reunido en Azusa siguió a Durham. Miles de personas fueron salvadas, sanadas, y bautizadas allí, mientras la vieja obra misionera de Azusa quedó virtualmente desierta.*

"CANSADO Y EXHAUSTO"

Pero la vieja misión de Azusa permaneció abierta para cualquiera que quisiera entrar. Seymour continuó siendo su líder y sostuvo su teología, aunque nadie parecía interesado en asistir. Entonces él cambió el orden de las reuniones de Azusa, reduciéndolo a una única reunión semanal que duraba todo el día, los domingos. Y con frecuencia intentaba aumentar la cantidad de asistentes, pero la gente sencillamente no estaba interesada. Finalmente, sólo quedaban veinte personas; en su mayor parte, integrantes del grupo original. Algunas veces venían visitantes de "los días de gloria", y naturalmente Seymour

estaba profundamente feliz de recibirlos. Pero cada vez pasaba más tiempo leyendo y reflexionando.

En 1921 Seymour hizo su última campaña ministerial por los Estados Unidos. Cuando regresó a Los Ángeles en 1922, la gente comenzó a notar que se lo veía muy cansado. Asistió a muchas convenciones ministeriales, pero nunca recibió ningún reconocimiento desde la plataforma.

Finalmente, el 28 de setiembre de 1922, mientras estaba en la obra misionera, Seymour sufrió un repentino ataque de terrible dolor en el pecho. Uno de los obreros corrió a buscar al médico, que sólo estaba a unas pocas calles de distancia. Al examinarlo, el médico indicó a Seymour que descansara. A las cinco de la tarde de ese mismo día, mientras Seymour dictaba una carta, lo atacó otro dolor en el pecho. Pugnando por respirar, partió para estar con el Señor a la edad de cincuenta y dos años. La causa de la muerte citada en la partida oficial fue un problema cardíaco.

El evangelista fue sepultado en un ataúd de madera de secoya, muy sencillo, en el Cementerio Evergreen, de Los Ángeles. Allí descansó, como correspondía, entre muchos otros de diferentes naciones y continentes. Las palabras grabadas en su tumba fueron, simplemente: "Nuestro pastor". Lamentablemente, sólo doscientas personas asistieron al funeral de William Seymour, pero ellas dieron muchos testimonios de la grandeza de Dios a través del ministerio de este General de las primeras líneas de batalla.

SOMBRAS Y LOBOS

En los años siguientes a la muerte de Seymour, su esposa pastoreó la obra misionera de Azusa. Todo continuó normalmente durante ocho años. Entonces, en 1931, surgieron nuevos problemas. A consecuencia de una serie de batallas legales encabezadas por alguien que intentaba apoderarse de la obra misionera, las autoridades de la ciudad se pusieron en contra del grupo y declararon que el edificio implicaba una amenaza de incendio. Ya avanzado el año, la propiedad fue demolida, mas no sin antes ser ofrecida a una denominación pentecostal que contestó: "No estamos interesados en reliquias".[40] En la actualidad, lo único que queda es un cartel con el nombre de la calle sobre la propiedad, que es solamente un lote vacío.

Cinco años después, la señora Seymour fue internada en el hospital del condado, a punto de morir. Jeannie murió a causa de problemas cardíacos y fue a unirse a su esposo en el cielo el 2 de julio de 1936.

LEGADO DE PODER

Aunque el legado y el ministerio de William J. Seymour parecen una historia desgarradora, los resultados de sus esfuerzos entre 1906 y 1909 produjeron el movimiento pentecostal y lo hicieron explotar hacia todo el mundo. Hoy, muchas denominaciones atribuyen su fundación a los participantes de Azusa. La mayoría de los primero líderes de las Asambleas de Dios provenían de Azusa. Demos Shakarian, fundador de la Fraternidad de Hombres de Negocios del Evangelio Completo, afirma que su abuelo era miembro de la congregación original de Azusa. Los esfuerzos evangelísticos de la familia Valdez, de la familia Garr, del Dr. Charles Price, y de incontables otros también están relacionados con este avivamiento.

Probablemente todos en el movimiento pentecostal puedan atribuir sus raíces, en alguna forma, a Azusa. A pesar de todas las controversias y de las peculiares doctrinas de Azusa, dondequiera que se menciona este nombre, la mayoría inmediatamente piensa en el poder del Espíritu Santo que se derramó en sus filas.

DIOS NO ES RACISTA

Algunos han tratado de hacer del avivamiento en Azusa y el ministerio de Seymour un tema racial. Lamentablemente, algunas veces un mover puro de Dios queda escondido entre excesos raciales. Quizá esta fue una de las razones principales por las que Azusa duró solamente tres breves años. Dios no permitirá que su gloria sea presa de los argumentos de los hombres. Si esto sucede, él se aparta; fin de la cuestión.

Algunos que parecen dejarse influir por el racismo se molestan cuando Seymour es llamado "catalizador" de Pentecostés, en lugar de "padre" del movimiento. Según el diccionario Webster, un "catalizador" es algo que "precipita un proceso o un hecho y aumenta la velocidad a la que se produce una reacción". Esto es exactamente lo que hizo Seymour. El ministerio pentecostal de William Seymour aumentó la conciencia pública a tal punto que no sólo giró alrededor de una ciudad importante de los Estados Unidos, sino que también se extendió por el mundo a un ritmo extraordinario. Parece que todos los continentes fueron tocados, en cierta medida, por el avivamiento de Azusa.

Como hemos mencionado anteriormente, los temas raciales fueron solamente una pequeña parte de las muchas interferencias que hubo en Azusa. Creo que se comete un gran error cuando se considera a este avivamiento un tema de "blanco y negro". Ninguna raza en particular puede reclamar la patente de un mover de Dios. Dios jamás ha trabajado según el color del hombre; él trabaja por medio del corazón del hombre.

> *El ministerio pentecostal de William Seymour aumentó la conciencia pública a tal punto que no sólo giró alrededor de una ciudad importante de los Estados Unidos, sino que también se extendió por el mundo a un ritmo extraordinario.*

Mientras continuamos estudiando los grandes Generales de nuestro pasado y decidimos qué podemos aprender de sus éxitos, no te permitas ser contado entre sus fracasos. Niégate a oír las voces del ayer y del hoy que sólo ven las apariencias. En cambio, sigue a quienes se esfuerzan por obedecer al Espíritu de Dios. Avancemos hacia la madurez, luchemos por el premio en lugar de luchar por la gloria personal.

Sólo la eternidad revelará por completo el fruto del ministerio de William J. Seymour. Una cosa es clara: fue un tremendo cartucho de dinamita que Dios podía utilizar para enviar las explosiones del fuego pentecostal por todo el mundo. Y lo hizo.

CAPÍTULO CINCO: WILLIAM J. SEYMOUR
Referencias

1 A. C. Valdez Sr., Fire on Azusa Street (Fuego en la calle Azusa) (Costa Mesa, CA: Gift Publications, 1980), págs. 87-89.

2 Emma Cotton, Personal Reminiscences (Reminiscencias personales), (Los Angeles, CA: West Coast Publishers, 1930), pág. 2. Citado en "Inside Story of the Outpouring of the Holy Spirit, Azusa Street, April 1906" (Historia interna del derramamiento del Espíritu Santo en la calle Azusa en abril de 1906), publicado en Message of the Apostolic Faith, abril de 1939, Vol. 1, págs. 1-3.

3 James S. Tinney, In The Tradition of William J. Seymour (En la tradición de William J. Seymour), pág. 13, citado de "Father of Modern-Day Pentecostalism" (Padre del pentecostalismo moderno), en Journal of the Interdenominational Theological Center, pág. 4 (otoño de 1976), págs. 34-44, y tomado de Autobiography (Autobiografía) del Dr. Duane Miller.

4 Sra. de Charles Parham, The Life of Charles F. Parham (La vida de Charles F. Parham), (Birmingham: Commercial Printing Co., 1930), págs. 112-123.

5 Ibid., Tinney, In The Tradition of William J. Seymour, pág. 14.

6 Ibid., pág. 15.

7 Frank Bartleman, Azusa Street (Buenos Aires: Producciones Peniel, 1996), pág. 51.

8 C. W. Shumway, "A Critical Study of the Gift of Tongues" (Un estudio crítico del don de lenguas), disertación para el A. B. , Universidad de California, julio de 1914, pág. 173, y "A Critical History of Glossolalia" (Historia crítica de la glosolalia), tesis de doctorado, Universidad de Boston, 1919.

9 Cotton, Personal Reminiscences, pág. 2.

10 C. M. Gowan, Another Echo From Azusa (Otro eco de Azusa) (Covina, CA: Oak View Christian Home), pág. 3.

11 Thomas Nickel, Azusa Street Outpouring (El derramamiento de la calle Azusa) (Hanford, CA: Great Commission International, 1956, 1979, 1986) pág. 5, y Shumway, A Critical Study of the Gift of Tongues, pág. 175.

12 Shumway, A Critical Study of the Gift of Tongues, págs. 175-176, y Cotton, Personal Reminiscences, pág. 2.

13 Cotton, Personal Reminiscences, pág. 3.

14 Shumway, A Critical Study of the Gift of Tongues, págs. 175-176.

15 Bartleman, Azusa Street, pág. 92.

16 Ibid., págs. 92-93.

17 Ibid., págs. 107-108.

18 Tinney, In The Tradition of William J. Seymour, pág. 17.

19 Ibid.

20 Nickel, Azusa Street Outpouring, pág. 18.

21 Ibid.

22 Shumway, A Critical Study of the Gift of Tongues, págs. 44-45.

23 Tinney, In The Tradition of William J. Seymour, pág. 18.

24 John G. Lake, Adventures in God (Aventuras en Dios), (Tulsa, OK: Harrison House, Inc., 1981), págs. 18-19.

25 Ibid., pág. 18

26 Apostolic Faith (La fe apostólica), septiembre de 1906.

27 Ibid., noviembre y diciembre de 1906.

28 Bartleman, Azusa Street, págs. 119-120.

29 Entrevista con la Sra. Pauline Parham.

30 Parham, The Life of Charles F. Parham, pág. 154.

31 Ibid., pág. 163.

32 Ibid., págs. 163-170.

33 Apostolic Faith, diciembre de 1906.

34 Ibid., junio de 1907.

35 Ibid., enero de 1907.

36 Ibid., octubre de 1907 – enero de 1908.

37 Bartleman, Azusa Street, pág. 227.

38 Ibid., págs. 227-228, y Valdez, Fire on Azusa, pág. 26.

39 Bartleman, Azusa Street, pág. 228.

40 Tinney, In The Tradition of William J. Seymour, pág. 19.

CAPÍTULO SEIS

John G. Lake

"Hombre de sanidad"

"HOMBRE DE SANIDAD"

"Les dije [a los científicos]: 'Caballeros, quisiera que vean una cosa más. Vayan a su hospital y traigan a un hombre que tenga una inflamación en el hueso. Tomen su instrumento y colóquenlo en su pierna. Dejen suficiente espacio como para que pueda tocar la pierna con mi mano. Pueden asegurarlo a ambos lados'.

Cuando el instrumento estuvo listo, puse mi mano en la espinilla del hombre y oré como ora la Madre Etter: no fue una oración extraña, sino el clamor de mi corazón a Dios. Dije: 'Dios, mata esta enfermedad demoníaca con tu poder. Que el Espíritu se mueva en él; que viva en él'.

"Entonces les pregunté: 'Caballeros, ¿qué está sucediendo?'

"'Todas las células están respondiendo', me dijeron".[1]

Si alguna vez hubo un hombre que anduvo según la revelación de "Dios en el hombre", este fue John G. Lake. Un hombre lleno de propósito, visión, fortaleza y carácter. Su única meta en la vida era llevar a la plenitud de Dios a cada persona.

Muchas veces dijo que el secreto del poder del cielo no estaba en hacer, sino en ser. Él creía que los cristianos llenos del Espíritu Santo debían disfrutar del mismo tipo de ministerio que tuvo Jesús cuando vivió en la Tierra, y que esta realidad podía lograrse solamente si se veían a sí mismos como lo veía Dios.

LA SOMBRA DE MUERTE

John G. Lake vivió su vida y cumplió su ministerio en la Tierra con este entendimiento espiritual.

Nació el 18 de marzo de 1870 en Ontario, Canadá. Tuvo quince hermanos. Su familia se mudó a Sault Sainte Marie, Michigan, cuando él aún era pequeño.

Lake escuchó por primera vez el evangelio predicado en una reunión del Ejército de Salvación cuando tenía dieciséis años, y poco después entregó su vida al Señor. Aunque había vivido una vida moralmente pura, su corazón estuvo inquieto hasta que pidió al Señor que lo salvara. Hablando de este encuentro, Lake escribió más tarde:

"Me rendí a él. La luz de los cielos se abrió paso en mi alma. Cuando me levanté de mis rodillas, ya era un hijo de Dios, y lo sabía".[2]

Los padres de Lake eran personas fuertes y vigorosas, que habían sido bendecidas con una salud maravillosa. Pero un espíritu de enfermedad y muerte había atrapado al resto de la familia. Ocho de sus miembros (cuatro hermanas y cuatro hermanos) murieron de enfermedades. "Durante treinta y dos años siempre hubo un miembro de nuestra familia inválido", escribió Lake. "Durante este tiempo, nuestro hogar nunca estuvo libre la sombra de enfermedad". Su niñez estuvo llena de recuerdos de "médicos, enfermedades, enfermeras, hospitales, coches fúnebres, tumbas y lápidas; un hogar triste; una madre destrozada y un padre quebrantado, luchando por olvidar los dolores del pasado para poder ayudar a los miembros de la familia que aún vivían y que necesitaban de su amor y sus cuidados".[3]

"CIENCIA" EQUIVOCADA, ACTITUD CORRECTA

En su juventud, Lake se interesó mucho por las ciencias y la física. Le agradaba la química y le gustaba experimentar con instrumentos y equipamiento científico. Hasta llegó a tomar un curso de medicina, aunque luego abandonó esta carrera.

Lake era muy minucioso en su investigación, tanto en las ciencias como en los temas espirituales. Investigaba incansablemente la Biblia, no sólo para comprenderla, sino también para probar su exactitud en la vida diaria. Como resultado, Lake andaba, hablaba y respiraba en el fluir de la vida de la resurrección de Dios.

En 1890, cuando Lake tenía veinte años de edad, un granjero cristiano le enseñó sobre la santificación. Esta revelación atravesó su corazón y fue solemnemente considerada la coronación de la obra de Dios en su vida. De esta nueva revelación dijo Lake:

"Nunca dejaré de alabar a Dios por haberme revelado la profundidad... del poder de la sangre de Jesús. Una hermosa unción del Espíritu estaba sobre mi vida".[4]

Un año después, en 1891, Lake se mudó a Chicago, y fue admitido en la escuela de ministerio metodista. En octubre de ese año fue asignado a una iglesia en Peshtigo, Wisconsin, pero declinó el pastorado. También decidió dejar la escuela metodista y mudarse a Harvey, Illinois, donde fundó *The Harvey Citizen*, un periódico local. Mientras vivía en Harvey conoció a su futura esposa, Jennie Stevens, de Newberry, Michigan.

EL DON DE "JENNIE"

Jennie era perfecta para John Lake. Poseía un maravilloso sentido del humor, un juicio agudo, una firme fe en Dios y una profunda sensibilidad espiritual. Los dos se amaban profundamente y se casaron el 5 de febrero de 1893, en Millington, Illinois. Dios bendijo a la pareja con una maravillosa unidad en el Espíritu, y siete hijos.

Uno de los ministerios más importantes de Jennie para su esposo eran la oración y la intercesión. Hubo muchos momentos de su ministerio en que alguno de ellos se sentía movido a orar cuando el otro estaba en problemas. Lake valoraba en gran manera el consejo y el apoyo de su esposa.

Pero dos años después de iniciar este maravilloso matrimonio, la enfermedad se filtró en su hogar. A Jennie le diagnosticaron tuberculosis y problemas cardíacos. El latido irregular de su corazón hacía que cayera inconsciente, y algunas veces Lake la encontraba, sin sentido, en el suelo o en la cama.

Para combatir estos problemas, cada vez le daban dosis más grandes de estimulantes para controlar su ritmo cardíaco, y finalmente se vio obligada a utilizar tabletas de nitroglicerina. En un sentido práctico, todo esto la convertía en una inválida.

Finalmente, por recomendación de los médicos, Lake se mudó con su familia nuevamente a Sault Sainte Marie, Michigan, donde comenzó a trabajar en negocios inmobiliarios. Pero Jennie continuó empeorando hasta 1898, cuando los médicos dijeron a Lake que ya no quedaba nada por hacer.

UNA DECISIÓN DRÁSTICA

Ahora Lake se enfrentaba a la crisis más terrible de su vida. ¿Dónde estaba el poder de Dios en este momento? Toda su familia había sido afligida por las enfermedades. Su hermano había sido inválido debido a una hemorragia interna durante veintidós años. Su hermana, de treinta y cuatro años, tenía cáncer de mama. Otra hermana estaba muriendo de una enfermedad en la sangre. Y ahora la persona más querida para él, Jeannie, estaba cerca de la muerte.

Pero Lake había experimentado el poder sanador de Dios anteriormente. Cuando era más joven, había sufrido de reumatismo. Cuando el dolor que deformaba su pierna finalmente llegó a un punto extremo, viajó al Hogar de Sanidad de John Alexander Dowie en Chicago. Mientras estaba allí, un hombre mayor le impuso las manos, el poder de Dios vino sobre él y sus piernas se enderezaron instantáneamente.

Los demás familiares de Lake que sufrían enfermedades terminales también habían sanado en el hogar de Dowie. Después de su propia sanidad, Lake trajo a su hermano inválido al hogar de Dowie, donde este fue sanado. Cuando le impusieron las manos, su enfermedad en la sangre desapareció y saltó de su lecho de muerte.

Entonces llevó a su hermana que sufría de cáncer de mama, a Chicago. Al principio, cuando llegaron, ella tenía algunas dudas, pero una vez que oyó la Palabra de Dios predicada con tan gran poder, su fe creció y fue sanada. Su dolor desapareció instantáneamente, y la masa más grande del cáncer cayó en unos pocos días. Los nódulos más pequeños simplemente desaparecieron y Dios restauró su seno mutilado.

"¿MORIR? ¡DE NINGUNA MANERA!"

Otra de sus hermanas continuaba enferma a pesar de las muchas oraciones. Lake estaba planeando llevarla al hogar de sanidad a ella también, pero antes que pudiera hacerlo, su madre lo llamó por teléfono. Le dijo que su hermana estaba muriendo, y que si deseaba verla, debería apresurarse. Cuando Lake llegó, su hermana estaba inconsciente, sin pulso, y el cuarto estaba lleno de gente que lloraba su muerte. Conmovido por esta escena, Lake miró al bebé de su hermano, acostado en la cuna y pensó: "¡Ella no debe morir! ¡De ninguna manera!" Luego escribió acerca de esta profunda compasión:

> **"No tengo palabras para expresar a otra alma el clamor que había en mi corazón y la llama del odio por la muerte y la enfermedad que el Espíritu de Dios había encendido dentro de mí. ¡La misma ira de Dios parecía haberse apoderado de mi alma!"**

John, arriba, a la izquierda, con los miembros sobrevivientes de la familia Lake. Ocho de sus dieciséis hermanos y hermanas originales murieron por diferentes enfermedades

Lake caminaba agitado de un lado a otro del cuarto, mientras su corazón clamaba por alguien que tuviera fe para ayudarlos. Sólo podía pensar en un hombre que tuviera esta clase de fe: Dowie. Por lo tanto le envió un telegrama con las siguientes palabras:

"Aparentemente mi hermana ha muerto, pero mi espíritu no la dejará ir. Creo que si usted ora, Dios la sanará".

La respuesta de Dowie fue:

"Aférrese a Dios. Estoy orando. Ella vivirá".

Al leer estas palabras, Lake lanzó un ataque espiritual terriblemente furioso sobre el poder de la muerte, reprendiéndola con firmeza en el nombre de Jesús. En menos de una hora, su hermana revivió totalmente. Cinco días más tarde, disfrutaba de la cena familiar de Navidad.[5]

Pero eso había sido entonces; ahora su amada esposa estaba muriendo, y su estado empeoraba cada vez más.

SE REVELA EL DIABLO

El 28 de abril de 1898, cuando parecía que Jennie estaba llegando a sus últimos momentos, un ministro amigo animó a Lake a entregarse a la voluntad de Dios y aceptar la muerte de Jennie. Sus palabras cayeron como un terrible peso sobre Lake, y este se tensó, resistiéndose. Aun así, la realidad de la muerte parecía inminente.

Completamente desesperado, Lake arrojó su Biblia contra la chimenea y al caer, esta se abrió en Hechos 10. Mientras se acercaba para levantarla, sus ojos cayeron sobre el versículo 38: "...Dios ungió con el Espíritu Santo y con poder a Jesús de Nazaret, y cómo este anduvo haciendo bienes y sanando a todos los oprimidos por el diablo, porque Dios estaba con él".

Estas poderosas palabras resonaron en sus pensamientos: "¡OPRIMIDOS POR EL DIABLO!" ¡Esto significaba que Dios no era autor de la enfermedad de Jennie, ni de cualquier enfermedad! ¡Y si Lake era un hijo de Dios por medio de Jesucristo, entonces, Dios estaba con él, así como había estado con Jesucristo! Ahora estaba convencido de que era el diablo quien causaba la enfermedad de Jennie. Era el diablo quien robaba la madre a sus hijos. ¡Era el diablo quien estaba destruyendo su vida!

9:30 DE LA MAÑANA

Entonces Lake buscó Lucas 13:16 y leyó: "Y a esta hija de Abraham, que SATANÁS HABÍA ATADO dieciocho años, ¿no se le debía desatar de esta ligadura...?" ¡Ahora comprendía que no sólo Satanás era autor de la enfermedad y la muerte, sino que Jesucristo, por medio de Lake, podría dar libertad y sanidad a los afligidos! ¡Utilizándolo a él, Cristo podría conquistar las puertas de la muerte! No había dudas en su mente de que Jesús había muerto por la sanidad de su esposa, así como había muerto por sus pecados. Y decidió que nada, absolutamente, podría robarle ese regalo a Jennie.

Con una osadía que sólo el Espíritu Santo podría haber producido, Lake decidió permitir que fuera Dios, no Satanás, quien tuviera la última palabra. ¡Entonces marchó al dormitorio y declaró a lo visible y lo invisible que su esposa sería sanada exactamente a las 9:30 de la mañana!

Luego se puso en contacto con Dowie para informarle lo que Dios iba a hacer a la hora señalada. Cuando llegaron las 9:30, Lake se arrodilló junto a su preciosa esposa y clamó al Dios vivo. Cuando lo hizo, el poder de Dios vino sobre Jennie y atravesó su cuerpo de la cabeza a los pies. Su parálisis desapareció, el latido de su corazón se volvió normal, la tos cesó, la respiración y la temperatura se normalizaron... ¡inmediatamente!

Al principio, Lake escuchó un débil sonido proveniente de los labios de Jennie. Entonces ella gritó: "¡Gloria a Dios, estoy sanada!", asustándolo terriblemente, porque hacía años que no oía tal fuerza en su voz. Entonces, Jennie arrojó las mantas con que se cubría en la cama, y se puso en pie... ¡sanada![6] La gozosa alabanza con que ella y John adoraron a Dios después de esto fue indescriptible.

EL RAYO DE JESÚS

Pronto, la historia de la sanidad de Jennie se convirtió en noticia en todo el país, inspirando a muchos a recorrer grandes distancias para visitar el hogar de los Lake. Los periódicos habían provocado la curiosidad de la nación y los Lake se vieron instantáneamente lanzados a un ministerio muy requerido. Todos los días llegaban personas a su hogar queriendo ver el milagro de Dios, y pidiendo oración. Muchos otros enviaban sus pedidos.

Un día, después de orar por un hombre que sufría de una llaga febril de más de veinte centímetros, Lake recibió un telegrama que decía: "Lake, ha sucedido algo completamente inusual. Una hora después que usted se fue, el contorno entero de su mano se marcó en ese bulto, con una profundidad de casi un centímetro".

Lake se referiría a este poder en sus sermones llamándolo "rayos de Jesús":

> **"Hablando del voltaje del cielo y del poder de Dios... ¡Hay rayos en el alma de Jesús! ¡Los rayos de Jesús sanan a los hombres con su fulgor! El pecado se disuelve y la enfermedad huye cuando el poder de Dios se acerca!"[7]**

Lake también comparaba la unción del Espíritu de Dios con el poder de la electricidad. Así como los hombres habían descubierto las leyes de la electricidad, Lake había descubierto las leyes del Espíritu. Y, como "pararrayos" de Dios, se levantó con el llamado de Dios para electrificar los poderes de la oscuridad y consolidar el cuerpo de Cristo.

EJERCIENDO LA FORTALEZA ESPIRITUAL

En 1901, Lake se mudó a Sion, Illinois, para estudiar la sanidad divina bajo la enseñanza de John Alexander Dowie. Poco después estaba predicando por las noches, estudiando cuando podía, y trabajando como administrador del edificio de Dowie, a tiempo completo, durante el día.

Pero en 1904, cuando comenzaron a surgir los problemas financieros de Dowie, Lake decidió distanciarse y se mudó a Chicago. Había invertido en propiedades en Sión mientras estaba allí, pero sus propiedades se devaluaron y lo dejaron casi en la ruina económica después de la muerte de Dowie en 1907, así que compró un asiento en la Bolsa de Chicago. Durante el año siguiente acumuló más de $ 130.000 en el banco, y propiedades por $ 90.000.

Reconociendo sus dones, ciertos ejecutivos de negocios le pidieron que formara un "trust" con las tres compañías de seguros más importantes del país, con un salario garantizado de $ 50.000 por año. Ahora era un consultor de negocios importantísimo para los más altos ejecutivos, y también ganaba cientos de dólares en comisiones.

Según las cifras que se manejaban a principios de siglo, John G. Lake estaba haciendo fortuna. Pero el llamado de Dios dentro de él continuaba creciendo. Durante un tiempo pudo conjugar su gran éxito secular con su crecimiento en Dios. Había aprendido a andar en el Espíritu, en una forma que él describía así:

> **"Me resultaba fácil apartarme del curso de la vida, así que mientras mis manos y mi mente estaban ocupados en los asuntos comunes de cada día, mi espíritu mantenía su actitud de comunión con Dios".**[8]

Algunas personas creen que si somos llamados al ministerio debemos dejar nuestro trabajo secular inmediatamente. Pero tal como sucedió

con Lake, no es así. Aprendiendo a estar en comunión en Dios desde su espíritu, Lake continuó avanzando hacia el tiempo perfecto para su ministerio. No se lanzó a actuar antes que Dios, ni hizo sufrir a su familia. Entonces, cuando llegó el tiempo justo, pudo vender todo, porque había aprendido a tener gran fe en sus años de andar con Dios como hombre de negocios.

Lake aprendió temprano en su preparación para el ministerio que hay que "ser" antes que "hacer". Había aprendido a seguir los tiempos celestiales.

LAS LENGUAS Y LOS TIEMPOS CELESTIALES

Cuando aún vivía en Sion, Lake asistió a una reunión en el hogar de su amigo Fred F. Bosworth. Tom Hezmalhalch predicaba, y al final de la reunión dijo a Lake: "Cuando estaba predicando, Jesús me dijo que usted y yo predicaremos juntos". En ese momento, Lake rió ante tal idea, pero pronto se rindió a la perfecta voluntad de Dios.[9]

No mucho después, en 1906, Lake comenzó a orar para recibir el bautismo del Espíritu Santo. Lo hizo durante nueve meses y luego abandonó la idea, pensando que "no era para él". Entonces, un día, fue con Tom Hezmalhalch, que ahora era su amigo, a orar por una señora enferma. Sentado junto a su cama, Lake tembló, sintiendo un inusual anhelo por Dios.[10]

Pero Hezmalhalch, sin enterarse de lo que estaba ocurriendo, le pidió que impusiera las manos sobre la mujer. Cuando lo hizo, el rayo de Dios derribó a Hezmalhalch en el suelo. "¡Gloria a Dios, John!", exclamó este, levantándose. "¡Jesús te ha bautizado en el Espíritu Santo!"

Más tarde, Lake escribiría acerca de esto:

> **"Cuando el fenómeno pasó, su gloria aún permanecía en mi alma. Descubrí que mi vida comenzaba a manifestar una variada gama de los dones del Espíritu. Hablé en lenguas por el poder de Dios, y Dios fluía a través de mí con una fuerza nueva. Las sanidades tenían más poder".**

Lake hablaba frecuentemente en otras lenguas y creía que un grado menor de llenura no podía ser considerado el bautismo del Espíritu Santo:

> *Lake hablaba frecuentemente en otras lenguas y creía que un grado menor de llenura no podía ser considerado el bautismo del Espíritu Santo*

"Las lenguas han sido para mí", dijo Lake, "lo que ha conformado mi ministerio. Es esa peculiar comunicación con Dios [la] que revela a mi alma la verdad que día tras día les comunico a ustedes en el ministerio".[11]

Una vez más: esperar los tiempos de Dios es muy importante. El llamado de Dios para nosotros fue establecido desde antes que naciéramos. A medida que crecemos en nuestra vida, se nos invita a tomar conciencia de él. Pero el mero hecho de "tomar conciencia" del llamado de Dios no significa que "es el tiempo" para que ese llamado se lance a la tierra. Debe llegar el tiempo señalado por Dios antes que pueda comenzar un ministerio de tiempo completo. Por eso, no te desanimes durante tu tiempo de preparación. Y no compares tu llamado con los de los demás. Cada llamado tiene su propio tiempo y su plan. Tu fidelidad a la Palabra de Dios, junto con una ferviente preparación espiritual, determinarán el tiempo justo.

EL LLAMADO DE ÁFRICA

Después de ser bautizado en el Espíritu Santo, el deseo de Lake de entregarse al ministerio de tiempo completo aumentó. Entonces su jefe le dio permiso para tomar tres meses de licencia para predicar. También le advirtió que: "...al final de estos tres meses, $ 50.000 por año te parecerá mucho, y tendrás poco deseo de sacrificarlos por los sueños de tus posibilidades en el campo religioso." Lake le agradeció por lo que había hecho por él y dejó su trabajo. Pasados los tres meses, declaró osadamente: **"He terminado con todo en esta vida excepto la proclamación y demostración del Evangelio de Jesucristo".[12]** Y nunca regresó a su trabajo.

En 1907, John y Jennie se desprendieron de sus propiedades, su riqueza y todas sus posesiones. En un gran paso de fe, decidieron depender enteramente de Dios. Ahora era el tiempo de predicar.

Mientras Lake ministraba en el norte de Illinois, el Espíritu de Dios le dijo: "Ve a Indianápolis. Prepárate para tener allí una campaña de invierno, y busca un salón grande. Luego, en la primavera, irás a África". Cuando regresó a su hogar para contarle a Jennie, ella ya sabía del plan, porque Dios se lo había dicho también.

Lake había desarrollado un gran interés por África cuando aún era un niño, leyendo sobre las exploraciones de Stanley y Livingstone. Cuando se convirtió en un joven, comenzó a experimentar visiones espirituales que aparentemente lo colocaban más en África que en los Estados Unidos. El Espíritu Santo dio a Lake conocimientos sobre la geografía y el pueblo de una tierra en la que él jamás había estado. Y ahora su sueño se convertía en realidad. ¡Dios le había dicho que iría a África en la primavera!

Así que Lake mudó su familia a Indianápolis y se unió a su viejo amigo, Tom Hezmalhalch. Allí estuvieron durante seis meses, formando un poderoso equipo ministerial que llevó a varios cientos de personas al bautismo del Espíritu Santo.

Una mañana, Lake sintió de Dios que debía iniciar un ayuno. Mientras oraba al Señor, durante esos seis días, Lake recibió palabra de que a partir de entonces comenzaría a echar fuera demonios. Rápidamente recibió conocimientos especiales para discernir y echar fuera espíritus malignos, y en poco tiempo, comenzó a actuar en esta área con gran precisión.

CAMINANDO SOBRE EL AGUA

En enero de 1908, Lake comenzó a orar por el dinero necesario para el viaje a África. Tom se le unió, y determinaron que el viaje costaría $ 2.000. Habían estado orando un tiempo, cuando Tom se levantó y palmeó a Lake en la espalda, diciéndole: "No ores más, John. Jesús acaba de decirme que nos enviará esos $ 2.000, y que los recibiremos dentro de cuatro días".

Exactamente cuatro días después, Tom regresó de la oficina de correos y arrojó sobre la mesa cuatro giros por $ 500 cada uno. "¡John, aquí está la respuesta!" gritó. "Jesús lo envió. ¡Nos vamos a África!"

Así como el Señor había proclamado, el grupo partió hacia África. El equipo estaba formado por Lake, Jennie, sus siete hijos, Tom, y tres de sus acompañantes. Uno de los compañeros de Tom había vivido en África durante cinco años, hablaba zulú y serviría como

intérprete. Compraron sus boletos, pero no tenían dinero extra para los gastos del viaje. Ahora, el que alguna vez fuera "el millonario de Dios" aprendería a confiar en el Señor plenamente. Sólo le quedaba $ 1,50 en el bolsillo.

Lake obedeció, y Dios proveyó milagrosamente para el grupo. Las leyes de inmigración de Sudáfrica requerían que cada familia que llegara tuviera al menos $ 125; de lo contrario no podrían siquiera desembarcar. Al llegar al puerto, Lake no tenía dinero. Jennie lo miró y le dijo: "¿Qué vas a hacer?"

Lake respondió: **"Voy a hacer la fila con los demás. Hemos obedecido a Dios hasta ahora. Ahora depende de él".**

Mientras estaba en la fila, listo para explicar su dilema, un pasajero del mismo barco le tocó el hombro y lo llamó aparte. Después de hacerle algunas preguntas, le entregó dos órdenes de dinero por un total de $ 200.

"Sentí de Dios que tenía que darle esto para ayudar a su obra", dijo el extraño. Si Dios te ha hablado, ve hacia adelante con una fe osada y agresiva. Él estará allí para satisfacer tus necesidades todas las veces.

UN HOGAR LEJOS DEL HOGAR

La familia Lake había estado orando diligentemente por un hogar cuando llegaron a Johanesburgo. Como misioneros por fe, no tenían apoyo alguno de consejos de iglesias, ni ninguna denominación que los esperara a su arribo. Lo único que tenían era su fe en Dios.

Cuando llegaron a Johanesburgo, en mayo de 1908, vieron a una mujer corriendo por la zona del puerto, mirando a toda la gente. Era estadounidense. La mujer llegó hasta donde estaba Tom y le preguntó: "¿Son ustedes un grupo misionero de los Estados Unidos?" Tom respondió que sí, y la mujer preguntó entonces: "¿Cuántos son en su grupo?" Tom dijo: "Cuatro". Pero ella sacudió la cabeza y dijo: "No; ustedes no son la familia. ¿Hay algún otro grupo?"

Entonces Tom le señaló a Lake. "¿Cuántos componen su familia?", preguntó la mujer. **"Mi esposa, yo, y mis siete hijos"**, dijo Lake. La mujer repentinamente lo miró como extática y gritó: "¡Ustedes son la familia!" Y le explicó que Dios le había dado instrucciones para que fuera a recibir el barco en que ellos habían llegado, ya que en

él vendría una familia misionera de los Estados Unidos con dos adultos y siete niños. Ella debía proveerles un hogar.[13]

Esa misma tarde, los Lake estaban acomodados en un hogar amueblado en Johanesburgo. Dios lo había provisto tal como ellos le habían pedido. La señora estadounidense, C. L. Goodenough, continuó siendo su fiel amiga durante todo su ministerio.

UN CICLÓN ESPIRITUAL

Días después que Lake llegara, se abrió la primera puerta para el ministerio. Un pastor sudafricano tomó licencia por unas semanas y pidió a Lake que lo reemplazara, cosa que este aceptó inmediatamente.

Más de quinientos zulúes asistieron el primer domingo que Lake predicó. Un gran avivamiento surgió entre ellos, y pocas semanas después, multitudes de personas de Johanesburgo y las zonas aledañas eran sanadas, salvas y bautizadas en el Espíritu Santo.

Este éxito sorprendió a Lake. Al respecto escribió más tarde:

"Desde el mismo comienzo fue como si nos hubiera golpeado un ciclón espiritual".[14]

Las reuniones se extendían hasta las cuatro de la madrugada.

Una de las principales características de estas reuniones de milagros eran las tremendas respuestas a la oración. Oraciones de fe elevadas por personas que estaban en otros lugares de África eran contestadas de inmediato. La noticia se extendió por todas partes, y cientos de personas se agolparon hacia Johanesburgo para que oraran por ellas. Después que terminaban las reuniones, los nativos seguían a los predicadores a sus hogares y continuaban haciéndoles preguntas para aprender más sobre Dios. Muchas veces se quedaban hablando sobre el poder del Señor hasta que el alba se levantaba sobre el horizonte africano. Y durante el día siguiente, se veía a las personas con las Biblias en sus manos, testificando sobre el poder de Dios que se había demostrado la noche anterior.

También había grandes manifestaciones de sanidad. Personas heridas, enfermas y débiles formaban filas a un lado de la plataforma y salían del edificio después de recibir oración, gritando: "¡Dios me ha sanado!" Los que estaban adentro gritaban de felicidad y lanzaban vivas cada vez que se producía un milagro de Dios.

JOHN & JENNIE: EL EQUIPO

Personas heridas, enfermas y débiles formaban filas a un lado de la plataforma y salían del edificio después de recibir oración, gritando: "¡Dios me ha sanado!"

Si los africanos no podían llegar a las reuniones de Lake, generalmente iban a "la casa del predicador". Algunas veces había tanta gente que Jennie ni siquiera tenía tiempo de preparar las comidas para la familia. Ella acompañaba a las personas a la entrada para que oraran por ellas, y luego las despedía por la puerta trasera, para que hubiera espacio suficiente para los que continuaban entrando.

Jennie también era compañera del ministerio de John. Lake creía que su esposa "poseía el espíritu de discernimiento en un grado mucho mayor" que él. Muchas veces ella recibía una palabra de ciencia con respecto a quienes no podían recibir la sanidad debido a una dificultad personal o un pecado en sus vidas.

Los Lake operaban el ministerio de sanidad en forma muy sencilla. La gente pasaba delante de John en su oficina y él les imponía las manos. Quienes eran instantáneamente sanados salían. Quienes continuaban sufriendo o recibían una sanidad parcial eran enviados a otro cuarto. Entonces, cuando Lake había terminado con la masa de gente, llevaba al cuarto a Jennie, quien, por el Espíritu, revelaba personalmente a cada uno de ellos los obstáculos que impedían que fueran sanos. Al escuchar los secretos más profundos de sus corazones, muchos confesaban y pedían perdón a Dios. Entonces John y Jennie oraban nuevamente, y Dios sanaba a quienes se arrepentían. Quienes se negaban a arrepentirse, aún después de reconocer que lo que la Sra. Lake les había dicho era cierto, volvían a sus hogares sufriendo con su aflicción.

¿CÓMO ERA ÉL?

Lake era un hombre de acción. Cierta vez, después de una inspirada invitación para aceptar a Cristo, toda la congregación se abalanzó hacia el frente. En el grupo había un hombre que cayó al suelo frente a la plataforma, presa de un ataque de epilepsia. Inmediatamente, Lake saltó de la plataforma y se inclinó sobre él, reprendiendo al demonio en el nombre de Jesús. Después que el hombre fue liberado, Lake regresó tranquilamente a la plataforma.

El Espíritu de Dios descansaba con poder sobre Lake en esos años. Muchas veces, cuando estrechaba las manos de los que entraban al culto, estos caían al suelo bajo el poder de Dios. ¡Otras veces, las personas caían postradas al acercarse a menos de dos metros de donde él estaba!

Lake demostraba su profunda compasión al no rechazar jamás un clamor pidiendo ayuda. Jamás rechazaba el llamado de una persona enferma, y hasta oraba por animales moribundos cuando se lo pedían. Había momentos en que necesitaba descansar, pero la gente lo encontraba y le traía sus enfermos. Lake oraba por ellos noche y día y no rehusaba a ninguno.

El equipo ministerial siempre tenía gran necesidad de alimentos y dinero. Y, siguiendo la costumbre de esa época, Lake nunca recogía ofrendas. Pero muchas veces encontraba canastas con comida o pequeñas sumas de dinero que alguien dejaba discretamente a la puerta de entrada de su casa.

Quizá uno de los desafíos más difíciles que debió experimentar Jennie en África fue el de adaptarse al estilo de ministerio de su esposo. John era el encargado de comprar los alimentos necesarios para su gran familia. Pero si mientras regresaba a su casa encontraba a una viuda, le entregaba todo lo que tenía para su familia. Jennie tampoco sabía nunca cuándo John traería a alguien a cenar, con lo que ella tendría que estirar cualquier comida para acomodar a muchas más personas. Parecía que la comida nunca era suficiente.

RELEVOS

De las primeras reuniones realizadas en la iglesia del pastor que lo había convocado, Lake pasó a ministrar en salones alquilados. Cuando la cantidad de gente superó la capacidad de estos salones, debieron comenzar a realizar reuniones en las casas. Lake y Hezmalhalch predicaban en equipo. Cada uno hablaba cinco o seis veces durante una reunión, y nadie sabía dónde terminaba el mensaje de uno o comenzaba el del otro. Todo era armonizado por el Espíritu de Dios.

Lake estableció el Tabernáculo Apostólico en Johanesburgo, y menos de un año después había iniciado cien iglesias. La obra de supervisar estas iglesias se extendía a toda África y lo mantenía con frecuencia lejos de su hogar.

ADIÓS, JENNIE

Lake recibió la noticia más devastadora de su vida el 22 de diciembre de 1908. Mientras él ministraba en el desierto de Kalahari, su amada esposa Jennie falleció. Cuando John regresó a su casa, doce horas más tarde, ella ya había partido al cielo.

La mayoría de los relatos atribuyen la muerte de Jennie Lake a la desnutrición y al agotamiento. Cuando John estaba lejos, docenas de personas enfermas esperaban en su jardín hasta que él regresaba. Jennie solía alimentarlos con la poca comida que le quedaba, y trataba de hacer que la espera fuera lo más cómoda posible hasta que Lake regresara. Pero al hacerlo, descuidaba sus propias necesidades físicas.

Lake se había dejado absorber tanto por el ministerio a los demás que no sabía lo que le estaba sucediendo a su esposa.

Lake se había dejado absorber tanto por el ministerio a los demás que no sabía lo que le estaba sucediendo a su esposa.

Un punto que muchas veces olvidamos en el ministerio es que siempre habrá alguna "necesidad" que satisfacer. Un ministerio no puede satisfacer todas las necesidades que surgirán, sin importar cuán poderoso o ungido sea. El sentido común es invaluable para el ministerio cristiano. El cuerpo natural y la familia natural necesitan atención, y la familia debe ser siempre el centro de cualquier ministerio.

Es comprensible que Lake haya quedado devastado cuando llegó a su casa y encontró que su esposa había muerto. Fue un tiempo muy oscuro para él, y este dolor agónico lo acompañó durante muchos años.

Al año siguiente, en 1909, Lake regresó a Estados Unidos para conseguir sostén para su ministerio en África y también para reclutar nuevos obreros. Nuevamente Dios proveyó en forma sobrenatural de una sola vez. Lake recibió $ 3.000 para que él y sus obreros regresaran a África.

LA PLAGA

Cuando el equipo llegó a suelo africano, en enero de 1910, una plaga estaba barriendo con amplias zonas de la nación. En menos de un mes, la cuarta parte de la población total del país había muerto. La plaga era tan contagiosa que el gobierno ofrecía $ 1.000 a cualquier enfermera que cuidara de los enfermos. Lake y sus colaboradores fueron a ayudar sin cobrar nada. Él y un colaborador entraban en las casas, sacaban a los muertos y los enterraban. Pero ningún síntoma de la plaga lo tocó jamás.

En el punto más álgido de esta horrible plaga, un médico envió a buscarlo y le preguntó:

"¿Qué ha hecho usted para protegerse? ¡Usted debe de tener un secreto!"

A esto, Lake respondió:

"Hermano, es la ley del Espíritu de Vida en Cristo Jesús. Creo que mientras yo mantenga mi alma en contacto con el Dios vivo de manera que su Espíritu fluya en mi alma y mi cuerpo, ningún germen me atacará, porque el Espíritu de Dios lo matará".

Entonces Lake invitó al médico a experimentar con él. Le pidió que tomara la espuma de los pulmones de una persona muerta por la plaga y la colocara bajo el microscopio. El médico lo hizo, y encontró una enorme cantidad de gérmenes vivos. Entonces Lake sorprendió a toda la gente que estaba en el cuarto al decir al médico que extendiera esa espuma mortal sobre sus manos, y anunció que los gérmenes morirían.

El médico lo hizo, y descubrió que los gérmenes morían instantáneamente en la mano de Lake. Quienes fueron testigos del experimento quedaron boquiabiertos mientras Lake daba gloria a Dios, explicando el fenómeno de esta manera:

"Pueden llenar mis manos de ellos, y yo la pondré bajo el microscopio, y en lugar de que estos gérmenes permanezcan vivos, morirán instantáneamente".[15]

Este mismo poder fluía constantemente de las manos de Lake a los cuerpos de los afligidos, llevando sanidad a las masas. Los "rayos de Dios" quemaban toda enfermedad.

Cuando la reina de Holanda pidió a Lake que orara por sus problemas para concebir un hijo y llevar el embarazo a buen término, él le hizo saber que su oración había sido contestada. Menos de un año después, la reina, que había sufrido seis abortos espontáneos anteriormente, dio a luz su primera hija, la reina Juliana de Holanda.[16]

EL MINISTERIO DEL ESPÍRITU

En diciembre de 1910, Tom Hezmalhalch dejó el ministerio de Lake. Fue un tiempo muy difícil para John. Había perdido a su amada esposa hacía muy poco, y ahora perdía a su mejor amigo y compañero. Pero lo fortalecía saber que estaba cumpliendo con la voluntad de Dios. Y también recibió gran ayuda de quienes lo apoyaban desde los Estados Unidos. Muchos le enviaron cartas alentándolo y asegurando que continuaban confiando en su ministerio.

Lake pasó el resto de 1910-1912 orando por los enfermos y ministrando sanidad. En este tiempo se produjeron grandes milagros que aún hoy se hacen sentir en África. También inició dos importantes iglesias: la Obra Misionera Apostólica/Tabernáculo Apostólico (sin relación alguna con la Iglesia de la Fe Apostólica) y la Iglesia Cristiana Sión.

Lake y su congregación publicaban regularmente un boletín que se enviaba por correo a miles de personas. Antes enviar los boletines, los miembros de la iglesia les imponían las manos y oraban para que fueran llenos del Espíritu de Dios. Ellos creían que el poder de Dios podría ungir el papel de los boletines, así como había ocurrido con los pañuelos de Pablo. Como consecuencia de esto, comenzaron a llegar cartas de todas partes del mundo, relatando cómo al abrir los boletines, el poder de Dios había venido sobre las personas que los recibían. Una señora dijo que al tener el boletín en su mano, "había vibrado" en tal forma que apenas podía sentarse en su silla. Entonces recibió el bautismo en el Espíritu Santo y comenzó a hablar en otras lenguas. Lake explicó esta manifestación diciendo sencillamente:

> *Ellos creían que el poder de Dios podría ungir el papel de los boletines, así como había ocurrido con los pañuelos de Pablo.*

"El ministerio del cristianismo es el ministerio del Espíritu".[17]

Lake comprendía cómo llevar toda su congregación a la presencia de Dios. Los capacitó y los hizo madurar con el poder espiritual que fluía de él, y como consecuencia, ellos podían avanzar aceleradamente con él en lo sobrenatural. En 1912, la congregación recibió un pedido de oración por la prima de un hombre que estaba en un hospicio de Gales, ubicado a más de diez mil kilómetros de distancia. Cuando el espíritu de oración ferviente cayó sobre el pueblo, Lake recibió una profunda conciencia de Dios. Parecía como si rayos de luz partieran hacia él desde los intercesores. Entonces, repentinamente, se encontró viajando en el espíritu a la velocidad de un rayo, y llegó a un lugar que nunca había visto antes, pero estaba seguro de que era Gales. Lake entró a la habitación de la prima de ese hombre, que estaba atada a un camastro, moviendo la cabeza sin control, atrás y adelante. Lake le impuso las manos y echó fuera al demonio. Repentinamente, se halló de nuevo en Johanesburgo, arrodillado sobre la plataforma. Tres semanas después llegó la noticia de que la mujer había sido liberada por completo, y la habían dado de alta en el hospital al encontrarla "repentinamente" sana y en su juicio.

EL VAGABUNDO UNGIDO

Para cuando John G. Lake abandonó África para regresar definitivamente a los Estados Unidos, su ministerio había producido 1.250 predicadores, 625 congregaciones, y 100.000 conversiones. El número exacto de milagros ocurridos en su obra jamás será conocido en esta Tierra.[18] ¡Todo esto, en cinco años de ministerio!

Lake regresó a Estados Unidos en 1912. El primer año después de regresar, la familia viajó mucho y se dedicó a descansar. En 1913, John conoció a Florence Switzer, de Milwaukee, Wisconsin, y se casó con ella. Con el tiempo, tuvieron cinco hijos. Florence era una excelente estenógrafa y copió y conservó muchos de los sermones de Lake.

En el verano de 1914, Lake se encontró con su ex financista de ferrocarriles y amigo, Jim Hill. Ambos se habían hecho muy amigos cuando Lake trabajaba en Chicago. Hill se puso muy feliz de ver a Lake y le ofreció pases ferroviarios gratuitos para toda su familia que servirían para todo lugar donde viajaran en sus trenes.

LOS CUARTOS DE SANIDAD DE SPOKANE

Lake aprovechó la oferta de su buen amigo y comenzó a viajar por todo el país. Primero fue a Spokane, Washington, donde estableció "cuartos de sanidad" en un viejo edificio de oficinas. Se estima que aproximadamente 100.000 sanidades se produjeron en estos cuartos.[19]

Los periódicos de Spokane publicaban regularmente los muchos testimonios de sanidades de diferentes personas. En realidad, los resultados eran tan increíbles que la Oficina de Lealtad Comercial decidió verificar la autenticidad de las sanidades y se puso en contacto con algunos líderes de los cuartos para investigarlos.

Para responder a las preguntas de las autoridades, Lake convocó a aquellos cuyos testimonios habían sido impresos. Estas dieciocho personas dieron testimonio del poder del Señor frente a los funcionarios. Entonces Lake dio a los investigadores los nombres de quienes habían sido sanados en la ciudad, para que pudieran investigarlos a ellos. Después de esto, se ofreció a preparar una reunión para el domingo siguiente, donde cien personas darían testimonio de sus sanidades, y pidió a la Oficina que preparara un panel de médicos, abogados, jueces y educadores que pudiera dar un veredicto.

John y Jennie Lake y sus hijos antes de partir hacia Sudáfrica, 1907

Lake y colaboradores de sus campañas

Movilizando el mensaje, Lake en las calles

Lake y los colaboradores del hogar de sanidad en Spokane, Washington, 1915-1920

Un niño que fuera sanado en el Hogar de
Sanidad de Spokane

Pero Lake recibió una carta de la Oficina el viernes antes de la reunión informándole que las investigaciones habían obtenido resultados muy positivos, y que la reunión del domingo no sería necesaria. También lo elogiaron por el trabajo que realizaba en su ciudad. Dos miembros del comité lo visitaron en forma privada para decirle: "Usted no nos dijo ni la mitad de lo que ha hecho".

Entre quienes fueran entrevistados por el comité se encontraba una mujer que ya no tenía órganos femeninos, pero que después de su sanidad, pudo procrear. Ella mostró a los investigadores el bebé que había tenido por milagro.

Otra mujer les relató la milagrosa sanidad de su rótula, que estaba rota en varias partes. Después que oraron por ella, el hueso se acomodó entero en su lugar, sin dolor alguno, en menos de una hora. Otra mujer, afectada por un cáncer incurable, fue totalmente sanada después que oraron por ella. Y otra fue instantáneamente curada de artritis reumatoidea; sus huesos recobraron la forma normal. Esta misma mujer también fue sanada de un prolapso del estómago, y le creció el lóbulo de una oreja sin el cual había nacido.

Pero el caso más notable del Hogar de Sanidad de Spokane fue el de un pequeño niño. Se dice que la cabeza del niño tenía la forma de un yate, "de arriba abajo". Los médicos decían que no había nada que pudieran hacer por él hasta que tuviera doce años, y que aun entonces, la cirugía sería muy peligrosa. Pero después que oraron por él, los huesos del niño se suavizaron, su cabeza se expandió, y su cráneo tomó forma normal. Su parálisis también desapareció milagrosamente y pudo hablar como los demás niños.

> *Se dice que la cabeza del niño tenía la forma de un yate, "de arriba abajo". Los médicos decían que no había nada que pudieran hacer por él hasta que tuviera doce años.*

¿Cómo explicaba Lake estas increíbles sanidades? Muchas veces le gustaba mencionar a la hermana Etter en sus ilustraciones, debido a la gran influencia espiritual que ella había ejercido en su vida:

> **"Cuando vemos estos 'flashes' santos de llamas celestiales de vez en cuando en la vida de una persona, como lo vemos en la hermana Etter; cuando alguien es sanado, es debido a que la conciencia de ella y Cristo son uno. Está fundida en Dios. Yo he visto a una mujer que estaba agonizando ser sanada en treinta segundos cuando la Sra. Etter echó fuera al demonio. La llama de Dios, el fuego de su Espíritu, diez segundos de conexión con el Todopoderoso Cristo ante el Trono de Dios, ese es el secreto".[20]**

"LUCHA POR PENTECOSTÉS"

Según las estadísticas del gobierno, entre los años de 1915 y 1920, Spokane, Washington, fue "la ciudad más sana del mundo", debido al ministerio de John G. Lake. El alcalde de la ciudad realizó una ceremonia pública para honrar sus esfuerzos.

Lake era un excelente hombre de negocios, por lo cual se aseguraba de que sus registros fueran siempre exactos. Estos mostraban que hasta doscientas personas por día recibían ministración y sanidad

en los Hogares de Sanidad de Spokane, y la mayoría de ellos no eran miembros de ninguna iglesia.

Lake también fundó la Iglesia Apostólica de Spokane, a la cual asistían miles de personas de todo el mundo para recibir ministración y sanidad. Realizaba cultos allí seis veces por semana, dos veces los domingos, y visitaba los hogares durante la semana.

En mayo de 1920, Lake dejó Spokane y se mudó a Portland, Oregon, donde sirvió como apóstol itinerante y pastor. Pronto inició otra iglesia apostólica y un ministerio de sanidad similar al de Spokane.

Durante el tiempo que Lake pasó en Portland, tuvo una visión en que un ángel apareció y abrió la Biblia en el Libro de los Hechos, señalando el derramamiento del Espíritu en el día de Pentecostés. El ángel también mostró a Lake otras manifestaciones y revelaciones espirituales en este libro y le dijo:

> **"Este es el Pentecostés que Dios dio por medio del corazón de Jesús. Esfuérzate por conseguirlo. Lucha por él. Enseña a la gente que ore por él. Porque esto, y sólo esto, llenará las necesidades del corazón humano, y sólo esto tendrá poder para vencer las fuerzas de las tinieblas".**[21]

A partir de ese día, Lake se esforzó por cumplir la Palabra del Señor con aún mayor intensidad. Durante los once años siguientes, viajó por los Estados Unidos, duplicando su trabajo dondequiera que fuese.

EL ERROR DE LAKE

En sus últimos años, John G. Lake disfrutó de un maravilloso equilibrio entre lo sobrenatural y lo natural. Pero esto le había costado muy caro. El precio que debió pagar fue su familia.

Los hijos del primer matrimonio de Lake sufrían mucho debido a sus constantes ausencias. Aún cuando estaba presente con ellos, se apartaba para meditar, constantemente pensando en el ministerio y en el Señor. Debido a esto, sus hijos se sintieron dejados de lado.

Recordemos que estos fueron los mismos niños que vieron a su madre morir de hambre y de agotamiento en África. Como resultado, todos ellos endurecieron su corazón y abandonaron el hogar muy pronto, entre los quince y dieciséis años, para vivir en Canadá. Allí

crecieron, y su actitud era dura y llena de amargura. Pero dos de ellos comentaron, ya sobre sus lechos de muerte: "Desearía que papá estuviera aquí para orar por mí".

Lake sufría por la falta de atención que había mostrado a sus hijos. Y tiempo después escribiría en una carta que los muchos milagros que habían sido realizados con sus manos no lo satisfacían personalmente, y que no compensaban la pérdida de su familia.

EL FACTOR REDENTOR

Pero Lake aprendió de sus experiencias, y finalmente encontró la clave para ser un buen esposo, un padre dedicado y un ministro de poder. Los hijos que tuvo con Florence tuvieron una actitud diferente. Ellos lo recordaron como un hombre al que le gustaba reír y que disfrutaba de sus amigos.

En sus últimos años, Lake dejó de estar "tan preocupado por el cielo que no servía de nada en la Tierra". No tenía la cabeza en las nubes, y la gente ya no enmudecía al entrar en su presencia, porque él actuaba en forma amorosa con ellos. Había aprendido, finalmente, a disfrutar de lo natural y lo sobrenatural al máximo. La atmósfera en su hogar ya no era rígida. Le gustaba divertirse cuando la familia se reunía ante la mesa. Su risa sincera podía oírse resonando por todas las habitaciones. Y disfrutaba de la música sinfónica y de la ópera, por lo que todos los domingos por la tarde escuchaba sus programas favoritos en la radio.

> *Los hijos que tuvo con Florence tuvieron una actitud diferente. Ellos lo recordaron como un hombre al que le gustaba reír y que disfrutaba de sus amigos.*

Lake también tenía un maravilloso sentido del humor. Le encantaba leer la columna de Will Roger en el periódico, y más tarde pensaría de sí mismo que era "un gran animador". También le agradaba aligerar la atmósfera que lo rodeaba, con risas.

EL IMÁN DE ORO

En el clímax de su ministerio, el mundo exterior se había visto tan atraído hacia la forma en que Lake entendía a Dios que constantemente se acercaban a él. Era la manera en que él consideraba la justificación lo que le permitía tomar dominio sobre cada situación. Lake

despreciaba las canciones cristianas que hablaban del hombre como "gusano". Cuando las escuchaba, torcía los labios y arrugaba la nariz, y decía que eran canciones que tenían "un concepto bajo". Sentía que eran una vergüenza para la sangre de Cristo. La hija de Lake lo describió cierta vez como un hombre que "tenía una gran conciencia de ser sacerdote y rey ante Dios, y una actitud de nobleza y comportamiento acorde". Así animaba Lake a los demás a verse a sí mismos, y siempre decía a su familia que trataran a todos los creyentes como reyes y sacerdotes.[22]

Lake era el más firme defensor de lo sobrenatural en su época. Muchas veces se refería con disgusto a los foros médicos, educativos y científicos que hablaban de la debilidad del cristianismo. Un día él predicaría, y la situación se revertiría, y los hombres vendrían corriendo de todas partes a la "Escuela del Espíritu", donde aprenderían a cooperar y ser uno con el poder de Dios.

A Lake le preocupaba profundamente la fascinación del mundo con el mero poder psicológico. Relataba que cierta vez conoció a un hombre en la India que había sido enterrado vivo y había permanecido en ese estado por tres días, hasta que salió de la tumba sano y salvo. Y otro hombre que había estado suspendido en el aire, entre dos sillas, y a quien habían golpeado con una piedra en el pecho hasta que la piedra se partió en dos.

Lake refutaba públicamente la validez de estas manifestaciones, diciendo:

> **"Estas manifestaciones son sólo en el plano psicológico. Más allá de él se encuentra el plano espiritual y la extraordinaria maravilla del Espíritu Santo de Dios, y si Dios tomara mi espíritu durante diez minutos, podría hacer cosas diez mil veces más poderosas que esas"**.[23]

> **"El cristianismo es ciento por ciento sobrenatural"**, solía decir. **"Lo que hable de 'todo poder' sólo puede aplicarse al vocabulario cristiano"**.[24]

Lake poseía una notable capacidad para motivar a la fe y la revelación en los corazones de quienes lo escuchaban. Los ministros que

aprendieron de él fundaron sus propios ministerios de fe, por medio de los cuales se produjeron extraordinarias sanidades.

Lake sostenía:

> **"Si [el cristiano] no tiene el Espíritu para ministrar en un sentido real, elevado, no tiene nada para ministrar. Otros hombres tienen su poder intelectual, pero el cristiano debe poseer el Espíritu. Jamás debería haber malentendido alguno al respecto".**[25]

Para avanzar aún más en las metas sobrenaturales, Lake llamaba a cada creyente a aceptar el poder de Pentecostés. Cierta vez, al hacerlo, pronunció esta profecía:

> **"Veo cómo mi espíritu discierne el futuro y se extiende para tocar el corazón de la humanidad y el deseo de Dios, que está viniendo del cielo una nueva manifestación del Espíritu Santo en poder, y que esa nueva manifestación será en dulzura, en amor, en ternura, y en el poder del Espíritu, más allá de cualquier cosa que haya visto tu corazón o el mío. El rayo mismo de Dios refulgirá en las almas de los hombres. Los hijos de Dios se enfrentarán con los hijos de las tinieblas, y prevalecerán".**[26]

EL LEGADO DE LO MILAGROSO

En 1924, Lake ya era conocido en todos los Estados Unidos como un evangelista de sanidad líder. Había establecido cuarenta iglesias en todo el país y en Canadá, donde había habido tantas sanidades que sus congregaciones le pusieron el apodo de "Dr." Lake.

En diciembre se produjo otro significativo hecho en su ministerio. Gordon Lindsay, fundador de Cristo para las Naciones, en Dallas, se convirtió al escuchar predicar a Lake predicar en Portland.

> *Para el fin de la charla, su visión había sido completamente restaurada, y así permaneció durante el resto de su vida.*

Lindsay asistía a los cultos casi todas las noches de la semana, y consideraba a Lake como su mentor. Cuando Lindsay, tiempo después, contrajo un envenenamiento mortal con tomaína, se llegó hasta el hogar de Lake y fue totalmente sanado.

En 1931, Lake regresó a Spokane a la edad de sesenta y un años. Ahora estaba debilitado y fatigado, y casi ciego, por lo que decidió tener una "charla" con el Señor para recordarle cuán vergonzoso sería que él quedara ciego después que más de cien mil personas se habían sanado por medio de su ministerio, sólo en los Estados Unidos. Para el fin de la charla, su visión había sido completamente restaurada, y así permaneció durante el resto de su vida.

REINANDO EN LOS LUGARES CELESTIALES

El Día del Trabajador fue un caluroso y húmedo domingo en 1935. Los Lake fueron a un picnic de la escuela dominical y John regresó a su casa totalmente exhausto, por lo que se acostó a descansar. Florence insistió para que se quedara en casa descansando mientras ella asistía a la iglesia por la noche. Cuando regresó, Lake había sufrido un ataque. Su salud quedó muy debilitada durante las dos semanas siguientes, y estuvo inconsciente la mayor parte del tiempo. Finalmente, el 16 de septiembre de 1935, John G. Lake fue a reunirse con el Señor. Tenía sesenta y cinco años de edad.

Durante el culto en su memoria que se realizó en el funeral, muchos tuvieron palabras de elogio acerca de él. Pero las que mejor lo resumen son estas, que le dedicó uno de los muchos que se convirtió durante el tiempo en que Lake ministró en Spokane:

> "El Dr. Lake vino a Spokane y nos encontró en pecado. Nos encontró enfermos. Nos encontró pobres de espíritu. Nos encontró desesperados. Pero nos reveló un Cristo como nunca habíamos soñado conocer de este lado del cielo. Nosotros pensábamos que la victoria era del otro lado, pero el Dr. Lake nos reveló que la victoria estaba aquí".[27]

Al cerrar este capítulo, quisiera desafiarte a que andes en la revelación de tu justificación en Cristo. La justificación es un estilo de vida que produce victoria en cada situación. Si sólo pudiéramos captar

la realidad de nuestra posición a través de Jesucristo, como lo hizo Lake, las alabanzas de Dios resonarían en toda nación. Y todo régimen demoníaco quedaría aplastado bajo esa autoridad.

John G. Lake nos probó que ese estilo de vida puede ser vivido y disfrutado por quienes lo siguen. No te quedes a mitad de camino de lo que Dios nos ha dado en Jesucristo. Permite que el Espíritu Santo te revele tu posición celestial, toma tu lugar, y cambia a las naciones para Dios.

> *Si sólo pudiéramos captar la realidad de nuestra posición a través de Jesucristo, como lo hizo Lake, las alabanzas de Dios resonarían en toda nación.*

CAPÍTULO SEIS: JOHN G. LAKE
Referencias

1 John G. Lake, Adventures in God (Aventuras en Dios), (Tulsa, OK: Harrison House, 1981), pág. 30.
2 Wilford Reidt, John G. Lake: A Man Without Compromise (John G. Lake: Un hombre que no transigió) (Tulsa: Harrison House, 1989), pág. 13.
3 Lake, Adventures in God, págs. 73-74.
4 Reidt, John G. Lake: A Man Without Compromise, pág. 21.
5 Gordon Lindsay, ed., John G. Lake: Apostle to Africa (John G. Lake: Apóstol a África) (Dallas, TX: Christ for the Nations, Inc., reimpreso en 1979), págs. 12-13; Lake, Adventures in God, pág. 77.
6 Lake, Adventures in God, págs. 78-80.
7 Ibid., págs. 35-36.
8 Lindsay, John G. Lake: Apostle to Africa, pág. 16.
9 Gordon Lindsay, ed., Astounding Diary of John G. Lake (El sorprendente diario de John G. Lake), (Dallas, TX: Christ for the Nations, 1987), págs. 13-14.
10 Lindsay, Apostle to Africa, págs. 18-19.
11 Reidt, John G. Lake: A Man Without Compromise, pág. 27.
12 Lindsay, Apostle to Africa, pág. 20.
13 Lake, Adventures in God, págs. 59-69.
14 Lindsay, John G. Lake: Apostle to Africa, pág. 25.
15 Gordon Lindsay, ed., John G. Lake Sermons on Dominion over Demons, Disease and Death (Sermones de John G. Lake sobre el dominio de demonios, enfermedades y muerte), (Dallas, TX: Christ for the Nations, Inc., 1949, reimpreso en 1988), pág. 108.
16 Lindsay, John G. Lake: Apostle to Africa, pág. 36.
17 Lake, Adventures in God, págs. 106-107.
18 Lindsay, John G. Lake: Apostle to Africa, pág. 53.
19 Ibid.
20 Kenneth Copeland Publications, John G. Lake: His Life, His Sermons, His Boldness of Faith (John G. Lake: Su vida, sus sermones, su osada fe), (Fort Worth, TX: Kenneth Copeland Publications, 1994), pág. 442.
21 Reidt, A Man Without Compromise, pág. 95.

22 Ibid., pág. 60.

23 Kenneth Copeland Publications, John G. Lake, pág. 443.

24 Ibid., pág. 432.

25 Ibid., pág. 27.

26 Lindsay, New John G. Lake Sermons (Dallas, TX: Christ for the Nations, Inc., 1976), 19-20.

27 Lindsay, John G. Lake: Apostle to Africa, 9.

Smith Wigglesworth

"Apóstol de fe"

"APÓSTOL DE FE"

"Mi amigo dijo: 'Está muerta'. Tenía miedo. Nunca he visto un hombre tan asustado en toda mi vida. '¿Qué haré?', me preguntó. Quizá ustedes piensen que lo que hice fue absurdo, pero me incliné sobre la cama y la saqué. La llevé al otro extremo del cuarto, la apoyé contra una pared y la sostuve en alto, porque ella estaba totalmente muerta. La miré a los ojos y le dije: 'En el nombre de Jesús, reprendo esta muerte'. Todo su cuerpo, desde la coronilla hasta las plantas de sus pies, comenzó a temblar. 'En el nombre de Jesús, te ordeno que camines', le dije. 'En el nombre de Jesús, en el nombre de Jesús, ¡camina!' y ella caminó".[1]

Resucitar a los muertos fue sólo una de las increíbles facetas del ministerio de Smith Wigglesworth. Este gran apóstol de fe anduvo en una medida tan extraordinaria de la unción de Dios que los milagros que siguieron a su ministerio sólo fueron secundarios en relación con ella. En su vida, este hombre que comenzó siendo un plomero le dio un nuevo significado a la palabra "aventura". ¿Cuál era el único requisito para la aventura? "¡Sólo creer!"

Para Wigglesworth, la simple obediencia a lo que uno creía no era una característica extraordinaria; era simplemente el fruto de la fe. Se dice que su propia fe era inquebrantable y algunas veces implacable. Pero también se dice que poseía una unción especial para la enseñanza y un claro sentido de la compasión, que tenían por fruto incontables salvaciones y milagros en su ministerio, todos los días.

> *Para Wigglesworth, la simple obediencia a lo que uno creía no era una característica extraordinaria; era simplemente el fruto de la fe.*

EL PEQUEÑO RECOLECTOR DE NABOS

Smith nació el 8 de junio de 1959, hijo de John y Martha Wigglesworth, en el pequeño pueblo de Menston, Yorkshire, Inglaterra. El año de su nacimiento, 1859, ya era histórico. Hacía dos años que el Tercer Gran Despertar se desarrollaba en los Estados Unidos; William Booth se había distanciado de la religión organizada, formando el Ejército de Salvación, y la iglesia de Gales estaba orando por un avivamiento.[2] Que Smith fuera contado entre los otros grandes líderes cristianos como Booth en su época fue una idea que ni siquiera cruzaba las mentes de John y Martha. Pero lo sería. Su hijo regresaría el fuego de Dios a una iglesia que había estado casi en cenizas durante cientos de años.

La familia de Smith era pobre. Su padre trabajaba largas horas para sostener a su esposa, su hija y sus tres hijos. Así que el niño comenzó a trabajar a los seis años, arrancando nabos en un campo cercano. Era un duro trabajo. Sus manitas estaban lastimadas e hinchadas por haber estado arrancando nabos de la mañana a la noche. Pero esto contribuyó a formar en Smith la sólida ética de trabajo de su padre, de trabajar mucho y duramente para obtener su pago.

Cuando Smith cumplió siete años, fue a trabajar con su padre y otro hombre en un aserradero. Desde entonces, la vida pareció más fácil para los Wigglesworth. Sus ingresos aumentaron y la comida abundaba.

El padre de Smith amaba los pájaros. En un momento determinado llegó a tener dieciséis pájaros cantores en su hogar. El niño adoptó el amor de su padre por la naturaleza, y solía salir a buscar nidos. Algunas veces atrapaba y vendía pájaros cantores en el mercado local, para ayudar a sostener a su familia.

¿CUÁL ES LA DIFERENCIA ENTRE NOSOTROS?

Aunque sus padres no eran cristianos, no hubo nunca un tiempo en que el joven Smith no buscara a Dios. No le enseñaron a orar en su hogar, pero siempre estaba en la búsqueda por su cuenta. Muchas veces, Smith le pedía a Dios que le mostrara dónde encontrar nidos, y casi instantáneamente sabía dónde buscar.

Su abuela era una antigua wesleyana que creía en el poder de Dios y siempre hacía que Smith la acompañara a las reuniones. Siendo pequeño, él se sentaba y observaba a los "de los viejos tiempos" aplaudir y danzar ante el Señor y cantar sobre la "sangre". Cuando Smith cumplió ocho años, quiso cantar él también en la iglesia. Al comenzar a cantar, "un claro conocimiento del nuevo nacimiento" vino a él, y comprendió lo que Jesucristo había hecho por él por medio de su muerte y resurrección. Años después, Wigglesworth escribiría sobre ese día:

> **"Vi que Dios nos desea tan desesperadamente que ha hecho que la condición sea la más simple posible: sólo creer".** [3]

Y nunca dudó de su salvación.

El joven Wigglesworth se convirtió inmediatamente en un pescador de almas. La primera persona que ganó para Cristo fue su propia madre. Cuando su padre descubrió que la "experiencia" cristiana había llegado a su familia, comenzó a llevar a la familia a la iglesia episcopal. El padre de Smith no había nacido de nuevo, pero disfrutaba del contacto con el clérigo, ya que frecuentaban el mismo bar y bebían cerveza juntos.

Pronto Smith aceptó unirse al coro de la iglesia con su hermano, pero dado que había trabajado desde muy joven, no había tenido acceso a una educación. Tenía casi diez años cuando tomó la "confirmación". Cuando el obispo agitó las manos sobre el jovencito, una poderosa conciencia de la presencia de Dios llenó a Smith, la misma que lo acompañaría durante toda su vida. Nada de esto, aparentemente, sucedió a los demás, como Smith escribiría más tarde:

> **"Después del culto de confirmación, todos los otros niños estaban maldiciendo y peleando, y yo me preguntaba qué era lo que había marcado esa diferencia entre ellos y yo".** [4]

¡HAY ALGO DIFERENTE EN TI!

Cuando Smith tenía trece años, su familia se mudó de Menston a Bradford, donde comenzó a participar activamente en la Iglesia Metodista Wesleyana. Su vida espiritual cobró nuevo significado, y

comenzó a anhelar el Espíritu de Dios. Aunque no sabía leer muy bien, nunca salía de su casa sin tener un Nuevo Testamento en el bolsillo.

Tiempo después, los metodistas estaban planeando una reunión especial de predicación, y siete jovencitos fueron invitados a participar, incluyendo a Smith. Con tres semanas para prepararse, el joven "vivía orando". Cuando llegó el día, tomó la plataforma para predicar durante quince minutos, y al terminar, no recordaba ni una palabra de lo que había dicho. Lo único que recordaba era el increíble ardor que lo cubría, y los gritos de aliento de la gente.

Smith comenzó a testificar del evangelio a todos los que conocía, pero no podía comprender por qué tantos parecían no tener interés alguno. En 1875, el Ejército de Salvación comenzó una obra en Bradford. Smith saltó de alegría al escuchar la noticia. ¡Finalmente podría estar con un grupo de personas que compartían su amor por los perdidos! Así que se unió a los salvacionistas cuando estos llegaron, y pronto aprendió sobre el poder de la oración y el ayuno.

El Ejército de Salvación lograba más resultados que cualquier otra iglesia en esa época, especialmente en el área de ganar almas. Muchas veces tenían vigilias de oración en las que se tendían, postrados, delante del Señor. Los primeros salvacionistas tenían gran autoridad espiritual, y esto se reflejaba en sus cultos. En las reuniones semanales, el grupo se reunía y reclamaba al menos de cincuenta a cien personas para Dios, sabiendo que alcanzarían ese número y más. Docenas de personas conocieron a Jesús como su Salvador a través de la obra de Bradford.

> *Se unió a los salvacionistas cuando estos llegaron, y pronto aprendió sobre el poder de la oración y el ayuno.*

Cuando tenía dieciséis años, Smith conoció a un hombre de Dios en el aserradero, que le enseñó el oficio de plomero. Mientras trabajaban juntos, este hombre también enseñó a Smith el significado y la importancia del bautismo por inmersión.

Ansioso por cumplir los mandamientos de la Palabra, Smith obedeció alegremente y fue bautizado por inmersión poco después. Durante este tiempo, también aprendió sobre la segunda venida de Cristo, y creyendo firmemente que Jesús volvería a fines del siglo, decidió "cambiar el curso" de la vida de toda persona que conociera.

Creyendo que el Señor lo ayudaría en todo, Smith comenzó su ministerio. En 1877 fue a casa de un plomero para pedirle trabajo. El hombre le dijo que no necesitaba ayudantes, así que Smith le agradeció, se disculpó por haber usado su tiempo, y se volvió para irse. Pero repentinamente el hombre lo llamó y le dijo: "Hay algo en ti que es diferente. Creo que no puedo dejar que te vayas."[5] Y lo contrató.

Smith hacía un trabajo tan excelente que el plomero no tenía trabajo suficiente para él: ¡trabajaba demasiado rápido! Así que decidió mudarse a Liverpool, con su experiencia en plomería. Con el poder de Dios descansando firmemente sobre él, comenzó a ministrar a los niños de la ciudad y a predicarles el evangelio, movido por su deseo de ayudarlos. Cientos de ellos venían al puerto donde Smith ministraba. Sucios y hambrientos, estos niños y niñas venían, y Smith se ocupaba de todos ellos. Aunque tenía buenos ingresos, nunca los gastaba en sí mismo, sino que los dedicaba a vestir y alimentar a sus pequeños amigos.

Además de su ministerio a los niños, Smith y un amigo visitaban los hospitales y los barcos, testificando de Cristo. Smith oraba y ayunaba todo el día los domingos, y cada vez que ministraba al menos cincuenta personas eran salvas. El Ejército de Salvación lo invitaba constantemente a predicar en sus cultos, y mientras predicaba, siempre se quebrantaba y lloraba delante de la gente. Aunque deseaba tener la elocuencia de un Charles Spurgeon y otros exquisitos predicadores, fue su quebrantamiento lo que hizo que cientos de personas se acercaran al altar deseando conocer a Dios.

"¿QUIÉNES SON ESTOS TONTOS?"

Uno de los grandes atributos de la vida de Smith Wigglesworth fue su esposa, Mary Jane "Polly" Featherstone. En las vidas de muchas grandes parejas que ministran, parecería que cuando uno de ellos es fuerte, el otro debe cumplir un rol menor para evitar o minimizar los conflictos. No era este el caso de los Wigglesworth. Polly era tan fuerte, o más, algunas veces, que su esposo. Nunca se negaba a acompañarlo, y Wigglesworth estaba de acuerdo. Smith dijo de ella: "**¡Todo lo que soy hoy, se lo debo, por gracia de Dios, a mi preciosa esposa. ¡Oh, ella era amorosa!**"[6]

Polly Featherstone provenía de una buena familia metodista. Aunque su padre era líder del Movimiento de Abstinencia, heredó una

fortuna hecha con la venta de licores. Pero, fiel a sus convicciones interiores, se negó a tocar un centavo de esa herencia "manchada". Polly observó el estilo de vida de su padre y se hizo eco de su fuerte carácter y sus creencias sobre la santidad. Era, además, una mujer que decía lo que pensaba.

Más tarde, Polly dejó la sociedad acaudalada que la rodeaba, y se marchó a la ciudad de Bradford a buscar "fama y fortuna". Una vez allí, entró a servir en una familia numerosa.

Un día, mientras estaba en la ciudad, escuchó trompetas y gritos. Se abrió camino hacia donde se producían esos "ruidos", y lo que vio la intrigó: una reunión al aire libre. El Ejército de Salvación era una organización nueva en esa época, y Polly pensó: "¿Quiénes son estos tontos?" Curiosa, siguió al grupo hasta un edificio grande y muy arruinado. Los salvacionistas entraron, pero Polly permaneció en un rincón, esperando que nadie la viera. Finalmente, la curiosidad fue más fuerte que ella; se deslizó al interior del edificio y tomó un asiento en la galería.

La familia Wigglesworth. Arriba: Alice, Seth, y Harold. Abajo: Ernest, Smith, Mary Jane (Polly), y George

"ALELUYA! ¡ESTÁ HECHO!"

Gypsy Tillie Smith, hermana del famoso evangelista Gypsy Rodney Smith, estaba predicando. Arrojando su poderoso mensaje hacia la gente, proclamaba la salvación por medio de la sangre de Jesús.

Polly se sintió profundamente conmovida. Comprendiendo su situación como alma perdida, avanzó hacia el altar y cayó de rodillas. Se negó a recibir oración de ninguno de los obreros, hasta que al final, Tillie Smith se acercó y oró con ella.

Con la luz de Cristo entibiando su corazón, Polly se puso de pie de un salto, arrojó sus guantes al aire, y exclamó: "¡Aleluya! ¡Está hecho!"[7] Sentado entre la gente, no lejos de ella, un joven la observaba atentamente. Este hombre sería su futuro esposo y compañero en el destino: Smith Wigglesworth.

> *Con la luz de Cristo entibiando su corazón, Polly se puso de pie de un salto, arrojó sus guantes al aire, y exclamó: "¡Aleluya! ¡Está hecho!"*

"Parecía como si la inspiración de Dios hubiera estado en ella desde el primer momento", dijo Smith.[8] A la noche siguiente, mientras Polly daba su testimonio, Smith sintió que ella "le pertenecía". A Polly se le permitió evitar el acostumbrado período de capacitación, y finalmente el General Booth mismo le otorgó el rango de oficial en el Ejército de Salvación.

Polly fue a servir en el Ejército de Salvación en Escocia durante un tiempo, y luego regresó a Bradford. Finalmente dejó el Ejército debido a los conflictos provocados por su relación con Wigglesworth. Ella era una "oficial" y él, un mero "soldado". Aunque Smith nunca se unió oficialmente al ejército, las reglas relativas a las relaciones sentimentales entre los dos rangos eran muy estrictas.

Después de dejar a los salvacionistas, Polly se unió al Ejército de la Cinta Azul, pero siempre siguió siendo muy amiga de los primeros. En ese momento, los ministros metodistas la llamaban a evangelizar en sus iglesias, y cientos de personas se convirtieron con su ministerio. El poder de Dios descansaba poderosamente sobre ella.

"¡SMITH, TÚ NO ERES MI AMO!"

Polly se convirtió en la esposa de Wigglesworth en 1882, a los veintidós años de edad. Smith era un año mayor que ella, y la alentó a continuar su ministerio evangelístico, mientras él seguía con la plomería. Pero Smith tenía una carga por una zona de Bradford que no tenía iglesia, así que la pareja rentó un edificio pequeño y lo abrió para realizar reuniones. Lo llamaron "Obra Misionera de la Calle Bradford".

En sus treinta años de matrimonio, los Wigglesworth tuvieron una hija, Alice, y cuatro hijos: Seth, Harold, Ernest y George (que murió en 1915). Pero antes que naciera cada niño, los Wigglesworth oraban para que sirvieran a Dios. Smith se ocupaba de ellos durante los cultos, mientras su esposa predicaba. Después del mensaje, él siempre estaba junto al altar, orando con las personas para llevarlas a Cristo. Sin dejarse intimidar por el rol ministerial de su esposa, Smith decía: **"Su tarea era echar las redes; la mía, llevar los peces a tierra. Esta última es tan importante como la primera".**[9] Él conocía el poder que tiene un corazón de siervo.

El verano de 1884 fue muy malo para Bradford, y como consecuencia, los plomeros fueron muy requeridos. Smith no sólo pasó todo el invierno trabajando, sino que estuvo ocupado reparando los daños ocasionados por el clima durante dos años más.

Durante estos días de mucho trabajo y gran prosperidad, Smith dejó de asistir a la iglesia con frecuencia y su corazón se enfrió hacia el Señor. Pero a medida que su fuego se enfriaba, el de Polly ardía aún más, y su celo por Dios y su vida de oración jamás declinaron. La diligencia de su esposa para las cosas de Dios hacía que la lasitud de Smith fuera aún más visible, y llegó a irritarlo su misma presencia.

Una noche, Polly regresó de la iglesia un poco más tarde que lo usual. Al entrar ella a la casa, Smith exclamó: **"¡Yo soy el amo de esta casa, y no toleraré que vuelvas aquí a estas horas!"** Polly respondió dulcemente: "Sé que tú eres mi esposo, pero mi amo es Cristo".[10] Enfurecido, Smith abrió la puerta de atrás, empujó a Polly afuera, y cerró con llave. Pero en su gran enojo había olvidado cerrar la puerta de adelante, así que Polly dio la vuelta a la casa, y entró por la puerta principal... ¡riendo! Tanto reía, que Smith finalmente se rindió y rió con ella. Al reír, recibió una revelación en su corazón y en su mente. Entonces decidió pasar diez días orando y ayunando para buscar la voluntad del Señor. Con un arrepentimiento desesperado y sincero, encontró el camino hacia la restauración.

¿ADÓNDE LLEGAS EN LA ESCALA DE RICHTER?

"La mujer es el termómetro del hogar" es un dicho muy cierto. Por ejemplo, si tu esposa está de mal humor, el resto de la familia acabará teniendo una actitud negativa. Por el contrario, si tu esposa está alegre, sin importar lo mal que te sientas, todo parece más alegre.

Polly Wigglesworth ilustraba bellamente el principio de la estabilidad. Estoy segura de que su fidelidad y su gozo pasaron por una severa prueba mientras su esposo estaba apartado de Dios. Ella era una predicadora muy conocida, que realizaba cultos evangelísticos en toda la ciudad, y veía a cientos de personas acercarse a Cristo... mientras su esposo trabajaba o se quedaba en casa.

> *Polly Wigglesworth ilustraba bellamente el principio de la estabilidad.*

Sin duda, habría murmuraciones sobre el estado espiritual de Smith, ya que el ministerio de Polly era escrutado públicamente, pero ella "nunca dio un paso en falso". Obviamente, lo que causaba su triunfo era su seguridad en Jesucristo.

En muchos casos, cuando un esposo está apartado, su esposa se queja y se queja, pensando que de esa manera lo llevará a actuar y arrepentirse, pero un corazón arrepentido es obra del Espíritu Santo. El fuego de Dios mantuvo gozoso el corazón de Polly. Como consecuencia, Smith vio su error y fue atraído nuevamente hacia Cristo. La actitud de su esposa fue causa directa de su arrepentimiento, y finalmente, de su ministerio, con el que sacudió al mundo. Esta es la meta más alta del compañero: ayudar a su cónyuge a cumplir con su llamado, sea cual fuera. Dios conoce el corazón de tu esposo o esposa y sabe lo que será necesario para que llegue al lugar que le pertenece. Mantén tu corazón limpio y deja a los demás en manos de Dios y del Espíritu Santo. De esa manera, no perderás jamás.

LA PRIMERA SANIDAD

A fines del siglo XIX, Smith viajó a Leeds para comprar materiales para su trabajo de plomería. Mientras estaba allí, asistió a un culto en una iglesia donde se ministraba sanidad divina. Smith estuvo observando las maravillosas sanidades que se producían, y su corazón se conmovió. Entonces comenzó a buscar a los enfermos en Bradford, y pagaba sus viajes para ir a las reuniones de sanidad de Leeds. No se atrevía a contarle a su esposa lo que hacía, ya que temía que ella también se burlara, como otros lo hacían en su época, considerando que la sanidad divina era una muestra de "fanatismo". Pero cuando Polly descubrió la verdad, escuchó atentamente el relato de Smith sobre las reuniones, y fue con él a Leeds, ya que ella misma necesitaba sanidad. Allí recibió la oración de fe y fue sana instantáneamente. Desde ese día en adelante, los Wigglesworth fueron apasionados de las verdades de la sanidad divina.

Como resultado de esto, su iglesia en Bradford creció, por lo que buscaron un nuevo lugar. Consiguieron un edificio en la calle Bowland y llamaron a la obra "Obra Misionera de la calle Bowland". Tenían un enorme rollo pintado en la pared detrás del púlpito, que decía: "Yo soy el Señor que te sana".

La primera experiencia personal de Smith con la sanidad se produjo en los primeros años del siglo XX. Él había sufrido de hemorroides desde su juventud, por lo que un ministro que estaba de visita oró y se puso de acuerdo, en fe, con Smith, para creer en que ese problema sería sanado por Dios. Hasta este momento, Smith había usado sales todos los días, pero sintiéndose totalmente seguro de la voluntad de Dios, dejó de utilizarlas, y descubrió que estaba completamente sano, como lo estuvo por el resto de su vida.

Para ahora, Smith estaba totalmente dedicado al ministerio de sanidad. Dado que trabajaba en forma independiente, tenía tiempo para llevar grupos de personas al Hogar de Sanidad de Leeds, siempre pagando los gastos de todos. Smith era conocido por su gran compasión por los enfermos y los necesitados. Los obreros de Leeds veían a Smith venir con grupos de personas y reían para sí, porque él no entendía que Dios podía sanar a los enfermos en Bradford, tal como lo hacía en Leeds.

"EMPUJADO" HACIA EL PÚLPITO

Comprendiendo que Smith necesitaba "un empujoncito" para comenzar su ministerio público, los líderes del Hogar de Sanidad de Leeds tomaron una decisión, y le pidieron que los reemplazara en el púlpito mientras ellos iban a la convención de Keswick. Smith dudó al principio, pero los ministros le aseguraron que él podía hacerlo, así que se consoló pensando que simplemente podía hacerse cargo y que habría muchas otras personas que podrían predicar. Cuando llegó el día de ministrar, Smith estaba a cargo de la reunión, pero no había quién predicara. Todos estuvieron de acuerdo en que Smith debería hacerlo. Vacilando, comenzó a ministrar, y al terminar su mensaje, quince personas se acercaron para que orara por su sanidad. Un hombre se acercó andando con un par de muletas, y cuando Smith oró por él, el hombre comenzó a saltar por todos lados, sin sus muletas, totalmente sano. ¡Nadie estaba más sorprendido que Smith!

A partir de esta reunión comenzaron a abrirse las puertas para que Smith predicara, y pronto anunció que realizaría una reunión con oración por sanidad en Bradford. En la primera noche, doce personas pasaron al frente para pedir oración, y todas fueron sanadas. Una mujer tenía un tumor muy grande que drenaba constantemente. Después de la oración de fe, fue a su casa y al día siguiente dio testimonio diciendo que, del tumor, sólo le quedaba una cicatriz.

¡POR FAVOR... SILENCIO!

Muy poco después, Smith debió enfrentar su primer desafío. Era una situación de vida o muerte. La esposa de un querido amigo suyo estaba tan enferma que los médicos esperaban que muriera durante la noche. El amigo de Smith dijo que no tenía fe para creer por su esposa, pues no sabía cómo hacerlo. El corazón de Smith se llenó de compasión y decidió ayudar a esta familia. Entonces fue a buscar a un ministro que estaba abriendo una pequeña iglesia en Bradford y le pidió que fuera a orar por esta mujer, pero el ministro se negó. Smith fue entonces a ver a un amigo, quien era conocido por sus elocuentes oraciones. Este aceptó ir con él, y juntos fueron a casa de la mujer.

Smith se sentía animado al tener a alguien acompañándolo, y exhortó a su amigo a que comenzara a orar tan pronto como entraran a la casa. Al ver el estado de debilidad de la mujer, su amigo siguió el consejo y comenzó a orar, pero no como Smith esperaba que lo hiciera. Este hombre comenzó a orar por "la familia que quedaría sin ella", y continuó en un tono pesimista y negativo hasta que Smith gritó que se detuviera. Pensando que lo peor había pasado, Smith pidió entonces al esposo de la mujer que orara, pero este lo hizo en forma tan patética como el primero. Finalmente, Smith ya no pudo soportarlo y gritó tan fuerte que se lo oyó desde la calle: "**¡Señor, deténlo!**" El esposo de la mujer se detuvo.

Entonces Smith tomó una botellita con

> *"Repentinamente, el Señor Jesús apareció. Yo tenía mis ojos abiertos y lo estaba contemplando. Él sonrió con una de esas sonrisas suyas tan dulces... Nunca he perdido esa visión, la visión de esa hermosa y suave sonrisa".*

"...todo lo que él debía saber estaba en la Palabra de Dios..."

aceite del bolsillo y derramó todo el contenido de la misma sobre el cuerpo de la mujer, en el nombre de Jesús. Allí, de pie junto a la cabecera de la cama, Smith tuvo su primera visión: **"Repentinamente, el Señor Jesús apareció. Yo tenía mis ojos abiertos y lo estaba contemplando. Él sonrió con una de esas sonrisas suyas tan dulces... Nunca he perdido esa visión, la visión de esa hermosa y suave sonrisa".**[11] Pocos minutos después de terminada esta visión, la mujer se sentó en su cama, llena de nueva vida. La mujer vivió para criar varios hijos y murió tiempo después que su esposo.

"¡DIABLO, SAL FUERA!"

Mientras el hambre de Smith por la Palabra crecía, él nunca permitió ninguna publicación en su hogar, ni cristiana ni secular, excepto la Biblia. Sentía que lo único que debía conocer era la Palabra de Dios. Smith dijo de su esposa: **"Ella vio cuán ignorante era yo, e inmediatamente comenzó a enseñarme a leer bien y a escribir; pero lamentablemente nunca logró enseñarme ortografía".**[12]

La siguiente experiencia de Smith con una situación de vida o muerte se produjo en su propio cuerpo. Un día, lo atacó un dolor agudo y debió guardar cama. Dado que él y Polly habían acordado que no tendrían medicinas en su casa, decidió dejar su sanidad en manos de Dios.

La familia oró toda la noche por un alivio, pero este no se produjo. Smith se sentía cada vez más débil, y finalmente dijo a su esposa: **"Creo que esta es mi hora final. Para protegerte, deberías llamar a un médico".** Polly, destrozada, envió a buscar a un médico, creyendo que había llegado el fin de su esposo.

Cuando el médico llegó, sacudió la cabeza y les dijo que se trataba de una apendicitis, y que el cuadro había estado empeorando durante los últimos seis meses. Continuó diciendo que los órganos de Smith estaban tan dañados que no había esperanza, ni siquiera con una cirugía. Mientras el médico se despedía, una mujer anciana y un joven entraron en el cuarto de Smith. Esta mujer creía en la oración de fe, y creía que toda enfermedad venía del diablo. Mientras oraba, el joven se subió a la cama, impuso ambas manos sobre Smith, y gritó: "¡Diablo, sal, en el nombre de Jesús!"

Para gran sorpresa de Smith, "el diablo salió", y el dolor desapareció por completo. Por las dudas, la mujer y el joven oraron nuevamente por Smith, después de lo cual este se levantó, se vistió y bajó. Entonces dijo a su esposa: **"Estoy sano. ¿Entró algo de trabajo?"** Polly, totalmente atónita, escuchó su relato y luego le entregó un pedido de trabajo. Smith se puso inmediatamente a trabajar en el asunto, y la apendicitis nunca volvió a molestarlo.[13]

"ESTÁN RECIBIENDO DEMONIOS"

En 1907 llegó otro punto crucial en la vida de Smith Wigglesworth. Él había oído que un grupo de personas en Sunderland habían sido "bautizadas en el Espíritu Santo" y "hablaban en otras lenguas". Entonces decidió ver este fenómeno por sí mismo.

Hasta este momento, Smith creía que él ya había sido bautizado en el Espíritu Santo. Junto con su esposa, seguía la creencia popular de esa época, en el sentido de que la santificación era el bautismo del Espíritu Santo. Entonces Smith recordó una situación anterior que lo había hecho arrepentirse y comenzar un ayuno de diez días. Durante este ayuno, Smith había regresado al camino de Dios, y había experimentado un cambio definitivo en su vida. Se dice que, orando y llorando delante del Señor, se había consagrado para ser totalmente santificado. Cuando terminó el ayuno, estuvo libre de su mal genio en tal grado que muchos comentaban con frecuencia que querían el mismo espíritu que Smith tenía. Como consecuencia, él pensaba que había sido bautizado en el Espíritu o santificado.

Al escribirles a sus amigos en Sunderland sobre el tema de las lenguas, Smith recibió la advertencia de que se mantuviera alejado, ya que **"estas personas están recibiendo demonios"**. Pero cuando Smith

llegó y oró con sus amigos sobre el tema, estos lo miraron y le dijeron: **"Sigue tu propio camino"**.[14]

Smith asistió a las reuniones en Sunderland, bajo el liderazgo del vicario Alexander Boddy, y se sintió muy decepcionado. En Bradford parecía haber un gran mover de Dios. Pero aquí, todo parecía espiritualmente seco, sin manifestaciones. Movido por su frustración, Smith interrumpía continuamente las reuniones, diciendo: **"He venido desde Bradford, y deseo esta experiencia de hablar en lenguas como lo hicieron en el día de Pentecostés. Pero no comprendo por qué nuestras reuniones parecen estar llenas de fuego, y las de ustedes no"**.[15]

Smith, desesperado en su búsqueda, interrumpió tantas veces las reuniones que finalmente fue disciplinado y expulsado del edificio.

> *"He venido desde Bradford, y deseo esta experiencia de hablar en lenguas como lo hicieron en el día de Pentecostés. Pero no comprendo por qué nuestras reuniones parecen estar llenas de fuego, y las de ustedes no".*

BAÑADO EN EL PODER Y LA GLORIA

Smith, buscando a Dios con todo su corazón para experimentar este "bautismo en el Espíritu Santo", fue a un centro de reuniones cercano del Ejército de Salvación para orar. Tres veces el poder de Dios lo abatió al suelo. Los salvacionistas le advirtieron sobre el hablar en lenguas, pero Smith estaba decidido a conocer a Dios en esa área. Durante cuatro días estuvo delante del Señor esperando hablar en otras lenguas, sin resultado. Finalmente, desalentado en su espíritu, sintió que era hora de regresar a Bradford. Pero antes de partir, se dirigió a la casa pastoral para despedirse de la esposa del vicario, la Sra. Boddy. Le dijo que tenía que regresar a su casa y que aún no había logrado hablar en lenguas. Ella le respondió: "No es el hablar en lenguas lo que usted necesita, sino el bautismo".[16] Smith le pidió que le impusiera las manos antes de partir. Ella oró una oración sencilla pero llena de poder, y luego salió del cuarto. Fue entonces que cayó el fuego. Bañado en el poder y la gloria del Señor, Smith vio una visión de la cruz vacía con Jesús exaltado a la diestra del Padre. Lleno de adoración y alabanza, Smith abrió su boca y comenzó a hablar en otras lenguas, comprendiendo finalmente que aunque antes había recibido la unción, ahora era bautizado en el Espíritu Santo como en el día de Pentecostés.

En lugar de irse a su casa, Smith fue directamente a la iglesia donde el Rev. Boddy estaba dirigiendo el culto, y lo interrumpió, rogando que le permitiera hablar por unos momentos. Cuando concluyó su "sermón", cincuenta personas fueron gloriosamente bautizadas en el Espíritu Santo y hablaron en otras lenguas. El periódico local, el Sunderland Daily Echo, dio la noticia, con un relato detallado de la experiencia de Smith, incluyendo las lenguas y las sanidades. Smith entonces telegrafió a su hogar para contarles la gran noticia.

RISA SANTA

Al regresar a Bradford, Smith sentía que debería enfrentar algunas luchas en relación con su recién hallado gozo, y tenía razón. Tan pronto como cruzó el umbral, Polly le dijo firmemente: "Quiero que comprendas que yo estoy tan bautizada en el Espíritu Santo como tú, y no hablo en lenguas... El domingo predicarás tú, y veré qué hay en esto".[17]

Polly guardó su palabra, y cuando llegó el domingo, se sentó en el último banco de la iglesia. Mientras Smith se acercaba al púlpito, el Señor le dio el pasaje de Isaías 61:1-3. Smith predicó con gran poder y seguridad mientras Polly se retorcía en el banco, diciéndose a sí misma: "¡Ese no es mi Smith, Señor, no es mi Smith!"[18]

Al final del culto, un obrero se puso en pie y dijo que él deseaba el mismo tipo de experiencia que Smith había tenido. Cuando quiso sentarse, no logró dar con la silla y cayó al suelo. El hijo mayor de Smith se puso de pie para decir lo mismo, y al sentarse también fue a dar en el suelo. Pocos minutos después, once personas estaban en el suelo, riendo en el Espíritu. Toda la congregación quedó inmersa en una risa santa mientras el Señor derramaba su Espíritu sobre ellos. Este fue el comienzo del gran derramamiento en Bradford, en el que cientos de personas recibieron el bautismo del Espíritu Santo y hablaron en otras lenguas.

Poco después que Polly fuera bautizada en el Espíritu Santo, los Wigglesworth salieron a recorrer el campo, respondiendo a invitaciones para ministrar. Dondequiera que iban, la convicción se apoderaba de las personas. Cierta vez, Smith entró en una verdulería para hacer compras, y tres personas cayeron de rodillas, arrepentidas. En otra ocasión, dos mujeres estaban trabajando en un campo, y Smith, al pasar, les gritó: **"¿Son ustedes salvas?"**, ante la cual ambas dejaron caer sus baldes y clamaron a Dios.[19]

UN PACTO ECONÓMICO CON DIOS

Durante los días que siguieron, Smith desarrolló el hábito de orar y ayunar. Pronto, comenzaron a llegar a su hogar cartas provenientes de todo el país, rogándole que fuera a orar por los enfermos. Él respondía cada pedido que podía, y algunas veces, después de llegar en tren a una ciudad, tomaba una bicicleta y pedaleaba más de quince kilómetros para alcanzar a alguna persona afligida.

Con tal increíble avalancha de trabajo en el ministerio, Smith pronto vio cómo su trabajo de plomería declinaba. Lo llamaban fuera de la ciudad tantas veces que sus clientes se veían obligados a buscar otro plomero. Cada vez que Smith regresaba a Bradford había menos trabajo.

> *Con tal increíble avalancha de trabajo en el ministerio, Smith pronto vio cómo su trabajo de plomería declinaba.*

Cierta vez, al regresar antes de lo pensado de una convención, Smith descubrió que la mayoría de sus clientes habían conseguido otros plomeros para solucionar sus problemas. Había una viuda que no había conseguido a nadie, por lo que Smith fue directamente a su casa y arregló el problema, además de reparar el techo de la casa que estaba dañado. Cuando ella le preguntó cuánto le debía, él respondió:

> **"No recibiré ningún pago de usted. Este es mi último trabajo como plomero, y lo entrego como ofrenda a Dios".[20]**

Con esa declaración, Smith pagó sus deudas, cerró el negocio, y comenzó a ministrar de tiempo completo. A pesar de las historias de pobreza que había escuchado, él creía que Dios proveería en abundancia mientras él le sirviera fielmente. Confiando en esta "sociedad" con Dios, puso una condición:

> **"Las suelas de mis zapatos nunca deben dar vergüenza, y nunca deberé usar pantalones con las rodillas**

rotas. Le dije al Señor: 'Si sucede alguna de estas dos cosas, volveré a ser plomero'".[21]

Dios nunca dejó de proveer para todas sus necesidades, y Smith nunca volvió a trabajar como plomero.

"DÉJALA IR"

Uno de los dolores más grandes en la vida de Smith estaba a punto de ocurrir. Mientras esperaba en la estación del tren para partir hacia Escocia, Wigglesworth recibió una noticia devastadora. Polly se había desplomado a causa de un ataque cardíaco mientras regresaba de la obra misionera de la calle Bowland.

Smith corrió a su lado y descubrió que su espíritu ya había partido para estar con el Señor. No dispuesto a aceptarlo, Smith inmediatamente reprendió a la muerte y su espíritu regresó, pero sólo por un breve tiempo. Entonces el Señor le dijo: "Yo deseo llevarla a casa conmigo ahora". Así que, con el corazón destrozado, Smith dejó en libertad a su compañera, aquella a la que había amado tantos años, para que fuera con el Señor. Polly Wigglesworth sirvió al Señor hasta el último minuto de su vida, el 1° de enero de 1913.[22] Algunos dicen que después de su muerte, Smith pidió una doble porción del Espíritu.[23] A partir de ese momento, su ministerio tuvo aún más poder.

ESTE ES EL SECRETO...

Smith comenzó inmediatamente a ministrar por todo el país, viajando con su hija y su yerno. Aunque era extremadamente inusual que la prensa británica publicara artículos sobre noticias religiosas, el Daily Mirror dedicó su nota de tapa a este dinámico ministerio, incluyendo cuatro fotografías de Wigglesworth en acción.[24] Dado que este era el periódico de mayor circulación en el país, cientos de personas comenzaron a buscar que Smith les ministrara. Smith tenía una increíble revelación en el tema de la fe, y su enseñanza al respecto atraía a las masas. Wigglesworth no se quedaba "con la esperanza" de que la oración diera resultado. Su revelación sobre la fe era concreta, y ablandaba aún los más duros corazones para llevarlos al amor de Jesucristo.

La teoría de Smith sobre la fe era simple: Sólo creer. Él no pensaba que Dios tuviera favoritos. Uno de sus principales ejemplos al respecto

era tomado del Nuevo Testamento, en que Juan es destacado como "el discípulo a quien Jesús amaba". Según Wigglesworth, el hecho de que Juan "se recostara contra el pecho de Jesús" no significaba que fuera su favorito. El factor que llamaba la atención en Juan era su relación y su dependencia de Jesús. Smith proclamaba constantemente:

"Hay algo en el hecho de creer en Dios, que hace que él esté dispuesto a pasar por alto a un millón de personas solamente para ungirte a ti".[25]

Muchos libros se han escrito tratando de descubrir el secreto del poder de Wigglesworth, pero la respuesta es muy simple. Su gran fe provenía de su relación con Jesucristo. De esa relación partía la respuesta de Smith para toda situación que debió enfrentar en su vida. Dios no tiene favoritos; él trabaja a través de quienes creen en él.

"NUNCA LLEGO DEMASIADO TARDE"

Los métodos de Smith eran frecuentemente malentendidos y criticados. Las críticas jamás lo afectaron, sino que tenía compasión de sus críticos. En lugar de vengarse, decía:

"No me mueve lo que veo o lo que oigo; me mueve lo que creo".[26]

El Espíritu Santo comenzó a enseñar a Smith los diversos grados de la fe. Él fue el primero en enseñar que la fe podía ser creada en otras personas.

Un ejemplo de este concepto fue un niño que estaba muy enfermo. La familia había enviado a buscar a Smith, pero cuando llegó, la madre lo recibió a la puerta y le dijo: "Usted ha llegado demasiado tarde. No hay nada que pueda hacer por él". Smith le respondió: **"Dios nunca me ha enviado a ningún lugar demasiado tarde".**[27] El estado en que estaba el niño era tan grave, que si alguien lo movía, su corazón se detendría y moriría. Naturalmente, la familia no tenía fe y el niño estaba demasiado enfermo para creer por sí mismo. Antes de poder orar por el niño, Smith tuvo que salir para cumplir con un compromiso en la capilla local, pero dijo a la familia que regresaría.

Predicando la Palabra

Ministrando "en" el Espíritu

Los últimos años

El alumno de Dios

LOS GENERALES DE DIOS

Cuatro generaciones

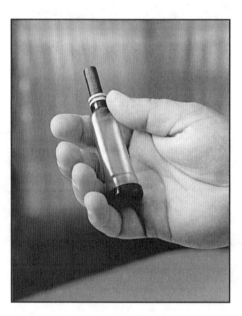

Botellita de aceite para ungir utilizada por Wigglesworth

También les dijo que prepararan la ropa del niño, porque Dios iba a levantarlo. Cuando Smith regresó, la familia no había hecho lo que él les había pedido, y al ver su fe, se sintieron avergonzados y prepararon la ropa del niño. Entonces Smith les pidió que solamente le pusieran medias en los pies. Después, ya dentro del cuarto del niño, Smith cerró la puerta y dijo al niño sin vida que le iba a suceder algo diferente de todo lo que había ocurrido antes. **"Cuando coloque mis manos sobre ti, la gloria del Señor llenará este lugar, hasta que yo ya no pueda estar de pie. Caeré sin remedio al suelo".**[28] Tan pronto como Smith tocó al niño, el poder de Dios llenó el cuarto y fue tan fuerte que Smith cayó al suelo. De repente, el niño comenzó a gritar: "¡Esto es para tu gloria, Señor!" Smith todavía estaba en el suelo cuando el niño se levantó y se vistió solo. Luego abrió la puerta y gritó: "¡Papá! ¡Dios me sanó! ¡Estoy sano!"[29]

> *Tan pronto como Smith tocó al niño, el poder de Dios llenó el cuarto y fue tan fuerte que Smith cayó al suelo. De repente, el niño comenzó a gritar: "¡Esto es para tu gloria, Señor!"*

Tal fue la gloria que llenó la casa, que también el padre y la madre cayeron al suelo. Su hermana, que había sido dada de alta de un hospicio, fue completamente sana en su mente. Todo el pueblo se conmovió, y comenzó un avivamiento que se extendió por toda la ciudad.

En ese día milagroso, Smith aprendió cómo transferir fe por medio de la imposición de manos. Su ministerio jamás volvería a ser el mismo, porque había aprendido un nuevo grado de la fe. ¡La fe podía ser creada y transferida a la vida de otra persona!

"¡CORRE, MUJER, CORRE!"

A medida que su fe comenzaba a aumentar, el Señor le mostró otro principio: La fe debe traducirse en acción.

Hasta entonces, el creyente promedio parecía creer que Dios se movía solamente en forma soberana, y que él no tenía intervención alguna. El ministerio de Smith Wigglesworth trajo nueva luz a esta zona oscura. Por medio de su profunda relación con el Señor, comenzó a notar en la Biblia que las personas que recibían de Dios habían actuado según su Palabra para producir resultados. Así, su ministerio comenzó a adoptar esta operación de fe en cada culto. Al comienzo de sus llamados al altar, Smith decía: **"Si usted adelanta sólo un pie, será bendecido; si avanza un metro, recibirá más. Si viene hasta la plataforma, oraremos por usted, y Dios satisfará sus necesidades con su provisión"**.[30]

Esta fue la verdad central de su ministerio en relación con la fe. Una verdad que muchos llamaron "despiadada". Las acciones de Smith Wigglesworth eran producto de una gran compasión y una fe sólida como la roca en Dios. El cristiano debe actuar como consecuencia de lo que cree para recibir la manifestación, y algunas veces, Smith debía iniciar la acción para algunas personas. Él llamaba a esta clase de ministerio como una "sanidad minorista", más que nada porque su propia fe contribuía en gran manera a la acción individual de la persona.

Por ejemplo, en una reunión en Arizona, una joven respondió al llamado para sanidad, ya que sufría mucho debido a la tuberculosis. Cuando ella avanzó por el pasillo, Smith le dijo: **"Ahora voy a orar por ti, y luego correrás por el pasillo"**. Entonces oró y luego dijo: **"¡Corre, mujer, corre!"** Pero la mujer dijo: "Es que no puedo correr. Apenas puedo tenerme en pie". **"No me contestes; ¡haz lo que digo!"** Ella dudaba, por lo que Smith saltó de la plataforma, la tomó por el brazo, y comenzó a correr. Ella se aferró a él hasta que tomó velocidad, y luego salió corriendo por el auditorio sin esfuerzo alguno.[31]

Había otra mujer en la misma reunión, cuyas piernas estaban atadas por la ciática. Smith le dijo que corriera, y ella dudaba tanto que él... ¡la empujó! Luego corrió por el edificio con la mujer aferrada a su brazo. Finalmente, el poder de Dios se transfirió a su acción, y fue completamente liberada. La mujer llegó caminando a todas las demás reuniones, negándose a tomar un coche, feliz de poder utilizar a pleno sus piernas otra vez.

"¡PAPÁ! ME RECORRE TODO EL CUERPO!"

Algunas veces, en su ministerio, Smith usaba otro enfoque para actuar sobre la fe. Leía porciones de la Biblia, y luego las representaba por sí mismo. Muchas veces hacía banquetes para alimentar a los cojos y los hambrientos, y los obreros de la obra misionera de Bowland servían la comida. También presentaba testimonios de sanidades como entretenimiento en los banquetes, y los asistentes se conmovían hasta las lágrimas.

En el primer banquete, Smith sentó el precedente de lo que seguiría. Al cerrar la primera reunión, dijo:

> **"Esta noche los hemos dado entretenimiento. Pero el sábado próximo habrá otra reunión. Los que están atados y han venido en sillas de ruedas; los que han gastado todo su dinero en médicos y no han mejorado; ellos nos entretendrán con sus historias de liberación que recibirán hoy en el nombre de Jesús".**
> **Y luego preguntó:**

"¿Quién quiere ser sanado?"[32]

Naturalmente, todos querían. Una mujer que había venido en silla de ruedas regresó a su casa caminando, y un hombre que había sufrido de epilepsia durante dieciocho años fue instantáneamente liberado y dos semanas después, estaba trabajando. Un jovencito encerrado en un aparato ortopédico fue instantáneamente sanado cuando el poder de Dios lo tocó, y comenzó a gritar: "¡Papá! ¡Papá! ¡Papá! ¡Me recorre todo el cuerpo!"[33]

Semana tras semana, corría la voz de los milagros de sanidad de los cultos anteriores entre los enfermos y afligidos, atrayéndolos al banquete. ¡Qué tremendo avivamiento se produjo entre ellos... simplemente por actuar en obediencia a la Palabra de Dios!

"¡YO MOVERÉ AL ESPÍRITU!"

Smith Wigglesworth tomaba Hebreos 11:6 muy en serio. Creía personalmente que era imposible agradar a Dios sin fe. Por lo tanto, incorporó esa fe en toda área de su vida espiritual, incluyendo las obras del Espíritu Santo. Bastaba que el más leve soplo del Espíritu viniera sobre él para que se recluyera en un cuarto para estar a solas con Dios. En el desarrollo de esta relación, Smith fue comprendiendo la acción de fe a medida que cooperaba con el Espíritu Santo.

Cierta vez, en una reunión, alguien comentó cuán fácilmente Smith era movido por el Espíritu. Cuando le preguntaron cuál era su secreto, respondió: **"Bueno, verán, es algo así: Si el Espíritu no me mueve, yo muevo al Espíritu".**[34] Quienes no comprendían los principios de la fe pensaron que su comentario era arrogante e irrespetuoso.

Pero en realidad, Smith sabía cómo mover al Espíritu de Dios. Todo surge de la fe, no de la arrogancia. Si el Espíritu Santo no se movía al comienzo de un culto, Smith comenzaba la reunión en estado natural. Pero por su fe, podía hacer que la gente se concentrara en la Palabra y el poder de Dios y hacer crecer sus expectativas. De esta manera, el Espíritu Santo se manifestaba en respuesta directa a su fe. Smith tomaba la iniciativa y movía los dones que había en él por medio de la fe. No esperaba que algo viniera sobre él y lo dominara espiritualmente. Para él, cada acción, cada operación, y cada manifestación brotaban de una sola cosa: la fe absoluta. La verdadera fe confronta, y es encendida por la iniciativa.

Entonces, Smith Wigglesworth comenzó a enseñar al cuerpo de Cristo que ellos podían hablar en lenguas por iniciativa. Para él, la fe era la sustancia principal que conmovía al espíritu humano; no la soberanía. J. E. Stiles, un gran ministro y autor de las Asambleas de Dios, aprendió este importante principio de Smith Wigglesworth y lo practicó durante todo su ministerio.

En una reunión muy concurrida en California, Smith hizo el llamado para que quienes no habían recibido el bautismo del Espíritu Santo se pusieran de pie. Después pidió que se pusieran en pie todos los que lo habían recibido, pero no habían hablado en lenguas durante los últimos seis meses. **"Ahora haré una oración muy sencilla"**, comenzó, **"y cuando haya terminado, diré: '¡Ya!', y ustedes hablarán en lenguas"**. Smith oró, y luego gritó: **"¡Ya!"** Un sonido como de muchas aguas inundó el auditorio, mientras todos oraban en lenguas. Entonces les dijo que hicieran lo mismo, sólo que cuando él dijera "¡Ya!", todos cantarían en lenguas, por fe. Oró, y luego dijo: **"¡Ya! ¡Canten!"**, y el sonido que se escuchó fue el de un vasto y glorioso coro.

Ese día, el Rev. Stiles dijo que había aprendido que el Espíritu Santo opera por fe; y poco después de esta revelación, lanzó su ministerio internacional.[35]

OTRO SECRETO

Smith Wigglesworth fue un hombre movido grandemente por la compasión. Recibía pedidos de oración de todas partes del mundo, y clamaba a Dios y lloraba por las personas que los habían enviado. Muchas veces, cuando ministraba a los afligidos, corrían lágrimas por

sus mejillas. También era muy tierno con los niños y los ancianos. En sus cultos, cuando el calor se hacía casi insoportable, sentía gran compasión y llamaba a los niños y a los ancianos para orar primero por ellos.

Como demostración de las verdades de Hechos 19:11-12, miles y miles de personas fueron sanadas cuando Smith oraba y enviaba pañuelos a quienes no podía visitar. Un amigo íntimo habló de la sinceridad y compasión que Smith reflejaba, diciendo: "Cuando (...) llegaba el momento de abrir las cartas, teníamos que detener todo lo que estábamos haciendo, y tomar la carga. No había nada apresurado ni descuidado en sus métodos (...) Todos los que estábamos allí debíamos unirnos a las oraciones e imponer las manos sobre los pañuelos que se enviaban a los afligidos. Eran tratados como si los que habían escrito las cartas estuvieran allí mismo, en persona".[36]

¡TRÁTALO COMO A UN PERRO!

Comprendiendo que la fuente de donde surgían todos los milagros de Cristo era su compasión, Smith se volvió directamente agresivo para deshacer las obras del diablo. Su única meta era sanar a todos los oprimidos y enseñar al cuerpo de Cristo a tratar con el diablo sin miramientos.

Cierta vez, mientras esperaba un autobús, observó que una mujer intentaba hacer que su perro regresara a la casa, pero luego de varios intentos "suaves", el perro simplemente seguía ahí. Cuando la mujer vio que el autobús se acercaba, golpeó con el pie en el suelo con fuerza, y gritó: "¡Ve a casa ahora!" y el perro corrió a casa con la cola entre las patas. **"Así hay que tratar al diablo"**, dijo Smith, en voz alta como para que todos lo oyeran.[37]

Tenía poca paciencia para con los demonios, especialmente cuando estos se atrevían a interrumpir sus reuniones. Cierta vez estaba dirigiendo una reunión, y no lograba "liberarse" para predicar, así que comenzó a gritar. Nada sucedió. Se quitó el saco, y seguía sin suceder nada. Smith preguntó entonces al Señor qué era lo que andaba mal, y al hacerlo, el Señor le mostró una fila de personas que estaban sentadas

> *Tenía poca paciencia para con los demonios, especialmente cuando estos se atrevían a interrumpir sus reuniones.*

juntas en un banco, tomadas de las manos. Smith supo inmediatamente que se trataba de espiritistas que tenían como objetivo destruir la reunión.

Smith comenzó a predicar y bajó de la plataforma hacia el lugar donde estaban sentadas esas personas. Entonces se tomó del banco y ordenó al diablo que se fuera. ¡Todo el grupo cayó al suelo en un montón y luego salió del templo corriendo en total desorden!

Cuando echaba fuera demonios, Smith tenía plena confianza y seguridad en su fe. Las oraciones no debían ser largas; si la oración era de fe, la respuesta era segura.

AUTORIDAD INTERNACIONAL

El ministerio internacional de Smith, que comenzara en 1914, estaba funcionando a pleno en 1920. Aunque la persecución contra él era fuerte, nunca pareció ser un tema demasiado importante en su ministerio. Al contrario de algunos ministros, hay más escrito sobre sus fortalezas y milagros que de sus problemas y persecuciones. Quizá esto se deba a su extraordinaria fe. Smith se quitaba de encima las críticas como si fueran polvo sobre su abrigo, sin siquiera darles un momento de su tiempo.

En Suecia, en 1920, los médicos y las autoridades creyeron que podrían "limitar" el ministerio de Wigglesworth, y le prohibieron imponer las manos sobre las personas. Pero esto no lo preocupó. Él sabía que Dios respondía a la fe, no a los métodos. Después de terminada la reunión, Smith indicó a las personas presentes que **"se impusieran las manos a sí mismas"** y creyeran que serían sanadas, mientras él oraba. Multitudes de personas fueron sanadas instantáneamente. Smith llamaba a estas sanidades a gran escala **"sanidad mayorista"**.

En un mismo año, Smith fue arrestado dos veces en Suiza, por ejercicio ilegal de la medicina. La tercera vez, los oficiales llegaron a la casa del ministro pentecostal para arrestar a Wigglesworth, y el ministro les dijo: **"El Sr. Wigglesworth no está aquí en estos momentos, pero antes que lo arresten, quisiera mostrarles el resultado de su ministerio en este lugar"**. Entonces los llevó hasta la parte baja de la ciudad, al hogar de una mujer a la que ellos habían arrestado muchas veces. Al ver la manifestación de la completa liberación de esta mujer, y su fe en Jesucristo, los oficiales se conmovieron. Se volvieron hacia el ministro y le dijeron: **"No queremos detener esta obra. A este hombre tendrá que arrestarlo otra persona".** Y "otra persona" lo hizo. Pero ya avanzada la noche, vino un oficial y le dijo: **"No encuentro ningún delito en usted. Puede irse".** A esto, Smith contestó: **"No. Sólo me iré con una condición: Que todos los oficiales que están aquí se pongan de rodillas, y yo oraré por ustedes".**[38]

¡PENTECOSTÉS!

Para 1921, el ministerio de Wigglesworth estaba floreciendo. Su hogar estaba inundado de invitaciones para ministrar en otros países, embarcándose en el más largo viaje de toda su vida.

Aunque Smith era muy popular en Europa y Estados Unidos, nadie pareció notar su llegada a Colombo, Ceylán (Sri Lanka). Pero pocos días después, las multitudes llenaban el edificio tratando de conseguir un lugar. Muchos quedaron afuera. Cuando la reunión terminaba, Smith pasaba por entre medio de miles de personas, tocándolas y creyendo en el poder de Dios con ellas. Según los relatos, decenas de personas fueron sanadas con el solo paso de "su sombra" por encima de ellas.[39]

En 1922 viajó a Nueva Zelandia y Australia. Algunos creen que las reuniones de Smith fueron el punto de partida de las iglesias pentecostales en estos dos países. Aunque sólo pasó unos meses allí, miles de personas fueron salvas, sanadas y llenas del Espíritu Santo con la evidencia de hablar en lenguas. Australia y Nueva Zelandia experimentaron así el mayor avivamiento espiritual que jamás hubieran conocido.

¿PUEDES BENDECIR A UN CERDO?

El Dr. Lester Sumrall, de South Bend, Indiana, relató cierta vez un incidente humorístico ocurrido en uno de sus viajes con Smith. Cierta vez, en Gales, les habían preparado una cena, ¡y sucedió que la entrada era cerdo asado! Cuando pidieron a Smith que bendijera los alimentos, este dijo en voz alta: **"Señor, si puedes bendecir lo que has maldecido, ¡entonces bendice este cerdo!"** El humor y la osadía de Smith causaron gran impresión en Sumrall. El Dr. Sumrall solía reírse al compartir esta historia conmigo.

UNA CONTROVERSIA NO PUBLICADA

Aunque muchas iglesias se organizaron como resultado de sus reuniones, Smith Wigglesworth prefirió no identificarse con ninguna denominación durante todo su ministerio. En su corazón estaba el deseo de alcanzar a toda persona, sin importar su doctrina. Nunca quiso dejarse influir por ninguna denominación en particular.

Smith Wigglesworth prefirió no identificarse con ninguna denominación durante todo su ministerio. En su corazón estaba el deseo de alcanzar a toda persona.

Una controversia poco conocida que surgió en la vida de Smith profundizó su resolución de llevar a cabo un ministerio independiente. En 1915, se había hecho miembro de la Unión Misionera Pentecostal. El consejo gobernante de la unión no era una denominación, ni impartía licencias ministeriales ni ordenaciones. Simplemente era una cubierta para ministerios de fe similar. Smith sirvió con la UMP hasta que se vio obligado a renunciar, en 1920.

En ese momento, Smith era viudo hacía siete años y se había hecho amigo de una mujer, la Srta. Amphlett. Smith le dijo que sentía que tenía una **"afinidad espiritual"** con ella. Pero la Srta. Amphlett rechazó la idea, y ella y otra mujer escribieron una carta quejándose a la UMP. Esta carta era dirigida a Cecil Polhill, quien notificó a los otros miembros del consejo junto con el secretario del mismo, el Sr. Mundell.

Aunque la UMP tenía una posición muy estricta en lo relativo a las relaciones entre hombres y mujeres, Smith Wigglesworth estaba seguro de que lo apoyarían a pesar de las acusaciones. Pero cuando la UMP leyó la carta de la Srta. Amphlett, el Sr. Polhill se apresuró a escribir a Smith solicitándole que renunciara a su puesto en el consejo, y diciendo que este organismo creía que Smith debería "abstenerse de participar en la obra pública del Señor por un tiempo prolongado, y buscar volver a su posición delante del Señor y del hombre, con un período de vida tranquila y concentrada en Dios, mostrando de esa manera obras de arrepentimiento".[40]

Smith cumplió con la solicitud de presentar su renuncia, aunque creía que las dos mujeres se habían unido en su contra para arruinar

su obra. En realidad, Smith se sentía tan decepcionado por Polhill, por permitir que la situación se exagerara de tal manera, que escribió directamente al secretario del consejo, el Sr. Mundell:

> **"Creo que el Sr. Polhill se ha pasado del límite esta vez... [están] haciendo que parezca como si yo hubiera cometido adulterio o fornicación, de lo cual soy inocente. He actuado tontamente y Dios me ha perdonado. Esto fue arreglado en forma espiritual y después, en la iglesia y con el Sr. Polhill, y él debería haber dado por concluido el asunto".**[41]

En otra carta escrita al Sr. Polhill, Smith escribió:

> **"...Dios arreglará todo. La buena mano de Dios está sobre mí, y viviré para ver esto terminado. Esta semana, Dios ha reprendido al opresor por medio de su siervo. Yo seguiré adelante, estimado hermano, y le pediré que se cuide de que la obra de Dios no sufra tropiezo por causa de usted, y que en este momento actúe hacia mí como quisiera que otro actuara hacia usted. No se moleste en enviarme nada para firmar. Ya he firmado mi carta a usted, y eso (es) todo".**[42]

A partir de ese momento, Smith Wigglesworth estuvo continuamente en movimiento, respondiendo a invitaciones para ministrar en todo el mundo. Y para evitar cualquier otra acusación de la misma naturaleza, Smith siempre viajaba con su hija, Alice. La controversia que causó su renuncia no lo detuvo. En realidad, pareció impulsarlo aún más.

Esto sucede muchas veces cuando las personas salen de la dirección de las denominaciones. Sé que la UMP no era una denominación. Pero estas clases de comités gobernantes algunas veces desarrollan un elemento de control aun cuando hayan comenzado con un espíritu correcto. El control puede ser muy leve, pero aun así afecta el fluir del ministerio. Para Smith era mejor actuar en forma independiente. No necesitaba la reputación de la UMP, ni estar asociado a ella. Él tenía el poder de Dios.

ES MEJOR VIVIR PREPARADOS

Wigglesworth amaba la Palabra de Dios y era muy disciplinado en su estudio de ella. Nunca se consideraba totalmente vestido hasta que tuviera su Biblia con él. Mientras otros leían novelas o periódicos, él leía la Biblia. Nunca dejaba la mesa de un amigo sin leer, como solía decir, **"un poquito del Libro".**

LAS AFLICCIONES TUVIERON QUE CEDER

Aunque los ojos de Wigglesworth habían visto muchos milagros y sanidades instantáneas, él mismo no recibió esos milagros. En 1930, cuando ya tenía setenta años, sufría de tremendos dolores. Oró, pero no recibió alivio, así que fue a ver a un médico, que después de sacarle algunas radiografías, le dio un diagnóstico de un caso severo de cálculos en el riñón en un estado avanzado. Su única esperanza era una operación, dado que, según el médico, si continuaba en este doloroso estado, moriría. Smith le respondió:

"Doctor, el Dios que creó este cuerpo es quien puede sanarlo. Ningún cuchillo me cortará mientras yo viva".[43]

El médico se sintió preocupado y desanimado ante tal respuesta, pero Smith se fue, asegurándole que pronto se enteraría de que estaba sano. El dolor aumentaba cada día, ahora acompañado por una fuerte irritación. Toda la noche Smith la pasaba entrando y saliendo de la cama, rodando por el suelo en un dolor agónico, mientras luchaba por despedir las piedras. Una por una, las piedras fueron despedidas. Smith pensó que este sufrimiento acabaría pronto, pero duró seis largos y dolorosos años.

Durante este tiempo, nunca dejó de asistir a las reuniones programadas, con frecuencia ministraba dos veces por día. En algunas reuniones, oraba por hasta ochocientas personas mientras se retorcía de dolor él mismo. Algunas veces abandonaba el púlpito cuando el dolor se volvía insoportable, para luchar en el baño

> *Una por una, las piedras fueron despedidas. Smith pensó que este sufrimiento acabaría pronto, pero duró seis largos y dolorosos años.*

mientras despedía otra piedra. Luego regresaba a la plataforma y continuaba con la reunión.

Con frecuencia se levantaba de su propia cama para ir a orar por la sanidad de otros. Muy pocos sabían que él mismo estaba atravesando la más grande prueba de su vida. Algunas veces perdía tanta sangre que su rostro estaba pálido y tenía que envolverse en mantas para recobrar calor. Después de los seis años, tenía más de cien piedras en una botella de vidrio.

El yerno de Smith, James Salter, le dio un gran tributo:

> "Viviendo con él, compartiendo su dormitorio, como muchas veces lo hicimos en esos años, nos maravillábamos ante el celo indomable de su fogosa predicación y su compasivo ministerio a los enfermos. No sólo soportó esas agonías, sino que hizo que sirvieran al propósito de Dios y se gloriaba en y sobre ellas".[44]

"ME TIENEN EN VISTA"

Dos años después de iniciada su batalla contra los cálculos en los riñones, Smith no se daba por vencido. En cambio, en 1932, pidió a Dios quince años más para servirle. Dios le otorgó lo que había pedido, y durante esos años, visitó gran parte de Europa, Sudáfrica y Estados Unidos. Su más grande gozo era ver la Palabra confirmada con señales y prodigios, a través de la fe de la gente. Su principal meta era que las personas vieran a Cristo, no a Smith Wigglesworth. Durante su último mes de vida, se sentía triste, como lo demuestran estas palabras:

> **"Hoy, en el correo, recibí una invitación a ir a Australia, una a la India y Ceylán, y otra a los Estados Unidos. La gente me tiene en vista".**

Entristecido, comenzó a llorar:

> **"Pobre Wigglesworth. Qué fracaso, pensar que la gente me tiene en vista. Dios nunca dará su gloria a otro; él me sacará de escena".**[45]

Y NO FUE MÁS... PORQUE DIOS LO LLEVÓ

Siete días después, Smith Wigglesworth viajó para asistir al funeral de un ministro amigo. En el camino, comentó con unos amigos cuán **"maravillosamente"** se sentía. Señaló diversos lugares que él y Polly habían visitado o donde habían predicado, y contó los grandes milagros que allí se habían producido.

Cuando llegó a la iglesia, su yerno, James, abrió la puerta y lo ayudó a entrar a la sacristía, donde ardía un hermoso fuego. Al entrar, Smith se encontró con el padre de una niña por la que había orado algunos días antes. La niña había sido desahuciada, pero Smith tenía gran fe en que se sanaría. Cuando vio al hombre, Smith le preguntó: **"¡Bien! ¿Cómo está ella?"**[46] Estaba esperando escuchar que la niña estaba totalmente sana, pero la respuesta llegó con cierta duda: "Está un poco mejor, se siente mejor, sus dolores no han sido tan fuertes durante los últimos días". Decepcionado por lo que oía, Smith exhaló un profundo y compasivo suspiro. Luego inclinó la cabeza, y sin pronunciar palabra ni experimentar dolor alguno, Smith Wigglesworth fue a estar con el Señor. Era el 12 de marzo de 1947.

FE, COMPASIÓN Y MILAGROS

Mientras yo ministraba a la gente que formaba fila para que orara por ellos, hace unos años, vino a verme un hombre con lágrimas en los ojos. Él me contó del poder que había experimentado en las reuniones de La Voz de Sanidad. El poder de Dios en esas reuniones le había dado libertad. Entonces dijo algo que jamás olvidaré mientras viva: "¿Es que no hay nadie que ande en el poder como lo hacían entonces? ¿No hay nadie que pueda liberarme? ¿No hay nadie así en la actualidad?"

¿Acaso el poder de Dios en que anduvo Smith Wigglesworth ha dejado la Tierra? ¿Se fue con él cuando él murió? ¡Por supuesto que no! El mismo poder con el que operaba Wigglesworth está a nuestra disposición hoy; no necesitamos

> *¿Acaso el poder de Dios en que anduvo Smith Wigglesworth ha dejado la Tierra? ¿Se fue con él cuando él murió? ¡Por supuesto que no! El mismo poder con el que operaba Wigglesworth está a nuestra disposición hoy; no necesitamos más poder.*

más poder. Sólo necesitamos utilizar nuestra fe y compasión para que ese poder opere. Wigglesworth operó con la fe más osada que yo jamás haya visto desde el Libro de los Hechos, pero esa fe era encendida por la compasión. Smith le tomó la Palabra a Dios y se dejó mover por su compasión hacia las personas, y esa combinación produce milagros.

El desafío ahora ha pasado a nuestra generación. Dios ha convocado a hombres y mujeres para que invadan ciudades y naciones con el poder del cielo. ¿Responderás al llamado de Dios? ¿Te atreverás a "sólo creer"? ¿Se conmueve de tal manera tu corazón por las multitudes, que tomes la Palabra a Dios y salgas a servir? Que se diga de nuestra generación: "...por fe conquistaron reinos, hicieron justicia, alcanzaron promesas, taparon bocas de leones, apagaron fuegos impetuosos, evitaron filo de espada, sacaron fuerzas de debilidad, se hicieron fuertes en batallas, pusieron en fuga ejércitos extranjeros" (Hebreos 11:33, 34). Despierta el don que hay en ti, e invade tu hogar, tu comunidad y tu nación con el poder de Dios. Que la voluntad del cielo se haga en la Tierra... ¡a través de ti!

CAPÍTULO SIETE: SMITH WIGGLESWORTH
Referencias

[1] Stanley Howard Frodsham, Smith Wigglesworth: Apostle of Faith (Smith Wigglesworth: Apóstol de fe) (Springfield, MO: Gospel Publishing House, 1948), págs. 58-59.

[2] W. E. Warner, The Anointing of His Spirit (La unción de su Espíritu), (Ann Arbor, MI: Vine Books, una división de Servant Publications, 1994), pág. 237.

[3] Frodsham, Smith Wigglesworth: Apostle of Faith, pág. 12.

[4] Ibid., pág. 13.

[5] Ibid., pág. 15

[6] Ibid., pág. 17.

[7] Ibid., págs. 18-19

[8] Ibid., pág. 19.

[9] Ibid., pág. 22.

[10] Ibid.

[11] Ibid., págs. 35-36.

[12] Ibid., pág. 21.

[13] Ibid., págs. 37-38.

[14] Ibid., pág. 42.

[15] Ibid.

[16] Ibid., pág. 44.

[17] Ibid., pág. 46.

[18] Ibid., pág. 47.

[19] Ibid., págs. 48-49.

[20] Ibid., pág. 53.

[21] Ibid.

[22] Ibid., pág. 148.

[23] Warner, The Anointing of His Spirit, pág. 238.

[24] Ibid.

[25] Frodsham, Smith Wigglesworth: Apostle of Faith, pág. 76.

[26] Kenneth y Gloria Copeland, John G. Lake: His Life, His Sermons, His Boldness of Faith (John G. Lake: Su vida, sus sermones, su osada fe), (Forth Worth, TX: Kenneth Copeland Publications, 1994), pág. 443.

[27] Ibid., pág. 432.

[28] Ibid., pág. 27.

29 Gordon Lindsay, New John G. Lake Sermons (Nuevos sermones de John G. Lake), (Dallas: Christ for the Nations, Inc., 1976), págs. 19-20.

30 Lindsay: John G. Lake: Apostle to Africa, pág. 9.

31 Ibid., págs. 65-66.

32 Ibid., pág. 55.

33 Ibid., pág. 56.

34 Ibid., pág. 126.

35 George Stormont, Wigglesworth: A Man Who Walked With God, (Tulsa, OK: Harrison House, Inc., 1989), 53-54

36 Frodsham, Smith Wigglesworth: Apostle of faith, 114.

37 Ibid., pág. 72.

38 Ibid., págs. 102-103.

39 Ibid., pág. 79.

40 Polhill to Wigglesworth, October 20, 1920, Polhill Letters 1910-1929.

41 Wigglesworth to T. H. Mundell, October 21, 1920, Letter.

42 Wigglesworth to Polhill Letters, October 21, 1920, Wigglesworth File.

43 Frodsham, Smith Wigglesworth: Apostle of Faith, 137.

44 Ibid., pág. 139.

45 Albert Hibbert, Smith Wigglesworth: The Secret of His Power, (Tulsa, OK: Harrison House, Inc., 1982), 14-15.

47 Frodsham, Smith Wigglesworth: Apostle of Faith, 150-151.

Aimee Semple McPherson

"Mujer de la Providencia"

"MUJER DE LA PROVIDENCIA"

"Alguien seguramente la ha visto marchando por la calle principal, desde la barbería y el banco; una mujer muy joven con un vestido blanco, que llevaba una silla.

"De pie sobre la silla, levantó sus largas manos hacia el cielo, como pidiendo ayuda... Y no hizo nada... Cerró sus grandes ojos y se quedó allí, con los brazos extendidos, como una estatua de mármol...

"Aun teniendo los ojos cerrados, Aimee podía sentir la presencia de la gente que la rodeaba cuando llegó a las cincuenta personas, con la boca abierta, o silbándola... La joven abrió los ojos y miró a su alrededor.

"'Gente', gritó, saltando de la silla, '¡vengan, síganme, pronto!'

Tomó la silla con el brazo y se abrió camino entre la gente, corriendo calle abajo por donde había venido por la calle principal. La gente la siguió; primero los niños, después los hombres y las mujeres... La siguieron hasta la puerta abierta de la Obra Misionera Victoria. Había apenas suficiente lugar para que se sentaran todos.

"'Cierren la puerta', susurró Aimee al oído del ujier. 'Cierren la puerta con llave y déjenla cerrada hasta que yo termine'."[1]

Aimee Semple McPherson ha sido descripta como una mujer nacida antes de su tiempo. En realidad, Aimee fue una pionera espiritual que preparó el camino para el resto de nosotros y debería ser considerada en gran parte responsable de la manera en que demostramos el cristianismo en la actualidad.

Aimee desafió todas las probabilidades. La historia de su vida la muestra como una mujer dramática y llena de vida. No había nada

"débil" en ella. Para ella, un desafío era un juego justo que debía ser aceptado y conquistado. Se subió a la ola de los medios masivos, y llegó a dirigir su curso. Si la publicidad parecía negativa, ella la exageraba aún más, sonriendo mientras lo hacía. Si todos le advertían que no hiciera algo, ella seguramente lo hacía, negándose a inclinarse ante el miedo. En realidad, no había nada que fuera demasiado extremo para ella. Fuera lo que fuese necesario para "captar a la gente", Aimee lo hacía. Ella "se sentaba con publicanos y prostitutas", y se mostraba en lugares donde un cristiano común habría temido ser visto. Los pobres, los comunes, los ricos, todos la amaban por eso, y aparecían en sus reuniones de a miles.

> *No había nada que fuera demasiado extremo para ella. Fuera lo que fuese necesario para "captar a la gente", Aimee lo hacía.*

Pero por supuesto, los "religiosos" la odiaban. Cuando la política denominacional aparentemente obstaculizaba y hería a tantos ministros, Aimee raramente le dedicaba un pensamiento. Demolió la reclusión y la estrechez religiosa, y casi podría decirse que tenía lástima de aquellos que eran controlados por su poder. Aimee se lanzó a construir un ministerio tan vasto y grande, que hasta venían de Hollywood a observarlo y tomar nota.

En un tiempo en que las mujeres eran sólo reconocidas como "elementos accesorios" en el ministerio, Aimee construyó Angelus Temple para darles participación. El Templo fue construido y dedicado durante la época de la Gran Depresión, y era un edificio muy elaborado con capacidad para cinco mil personas sentadas. Cuando el edificio comenzó a llenarse tres veces cada domingo, Aimee fue aún más lejos. Construyó la primera estación de radio cristiana en el mundo, y fundó una de las denominaciones de más rápido crecimiento en la actualidad.

Aimee vivió durante el pico del movimiento pentecostal con todas sus reglas religiosas, cuando las mujeres en general no eran aceptadas en el ministerio. Y para empeorar las cosas según el punto de vista de los ministros de su época, era divorciada.

NACE UNA NUEVA GENERACIÓN

Su vida comenzó en medio de controversias y escándalos. Sus padres fueron James Morgan y Mildred "Minnie" Kennedy. Nació el 9 de octubre de 1890, cerca de Salford, en Ontario, Canadá. Aimee Elizabeth Kennedy fue la única hija de James y Mildred, y creció en una ciudad que hervía de chismes concernientes a las circunstancias en que ella había nacido. Su padre, de cincuenta años de edad, se había casado con su madre, Minnie, cuando esta tenía sólo quince.

Antes de casarse, Minnie, que era huérfana, había sido una fiel obrera del Ejército de Salvación. Sintiendo el llamado al ministerio, Minnie evangelizaba día y noche en las ciudades de Ontario. Un día leyó en el periódico que la familia Kennedy necesitaba una enfermera permanente para cuidar de la señora de la casa, que estaba muy enferma. Aceptó el puesto y se mudó a vivir con la familia, dejando a un lado su ministerio.

Después de la muerte de la Sra. Kennedy, Minnie continuó en el hogar. No mucho después, el señor de la casa le pidió que se casara con él. Los chismes inundaron la ciudad, pero James Kennedy simplemente los dejó hablar.

Al día siguiente después de su matrimonio, Minnie se puso de rodillas y oró, confesando que había fallado en su llamado al ministerio, y pidiendo el perdón de Dios. Entonces dijo:

> "Si sólo escuchas mi oración, como escuchaste la oración de Ana en tiempos antiguos, y me das una niñita, yo la entregaré sin reservas a tu servicio, para que ella pueda predicar la Palabra que yo debería haber predicado, que llene el lugar que yo debería haber llenado, y viva la vida que yo debería haber vivido en tu servicio. Oh, Señor, escúchame, y respóndeme..."[2]

Pronto Minnie quedó embarazada. Nunca dudó de que tendría una hija, por lo que todo lo que diseñaba, compraba o recibía para el bebé era de color rosa. Finalmente, en respuesta a sus oraciones, el 9 de octubre nació una niñita en la granja de los Kennedy, cerca de Salford.

Los salvacionistas vinieron a visitar a la beba y trajeron con ellos la triste noticia de que Catherine Booth, esposa del gran general William Booth, había muerto. Catherine había sido co-fundadora del Ejército de Salvación y uno de los visitantes sugirió que Aimee podría muy bien ser su sucesora.[3]

Fuera cual fuere el plan de Dios para la niña, fue especialmente claro para Minnie, después de oír estas palabras, que sin dudas, Aimee crecería hasta mucho más allá de lo que ella había esperado.

RANAS Y PIZARRAS

Cuando Aimee tenía tres semanas de vida, Minnie la dedicó al Señor en un culto del Ejército de Salvación. Su niñez fue perfecta. Creció como hija única en una enorme granja, con los animales como compañeros de juegos. Creció escuchando las historias de Daniel en el pozo de los leones, de José y el Faraón, de Moisés sacando al pueblo de Dios fuera de Egipto. Para cuando tenía cuatro años, Aimee podía pararse en una esquina, sobre un tambor y atraer a una multitud de gente recitando historias bíblicas.

Aimee era una niñita que tenía agallas y estaba llena de ideas muy definidas. Nada la intimidaba, excepto el hecho de que, sin importar donde estuviera, Dios podía ver todo lo que hiciera.

Cierta vez, cuando estaba enferma en cama, un peón asomó la cabeza por su ventana y le preguntó si había algo que podía hacer por ella. Aimee suspiró como una niña malcriada y le dijo: "Quisiera oír cantar a las ranas. Ve al pantano y tráeme tres o cuatro ranas y ponlas en un cubo con agua junto a mi cama".

El hombre hizo lo que ella le pedía, y aproximadamente una hora después, regresó a su cuarto con un gran cubo lleno de ranas y plantas acuáticas. Pero salió del cuarto antes de llegar a escuchar los gritos de Aimee pidiendo que recogiera las ranas que habían saltado del cubo, ¡y ahora saltaban por todas partes! Fue Minnie, la madre de Aimee, quien debió atrapar a las resbaladizas intrusas.[4]

Cuando era pequeña e iba a la escuela, Aimee siempre era la líder.

> *Cuando otros niños la molestaban, llamándola "la niña del Ejército de Salvación", Aimee se enfadaba, pero en lugar de contestarles, les seguía el juego.*

Cuando otros niños la molestaban, llamándola "la niña del Ejército de Salvación", Aimee se enfadaba, pero en lugar de contestarles, les seguía el juego. En años posteriores, esta clase de respuesta sería la que hizo que su popularidad creciera hasta las nubes.

Cierta vez, cuando los demás niños se estaban burlando de ella, en lugar de vengarse contra sus compañeros, Aimee consiguió una caja, una regla y un mantel rojo. Entonces designó a un niño para que llevara la "bandera roja" y comenzó a marchar golpeando en la caja como si fuera un tambor, mientras cantaba a toda voz. Al principio, los niños la siguieron sólo para burlarse, pero luego comenzaron a disfrutarlo. Pronto las niñas también se unieron al divertido desfile. A partir de ese día, nadie volvió a burlarse de Aimee por ser del Ejército de Salvación. Su fe siempre incluía a las personas, nunca las repelía.[5]

Cuando Aimee era niña, le agradaba observar a su madre, que era la directora de la escuela dominical en las reuniones de los salvacionistas. Tan pronto como regresaba de la iglesia, Aimee juntaba unas sillas y las colocaba en círculo en su cuarto, e imitaba a su madre predicando a un grupo imaginario.

En su fotografía escolar, Aimee, de ocho años de edad, sostiene la pizarra donde está escrito el número de grado, sentada en medio de los demás alumnos. Los niños a ambos lados de la maestra tienen expresiones de enojo. Este enojo se debe a que antes de tomar la fotografía, se produjo una discusión sobre quién sostendría la pizarra. Pero mientras ellos peleaban, Aimee saltó repentinamente en medio del grupo y tomó la pizarra. Cuando los demás trataron de quitársela, la maestra los mandó guardar orden y quedarse sentados el tiempo suficiente como para sacar la foto.

Esta foto sirve como una especie de instantánea profética del ministerio futuro de Aimee Semple McPherson. Los niños que la rodeaban estaban molestos por su acción osada y decidida. Y allí, en el medio, junto a la figura protectora de su maestra, está Aimee, llena de gozo y confianza en su victoria.

¡VE POR EL ORO!

Durante su juventud, comenzó a hacerse visible el carácter dogmático de Aimee. Tenía una actitud deportiva y juguetona hacia la autoridad. ¡Si alguien era elegido como superior sobre ella, tendría que demostrar con creces que podía hacerlo, antes de esperar que ella se sujetara a la autoridad!

Aimee no era completamente irrespetuosa o rebelde, y nunca quiso presentar un verdadero desafío a la autoridad. Era sólo que su propia capacidad como líder era tan grande, que quienes la rodeaban se sentían automáticamente desafiados y quedaban mudos. Aun siendo niña, cuando Aimee entraba a un cuarto, captaba la atención de todos sin tener que decir una palabra.

Algunos dicen que Aimee era una niña malcriada, y que fue su padre, James Kennedy, quien la malcriaba. James se deleitaba en su traviesa niña. Otros dicen que Aimee simplemente dejaba atrás a sus padres con su vivacidad y su creatividad. Pero para ellos, Aimee Elizabeth era una respuesta de Dios, y la trataban como a un tesoro.

Minnie Kennedy cuidaba a su niña como un halcón. Ella era una buena madre para Aimee, pero aprender a plantarse delante de Minnie no era tarea fácil. Simplemente, el hecho de mantener su lugar estando junto a Minnie sirvió para preparar a Aimee para responder a las muchas y difíciles preguntas que debería enfrentar más tarde, como líder cristiana.

Debido a su celo por la vida y a su fortaleza emocional, Aimee pronto comenzó a disfrutar de los aplausos. Siendo preadolescente, su personalidad dramática ya era bien conocida en las producciones teatrales de su pueblo. Y era una oradora muy popular en las clases de oratoria.

Cuando tenía doce años, ganó la medalla de plata por un discurso presentado en la Unión de Templanza de Mujeres Cristianas en Ingersoll, Ontario, Canadá. De esa manera pudo ir a competir en London, Ontario, por la medalla de oro.

Para cuando tenía trece años, era una celebrada y extraordinaria oradora en público. La invitaban a hablar en cenas de la iglesia, la llamaban de diversas organizaciones, eventos navideños, festivales y picnics. Las comunidades de Ingersoll y Salford pronto comprendieron que la gente vendría de muchos kilómetros de distancia a escuchar a esta niña que tenía un don tan especial.[6]

¿DARWIN O CRISTO?

Pero la formación de Aimee en la iglesia metodista de Salford pronto le causaría confusión. Aunque los metodistas promovían los discursos y los entretenimientos dentro de su templo, condenaban absolutamente los cinematógrafos y las obras teatrales que se producían fuera de él. En realidad, a Minnie le habían enseñado que las películas eran la cosa más pecaminosa que se hubiera creado jamás. Así que Aimee creció dentro de una generación que creía en reglas religiosas muy estrictas. Las autoridades de la iglesia y otras le habían advertido que si alguna vez visitaba un cinematógrafo, terminaría en el infierno. A pesar de ello, cierta vez, cuando la invitaron a ver una película, ella aceptó. Y al entrar, reconoció a varios miembros de su iglesia en el lugar. Una de ellas era una maestra de la escuela dominical. La hipocresía de toda esta situación la afectó profundamente.

Cuando entró en la escuela secundaria, en 1905, la teoría de Darwin acababa de ser expuesta al público. De repente, todos los libros de texto estaban llenos de la teoría de Darwin, que sostenía que la vida en la Tierra había surgido a partir de una ameba, y que el hombre era primo del chimpancé.

Aimee se sintió sacudida. Aunque aún no era una cristiana nacida de nuevo, había sido criada con la Biblia, y se sentía realmente insultada por las afirmaciones de Darwin. Así que fue a ver a su profesor de ciencias y le preguntó amablemente sobre el tema. En lo que a él concernía, "la investigación biológica había superado las supersticiones antiguas".[7] Pero Aimee arrinconó al pobre hombre a tal punto que finalmente este debió dar un paso al costado y darle toda una lista de libros de la biblioteca para estudiar.

Aimee aceptó el reto. No sólo leyó a todos esos autores seculares y sus teorías, sino que al finalizar, nadie sino ellos sabía más que Aimee sobre el tema de la teoría de Darwin. Esto se convertiría en un patrón de conducta en su vida. Aimee era diligente e invencible.

Pero a raíz de sus lecturas, Aimee llegó a la conclusión de que la teoría de Darwin debía de ser cierta. Después de todo, la iglesia ya no practicaba lo que la Biblia decía. Parecía que fuera solamente un lugar de reunión social para juegos y entretenimientos, y no había milagros como los que ella veía en la Biblia. Así que comenzó a debatir con los ministros que visitaban su iglesia y a cuestionar por qué predicaban, si en ese tiempo no había milagros.

Al escuchar los cuestionamientos de Aimee, un ministro se aclaró la garganta y le explicó que los milagros habían pasado, describiéndolo como "una cesación del carisma". Cuando Aimee lo desafió citándole otros pasajes de las Escrituras, el hombre le dijo que esos temas estaban mucho más allá de lo que ella podía comprender. Obviamente, él no conocía la determinación de Aimee.

Otra noche, después de un culto vespertino, Aimee desafió a un predicador invitado de tal manera, que sus padres se sintieron avergonzados. **"Si la Biblia es cierta, ¿por qué nuestros vecinos pagan**

con sus impuestos para destrozar nuestra fe?", preguntó al ministro, que temblaba. Una vez más, Aimee tenía la última palabra. Pero se sentía muy triste, porque aparentemente no había nadie que tuviera elementos espirituales suficientes para responder a su confusión.

Aimee llegó finalmente a la conclusión de que, según lo que ella creía, si algunas porciones de la Biblia no eran ciertas, entonces nada en la Biblia era cierto. Su razonamiento continuaba en el sentido de que si había una filtración en algún lugar, entonces todo debería ser arrojado a un lado. Así que decidió convertirse en atea.

Al llegar a su casa, después de una última y ardiente batalla con el ministro, Aimee entró como una tromba en su cuarto, abrió la ventana, y miró hacia fuera, hacia la noche. Mientras contemplaba la magnificencia de las estrellas, se conmovió en su interior. Alguien tenía que haber creado esas estrellas, y ella quería saber quién, o qué. Basta de historias, basta de cosas oídas de terceros; quería hechos.

Así que oró: **"¡Oh, Dios... (si es que hay un Dios), revélate a mí!"**[9] Dos días después, Dios contestaría su clamor.

¡ESTÁN AQUÍ!

Aimee era "un estudio sobre la confiada determinación". A los diecisiete años, era una hermosa joven que parecía tener todo lo que deseaba. A diferencia de las demás jovencitas de la región, nunca hablaba de casarse ni de tener hijos. Era muy inteligente y su familia estaba en buena situación económica. Sus ropas eran hechas a medida y a la última moda, y sus padres la adoraban. También tenía la capacidad de hablar y capturar al público con sólo una o dos frases, y había ganado todas las competencias de oratoria a las que se había presentado. Iba a los salones de baile y los encontraba llenos de miembros de la iglesia. En realidad, la primera persona con la que bailó en un salón era un ministro presbiteriano. Pero más que nunca, Aimee necesitaba al Señor. Y pronto lo encontraría.

El día después de haber orado a Dios para que se le revelara, Aimee volvía a casa de la escuela, con su padre, y al pasar por la calle principal de Ingersoll, vio un cartel en una ventana que decía: CAMPAÑA DEL ESPÍRITU SANTO CON ROBERT SEMPLE, EVANGELISTA IRLANDÉS.

Aimee había oído que estos pentecostales caían al suelo y hablaban en idiomas desconocidos. También había escuchado relatos alocados de sus gritos y danzas. Era muy curiosa, por lo que la noche siguiente, antes de llevarla a ensayar para el programa de Navidad, James Kennedy llevó a su hija a la campaña y ambos se sentaron en el último banco.

HASTA LOS PÁJAROS SONRIERON

En la reunión, Aimee era toda ojos. La divertía ver a algunas personas del pueblo gritando "¡Aleluya!" con las manos levantadas. "¡Qué show!", pensó. Si no hubiera sido atea, pensaba, ella también habría gritado. Estaba verdaderamente disfrutando de este show ingenuo desde las alturas de su torre intelectual. Entonces Robert Semple entró al salón.

En ese momento, todo cambió para Aimee. Semple medía aproximadamente 1,85, tenía ojos azules y un cabello castaño enrulado, y un maravilloso sentido del humor. Años más tarde, Aimee aun hablaría con afecto de **"la luz celestial que tenían sus ojos"**.

Semple era un presbiteriano irlandés que había dejado su tierra natal para ir en barco a Nueva York. Después había viajado a Toronto, Canadá, y luego a Chicago, Illinois, por tierra. Fue en 1901 que la manifestación pentecostal de hablar en otras lenguas se extendió de Topeka, Kansas, a Chicago. Y allí, en Chicago, Semple habló por primera vez en otras lenguas. Mientras trabajaba como empleado en la carpa de Marshall Field, Dios lo llamó al ministerio, y se convirtió en un exitoso evangelista que era conocido en todo el norte de los Estados Unidos y Canadá. Y ahora había llegado al pueblo natal de Aimee.

Cuando Semple entró en el pequeño templo, para Aimee fue como si el mundo entero se detuviera. El Rev. Robert Semple subió al púlpito y abrió su Biblia en el segundo capítulo de Hechos. Luego repitió una sencilla orden: "Arrepentíos... arrepentíos".

Aimee comenzó a revolverse, incómoda, en su asiento. Cada vez que Semple hablaba, sus palabras la atravesaban como una flecha. Más tarde, Aimee diría: **"Yo nunca había escuchado un sermón así. Utilizando la Biblia como espada, él cortó el mundo entero en dos"**.

El joven evangelista no veía punto intermedio entre servir al mundo y servir a Dios. Si alguien amaba a uno, no podía amar al otro. Se

> *El joven evangelista no veía punto intermedio entre servir al mundo y servir a Dios. Si alguien amaba a uno, no podía amar al otro. Se podía estar sólo a favor o en contra de él. Era así de simple. Aimee estaba pendiente de cada palabra.*

podía estar sólo a favor o en contra de él. Era así de simple. Aimee estaba pendiente de cada palabra. Entonces Semple levantó su cabeza hacia el cielo, y comenzó a hablar en lenguas. Mientras Aimee lo observaba, el rostro de Robert Semple parecía brillar con una luz interior.

El evangelista hablaba, y Aimee comprendía perfectamente lo que estaba diciendo. Era la voz de Dios, mostrándose a ella, respondiendo su oración:

"A partir de ese momento en que escuché al joven hablar en lenguas, hasta este día, nunca he vuelto a dudar ni por una fracción de segundo de que hay un Dios, y que él me estaba mostrando mi verdadera condición como pecadora perdida, pobre, miserable, camino al infierno".

Tres días después, Aimee detuvo su carro en medio de una calle solitaria, levantó sus manos hacia el cielo y clamó pidiendo a Dios misericordia. Entonces, repentinamente, según sus propias palabras:

"El cielo se llenó de luz. Los árboles, los campos, los pequeños pajaritos que volaban de un lado a otro alababan al Señor y me sonreían. Tan consciente fui de la sangre perdonadora de Jesús, que parecía que la sentía fluyendo sobre mí".

Finalmente, Aimee había nacido de nuevo.

TEMBLANDO POR EL PODER

Aimee, que estaba buscando dirección para su vida, recibió una visión. Al cerrar los ojos, vio un río negro lleno que corría, caudaloso, y en el que caían millones de hombres, mujeres y niños que eran arrastrados sin remedio hacia una catarata. Entonces escuchó: "Conviértete en una ganadora de almas".[11]

Perpleja, pensando cómo sería posible que ella llegara a cumplir esa tarea, comenzó a buscar más profundamente al Señor. Las mujeres no podían predicar; era algo que sencillamente no estaba permitido. Pero Aimee creía que si Pedro, que era un pescador, había podido predicar, quizá una jovencita campesina de Canadá también podría hacerlo. Así que buscó en el Nuevo Testamento y llegó a la conclusión de que el único requisito necesario para quien era llamado a predicar era que hubiera sido bautizado en el Espíritu Santo. Así que, contrariamente a los deseos de su madre, comenzó a asistir a las reuniones "de espera" que hacía un tiempo se venían realizando en Ingersoll, Ontario.

Había manifestaciones en abundancia en esas reuniones. Las mismas se habían instituido con el propósito de recibir el bautismo del Espíritu Santo, y esto, en 1908, era considerado por la mayoría de la gente como algo extremo. Aún los salvacionistas hablaron con Minnie sobre el repentino "comportamiento pentecostal" de su hija.[12]

Pero a Aimee nunca le importó lo que los demás pensaran. Lo único que quería hacer era agradar a Dios... y a Robert Semple. Fue el ferviente amor de Robert por Dios lo que la llevó a buscar a Dios con ansiedad. Aimee deseaba profundamente conocer a Dios como Robert lo conocía.

Aimee estaba descuidando sus estudios por pasar tanto tiempo en las reuniones de "espera". Una mañana, mientras iba a la escuela, pasó por la casa de la mujer que conducía las reuniones, y sintió que no podía ir a clase: ¡lo que ella quería era hablar en lenguas! En realidad, deseaba tanto hablar en lenguas, que se bajó del tren y fue hacia la casa de la mujer, y llamó a la puerta. Ahora perdía clases para "demorarse" en oración.

Una vez que entró a la casa y pudo explicar el anhelo de su corazón, ella y la mujer comenzaron a buscar a Dios en oración. Aimee llegó a pedir a Dios que demorara las clases para que ella pudiera continuar allí esperando recibir. Y cuando lo hizo, cayó una ventisca sobre Ingersoll. El viento helado no sólo le impidió viajar a la escuela, sino que tampoco le permitió volver a su casa. Aimee estaba fascinada. Había nieve suficiente como para que ella debiera pasar allí el fin de semana entero esperando al Espíritu.

La mañana del sábado, muy temprano, mientras todos dormían en la casa, Aimee se levantó para buscar a Dios. Al elevar su voz en adoración, las alabanzas surgieron de lo más profundo de su ser, hasta que finalmente, algo como un trueno brotó de ella y la hizo vibrar de pies a cabeza.

Aimee se deslizó al suelo, sintiéndose como atrapada en nubes de gloria. Entonces, repentinamente, de su boca comenzaron a fluir palabras en otro idioma; primero breves frases, después, oraciones enteras. Para este entonces, la casa entera había sido despertada por los ruidos, y el grupo bajó las escaleras gritando y gozándose. Entre ellos estaba Robert Semple. No se sabe cuánto tiempo pasó Robert Semple en el pueblo de Aimee, pero seguramente debe de haber viajado varias veces de ida y de vuelta, ya que estaba allí cuando Aimee fue bautizada en el Espíritu Santo.

"DANZA ELÉCTRICA"

Robert viajaba mucho, pero intercambió correspondencia regularmente con Aimee durante todo el invierno. Finalmente, a principios de la primavera de 1908, Robert regresó a Ingersoll y le propuso matrimonio. En realidad, lo hizo en la misma casa en que ella había recibido el bautismo unos meses antes. Seis meses después, el 12 de agosto de 1908, Aimee se casó con Robert Semple en la granja de su familia, cerca de Salford, Ontario.

Aimee no terminó sus estudios secundarios por amor a Semple. En realidad, dejó todo para poder amar, honrar y obedecer a su esposo. Robert era todo lo que ella necesitaba para tener una vida satisfactoria y rica.

"Él fue mi seminario teológico, mi mentor espiritual, y mi tierno, paciente, constante amor" escribiría más tarde.[13]

Antes de casarse, Aimee y Robert habían convencido a los padres de ella de que hablar en lenguas era bíblico. Pero les resultó mucho más difícil convencer a Minnie de la voluntad de Dios con relación al llamado de la pareja a servir en China.

En preparación para el viaje, Robert trabajaba en una fábrica durante el día, y predicaba por las noches. Pronto su ministerio los llevó a London, Ontario, donde ministraban en los hogares. Robert predicaba y Aimee tocaba el piano, cantaba y oraba con los convertidos. En unos pocos meses, cien personas habían recibido el bautismo del Espíritu Santo, muchas más habían sido salvas y se habían producido muchas sanidades notables.[14]

En enero de 1909, los Semple fueron a Chicago, Illinois, donde Robert fue ordenado al pastorado por el pastor William Durham. Allí permanecieron durante varios meses viviendo en un vecindario italiano, donde fueron muy felices.

Robert y Aimee Semple

Más tarde, ese mismo año, los Semple viajaron a Findlay, Ohio, con el pastor Durham, para trabajar en otra obra misionera. Allí Aimee tuvo su primera experiencia con la sanidad divina. Sucedió cuando ella se rompió el tobillo al caer de unas escaleras. El médico que le puso el yeso le dijo que nunca volvería a tener pleno uso de cuatro de los ligamentos, y le aconsejó que no apoyara el pie al menos por un mes. Pero Aimee continuaba yendo a las reuniones de oración, cojeando, aunque la más leve vibración contra el suelo le producía terribles dolores.

Finalmente, mientras estaba en una reunión, el dolor se hizo tan intenso que debió regresar a su cuarto. Mientras estaba sentada mirando los dedos de sus pies, negros e hinchados, escuchó una voz que le decía: "Si vas a la (obra misionera) y pides al hermano Durham que imponga las manos sobre tu pie, yo lo sanaré". Aimee reconoció la voz del Señor e hizo lo que él le decía.

En la obra misionera, el hermano Durham había estado caminando por el pasillo de un lado a otro, pero se detuvo y colocó su mano sobre el pie de Aimee. Algo, como una descarga eléctrica, sacudió su pierna, e inmediatamente los dedos recobraron su color de piel normal. Aimee sintió que los ligamentos se ubicaban en su lugar mientras el hueso volvía a unirse y, repentinamente, dejó de sentir dolor.

Llena de felicidad, Aimee pidió a alguien que cortara el yeso. Después de un breve debate, finalmente decidieron hacerlo. Una vez que quitaron el yeso, se sorprendieron al ver un pie perfectamente sano. ¡Entonces Aimee se puso sus zapatos y salió danzando por toda la iglesia![15]

> *Algo, como una descarga eléctrica, sacudió su pierna, e inmediatamente los dedos recobraron su color de piel normal. Aimee sintió que los ligamentos se ubicaban en su lugar mientras el hueso volvía a unirse y, repentinamente, dejó de sentir dolor.*

DEMONIOS, ORUGAS E HINDÚES EN LLAMAS

A principio de 1910, los Semple, que ahora esperaban un hijo, partieron hacia China. La pareja visitó a los padres de Robert en Irlanda, y luego se detuvo en Londres, donde él predicó en varias reuniones. Mientras Robert estaba en una de esas reuniones, un millonario cristiano pidió a Aimee que predicara en el Victoria and Albert Hall. Aimee tenía sólo diecinueve años de edad y jamás había predicado públicamente antes, pero no quería dejar pasar una oportunidad para servir a Dios, así que, nerviosamente, aceptó.

Aimee, parada ante el púlpito frente a la gente que llenaba el salón, abrió su Biblia en Joel 1:4 y comenzó a enseñar proféticamente sobre la restauración de la iglesia a través de los tiempos. En realidad, estaba tan atrapada por el momento, que al terminar sólo podía recordar la tremenda unción que había inspirado el mensaje. No podía recordar lo que había dicho, pero sí veía los aplausos y los ojos húmedos de muchos que habían escuchado su mensaje.

En junio de 1910, los Semple llegaron a Hong Kong. Pero Aimee no estaba preparada para lo que vio. La dieta china de orugas, insectos y ratas la asqueaba, y su departamento era tan ruidoso que casi no podían descansar. Finalmente, discernieron que en el apartamento había

algunos espíritus demoníacos que producían parte de los ruidos que escuchaban día y noche.

Un día, los hindúes quemaron a un hombre vivo justo fuera de la ventana de su cocina. Esto, junto con todo lo demás, hacía que Aimee viviera al borde de la histeria la mayor parte del tiempo. Había llegado a odiar la obra. Y pronto, debido a las malas condiciones en que vivían, ella y Robert contrajeron malaria. El estado de Robert era peor que el suyo, y el 17 de agosto, sólo dos meses después de llegar, Robert Semple había muerto.

Aimee quedaba sola para defenderse en un lugar extraño. Su dolor era insoportable, y estaba esperando un hijo de Robert. Un mes después de la muerte de su esposo, el 17 de setiembre de 1910, Aimee dio a luz una pequeña niña que pesó sólo dos kilogramos. La llamó Roberta Star.

Pero la muerte de Robert había llenado de dolor la vida de Aimee. No había palabras para describir la pena que sentía, en la cama del hospital, agobiada por el horror de tener que seguir adelante sola. Algunas veces Aimee se volvía hacia las paredes del hospital y gritaba con todas sus fuerzas.[16]

La madre de Aimee, Minnie, finalmente le envió el dinero para que pudiera regresar a casa. Mientras la desolada viuda misionera atravesaba el Pacífico camino a su hogar, la diminuta beba que sostenía en sus brazos era lo único que le daba alguna esperanza.

HOGAR, DULCE HOGAR

Ya de regreso en su hogar, Aimee lloró la pérdida de su esposo Robert durante más de un año, pero también continuó buscando la voluntad de Dios para su vida. Fue a Nueva York y luego a Chicago, deseando ministrar en las iglesias que Robert había dejado. Cuando la salud de su hija se deterioró, Aimee regresó al hogar de su niñez. Pero su dolor no le permitía estar quieta por mucho tiempo, y finalmente volvió a Nueva York.

Mientras estaba allí, conoció a Harold McPherson, quien pronto se convertiría en su segundo esposo. McPherson era de Rhode Island, y se lo conocía como un hombre sólido, de ideas claras, gran fortaleza y muy bondadoso.

El 28 de febrero de 1912, Aimee y Harold se casaron. Aimee le puso el apodo de "Mack". Roberta lo llamaba "papá Mack". Se mudaron

a Providence, Rhode Island, a un pequeño apartamento. Harold consiguió trabajo en un banco y Aimee se quedó en el hogar, como ama de casa. Para julio de 1912, estaba esperando otro hijo.

Según Aimee, el único problema real que ella y Harold debieron enfrentar en su relación matrimonial fue debido a que sus metas eran totalmente diferentes. Ella describió los tres años que siguieron a su matrimonio como algo muy similar a la historia de Jonás. Aimee había huido de Dios, y como resultado, sufría de depresión. Estaba siempre enferma, y finalmente tuvo un colapso nervioso.

"¿IRÁS?"

Rolf, su único hijo, nació el 23 de marzo de 1913, y como madre, Aimee comenzó a comprender que en ella estaban surgiendo una estabilidad y madurez emocional que le serían muy beneficiosas en el futuro. No mucho después del nacimiento, comenzó a oír la voz del Señor diciéndole: "¡Predica la Palabra! ¿Irás? ¿Irás?" La voz se hacía oír especialmente cuando limpiaba la casa.[17]

La sensibilidad a la voz del Espíritu de Dios que Aimee desarrolló en esos años llegaría, más tarde, a despertar a una nación dormida. Se dice que ella hablaba a los miles de personas a los que ministró con la ternura con que una madre hablaría a sus hijos.

En 1914, Aimee trabajaba en la comunidad, predicando y enseñando en las escuelas dominicales, pero esto no satisfacía el llamado que ahora resonaba mucho más fuerte: "¡HAZ LA OBRA DE EVANGELISTA! ¿IRÁS?"

Fue también en 1914 que enfermó gravemente. Después de varias operaciones, sin mejoría alguna, llegó a perder toda esperanza, al punto de rogar a Dios que la hiciera morir.

Los médicos llamaron a la madre de Harold y a Minnie para informarles que Aimee no tenía mucho tiempo de vida. Pero cuando Minnie escuchó sus palabras, recordó vívidamente la oración que había elevado a Dios por su pequeña, y su promesa de que Aimee cumpliría el llamado que ella había rechazado. Minnie se aferró a la promesa de Dios, negándose a permitir que su hija muriera. Las enfermeras lloraban al ver a Minnie de pie junto al cuerpo de Aimee, llorando y renovando su promesa ante Dios.

Casi sin esperanzas, los internos trasladaron a Aimee de su cuarto a una sala de guardia donde llevaban a los moribundos. Fue entonces

que Aimee, saliendo del coma en que yacía casi sin vida, comenzó a hablar. Estaba llamando a las personas al arrepentimiento; y seguía escuchando esa misma voz: "¿IRÁS?" Aimee logró reunir suficientes fuerzas como para susurrar que sí lo haría. Entonces abrió sus ojos, ya sin dolor. Dos semanas después, estaba de pie, completamente sana.

"DE ESPALDAS SOBRE EL HENO"

Para este entonces, Harold tenía un buen empleo y quería que Aimee fuera como las demás mujeres: que limpiara la casa y cocinara. Pero Aimee sentía que ya no podía permanecer tan confinada y al mismo tiempo cumplir con el llamado de "ir". Así que en la primavera de 1915, después que Harold saliera para su trabajo, Aimee arropó a Roberta y a Rolf, juntó sus pertenencias y partió hacia Toronto.[18]

Antes de salir para asistir a su primera reunión de campaña pentecostal, le envió un telegrama a Harold: **"He tratado de seguir tu camino y he fallado. ¿No querrías venir tú ahora, y seguir mi camino? Estoy segura de que seremos felices".**[19]

Minnie aceptó cuidar a los niños para que Aimee pudiera comenzar su ministerio. Harold respondió al telegrama de Aimee muchos meses después. Pero estaban ya tan lejos el uno del otro, que Harold no podía ponerse a la par de ella. Después de meses de tratar de resolver sus diferencias, se enfrentaron a lo inevitable.

Con su futuro ahora comprometido, a Aimee la preocupaba no poder llegar nunca más a operar en el poder con que lo había hecho estando casada con Robert. Temía que la unción de Dios la hubiera abandonado. Pero sus temores se desvanecieron cuando recibió la cálida bienvenida de sus amigos en las reuniones de la campaña. Se sintió inspirada al escuchar sus sinceras alabanzas, y sintió que el fuego de Dios se encendía en ella.

Pero aún sentía que debía confesar su falta de acción ante el Señor, y en el primer llamado al altar de la campaña, fue la primera en pasar adelante. Cuando se arrodilló frente al altar, pudo sentir la gracia y la aceptación de Dios.

"Tal amor", recordaría luego, **"fue más de lo que mi corazón podía soportar. Antes que me diera cuenta estaba de espaldas sobre el heno, caída bajo el poder del Espíritu".**

Permaneció en esta campaña durante semanas. Lavaba los platos,

servía las mesas, y oraba por las personas. Hacía mucho tiempo que no se sentía tan feliz.[20]

UNA CARPA RASGADA Y EL PODER ESPIRITUAL

Pronto Aimee comenzó a predicar por su cuenta. Utilizaba cualquier método para atraer a la gente, y las personas venían de todas partes en el campo para escucharla. En 1915, una de sus reuniones contó con una asistencia de más de quinientas personas. Se había convertido en una novedad. Además de su carácter dramático, era una mujer, y en esos días era difícil encontrar a una predicadora, así que todos estaban curiosos por ir a verla y escucharla.

La gente del pueblo reunió $ 65 para ella en una de las reuniones. Con las ofrendas, pudo comprar la tan necesitada carpa, que costaba $ 500. Feliz de haber hecho un tan buen negocio, Aimee desenrolló la carpa para levantarla. Pero lamentablemente no era tan buen negocio. La tela de la carpa estaba rasgada a pedazos en algunas partes. Aimee reunió rápidamente a sus voluntarios y juntos cosieron todas las roturas hasta que los dedos se le endurecieron y le dolían. Para el anochecer, la carpa remendada ya estaba colocada.

Cierta vez, mirando a la congregación, vio a Harold. Había viajado a una de sus reuniones para verla predicar. Antes que terminara la noche, Harold había sido lleno del Espíritu Santo, y la acompañó en algunas reuniones.

Había una empatía natural en Aimee que acentuaba las peculiaridades de su ministerio y atraía a grandes cantidades de personas de todas clases. La gente se identificaba con ella, porque después de todo, todos tenían una madre. Y los que se acercaban experimentaban el poder de Dios en sorprendentes manifestaciones. Muchos venían para sentir de esa forma la presencia de Dios, y miles de personas recibían el bautismo.

LA IGLESIA RODANTE

Durante los siete años siguientes, Aimee cruzó los Estados Unidos seis veces. Entre 1917 y 1923, predicó en más de cien ciudades en campañas que duraban entre dos días y un mes.

Su primer experiencia ministerial con la sanidad divina se produjo con una mujer que sufría de artritis reumatoidea. El cuello de esta mujer estaba tan torcido que no podía mirar a la evangelista. Pero inmediatamente después de la oración de fe, esta mujer pudo volver la cabeza y mirar al rostro de Aimee. Dios la había sanado y Aimee lo supo al verla cara a cara.

Aimee señalaba enfáticamente que ella nunca había buscado un ministerio de sanidad, y que no la fascinaba la idea de tenerlo.[21] Pero la sanidad vino con su llamado evangelístico, y después de escuchar los resultados inusualmente exitosos de sus oraciones, la gente se agolpaba para pedirle que orara por ella.

En una reunión, las ofrendas alcanzaron para comprar un pequeño Packard 1912 que pronto se convertiría en su iglesia sobre ruedas. Aimee se paraba en el asiento trasero y predicaba en ocho a diez reuniones diarias. Entre reuniones, entregaba tratados y folletos invitando a la gente a asistir.

Aunque conducía sus reuniones con gracia, también era muy fuerte. Había desarrollado mucha fuerza al armar y desarmar su carpa y clavar las estacas en el suelo. En realidad, hablaba más alto y era más fuerte que muchos hombres.

QUEMADURAS, HERIDAS Y CARNAVAL

Como ya hemos mencionado, Aimee era conocida por su forma afectuosa de predicar. Con frecuencia trataba a la gente que la escuchaba como una madre trataría a su hijo. Nunca condenaba ni amenazaba; siempre alentaba a quienes la escuchaban a enamorarse de la gracia y la misericordia de Dios.

Pero, como una madre firme, no era débil. Cierta vez, una lámpara le explotó en el rostro, y quedó envuelta en llamas. Rápidamente metió la cabeza en un cubo con agua, pero no antes que se le produjeran varias heridas en el cuello y el rostro. Para empeorar las cosas, todo esto había sucedido delante de un grupo de molestos que habían ido a observar y burlarse. La carpa estaba llena la noche en que esto ocurrió, por lo que Aimee se retiró a la parte posterior, terriblemente dolorida. Uno de los que se burlaban subió a la plataforma y dijo: "La señora que predica sanidad divina se ha lastimado. Se quemó la cara, así que esta noche no habrá reunión".

Pero tan pronto como acabó de decir

> *"La señora que predica sanidad divina se ha lastimado. Se quemó la cara, así que esta noche no habrá reunión".*

esas palabra, Aimee entró corriendo nuevamente a la carpa y de un salto subió a la plataforma. Estaba en agonía, pero pudo reunir suficientes fuerzas como para sentarse al piano y gritar: : "¡**Alabo al Señor que me sana y quita todo mi dolor!**" Cuando ya estaban cantando la segunda o tercera estrofa, la gente allí reunida fue testigo de un milagro: ¡el rostro de Aimee pasó de ser rojo como una langosta a recobrar el color de la piel normal![22]

Aimee aprovechaba cualquier oportunidad para reunir gente, así que mientras se encontraba en una ciudad en el tiempo de carnaval, durante el desfile, pensó que sus esfuerzos no tendrían gran resultado si no preparaba un plan bien hecho. Entonces observó que los que desfilaban tenían grandes estandartes con lemas relativos a los diferentes estados y comercios locales. Así que transformó su Packard 1912 en una iglesia flotante. Sus colaboradores la ayudaron a cubrir la parte superior de manera que pareciera ser una colina con una carpa en la cima, y luego lo decoraron con hojas de palmera verde y musgo. A los lados, pintaron esta leyenda: "Jesús viene pronto" y "Yo voy a la campaña pentecostal. ¿Y tú?" En el interior, Aimee tocaba su pequeño órgano, mientras Harold manejaba el Packard hasta unirse al desfile, sin que los policías lo notaran. A los que observaban el desfile les encantó la ocurrencia, e hicieron sentir su aprobación con fuertes risas y gritos de aliento. Y esa noche, llenaron la carpa. **La misma audacia de lo que habíamos hecho**", diría luego Aimee, "**pareció atraerlos**".[23]

DE HAROLD A MINNIE

Aproximadamente para esta época, Aimee comenzó a publicar *The Bridal Call* (El llamado a la esposa). La publicación comenzó siendo un boletín de cuatro páginas, pero en tres meses había crecido hasta convertirse en una revista de dieciséis páginas que incluía fotos, sermones, poemas y un precio de suscripción. La intención de Aimee era dar nueva forma a la iglesia, "quitando la maldición y el pecado para darle un tono de celebración, de un matrimonio feliz".[24]

La reputación de libertad en el Espíritu que tenía Aimee atraía a personas de diferentes trasfondos. Pronto, todos los que buscaban emociones fuertes, los vagabundos y los brutos aparecían en su carpa. Cuando las reuniones eran pequeñas, ella podía controlarlos. Pero cuando ya había más de mil personas, la única manera en que podía calmar sus estallidos emocionales era recurriendo a la música y el canto, y lo hizo con mano maestra. Poco después, incorporaría narrativa y representaciones teatrales a su predicación.

Aimee se encontraba cómoda entre la gente negra. Le agradaba visitar sus hogares, y muchas veces descubría que ella misma era mucho más pobre que cualquiera de ellos. Ellos también sabían que ella los amaba. Cuando Aimee iba al Sur a visitarlos y trabajaba con ellos en los campos de algodón y tabaco, sus reuniones se llenaban de gente.

Ahora las multitudes eran cada vez más numerosas. Pero la vida personal de Aimee comenzó a sufrir nuevamente, ya que ella y Harold no se ponían de acuerdo en lo relativo al ministerio. A él no le agradaba la vida de vagabundos que llevaban, y tampoco entendía su visión para el futuro. Por eso, finalmente, después de una confrontación que duró toda una noche, Harold empacó sus cosas y se fue.

Varios años después, Harold pidió el divorcio, alegando que Aimee lo había abandonado. Pero ella contestó a la demanda, manifestando que había sucedido precisamente lo contrario. Harold luego volvió a casarse y vivió una vida mucho más normal con su familia.

Minnie ahora se unió al ministerio de su hija y trajo con ella a Roberta, hija de Aimee. La niña tenía siete años y hacía dos que no veía a su madre, pero ahora que estaba con ella, rápidamente se entusiasmó con su ministerio y le encantaba verla predicar.

Minnie inmediatamente se hizo cargo de manejar las multitudes. Aimee había atraído cantidades enormes de gente, y necesitaba alguien que le ayudara a manejarlas. Y Mamá Kennedy era ideal para esto. Ella creía que el evangelismo no era sólo cuestión de fe; ¡también requería de organización! La personalidad minuciosa y detallista de Minnie era perfecta para la tarea que Aimee necesitaba, y finalmente ayudó a que su hija pasara de las carpas a los coliseos.

> *Minnie inmediatamente se hizo cargo de manejar las multitudes. Ella creía que el evangelismo no era sólo cuestión de fe; ¡también requería de organización!*

ZAPATOS ESTIRADOS Y UNA BOTELLA DE NUBES

En medio de todas las corridas y la obsesión del ministerio, los hijos de Aimee decían que siempre se sintieron seguros con su madre en los viajes. Les encantaba viajar con ella. Algunos acusaron

a Aimee de hacerles la vida más difícil. Pero la verdad es que ambos se sentían muy decepcionados cuando no podían ir con ella.

Rolf y Roberta tienen maravillosos recuerdos de su madre. Roberta recuerda las historias que su madre le contaba mientras iban por la carretera. Cierta vez, después que su madre le describiera una nube con gran belleza, Roberta quiso atrapar una. Así que Aimee rápidamente se puso a un lado del camino, tomó una botella vacía y salió del auto. Luego levantó la botella en el aire hasta que la humedad y la niebla que la rodeaban formaron pequeñas gotas en el interior de la misma, y la tapó. Cuando regresó al auto, la entregó a Roberta, con una nube de verdad adentro.

Rolf recuerda que una vez necesitaba desesperadamente zapatos, y alguien le regaló un par. Cuando llegó la caja, la familia estaba entusiasmada. Pero cuando Rolf trató de ponérselos, no le calzaban bien. Todos se sintieron muy decepcionados, pero entonces Roberta preguntó: "Madre, ¿cómo hacían para calzarse los israelitas en el desierto? Los pies seguramente les habrán crecido". Sin pensar, Aimee respondió rápidamente: **"Dios debe de haber estirado sus zapatos"**. Roberta entonces preguntó si Dios podría hacer lo mismo con los zapatos de Rolf, así que mamá Aimee dijo: **"No lo sé, pero arrodillémonos, y pidámosle"**. Cuando se levantaron, Rolf se probó los zapatos otra vez, ¡y ahora le quedaban perfectos!

En otra ocasión, Rolf estaba jugando descalzo en el campo, donde el césped estaba muy alto, y se lastimó un pie al pisar un rastrillo escondido. El rastrillo perforó profundamente su pie y comenzó a salir mucha sangre de color rojo oscuro.

Cuando Aimee se enteró de lo que había sucedido, corrió a ver a Rolf y lo llevó hasta su camastro en la carpa. Rolf recuerda con cariño cómo su madre sostenía su pie mientras oraba, arrodillada, pidiendo a Dios que lo sanara. Después que Aimee oró, Rolf se quedó dormido.

Muchas horas después, Rolf se despertó con el ruido de la gente en la reunión en la carpa. Cuando se sentó, vio las manchas de sangre en la cama, y se tomó el pie. Se fijó en la planta del pie, donde se había herido con el rastrillo, pero no quedaban rastros de la herida. Pensando que había mirado el pie equivocado, tomó el otro, pero ambos estaban lisos y sanos. ¡Qué feliz se sintió al ver que su pie había sido completamente sanado!

VESTIDA DE SIERVA

La única doctrina pentecostal a la cual se sabe que Aimee se opuso fue la de la santificación como obra posterior de la gracia. Ella tenía la plena convicción de que aquellos que quienes perseguían o decían poseer la "perfección cristiana" muchas veces le daban la espalda al mundo, creando un aislamiento religioso.

Aimee deseaba que el evangelio llegara a todos, y no quería que nadie se sintiera intimidado por venir a escuchar la Palabra de Dios. El elitismo que había encontrado en la iglesia, y que mantenía apartados a los pecadores, era una gran carga para ella. Ella llamaba al pecado por su nombre e invitaba a todos a arrepentirse:

> **"Por más que queramos disfrazarlo con nombres elegantes, el pecado es pecado... Dios mira al corazón y en cuanto a la santidad, pues bien, sin santidad nadie verá al Señor. Debemos ser salvos, debemos ser santificados, pero es todo a través de la preciosa sangre redentora de Jesucristo".[25]**

En 1918, cuando la Primera Guerra Mundial hacía estragos en Europa, y los Estados Unidos sufrían una mortal epidemia de gripe, Aimee era considerada un rayo de esperanza debido a su doctrina. Una de las características de su ministerio más apreciada por todos era su espíritu de sierva. Para demostrarlo, un día, mientras Aimee miraba vestidos con intenciones de comprar uno para sí, el Señor le dijo:

> "Tú eres una sierva de todos, ¿verdad? Pues entonces ve al piso alto y pide ver los vestidos para la servidumbre".

Aimee obedeció y compró dos vestidos de sierva por $ 5. A partir de ese momento, siempre se la veía con su distintivo vestido y capa blancos de sierva.[26]

YO TE PROMETÍ UN JARDÍN DE ROSAS

Una tarde, Roberta, que estaba enferma de gripe, preguntó a su madre por qué ellos no tenían un hogar como todos los demás. Mientras Aimee oraba por la sanidad de su hija, Dios le habló y proclamó

que él no sólo levantaría a su hija, sino que también les daría un hogar en el soleado sur de California. Hasta le dio una visión de su futuro hogar, un bungalow con un jardín de rosas.

Cuando Roberta se recuperó, la familia se trasladó a California. Roberta diría más tarde que en ese momento no tenía idea de qué gran milagro era esa casa, porque "cuando mamá nos decía que algo sucedería, era como tener dinero en el banco".[27]

El viaje no fue cosa fácil. Los mapas de rutas eran escasos, las ciudades estaban muy apartadas, y las condiciones de las rutas eran cuestionables. Pero nada de esto detuvo a Aimee.

Camino a la Costa Oeste, llegó a Indianápolis justo cuando habían levantado la cuarentena por la gripe. Allí se encontró con Maria Woodworth-Etter. Conocer a esta mujer que la había inspirado tanto, y escucharla predicar fue la emoción más grande de su vida.

Cuando Aimee finalmente llegó a Los Ángeles, a fines de 1918, su fama la había precedido. Para este entonces, la obra misionera de Azusa era sólo un recuerdo. Sus miembros se habían dispersado por la ciudad, pero estaban aún esperando a la persona que Dios utilizaría para reunirlos. Cuando Aimee llegó, creyeron que era ella.

Dos días después de llegar, Aimee predicó un mensaje ante setecientas personas, titulado "¡Gritad! Porque el Señor os ha entregado la ciudad". A principios de 1919 los pasillos, el piso y los alféizares de las ventanas del Auditorio Filarmónico estaban atestados de personas que venían a escucharla.

Nada de lo que hicieran por Aimee y su familia parecía suficiente a la gente de Los Ángeles. Menos de dos semanas después que ellos llegaran, una mujer se puso de pie en una de las reuniones y dijo que el Señor le había indicado que entregara a la evangelista cierto terreno en el que ella podría construir su casa. Otros se levantaron, comprometiéndose a conseguir los materiales y a trabajar en la construcción. Aún los rosales que había visto en la visión fueron donados, y en abril, la casa con porche y chimenea era una realidad.

UNA TÚNICA DE MUCHOS COLORES

Para este entonces, Aimee podía ver que necesitaba un lugar permanente donde predicar. Así que entre los años de 1919 y 1923, recorrió nueve veces los Estados Unidos, predicando y reuniendo fondos para construir el Angelus Temple. Dondequiera que iba, la gente la amaba.

El tono de la predicación de Aimee podía pasar del que uno usaría para hablar a un bebé, como muchas veces le agradaba hacer para deleitar a las personas mayores, hasta el comportamiento solemne y la voz grave de una dinámica profetisa ganadora de almas. Dios la había dotado para acomodarse a muchas situaciones diferentes con su manera de hablar.

La prensa descubrió a Aimee en 1919, comenzando así lo que en sus últimos años se convertiría una de las más celebradas relaciones de amor/odio con los medios. Aimee los amaba, pero ellos nunca estaban seguros de lo que les haría. No estaban acostumbrados a que nadie se aprovechara de sus métodos. Cuando trataban de tenderle trampas con preguntas como: "Aimee, ¿es pecado usar medias de seda?", ella contestaba cosas como: **"Bueno, eso depende enteramente de cuánto se muestre de ellas"**,[28] mientras cruzaba delicadamente sus piernas. Esta clase de cobertura periodística se prestaba a hacer de ella un fenómeno nacional.

En Baltimore, Maryland, el primer auditorio en que Aimee predicó tenía capacidad para tres mil personas, pero muchas quedaban afuera por falta de espacio, así que alquiló otro auditorio con capacidad para dieciséis mil. Allí fue que Aimee sorprendió a la gente de Baltimore señalando el comportamiento demoníaco de una adoradora excesivamente demostrativa. Hasta entonces, habría sido considerado falto de ética confrontar a alguien que estaba "en estado de éxtasis" en Dios. Pero Aimee reprendió a la mujer y pidió a una integrante del coro que la llevara a un cuarto contiguo.

Después de observar en oración a la mujer, Aimee desafió la ética de los líderes de esa época y llamó a la iglesia a comportarse con madurez espiritual:

> **"La mujer resultó ser una maníaca que había estado en una institución mental... Pero era la clase de persona a la que muchos santos habrían permitido pasearse por la plataforma, temerosos de apagar el Espíritu".**[29]

Mientras Aimee estaba en Baltimore, comenzó una campaña de sanidad a nivel nacional, en la que se produjeron milagros increíbles,

Con el equipo de campaña

realmente inusuales. Los titulares de los periódicos informaban en primera plana de los resultados de las reuniones.

Se dice que cuando Aimee entraba al salón antes de una reunión, generalmente había un incontable número de personas esperando tocarla, y al verlos, ella corría hacia su vestidor, abrumada, rogando a Dios que la ayudara.

Dondequiera que Aimee iba, las multitudes se agolpaban para tocarla. Ella observaba tristemente mientras la policía cerraba con candado las puertas con el fin de protegerla.

Después de un tiempo, al cerrar sus ojos, por la noche, lo único que veía eran las mil setecientas personas apretadas en un lugar construido para acomodar a mil. Veía los altares y los pisos bajos llenos de personas enfermas y despertaba pensando cómo Jesús había manejado esa situación:

"¿No nos daríamos cuenta de que Jesús realmente tuvo que subir a un bote y apartarse de la orilla, para poder predicar a la gente?"[30]

En 1921 Aimee realizó una campaña de tres semanas de duración en Denver, Colorado, en la cual dieciséis mil personas llenaban el Auditorio Municipal dos y tres veces por día. Una noche, ocho mil personas debieron quedar afuera.

MINNIE NO ERA PRECISAMENTE UNA RATONA

Durante estos exitosos días del ministerio, Minnie cuidó agresivamente de la salud de su hija. Consideraba que esta era su mayor prioridad, dado que si la salud de Aimee fallaba, también fallaría el ministerio. Eran más como hermanas que madre e hija, pero nunca estuvieron verdaderamente unidas en lo espiritual.

Minnie era una organizadora increíble. Conducía el ministerio de Aimee de punta a punta, y mantenía las finanzas en orden. Era resistente, y algunas veces sólo dormía dos horas por noche. Investigaba a cada enfermo antes del culto para dejar fuera a los que podrían causar problemas, y pasaba largas horas con los inválidos antes de comenzar las reuniones.

Minnie jamás se sentaba a comer. Tomaba unos bocados en los momentos más extraños, entre registrar a los inválidos, recibir a los delegados y organizar el ministerio de ayuda. Minnie trabajó diligentemente para establecer el orden como en una empresa, para el ministerio. Pero nunca llegó a captar la plenitud del llamado de Aimee, y nunca comprendió plenamente por qué Aimee hacía lo que hacía.

Si alguien llegaba a acercarse demasiado a Aimee, Minnie importunaba a su hija hasta que ella rompía esa relación. Muchos empleados renunciaron o fueron despedidos a causa de Minnie. Quizá esta fue la razón por la que Aimee nunca tuvo una amiga íntima demasiado tiempo. Su relación con su madre siempre había sido un gran factor de tensión. Y en los años por venir, la sensación de Aimee en el sentido de que su madre la "controlaba" y la trataba como si fuera de su propiedad, finalmente fue lo que hizo que se separaran.

> *Si alguien llegaba a acercarse demasiado a Aimee, Minnie importunaba a su hija hasta que ella rompía esa relación. Muchos empleados renunciaron o fueron despedidos a causa de Minnie.*

En 1921, Aimee estaba cansada de pasar tanto tiempo recorriendo caminos y comenzó a buscar el terreno donde podría construir Angelus Temple. Lo encontró en la prestigiosa zona de Echo Park, en Los Ángeles, que estaba rodeada de abundante césped, zonas de picnic, y un hermoso lago.

DEL KKK A HOLLYWOOD

Aimee fue "la primera" en muchas áreas. Mientras construía el templo, la estación de radio Rockridge, de Oakland, la invitó a ser la primera mujer en predicar en el aire. Esto hizo encender otro fuego dentro de ella, y tiempo después construiría su propia estación de radio. Pero primero debía construir el Templo.

Todos contribuyeron para el proyecto. Alcaldes, gobernadores, gitanos... hasta el Ku-Klux-Klan. Aunque Aimee no estaba de acuerdo con el Ku-Klux-Klan, los integrantes del mismo la amaban. Pero fue este "amor" por ella, que los llevó a cometer un delito.

Después de otra reunión en Denver, en junio de 1922, Aimee estaba en un salón contiguo con una reportera, cuando alguien se acercó a pedirle que fuera a orar por un inválido que estaba afuera. Ella llevó a la reportera consigo, ya que deseaba que fuera testigo de la oración. Pero cuando salieron, ambas fueron tomadas por la fuerza, les cubrieron los ojos con un pañuelo, y las llevaron a una reunión del KKK.

Resultó que lo único que el KKK deseaba era un mensaje privado de la evangelista. Así que ella les habló de Mateo 27, sobre "Barrabás, el hombre que pensó que nunca lo encontrarían". Después de predicar, Aimee escuchó cortésmente mientras los del Klan hacían un voto de apoyarla "silenciosamente" en todo el país. Para ellos, esto simplemente significaba que dondequiera que Aimee fuera en los Estados Unidos, podría confiar en que ellos la observarían y la protegerían. Luego volvieron a cubrirles los ojos a ella y a la reportera, y las llevaron de regreso al salón en Denver.[31]

La reportera publicó una gran nota sobre el secuestro, que llevó a Aimee a alturas aún mayores, y atrajo más dinero para el Templo.

A fines de 1922, el Templo, con capacidad para cinco mil personas sentadas, estaba finalmente terminado. El mismo fue dedicado con un extravagante culto el día de Año Nuevo de 1923. Quienes no

podían asistir allí vieron un templo similar armado con flores, en una carroza cn la que miembros del coro se presentaron al desfile de rosas de Pasadena. Esta carroza se llevó el primer premio del desfile en su categoría.[32]

El *New York Times* cubrió ampliamente la dedicación del templo, y a partir de entonces, los cinco mil asientos del mismo se llenaban cuatro veces cada domingo.

El templo tenía una acústica perfecta. Se dice que muchos productores de Hollywood esperaban que Aimee fracasara para poder adquirir el edificio y convertirlo en un teatro. Pero Aimee no fracasó, y finalmente lo convirtió ella misma en un teatro. Un teatro para Dios.

Según Aimee, toda la Biblia era un drama sagrado hecho para ser predicado e ilustrado dramáticamente. Y según ella, era en este aspecto que las iglesias denominacionales habían perdido poder. Aimee creía en realidad que la iglesia se había vuelto demasiado fría y formal, mientras que el amor del mundo por el entretenimiento le daba

Angelus Temple, Los Angeles, California

ánimo, gozo y risas. También creía que esta era la razón por la cual el mundo cristiano estaba tan ansioso por entretenimiento.

En julio de 1922, Aimee nombró al Angelus Temple "LA IGLESIA DEL EVANGELIO CUADRANGULAR", debido a una visión que había tenido mientras predicaba sobre el primer capítulo de Ezequiel.

El primer día de inscripción para esta nueva asociación, se presentaron mil pastores.

En el Templo se dedicaban dos reuniones semanales a orar por los enfermos. Aunque tenía veinticuatro ancianos en su equipo, Aimee condujo personalmente la mayoría de estas reuniones hasta su muerte, en 1944.

Las sanidades que se producían en Los Ángeles eran increíbles, pero eran menos observadas por el público en general que en las anteriores campañas nacionales de Aimee. En los cultos más extensos que se realizaban en el Templo, el énfasis estaba en ganar almas y en capacitar a pescadores de almas.

CUENTOS DEL TEMPLO

Sin dudas, Angelus Temple era un lugar de mucha actividad. Aimee tenía una torre de oración con gente orando veinticuatro horas por día. También creó un coro de cien voces y una banda de bronces de treinta y seis personas. El santuario estaba lleno de música en cada culto. Y Aimee compró vestuario y materiales de escenografía para hacer destacar sus sermones en medio de Hollywood. Casi todo Los Ángeles sabía que asistir a un culto en Angelus Temple era un evento muy importante.

> *Casi todo Los Ángeles sabía que asistir a un culto en Angelus Temple era un evento muy importante.*

Aimee tenía un notable sentido del humor, y aunque hubo muchas fallas en sus primeros sermones ilustrados, siempre las aprovechaba al máximo. Cierta vez, para dar más vida a la escena del Huerto del Edén, pidió un loro del circo local. Pero Aimee nada sabía del vocabulario vulgar que el animal había aprendido mientras trabajaba en el show. Y en medio de su predicación, el loro se volvió hacia ella y le dijo: "¡Oh, vete al diablo!"

Las cinco mil personas presentes quedaron paralizadas de asombro. Entonces, como si quisiera estar seguro de que todos lo habían oído, el animal repitió la frase. Pero Aimee no iba a dejar las cosas así. Aprovechó el error (como lo hacía con todos los inconvenientes), como una oportunidad para "testificar" al animal, animándolo a responder. Cuando el loro respondió exactamente con las mismas palabras, el público comenzó a reír a carcajadas. Aimee finalmente

"persuadió" al ave de que siguiera el verdadero camino cristiano, prometiéndole una jaula en el cielo por haber participado de su representación.[33]

Naturalmente, había quienes perseguían a Aimee por los métodos que utilizaba. Pero ella les respondía públicamente diciendo:

> **"Muéstrenme una manera mejor de persuadir a las personas a venir a la iglesia, y con todo gusto la pondré en práctica. Pero por favor... no me pidan que predique a asientos vacíos. No perdamos el tiempo peleando por métodos. Dios puede utilizarnos a todos. ¿Recuerdan la receta del viejo adagio, para preparar guiso de conejo? Comienza diciendo: 'Primero, atrape un conejo'".[34]**

ESTRELLAS, INSTITUTO BÍBLICO Y RADIO

Muchas estrellas de Hollywood estaban interesadas en lo que Aimee tenía para decir. Mary Pickford, Jean Harlow y Clara Bow asistían con frecuencia a Angelus Temple. Charlie Chaplin se escabulló en algunos de los cultos, y tiempo después se haría muy amigo de la evangelista. En realidad, Chaplin ayudó a Aimee con la presentación escénica de sus sermones ilustrados, y Aimee le mostró la verdad de la vida.

Anthony Quinn tocaba en la banda de Aimee. Quinn estuvo con Aimee antes de su gran debut como actor. Cuando era un adolescente, Aimee lo llevó como intérprete en una cruzada en español. El actor de renombre mundial, diría más tarde que uno de los momentos más importantes de su vida fue cuando Aimee lo descubrió, y agregaría:

> "Años después, cuando veía a las grandes actrices en acción, las comparaba con ella...Ingrid Bergman... Katharine Hepburn... Greta Garbo... todas ellas no llegaron a producir ese primer choque de electricidad que Aimee Semple McPherson me produjo".[35]

En febrero de 1923, Aimee abrió su escuela de ministerio que finalmente se conocería como el Instituto Bíblico Faro del Evangelismo Cuadrangular Internacional. Aimee era una ávida instructora.

En el instituto, la "Hermana", como todos la llamaban en el movimiento, servía como profesora y revelaba abiertamente sus puntos fuertes y sus debilidades a los alumnos. Sus autores cristianos preferidos eran Wesley, Booth, y un líder de avivamientos en Canadá, llamado Albert Benjamin Simpson. Aimee muchas veces citaba a estos hombres y enseñaba basándose en sus obras.

Algunas veces probaba a los alumnos, saliendo antes de la clase y pidiéndoles que se quedaran orando. Entonces se escondía en un pasillo y cuando los alumnos salían, ella observaba quiénes salían sin prestar atención a nada, y quiénes eran lo suficientemente atentos para fijarse y levantar un papel del suelo. Después, los que prestaban atención recibían sus elogios, ya que Aimee pensaba que la atención a los detalles producía ministros sensibles y valiosos.

En febrero de 1924, Aimee abrió la radio KFSG, con la primera licencia radiofónica jamás otorgada a una mujer. También fue esta la primera estación de radio cristiana que existió.

¿HA MUERTO AIMEE?

En 1926, Aimee necesitaba unas buenas vacaciones, así que viajó a Europa y a la Tierra Santa, pero acabó predicando la mayor parte del tiempo. A su regreso, se produjo el mayor escándalo y la más fuerte controversia de todo su ministerio. El 18 de mayo, mientras disfrutaba de una tarde en la playa con su secretaria, hizo unas notas finales para un sermón que predicaría esa noche. Luego pidió a su secretaria que llevara las notas al Templo. Cuando esta regresó, Aimee no estaba. Pensando que había ido a nadar, la secretaria la buscó en el agua, hasta que, sin encontrarla, finalmente avisó a las autoridades.

Durante los siguientes treinta y dos días, la desaparición de Aimee fue la noticia más comentada del mundo. Las playas de Los Ángeles fueron registradas minuciosamente, y también el mar. Pero no encontraron nada.

Mientras tanto, en Angelus Temple se recibió una carta pidiendo un rescate de $ 25.000. Minnie lo arrojó a la basura, junto con el resto de la correspondencia disparatada que en esos días recibían en abundancia. Entonces llegó otra carta, de otro lugar, pidiendo $ 500.000, y la prensa se volvió loca. Todos decían haber visto a Aimee en algún lugar. Cierta vez, dieciséis personas dijeron haberla visto en lugares diferentes del país, todo en un mismo día.

¡SECUESTRADA!

Finalmente, el 20 de junio se realizó un culto en memoria de Aimee en Angelus Temple. Tres días después del culto, entró caminando a Douglas, Arizona, desde el desierto de Agua Prieta, México.

Cuando le preguntaron dónde había estado, contó al mundo que aquel día, en la playa, después que su secretaria se fue, un hombre y una mujer se le acercaron para que orara por su hijo, que estaba agonizando. Dijo que la mujer estaba llorando, y que el hombre le había traído una capa para cubrir su traje de baño, esperando que ella consintiera. Ella accedió y los siguió hasta su auto. Aimee explicó que había hecho algo similar muchas veces antes en su ministerio, y nunca había prestado demasiada atención.

Pero cuando los tres se acercaron al auto, Aimee notó que estaba en marcha. Había un hombre al volante, y la joven que decía ser la madre del niño entró al auto antes que ella. El "padre" le dijo que entrara al auto, mientras la empujaba con rudeza. Lo siguiente que Aimee supo fue que alguien le echaba la cabeza atrás, y la mujer le cubría el rostro con un paño empapado en cloroformo.

Cuando Aimee despertó, encontró que la habían llevado a una choza y una mujer y dos hombres la vigilaban. Luego relataría que estas personas la amenazaron, le cortaron un mechón de cabello, y quemaron sus dedos con un cigarro. También dijo que la llevaron a otro lugar, que los dos hombres habían salido, y que ella pudo escapar cuando la mujer salió a hacer compras. La mujer había atado a Aimee con sábanas antes de salir, pero Aimee pudo cortarlas con el borde de una lata. Una vez que logró librarse, salió por una ventana y caminó durante horas por el desierto hasta llegar a una cabaña en Douglas, Arizona.

Cuando finalmente la policía aceptó darle ayuda, una vez que probó su "supuesta" identidad, Aimee llamó a Minnie en Los Ángeles. Pero ni siquiera Minnie le creyó hasta que Aimee le reveló un secreto que sólo ella podría haber conocido sobre su vida personal.

¿QUÉ CREE USTED?

Después de pasar una noche en el hospital, Aimee fue recibida por cincuenta mil personas en Angelus Temple. Pero su odisea sólo había comenzado.

Aimee había acusado y descripto a sus captores, pero estos nunca fueron hallados. Y cuando la policía la acompañó en un esfuerzo por recrear el camino que ella siguió en el desierto, no había choza alguna que correspondiera con su descripción.

Entonces, el fiscal de Los Ángeles, Asa Keyes, acusó a Aimee de mentir, e hizo grandes esfuerzos por desacreditarla. Algunos decían haberla visto en un bungalow de Carmel con su productor de radio, Kenneth Ormiston y Keyes convocó varios testigos intentando confirmar el hecho.

En lo que a los secuestradores respecta, es cierto que Aimee tenía muchos enemigos en el mundo "subterráneo". Los gángsters tenían una gran red de prostitución, tráfico de drogas, prestamistas y ventas ilegales en la zona de Los Ángeles. Y Aimee había ganado a varios de sus elementos clave para el Señor.

También es cierto que Aimee permitía con frecuencia que los recién convertidos relataran el testimonio de su salvación. Pero cuando estos ex integrantes del submundo daban sus testimonios, con frecuencia no sólo decían cómo habían sido salvos, sino que también exponían públicamente las obras delictivas de sus ex compañeros, muchas veces mencionándolos por nombre.

Con la bandera de la Iglesia
Cuadrangular

Angelus Temple

Todos digan: "¡Gloria a Dios!"

Cinco mil asientos

LOS GENERALES DE DIOS

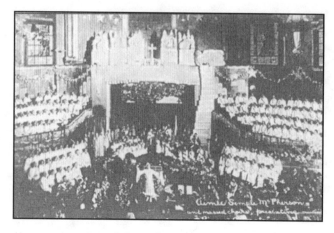

*Aimee y su coro en una de las muchas óperas presentadas
en Angelus Temple*

"Día de camillas" en una campaña

Miles de personas forman fila en el funeral de Aimee

Aimee jamás modificó su versión de cómo había sido el secuestro. En realidad, la suya fue la única versión que nunca cambió. Los reporteros, los detectives y los fiscales cambiaban sus versiones una y otra vez. Aun los testigos convocados en contra de Aimee cambiaron su testimonio. Y cuando lo hicieron, los cargos contra ella de corrupción de la moral pública, obstrucción de la justicia, y conspiración para forjar evidencias finalmente fueron retirados.

Un aspecto secundario pero interesante de este escándalo es, por ejemplo, que el fiscal de distrito Keyes finalmente fue sentenciado a prisión en San Quentin. Y el abogado de Aimee fue hallado muerto tiempo más tarde. Los hechos sugerían, según muchas personas, que realmente la mafia estuvo involucrada en lo sucedido.[36]

¿LE ROMPIÓ LA NARIZ A MINNIE?

Después de su regreso al ministerio, Aimee se colocó las vestiduras de una verdadera evangelista apostólica. Se aparecía en los clubes

nocturnos, salones de baile, salones de billares y peleas de box para anunciar sus reuniones durante los intermedios. A los managers les gustaba la publicidad, y el público amaba a Aimee.

Aimee no tenía miedo de los pecadores del mundo y ahora buscaba aún con mayor fervor llevar a Jesús adonde estas personas estaban. Le parecía gracioso que tantos cristianos pusieran límites en cuanto a dónde debería predicarse el evangelio, y dónde no.

Pero a fines de 1926, demanda tras demanda la acosaba, y sus auspiciantes involucraban a Aimee en toda clase de emprendimientos y negocios. Cuando sus planes fallaban, la culpa y las boletas sin pagar siempre recaían sobre Aimee. Los abogados sólo empeoraban las cosas. Y ahora, más que nunca, Aimee necesitaba desesperadamente un amigo. Necesitaba alguien en quien poder confiar. Parecía que todos aquellos que habían estado cerca de ella la habían traicionado o se dejaban desanimar por las críticas.

> *Minnie pasaba de un momento a otro del rol de madre devota y fiel ayudante al de malévola supervisora de un ministerio que no podía comprender.*

Aun Minnie, su madre, ahora fluctuaba en su apoyo a Aimee. Minnie pasaba de un momento a otro del rol de madre devota y fiel ayudante al de malévola supervisora de un ministerio que no podía comprender. Siempre criticaba a su hija cuando veía las cosas en forma diferente. Y pronto comenzó a hacerlo públicamente.

Aimee siempre había honrado a su madre en público, pero cuando Minnie comenzó a hacer públicas sus duras críticas, llegó un punto de ruptura. Ahora que su propia madre estaba luchando contra ella en público, Aimee se sintió completamente traicionada. Y la iglesia comenzó a dividirse. Los que servían bajo la autoridad de Minnie luchaban por decidir a quién ser leales, mientras que la Junta de Ancianos apoyaba a Aimee. Cuando la lucha terminó, los ancianos ayudaron a preparar el "plan permanente de retiro" de Minnie.

Milagrosamente, en medio de todo esto, Aimee compuso su primera ópera, en 1931, y la llamó Regem Adoratge, "Adorad al Rey". A continuación hizo una nueva visita a Tierra Santa. Pero vacilaba en regresar a su hogar, debido a las dificultades crecientes que tenía con su madre. Y sus aprensiones eran ciertas, porque cuando finalmente regresó, ella y Minnie se dijeron todo lo que tenían que decirse.

Era sabido que cuando Minnie se enfurecía con Aimee, sus palabras eran crueles y malignas. Pero después de esta ronda final de sus famosos desacuerdos, la prensa se enteró de que Minnie había acabado con la nariz lastimada y cubierta con vendas. Los titulares que acompañaban a su fotografía, colocada en primera plana, decía, engañosamente: "¡MAMÁ DICE QUE AIMEE LE ROMPIÓ LA NARIZ!"

Pero las cosas no eran como parecían. En realidad, Minnie acababa de salir de una cirugía estética la noche en que tuvieron la famosa pelea, y más tarde negó todo el asunto.[37] De todas maneras, ese fue el final. Minnie ya no estaba en el ministerio.

Después del "retiro forzado" de Minnie, se formó una fila de personas que querían el puesto de administrador del ministerio. Además de los gastos que le implicaba el arreglo con su madre, más la depresión, más los juicios, las deudas de Aimee crecieron rápidamente. En realidad, pasó los diez años siguientes arreglando todos los juicios y pagando a sus acreedores. Y cuando finalmente quedó sin deudas, colocó un cartel celebrando el hecho en lo alto del Templo.

ELLA NO ES BIÓNICA

Pero la tensión de todo esto simplemente había llegado a ser más de lo que Aimee podía soportar, y en 1930 sufrió un colapso emocional y físico total que la obligó a confinarse en una cabaña en Malibú bajo el cuidado constante de un médico.

Después de diez meses, regresó a Angelus Temple, y hasta cierto punto, se recuperó. Pero nunca recobró la energía y el vigor que antes tuviera. Su médico explicaba el problema diciendo simplemente que Aimee "no lograba tener el descanso que necesitaba".[38]

Para cuando llegó 1931, Aimee se sentía muy sola. El precio de la fama era demasiado alto: no tenía amigos íntimos, y deseaba desesperadamente compañía.

Rolf se casó con una alumna del instituto bíblico a mediados de ese año, y su madre se sintió profundamente feliz. Después, el 13 de septiembre de 1931, Aimee se casó con su tercer esposo, David Hutton. Se dice que debido a su soledad y su desesperada necesidad de amor y protección, Aimee imaginó toda clases de virtudes en este hombre, que él sencillamente... no tenía.

No mucho después de casarse, Hutton fue demandado por otra

mujer a la que había prometido matrimonio. El juicio duró un año y la corte falló en contra de Hutton.

Pero Aimee continuó con su llamado en todo el país. En Nueva Inglaterra miles de personas fueron a escucharla y convirtieron a sus reuniones en un tremendo éxito. Debido a su estado de salud, el 22 de abril de 1937, Aimee presentó su renuncia como pastora de Angelus Temple, pero la misma fue rechazada. En enero siguiente partió hacia Europa, siguiendo el consejo de su médico. Nuevamente miles de personas asistieron a sus reuniones. Mientras estaba en Europa, Hutton, en medio de un gran escándalo, inició el divorcio.

LA REINA DE LA GUERRA SILENCIOSA

Los años entre 1938 y 1944 fueron muy tranquilos para Aimee. Muy poco se decía de ella en la prensa.

Aimee era demandada por empleados disconformes, pastores asociados y cualquier otra persona que pensara que podía sacarle un dólar. Entonces contrató a un nuevo administrador, Giles Knight, que la mantuvo lejos de la vista pública. Todo reportero tenía que pasar por él para verla, y él negaba entrevistas a todos. Aimee tenía informado a Knight de sus actividades, y se mantenía alejada para poder vivir en forma medianamente anónima.

Rolf McPherson aún hoy habla con gran aprecio de Knight por el servicio que este brindó a su madre, y que trajo tanta paz a su casa.

Gran parte de los esfuerzos de Aimee durante estos años se dedicaron a pastorear, capacitar futuros ministros, establecer cientos de iglesias, y enviar misioneros por todo el mundo. Pero en 1942, también dirigió una banda de bronces y una guardia uniformada en el centro de Los Angeles, para vender bonos de guerra. Vendió $ 150.000 en bonos en una hora, por lo que el Tesoro de los Estados Unidos le entregó un reconocimiento especial por su actuación patriótica. También organizó reuniones de oración los viernes por la noche, en Angelus Temple, durante toda la Segunda Guerra Mundial, con lo cual se ganó el aprecio expresado del Presidente Roosevelt y del gobernador de California.

UNA GRANDE DESCANSA

Para 1944, la salud de Aimee estaba muy debilitada, y sufría de enfermedades tropicales que había contraído durante sus viajes misioneros.

En febrero de ese año, Aimee nombró a Rolf nuevo vicepresidente del ministerio. Este había probado ser fiel y sirvió bien a su madre durante muchos años. En realidad, él fue la única persona que permaneció a su lado tanto en los buenos como en los malos tiempos.

En septiembre de 1944, Rolf voló a Oakland con su madre para dedicar una nueva iglesia. La ciudad estaba en medio de un apagón debido a la guerra, así que Aimee y Rolf pasaron parte de la noche juntos en el cuarto de ella, charlando sobre asuntos ministeriales y de familia. Las grandes multitudes y la obra del ministerio siempre hacían que Aimee se sintiera bien, por lo que se la veía muy animada. Unas horas después, Rolf se despidió con un beso de las buenas noches y fue hacia su cuarto.

Aimee siempre había sufrido de insomnio. Estaba tomando sedantes recetados por su médico, y obviamente había tomado un par esa noche, para poder dormir. Probablemente no sabia cuántas pastillas necesitaría, pero sí sabía que debía descansar para poder estar en condiciones de predicar al día siguiente, así que decidió tomar unas pastillas más.

Según los médicos, debe de haber sido casi al amanecer cuando Aimee sintió que algo andaba mal. Pero en lugar de llamar a Rolf, llamó a su médico en Los Ángeles. Él estaba haciendo una operación, por lo que no pudo contestarle. Ella entonces llamó a otro médico, que la derivó al Dr. Palmer, en Oakland, California. Pero antes de poder hacer esta tercera llamada, Aimee cayó en la inconsciencia.

A las 10 de la mañana, Rolf intentó despertar a su madre y la encontró en su cama, respirando con gran dificultad. Al no lograr revivirla, llamó pidiendo la ayuda de un médico. Pero era demasiado tarde. El 27 de septiembre de 1944, Aimee Semple McPherson fue a descansar con el Señor. Tenía cincuenta y tres años.

El cuerpo de Aimee estuvo tres días y tres noches en Angelus Temple. Sesenta mil personas desfilaron ante su ataúd para presentarle sus respetos. La plataforma en que se apoyaba el ataúd abierto, el foso de la orquesta y los pasillos del templo estaban llenos de flores. Cinco autos llenos de flores debieron quedar afuera.

El 9 de octubre de 1944, fecha del cumpleaños de Aimee, una caravana de seiscientos automóviles se dirigió hacia el Cementerio Privado Forest Lawn, donde esta Generala de las primeras filas del ejército cristiano fue sepultada. En el cementerio entraron dos mil personas, más mil setecientos ministros de la Iglesia Cuadrangular que Aimee había ordenado.

La historia completa de Aimee Semple McPherson jamás podría ser contada en un solo capítulo. Como en el caso de otros grandes Generales de Dios, sólo el cielo revelará todo lo que ella hizo. Pero para estas páginas, digamos que, en toda su vida, Aimee compuso 175 canciones e himnos, varias óperas y trece dramas-oratorios. También predicó miles de sermones y más de ocho mil ministros se graduaron en su instituto bíblico. Se estima que durante la Gran Depresión, aproximadamente un millón y medio de personas recibieron ayuda de su ministerio. Y hoy, la denominación Cuadrangular continúa extendiendo las verdades de la Palabra de Dios como le fueron reveladas a la hermana McPherson, en su Declaración de Fe del Evangelio Cuadrangular original. Las cuatro esquinas son: "Jesús es salvador; Jesús es sanador; Jesús bautiza en el Espíritu Santo; Jesús es el Rey que viene".

DIRIGE TU DESTINO

Para terminar, quisiera concentrarme en un punto importante que Aimee siempre repetía a sus estudiantes en el instituto bíblico:

"Quédate en la mitad del camino".

Por todo lo que has leído de ella ahora, queda en claro que con esto no se refería a comprometer sus valores. La hermana Aimee hablaba de la fortaleza que es necesaria para mantenerse firme en un mismo lugar. Y para ella esta afirmación tenía un doble significado:

Primero, decía Aimee, manténte firme en medio de la corriente de la vida, y no permitas que el mundo secular te conforme según su modelo. Sé desinhibido, y demuestra el amor y la libertad que Jesús trajo a la tierra libremente. Permanece firme ante las presiones, sin ceder por temor. Sé osado para llevar a cabo el plan de Dios para tu vida en la fortaleza de lo que el cielo te ha llamado a hacer a ti.

Segundo, sé apasionado en los dones del Espíritu, pero nunca seas excesivo. No intimides a la gente sólo porque tienes el poder. Aimee generalmente utilizaba el ejemplo de un automóvil y su fuerza para demostrar este punto. Aunque un automóvil puede ir tranquilamente

a 140 km/h, sería muy tonto acelerarlo a tal velocidad en medio de una multitud. Aimee señalaba que el poder pleno del Espíritu Santo siempre estaba disponible, pero que debía ser utilizado para ministrar el servicio de Dios a los demás durante mucho tiempo.

Lo que Aimee nos estaba diciendo al aconsejarnos que nos quedemos "en la mitad del camino" era esto: los excesos pueden llevarnos a la cima muy rápidamente, pero finalmente también nos harán estallar y caer hechos pedazos a la tierra. La fe cristiana es una forma de vida; corre como en un maratón, no una carrera de cien metros.

Ahora, toma la antorcha que Aimee nos ha pasado, y no te conformes con la mediocridad de una vida "religiosa". Sacude al mundo para Dios con la libertad, la osadía y la sabiduría que el Señor te ha dado. Y párate firme en "la mitad del camino"; cumple tu destino personal en el llamado de Dios.

> *Lo que Aimee nos estaba diciendo al aconsejarnos que nos quedemos "en la mitad del camino" era esto: los excesos pueden llevarnos a la cima muy rápidamente, pero finalmente también nos harán explotar y caer hechos pedazos a la tierra. La fe cristiana es una forma de vida; corre como en un maratón, no una carrera de cien metros.*

CAPÍTULO OCHO: AIMEE SEMPLE MCPHERSON
Referencias

1   Daniel Mark Epstein, Sister Aimee: The Life of Aimee Semple McPherson (Hermana Aimee: La vida de Aimee Semple McPherson), (Orlando, FL: Daniel Mark Epstein, reimpreso con permiso de Harcourt Brace and Company, 1993), págs. 3, 80-81.
2   Ibid., pág. 10.
3   Ibid., pág. 11.
4   Ibid., pág. 21.
5   Ibid., págs. 22-23.
6   Ibid., pág. 28.
7   Ibid., págs. 30-31.
8   Ibid., pág. 36.
9   Ibid., pág. 39.
10 Ibid., págs. 41-47.
11 Ibid., págs. 48-49.
12 Ibid., pág. 50.
13 Ibid., pág. 55.
14 Ibid., pág. 57.
15 Ibid., págs. 57-59.
16 Ibid., pág. 67.
17 Ibid., pág. 73.
18 Ibid., pág. 75.
19 Ibid., pág. 76.
20 Ibid., págs. 77-78.
21 Ibid. pág. 111.
22 Ibid., pág. 119.
23 Ibid., pág. 120.
24 Ibid., pág. 122.
25 Ibid., pág. 134.
26 Ibid., pág. 144.
27 Ibid., pág. 145.
28 Ibid., pág. 159.
29 Ibid., pág. 172.
30 Ibid., pág. 201.
31 Ibid., págs. 241-243.
32 Ibid., pág. 248.

33 Ibid., págs. 256-257.
34 Ibid., pág. 259.
35 Ibid., pág. 378.
36 Ibid., pág. 312.
37 Ibid., pág. 340.
38 Ibid., pág. 343.
39 Ibid., pág. 417.

CAPÍTULO NUEVE

Kathryn Kuhlman

*"La Mujer que Creía
en los Milagros"*

"LA MUJER QUE CREÍA EN LOS MILAGROS"

"Cientos de personas han sido sanadas simplemente mientras estaban sentadas tranquilamente en medio de la gente, sin ninguna demostración extraordinaria. Muchas veces, ni siquiera sucede mientras se predica un sermón. Ha habido casos en que no se había cantado ni una canción.

No hay demostraciones estruendosas, no hay que llamar a gritos a Dios como si Él fuera sordo, no hay exclamaciones ni alaridos. Dentro de la misma quietud de Su presencia, y ha sucedido cientos de veces, en que la presencia del Espíritu Santo era tal que casi literalmente se podía escuchar el latir, el ritmo del latido de los corazones de miles de personas, al unísono".[1]

En medio de este profundo silencio una voz dice: "¡Creoooo ennn... loooos milagrooooooos!" Repentinamente, el aplauso de las miles de personas que observan a esa figura alta y esbelta surgiendo de las sombras en un vaporoso vestido blanco se vuelve ensordecedor. Ella se desliza hacia el centro de la plataforma, y comienza un nuevo culto de milagros con Kathryn Kuhlman.

En su ministerio internacional, Kathryn Kuhlman sentó los fundamentos para la obra del Espíritu Santo en las vidas de incontables miles de personas en todo el mundo. Su ministerio, único, cambió el énfasis en el cuerpo de Cristo, que pasó de la demostración externa de los dones sobrenaturales del Espíritu Santo, nuevamente al Dador de los dones: el Espíritu Santo.

El tono profético de su ministerio marcó el paso de lo que la iglesia sería en los tiempos por venir. Su ministerio fue, literalmente, un precursor de la iglesia del futuro.

Aunque ella se consideraba **"una persona común"**, Kathryn era

única. Muchas han tratado de imitar su voz y sus movimientos teatrales, pero sin resultado. Otros han tratado de traducir su unción especial a técnicas y métodos, sin éxito.

Yo doy gracias a Dios por Kathryn Kuhlman. Ella fue un ejemplo de una persona que no temió pagar el precio de andar en el servicio de Dios. Agradezco las lecciones que he aprendido por medio de su vida. Y en este capítulo quisiera compartir algunas de esas lecciones con ustedes; muchas de ella, en sus propias palabras.

PELIRROJA Y CON PECAS

Concordia, Misuri, fue el lugar donde se establecieron los inmigrantes alemanes que comenzaron a llegar a fines de la década de 1830. La madre de Kathryn, Emma Walkenhorst, se casó con Joseph Kuhlman en 1891. Según su registro de la escuela secundaria, Kathryn Johanna Kuhlman nació el 9 de mayo de 1907, en la granja familiar, aproximadamente a 8 kilómetros de Concordia. Kathryn fue llamada con los nombres de sus dos abuelas. No recibió un certificado de nacimiento, ya que los mismos sólo fueron obligatorios en Misuri a partir de 1910.

Cuando Kathryn tenía dos años de edad, su padre vendió la granja de 64 hectáreas, y construyó una casa grande en la ciudad, a la que Kathryn siempre llamaría su "hogar".

Una amiga de su infancia describía a Kathryn de esta manera: "...Facciones grandes, pelirroja, con pecas. No podía decirse que Kathryn fuera bella. No era femenina ni atrayente físicamente en ningún sentido de la palabra. Era más alta que las chicas de 'nuestra barra'(1,73 m), larguirucha y de contextura masculina, y sus pasos largos nos hacían jadear para mantenernos a su ritmo cuando caminábamos juntas".

De joven, Kathryn también se destacaba por su "independencia y autoconfianza y su deseo de hacer las cosas a su manera".[2] Se las arreglaba para manejar a su padre, y conseguía casi cualquier cosa que deseara de él. Según Kathryn, la disciplina siempre estaba a cargo de su

> De joven, Kathryn también se destacaba por su "independencia y autoconfianza y su deseo de hacer las cosas a su manera". Se las arreglaba para manejar a su padre, y conseguía casi cualquier cosa que deseara de él.

madre, una mujer dura, que nunca elogiaba a su hija ni le daba muestras de afecto. Pero Kathryn nunca se sintió que le faltaba amor o que no era deseada. Su padre le daba todo el afecto y el amor que necesitaba. En realidad, Kathryn adoraba de tal manera a su padre que aun treinta años después de su muerte, al hablar de él, los ojos se le llenaban de lágrimas.

Kathryn en el frente del hogar de su niñez

Cierta vez, cuando Kathryn tenía aproximadamente nueve años, quiso hacer algo especial para el cumpleaños de su madre, y decidió darle una fiesta sorpresa.

Pues bien, la niña, sin darse cuenta de que el cumpleaños de su madre caía un lunes, fue por las casas de sus vecinos pidiéndoles que en ese día vinieran todos a su casa con una torta para Emma.

Los lunes eran día de lavado para los Kuhlman. Todos los demás días de la semana, Emma Kuhlman se vestía con sus mejores ropas de pies a cabeza. Nunca se sabía cuándo podía aparecer una visita

inesperada, y a ella le espantaba la idea de que alguien pudiera verla mal vestida, desarreglada.

Llegó el lunes, y Emma Kuhlman estaba vestida como para lavar. Mientras trabajaba inclinada sobre la tina de agua caliente, con su cabello húmedo de sudor cayéndole sobre el rostro, su ropa húmeda y sucia, y las piernas descubiertas, sonó un golpe en la puerta. Cuando Emma abrió, vio que todos sus vecinos habían venido a saludarla, vestidos con sus mejores ropas, y allí estaba ella, fatigada y sucia por el trabajo de lavado. Con su orgullo profundamente herido, Emma prometió a Kathryn, por lo bajo, que más tarde se ocuparía de ella.[3]

¡Y lo hizo! Emma Kuhlman hizo que su hija se pusiera de pie y comiera hasta el último trozo de todas las tortas que habían traído los vecinos.

El padre de Kathryn le enseñó los principios comerciales. Era dueño de un establo. A su hija le encantaba ir con él cuando visitaba a sus clientes para cobrar, y años más tarde reconocería que había aprendido de él todo lo que sabía sobre organización y negocios.

"¡PAPÁ! ¡JESÚS ENTRÓ A MI CORAZÓN!"

Kathryn tenía catorce años cuando nació de nuevo. Durante su vida relató muchas veces la historia de cómo respondió a lo que parecía ser un llamado soberano proveniente en forma directa del Espíritu Santo, no de ninguna persona. Ella venía de un trasfondo "religioso", más que espiritual, por lo que las iglesias a las que asistía nunca hacían llamados para recibir la salvación.

Acerca de esto, Kathryn escribió:

> "Yo estaba de pie junto a mamá, y las agujas del reloj estaban ubicadas en las doce menos cinco minutos del mediodía. No recuerdo el nombre del pastor, ni siquiera una palabra de su sermón, pero algo me sucedió. Es tan real para mí hoy como en ese momento; lo más real que me ha sucedido en mi vida.
>
> "Allí, de pie, comencé a temblar de tal forma que no podía sostener el himnario, así que lo dejé en el banco... y comencé a sollozar. Sentí el peso de la convicción y

me di cuenta de que era pecadora. Me sentía la persona más baja, la peor del mundo entero. Pero sólo tenía catorce años.

"...Hice lo único que sabía hacer: me deslicé de donde estaba y fui hacia el primer banco; me senté allí en un rincón y lloré. ¡Oh, cómo lloré!

"...Me había convertido en la persona más feliz del mundo. El tremendo peso había sido levantado. Experimenté algo que nunca me abandonó. Había nacido de nuevo, y el Espíritu Santo había hecho justo lo que Jesús dijo que haría: (Juan 16:8)".[4]

La familia Kuhlman (Kathryn es la niña que tiene el moño)

El padre de Kathryn estaba de pie en la cocina cuando ella llegó corriendo de la iglesia para compartir la buena noticia con él. Ella acostumbraba contarle todo.

En sus propias palabras, se lanzó sobre él y le dijo: **"Papá... ¡Jesús ha entrado en mi corazón!"**

Sin mostrar ninguna emoción, su padre sólo dijo: "Me alegro."[5]

Kathryn recordaba que nunca estuvo realmente segura de si su padre había comprendido en verdad lo que le había dicho. Finalmente, la jovencita decidió asistir a la iglesia bautista a la que iba su padre, en lugar de la metodista a la que iba su madre. Aun entonces, ya tenía ideas propias.

Kathryn decía que nunca estuvo segura de si su padre era nacido de nuevo. Algunas veces, en público, aseguraba que sí. Pero otras veces, en privado, expresaba su frustración por no poder estar segura.

Sin embargo, Kathryn sabía que su padre sentía una profunda aversión por los predicadores. En realidad, según ella, los despreciaba. Si Joseph Kuhlman veía a un predicador viniendo en dirección a él por la calle, se cruzaba a la acera opuesta para no tener que hablarle. Pensaba que todos los predicadores "sólo buscaban dinero". Y las únicas ocasiones en que asistía a la iglesia era en festividades especiales o para algún culto en que Kathryn recitaba. Hasta donde su hija sabía, Joseph Kuhlman nunca oraba ni leía la Biblia.

SU PRIMER ABRAZO

Según Kathryn, asistir a la iglesia era tan importante como ir a trabajar. Al principio asistió a la Iglesia Metodista con su madre. Fue allí, en 1921, que nació de nuevo. Pero a partir de 1922, toda la familia se hizo miembro de la Iglesia Bautista. Aunque venía de un trasfondo denominacional, el ministerio de Kathryn, en los últimos años, se volvería ecuménico, ya que ella se movía libremente con todas las iglesias, desde pentecostales hasta católicas. Ninguna denominación cerraba las puertas al ministerio de Kathryn Kuhlman. Ella se negaba a integrar denominación alguna y no daba crédito por su ministerio a ningún grupo, sólo a Dios.

Según Kathryn, asistir a la iglesia era tan importante como ir a trabajar.

Cuando Kathryn era adolescente, su madre enseñaba en las reuniones de jóvenes de la Iglesia Metodista. Una vecina dijo que la señora Kuhlman era "una excelente maestra de la Biblia, y Kathryn, sus hermanas y su hermano deben de haber recibido muy buena enseñanza y formación en su hogar". La vecina también mencionó que escuchaba a alguien que tocaba el piano por las noches en la casa de los Kuhlman, y alguien que cantaba.[6]

A pesar de ser considerada "una excelente maestra" del grupo de jóvenes de su iglesia, aparentemente la madre de Kathryn no nació de nuevo sino hasta 1935, en una de las reuniones que su hija realizó en Denver, Colorado.

Kathryn había invitado a su madre a la campaña. Después de terminada la primera reunión, la evangelista fue al cuarto de oración, situado detrás del púlpito, para orar por aquellos que habían respondido a la invitación. Unos pocos minutos después su madre entró en ese mismo cuarto y dijo que quería conocer a Jesús como Kathryn lo conocía.

Kathryn, embargada por la emoción, extendió su mano posándola sobre la cabeza de su mamá. En el preciso instante en que los dedos de su hija la tocaron, la mamá comenzó a temblar y a llorar, en la misma forma en que Kathryn lo había hecho a los catorce años, junto a ella, en la pequeña Iglesia Metodista de Concordia. Pero esta vez había algo más. Emma levantó la cabeza y comenzó a hablar, lentamente al principio, y luego más rápido. Pero las palabras no eran en inglés: los sonidos, audibles y melodiosos, pertenecían a una lengua desconocida.

"Kathryn cayó de rodillas junto a ella llorando y riendo al mismo tiempo... Cuando Emma abrió los ojos, le echó los brazos a Kathryn y la abrazó fuertemente. Era la primera vez que su madre la abrazaba."[7]

La señora Kuhlman no durmió durante tres días y dos noches después de lo sucedido. Era una nueva persona, y durante el resto de su vida en Concordia, Emma Kuhlman tuvo una maravillosa y dulce comunión con el Espíritu Santo.

LA DONCELLA EVANGELISTA

Una característica de aquellos que Dios usa en gran manera es que están dispuestos a dejarlo todo y seguir su dirección. En 1913, la hermana mayor de Kathryn, Myrtle, se casó con un joven y apuesto evangelista que estaba terminando sus estudios en el Instituto Bíblico Moody. Myrtle y Everett Parrott comenzaron un ministerio como evangelistas itinerantes. Aproximadamente diez años más tarde, en 1924, Myrtle y Kathryn persuadieron a sus padres de que la voluntad de Dios era que Kathryn viajara con ellos.

En ese momento, los Parrott tenían su base en Oregon. Habían conocido a un renombrado maestro y evangelista, el Dr. Charles S. Price, quien tenía un ministerio de sanidad y les enseñó sobre el bautismo en el Espíritu Santo. Sin embargo, a pesar esta maravillosa experiencia, el matrimonio de Myrtle y su esposo no era feliz, y ahora los problemas económicos agregaban tensión a la relación.

En ese momento, hubiera sido fácil para Kathryn tener compasión por sí misma. Pero por el contrario, se ocupó de trabajar en la casa, haciéndose cargo del lavado, los lunes, y del planchado, los martes.

UNA PORCIÓN DE SU CARÁCTER

Durante este tiempo, además de aprender a tener paciencia en la adversidad, Kathryn también aprendió a no ceder ante la autoconmiseración. Años después, muchos de sus mensajes surgirían de su propio crecimiento espiritual en estas áreas. La autoconmiseración y el egocentrismo, para Kathryn, eran una misma cosa. Obviamente, desde su adolescencia, decidió no permitir que ninguna de estas dos características tendrían lugar en su vida, sin importar lo que le sucediera.

> "Ten cuidado de la persona, ya sea miembro de tu familia, o compañero de trabajo, o empleado tuyo, que no puede decir: 'Lo siento'. Encontrarás que esa persona es muy egocéntrica.
>
> "Esta es la razón por la que me has oído decir diez mil veces que la única persona a la que Jesús no puede ayudar, la única persona para la que no hay perdón de pecados es aquella que no puede decir: 'Me arrepiento de mis pecados'. (...) Una persona tan egocéntrica generalmente atrae hacia sí las enfermedades como si fueran un imán".[8]

Kathryn aprendió temprano en su vida que el egocentrismo, junto con los demás pecados del "yo", la autoindulgencia, la compasión por si mismo, o incluso el odio a uno mismo, hacen que una persona se juzgue o se condene a sí misma, y eso es obstáculo para la obra del Espíritu Santo en su vida.

Ella siempre decía que cualquiera puede tener al Espíritu Santo

obrando en su vida... si está dispuesto a pagar el precio.

Nunca se paga el precio una sola vez. Es algo que comienza con un compromiso inicial y un acto de decisión de seguir a Dios cada día de tu vida.

Hubo muchos momentos y lugares en que Kathryn podría haber elegido no someterse a la corrección del Espíritu Santo. Pero, afortunadamente para el cuerpo de Cristo en la actualidad, ella tomó las decisiones correctas y es un ejemplo que podemos seguir.

> *Kathryn aprendió temprano en su vida que el egocentrismo, junto con los demás pecados del "yo", la autoindulgencia, la compasión por sí misma, o incluso el odio a uno mismo, hacen que una persona se juzgue o se condene a sí misma, y eso es obstáculo para la obra del Espíritu Santo en su vida.*

¡NO QUEDA NADA PARA PREDICAR!

Kathryn pasó cinco años con su hermana y su cuñado, preparando lo que sería la base de su propio ministerio. Trabajaba en la casa para aliviar cualquier carga que su presencia pudiera significar, y pasaba muchas horas leyendo y estudiando la Palabra.

En 1928, los Parrott llegaron a Boise, Idaho. Para este entonces habían adquirido una carpa y tenían una pianista llamada Helen Gulliford. Pero sus problemas maritales habían aumentado, por lo que Everett siguió hacia Dakota del Sur, mientras Myrtle, Kathryn y Helen se quedaron para tener las reuniones en Boise.

Después de dos semanas, las ofrendas ni siquiera alcanzaban para pagar el alquiler del lugar, ni el pequeño apartamento donde se alojaban, ni para comprar comida. Las tres mujeres vivían a pan y atún.[9]

Myrtle creía que su única salida era reunirse con su esposo; pero Helen y Kathryn no veían ninguna esperanza para el futuro si continuaban viajando con los Parrott. Así que, como Pablo y Bernabé en la iglesia del Nuevo Testamento, decidieron separarse. Un pastor de Boise les ofreció la posibilidad de predicar en un pequeño salón de billar que había sido reacondicionado para servir como salón de reuniones. Ese fue el comienzo del "Ministerio Kathryn Kuhlman".

Luego de predicar en esa obra misionera, fueron hacia Pocatello, Idaho, donde Kathryn predicó en un viejo teatro de ópera. El edificio

estaba muy sucio y debía ser limpiado antes que pudieran usarlo. Podemos imaginar quién hizo la limpieza... ¡la evangelista, naturalmente! Después fueron a Twin Falls, Idaho, en medio del más crudo invierno. Allí Kathryn resbaló sobre el hielo y se rompió la pierna. Aunque el médico le había dicho que no apoyara el pie en tierra durante dos semanas, Kathryn insistió en predicar enyesada Ella nunca permitió que su carne interfiriera en su cumplimiento de la voluntad de Dios.

Cierta vez, Kathryn dijo:

"Desde el primer sermón que prediqué en Idaho (Zaqueo subido al árbol, y Dios sabe que si había alguien subido a un árbol, era yo), supe sólo una cosa: estaba entregada a las cosas de Dios. Jesús era real para mí. Mi corazón estaba decidido".[10]

Con gran sentido del humor, contaba que después de predicar cuatro o cinco sermones,

"...me preguntaba: "¿Sobre qué más puedo predicar? No hay nada más en la Biblia. Ya agoté toda la provisión de sermones. Realmente no se me ocurre ningún otro tema sobre el que pueda predicar".[11]

UNA JOVEN FUERTE DURMIENDO EN EL GALLINERO

Muchas veces, durante esos primeros años, las comodidades eran "escasas", por decirlo de alguna manera. En cierta ocasión, la familia con quien debía alojarse no tenía ningún cuarto donde ella pudiera dormir, así que tuvieron que acondicionar el gallinero. Kathryn solía decir que ella hubiera dormido sobre una parva de paja, tan grande era su necesidad de predicar. Años después comentaría, riendo, que algunas veces cerraba con llave la puerta para no dejar salir a la gente hasta asegurarse de que todos habían sido salvados. Era una broma, por supuesto; pero lo que era cierto era que se quedaba junto al púlpito hasta la madrugada y oraba con cualquier persona que se hubiera quedado dando vueltas por allí.

Otros lugares donde Kathryn se alojó quizá hayan sido más limpios

que aquel gallinero, pero no estaban mejor calefaccionados. En aquella época, los cuartos de huéspedes no tenían calefacción. Años más tarde, Kathryn recordaría que solía acurrucarse bajo una pila de mantas hasta calentar la cama. Cuando lo lograba, se ponía boca abajo y estudiaba la Palabra durante horas.

Su corazón estaba totalmente entregado al Señor. Ese fue el secreto de su ministerio. Su corazón estaba "fijo" en Jesús. Estaba decidida a serle fiel a él y a no contristar al Espíritu Santo.

En estos primeros años de su ministerio, podemos ver dos características que Kathryn desarrolló: dedicación y fidelidad a Dios y a su pueblo. Kathryn creció y extendió su entendimiento espiritual a partir de ese fundamento básico de carácter que desarrolló muy tempranamente en su vida.

SU LEALTAD

¿Qué es lo que mantiene a una persona dedicada a su llamado? La respuesta de Kathryn era: "su lealtad".

> "La palabra lealtad tiene muy poco significado en la actualidad, porque se la practica muy poco. ...La lealtad es algo intangible... Es como el amor. Sólo se la puede entender al verla en acción. ...El amor es algo que se hace, y eso también se aplica a la lealtad. Significa fidelidad. Significa compromiso. Significa devoción.
> "...Mi corazón está decidido. Voy a ser leal al Señor, a cualquier costo, a cualquier precio. ...La lealtad es mucho más que un interés casual en alguien o algo. Es un compromiso personal. En un análisis final, significa: 'Aquí estoy. Puedes contar conmigo. No te fallaré'".[12]

¿Qué es lo que mantiene a una persona dedicada a su llamado? La respuesta de Kathryn era: "su lealtad".

En otras palabras, la verdadera lealtad, para quienes son llamados al ministerio, se expresa en la decisión de no desviarse jamás del llamado de Dios. No agregar a él, ni quitarle; sólo hacerlo. Según

Kathryn, cuando alguien comienza a hacer las cosas a su manera, pasa de ser leal a Dios a ser leal a sí mismo.

"¡QUIERO QUE SEA GRANDE!"

Después de predicar en todo Idaho, Kathryn y Helen fueron hacia Colorado. Luego de una campaña de seis meses en Pueblo, llegaron a Denver. Un hombre de negocios, Earl F. Hewitt, se había unido a ella en Pueblo, como administrador del ministerio. En ese año, 1933, la Depresión estaba en su punto más alto; los negocios cerraban, millones de personas quedaban sin trabajo, y las iglesias luchaban por permanecer abiertas.

Kathryn era una evangelista itinerante sin ninguna organización denominacional que la apoyara, pero creía firmemente en un Dios grande, cuyos recursos no tenían límites. Ella creía que si servimos a un Dios de recursos limitados, entonces estamos sirviendo al dios equivocado. Kathryn vivía por el principio de fe y confiaba en Dios.

Por eso dijo a Hewitt que fuera a Denver y actuara como si tuvieran un millón de dólares. Cuando él le indicó que en realidad sólo tenían cinco dólares, Kathryn contestó:

> "El [Dios] no depende de lo que poseemos o de lo que somos. ...ciertamente puede obrar un milagro semejante al de los panes y los pescados, y multiplicar nuestros cinco dólares... Ahora, ve a Denver. Alquila el edificio más grande que encuentres. Consigue el mejor piano disponible para Helen. Llena el local de sillas. Manda a publicar un anuncio grande en el Denver Post y haz propaganda por radio, en todas las emisoras. Este es el negocio de Dios, y vamos a hacerlo a su manera: ¡A lo grande!"[13]

Hewitt le tomó la palabra y siguió sus instrucciones. El lugar había sido un depósito de la compañía Montgomery Ward. Las reuniones se prolongaron por cinco meses, durante los cuales se mudaron a otro depósito. La primera noche asistieron ciento veinticinco personas; la segunda noche, más de cuatrocientas. A partir de entonces, el depósito comenzó a llenarse por completo todas las noches. Después de cinco meses, Kathryn anunció que la campaña había terminado,

pero las personas no querían saber nada de eso. Un hombre se ofreció a dar un adelanto para un edificio que pudieran usar en forma permanente y que tuviera un gran cartel de neón que diría: "La oración cambia las cosas".

La gente tenía hambre de la Palabra de Dios. Pero el mensaje principal de Kathryn en esos años era de el de salvación. Algunas veces había pastores que nacían de nuevo al responder a su invitación a recibir a Jesucristo como Salvador y Señor. El ministerio de Kathryn era de fe y esperanza. Durante este tiempo, Helen había formado un coro de cien voces y componía gran parte de la música que cantaban.

Dado que la respuesta a su ministerio era tan grande, Kathryn accedió a quedarse en Denver. Todo parecía perfecto, así que comenzaron a buscar un edificio para establecerse en forma permanente. Pero entonces, repentinamente, de la nada, llegó el golpe de la tragedia.

Primeros años del ministerio

PAPÁ SE HA IDO

Kathryn experimentó el primer trauma real de su vida a fines de diciembre de 1934, cuando su amado padre murió en un accidente. Mucho después supo que él había caído en una calle cubierta de hielo, y lo había atropellado un auto que intentó girar para no golpearlo en medio de una tormenta de nieve.

Debido a la tormenta, sólo horas después un amigo pudo comunicarse con Kathryn en Colorado. Al recibir la noticia de que su padre estaba al borde de la muerte, inició el viaje hacia la casa de sus padres, en medio de la tormenta, conduciendo desde Denver, cruzando el estado de Kansas hacia Misuri. Kathryn decía que sólo Dios sabe a qué velocidad condujo sobre esas rutas cubiertas de hielo, con una visibilidad cercana a cero.

El 30 de diciembre, Kathryn llegó a la ciudad de Kansas, y llamó a su casa para hacer saber a su padre que estaba a punto de llegar... pero le avisaron que él había muerto esa mañana, muy temprano.

Kathryn llegó a tiempo para ver a su padre en el ataúd, en el living de la casa, velado por sus seres queridos. El trauma fue casi más de lo que ella podía soportar. En ese momento sintió brotar de su interior un profundo odio por el joven que había atropellado a su padre.

"Yo siempre había sido una persona feliz, y papá me había ayudado a ser así. Ahora él se había ido, y en vez de ser feliz, yo batallaba contra dos extraños que me asaltaban: el odio y el miedo.
"Yo tuve el padre más perfecto que pueda tener una niña. Papá no hacía nada mal. Él era mi ideal".

Ella había estado fuera de su casa durante más de diez años, con sólo unas breves visitas en el intermedio. Ahora su papá jamás podría escucharla predicar. Más tarde, Kathryn relató que el odio contra el joven que había matado a su padre comenzó a acumularse en su interior, y que "escupió veneno" con todas las personas con las que hablaba... hasta el día del funeral.

"Allí, sentada en el primer banco de la pequeña Iglesia Bautista, yo seguía negándome a aceptar la muerte de

mi padre. No podía ser... Uno por uno, los miembros de mi familia se levantaron de sus asientos y se acercaron al ataúd. Mamá, mis dos hermanas, mi hermano. Sólo yo quedé sentada en el banco.

> *"Allí, sentada en el primer banco de la pequeña Iglesia Bautista, yo seguía negándome a aceptar la muerte de mi padre. No podía ser...*

"El que había dirigido la ceremonia se acercó y me dijo: 'Kathryn, ¿quieres ver a tu padre antes que cierre el ataúd?'

"De repente me encontré adelante, mirando hacia abajo, con los ojos fijos, no en el rostro de papá, sino en su hombro, ese hombro en el que tantas veces me había apoyado... Me incliné suavemente y puse mi mano sobre ese hombro que estaba dentro del ataúd. Y cuando lo hice, algo sucedió. Lo único que mis dedos acariciaron fue un pedazo de tela. ...todo lo que esa caja contenía era algo descartado, que alguna vez había amado, y que ahora quedaba de lado. Papá no estaba ahí.

"...Esa fue, verdaderamente, la primera vez que el poder del Cristo vivo y resucitado se manifestó a través de mí. Repentinamente, ya no sentía más temor de la muerte; y al tiempo que desaparecía mi temor, también desaparecía mi odio. Papá no estaba muerto. Estaba vivo".[14]

RENOVADA Y SONRIENDO

Kathryn regresó a Denver con un nuevo entendimiento y una nueva compasión. Encontraron un edificio, y comenzaron los trabajos de acondicionamiento en febrero de 1935. El 30 de mayo de ese año, se abrió el Tabernáculo del Avivamiento de Denver, con el enorme cartel de neón que le habían prometido: "LA ORACIÓN CAMBIA LAS COSAS". El auditorio tenía capacidad para dos mil personas sentadas, y el cartel con el nombre del Tabernáculo se veía a gran distancia. Durante los siguientes cuatro años, miles de personas asistieron a las reuniones. Se realizaban cultos todas las noches, excepto los lunes.

El tabernáculo pronto se convirtió en una iglesia organizada, pero no estaba afiliado a ninguna denominación. Finalmente se inició una escuela dominical y comenzaron a utilizarse autobuses para traer la gente a los cultos. Se hacía tarea evangelística en los hogares de ancianos y en las cárceles. Luego, Kathryn inició un programa de radio llamado "Sonriendo".

En 1936, muchos músicos y predicadores ministraron en el Tabernáculo del Avivamiento de Denver. Uno de ellos era Raymond T. Richey, un prominente evangelista, que pasó tres semanas en la iglesia. Richey había sido un pionero de las primeras campañas de sanidad en los Estados Unidos.

Kathryn dijo que la muerte de su padre había sido "el valle más profundo" que debió cruzar; pero pronto viviría otra experiencia que llegaría a ser un valle casi tan profundo como aquél.

EL PASO EN FALSO

En 1935, un predicador llamado Burroughs A. Waltrip, de Austin, Texas, fue invitado a predicar en el Tabernáculo. Era un hombre extremadamente apuesto, ocho años mayor que Kathryn. Pronto ambos descubrieron que había una atracción entre ellos.

El único problema era que este hombre estaba casado y tenía dos hijos pequeños. Kathryn aparentemente ignoró las señales del Espíritu Santo en su interior, que le indicaban que esta relación era un error. Poco después de su primera visita a Denver, Waltrip se divorció de su primera esposa y dijo a todos que ella lo había abandonado. Pero su ex esposa, Jessie, dijo que Waltrip creía que si una persona no amaba a su cónyuge en el momento de casarse, no había pacto alguno entre ambos, lo cual hacía que pudieran divorciarse y casarse con otro. Después de dejar a su esposa, Waltrip nunca regresó a ella, y sus dos hijitos jamás volvieron a ver a su padre.[15]

EL ERROR

Después de dejar a su familia, Waltrip se mudó a Mason City, Iowa, presentándose como un hombre soltero, e inició un centro evangelístico llamado Radio Chapel. Se lo conocía como un evangelista dramático y sensacionalista, y comenzó a emitir diariamente desde la Capilla. Kathryn y Helen fueron allí para ayudarlo a reunir fondos para su ministerio.

Pronto, la relación romántica entre Kathryn y Waltrip, a quien ella llamaba "Mister" se hizo pública. Helen y otros amigos de Denver trataron de persuadir a Kathryn de que no se casara con el apuesto evangelista, pero ella insistía en que su esposa lo había dejado, lo cual lo hacía libre para casarse nuevamente.

> *Pronto, la relación romántica entre Kathryn y Waltrip, a quien ella llamaba "Mister" se hizo pública.*

Debe destacarse que los detalles de la separación de Waltrip de su esposa y el momento en que se involucró con Kathryn no fueron claros. Quienes amaban y apreciaban el ministerio de Kathryn no hablaban sobre ello. Obviamente, sentían que Dios la había perdonado por los errores que cometiera en esta relación, por lo cual los detalles no eran de importancia.

El 16 de octubre de 1938, Kathryn anunció a su congregación de Denver que planeaba unirse al ministerio de "Mister" en Mason City, Iowa. Dos días más tarde, el 18 de octubre, casi dieciséis meses después del divorcio de Waltrip, Kathryn y Burroughs se casaron secretamente en Mason City.

¿CUÁL ES EL PROBLEMA?

Quisiera dejar algo en claro aquí. El divorcio no era el problema. Naturalmente, lo es para las personas religiosas y sus denominaciones farisaicas, pero no es un problema para Dios. Según el Nuevo Testamento, hay dos razones bíblicas para divorciarse. Una es que un cónyuge practique repetidamente actos inmorales. Y la otra es cuando un cónyuge abandona el matrimonio. Si alguna de estas dos cosas le sucede a una persona, entonces ella es libre delante de Dios, y su nuevo matrimonio cuenta con la bendición del Señor. Si has tomado una decisión que no estaba de acuerdo con la Palabra de Dios, en lo relativo al divorcio, hay perdón y restauración, y un principio nuevo y limpio para ti. Las personas farisaicas, y algunas denominaciones, quizá no te den un nuevo comienzo, pero Dios puede ayudarte, si le buscas a él.

Kathryn se encontró en una situación en la que había actuando espíritus mentirosos y engañosos. Waltrip dejó a su esposa en Texas y se divorció de ella, lo cual fue su primer error. Después trató de cubrir su comportamiento adoptando una doctrina engañosa, y mintió al respecto a quienes le rodeaban. ¡El matrimonio Kuhlman-Waltrip fue totalmente equivocado desde el principio!

CASI LO HIZO...

Kathryn decidió creer la historia que Waltrip contaba, diciendo que su esposa lo había dejado. Pero mientras preparaban la boda, su corazón estaba constantemente turbado. No tenía paz en su espíritu. La mayoría de la gente dice que "Mister" no amaba a Kathryn en absoluto. Lo que amaba era su capacidad para atraer multitudes y reunir fondos. Este hombre era bien conocido por su codicia y su estilo de vida extravagante. Cuando se casó con Kathryn, personas de ocho estados lo perseguían para cobrarle deudas.

Aun la madre de "Mister" rogó a Kathryn que no se casara con su hijo. Tenía esperanzas de que su hijo recobrara el sentido común y regresara con su esposa y sus hijos. Podemos preguntarnos, entonces, ¿por qué Kathryn siguió adelante con el matrimonio?

Antes de la fecha decidida para el matrimonio en Mason City, Kathryn comentó el tema con sus amigas, Lottie Anthony y Helen. Lottie recuerda que Kathryn dijo: **"Es que no logro encontrar la voluntad de Dios sobre este tema".** Las mujeres trataron de convencer a Kathryn de que esperara y buscara tener paz en Dios. Pero ella no las escuchó.

Cuando las tres mujeres llegaron a Des Moines, camino a Mason City, Helen anunció a su amiga que no apoyaría ese acto, y se quedó en el hotel. Lottie estuvo de acuerdo con Helen, y también se negó a asistir al casamiento.

Pero Kathryn encontró a otra amiga que fuera testigo del casamiento entre ella y Waltrip. Durante la ceremonia, Kathryn se desmayó. Waltrip ayudó a revivirla para que pudiera terminar de decir sus votos. La decisión deliberada de salirse de la voluntad de Dios obviamente era una pesada carga para ella.

Cuando los recién casados regresaron a Des Moines después de la ceremonia, Kathryn hizo algo extraño. Después de registrarse en el hotel, se negó a quedarse con su nuevo esposo. Su amiga Lottie Anthony dice que ella se metió en el auto y se dirigió hacia el hotel donde ella y Helen se hospedaban.

Kathryn se quedó en el cuarto de sus amigas, llorando y admitiendo que había cometido un error al casarse, y que pediría la anulación

del matrimonio. Lottie entonces llamó a Waltrip para informarle lo que Kathryn deseaba hacer. Mientras Waltrip se quejaba de perder a su esposa, Lottie exclamó: "¡Por empezar, ella nunca fue suya!"

Las tres mujeres salieron de Des Moines, esperando explicar la situación a la congregación en Denver. Pero la congregación no les dio ninguna oportunidad. Estaban furiosos con Kathryn por tomar la situación tan a la ligera y por haberse casado en secreto. Lottie dijo que la congregación de Denver "empujó [a Kathryn] de vuelta en los brazos de Waltrip".[16]

SUEÑOS DESTROZADOS

La obra que Kathryn había construido tan diligentemente durante los cinco años anteriores se desintegró con rapidez. Hewitt compró su parte del edificio; Helen se fue a ayudar en una pequeña obra en Denver. Las ovejas se dispersaron. Debido a su terrible error, Kathryn perdió su iglesia, sus amigas más cercanas y su ministerio. Aun su relación con Dios sufrió, porque ella puso a "Mister" y sus deseos por encima de su pasión por Dios.

Kathryn Kuhlman, la mujer que algunos habían adorado como "perfecta madonna" era, en realidad, un ser humano sujeto a tentaciones. Ella fue una gran mujer de Dios, pero lo que la hizo grande fue la decisión de actuar para recuperarse de su error. A pesar de las miradas, los comentarios y el rechazo generalizado, necesitó una gran fe y una determinación tenaz para restaurar su ministerio. Se dice que sus propios errores fueron el origen de la gran revelación que se percibe en sus sermones sobre la tentación, el perdón y la victoria.

A pesar de las miradas, los comentarios y el rechazo generalizado, necesitó una gran fe y una determinación tenaz para restaurar su ministerio.

Pero esta revelación no se produjo de un día para otro. Kathryn pasó los siguientes ocho años en completo anonimato en lo que al gran ministerio se refiere. Seis años duró el matrimonio, y durante los dos siguientes, ella estuvo tratando de encontrar el camino de vuelta al ministerio de tiempo completo. Algunos amigos que viajaron a Mason City durante el año que Kathryn vivió allí, comentaron que ella solía sentarse en la plataforma detrás de su esposo y llorar mientras él predicaba.

Cuando la gente de Mason City se enteró de que Waltrip había mentido sobre su primer matrimonio, dejaron de asistir a las reuniones, y Radio Chapel debió cerrar poco después. Las pocas veces que Waltrip dejó ministrar sola a Kathryn fue en lugares donde nadie sabía que ella era casada. Al menos una vez, una serie de reuniones fue cancelada a último momento cuando alguien de la congregación le comentó al pastor que ella estaba casada con un hombre divorciado.[17]

EL DOLOR DE MORIR

Kathryn dejó a Waltrip en 1944, mientras vivían en Los Ángeles, pero él no pidió el divorcio hasta 1947.

En una de las raras ocasiones en que habló sobre estos años y sobre lo que había sucedido, Kathryn comentó:

> **"Tuve que escoger entre el hombre a quien quería y el Dios a quien amaba. Sabía que no podía servir a Dios y vivir con Mister al mismo tiempo. ...no creo que nadie pueda experimentar un dolor tan profundo como el mío; era la agonía de morir, porque lo amaba más que a la vida misma. Inclusive, durante algún tiempo, lo quise más que a Dios. Finalmente le dije que tenía que marcharme. Dios nunca me había relevado de aquel llamado original. Durante el tiempo que vivimos juntos, mi conciencia me atormentaba y la represión del Espíritu Santo era tal, que resultaba casi intolerable. Ya estaba cansada de tratar de justificarme".[18]**

En una de sus últimas apariciones, durante una conferencia, en el momento dedicado a preguntas y respuestas, un joven del público le preguntó cómo había enfrentado su "muerte". Él la había oído hablar de esta muerte varias veces.

Ella respondió:

> **"Fue a través de una gran desilusión, y me sentí como si todo mi mundo se hubiera acabado. Sabes, no es lo que te pasa, sino lo que haces con eso después que pasa. Y esto nos lleva nuevamente a la voluntad de Dios.**

"En ese momento, sentí que lo que me había sucedido era la tragedia más grande de mi vida. Pensé que jamás podría levantarme otra vez, jamás, jamás. Nunca nadie sabrá, si no ha muerto, de qué estoy hablando. ...Hoy creo que fue parte de la perfecta voluntad de Dios para mi vida". [19]

Kathryn comentó varias veces cuánto había sufrido por amor al ministerio. Pero en realidad, también hubo otras personas que sufrieron. Hubo una esposa que fue abandonada en Texas con dos niños pequeños, sin poder explicarles por qué jamás volverían a ver a su padre. Esta dura prueba trajo gran dolor a todas las personas que conocían y amaban a la pareja.

LAS DOS CARAS DE LA MONEDA

Pero a partir del momento en que tomó su decisión, Kathryn nunca se apartó del llamado de su vida, nunca se desvió de la senda que Dios había trazado para ella, y nunca más volvió a ver a "Mister". Compró un boleto de ida a Franklin, Pensilvania, y jamás regresó.

Fue totalmente restaurada en su vida con Dios. Aunque este fue un tiempo difícil para ella, las bendiciones de Dios pronto la siguieron. Pero el destino que siguió Waltrip no se conoce con exactitud. Simplemente desapareció de la vista, y ni siquiera se puso en contacto con su familia. Según su ex esposa Jessie, años después, su hermano, James Waltrip, descubrió, tristemente, que Burroughs finalmente había muerto en una prisión de California, donde cumplía una condena por robar dinero a una mujer. [20]

FUERA DE LA CUEVA

Nadie jamás supo por qué Kathryn eligió Franklin para su "regreso". Franklin era una ciudad ubicada en la zona de las minas de carbón de Pensilvania, colonizada por inmigrantes alemanes. Quizá Kathryn se sintió "como en casa" allí. Quizá fue porque en ese lugar la aceptaban. Cualquiera fuera la razón, funcionó.

De allí pasó por los estados del centro-oeste y luego fue hacia el sur, y luego a Virginia occidental, Virginia y las Carolinas. En algunos lugares era aceptada rápidamente. En otros, su pasado salía rápidamente a la superficie y las reuniones se cancelaban. En Georgia, un

periódico se enteró de la historia de su casamiento con un hombre divorciado y la publicó. Entonces Kathryn tomó nuevamente un autobús hacia Franklin.

Cualquiera fuera la razón, en 1946, Kathryn salió del "desierto" y entró en la "Tierra Prometida" de su verdadero ministerio. Después de una gira poco exitosa por el sur, fue invitada a realizar una serie de reuniones en el Gospel Tabernacle ubicado en Franklin, Pensilvania. El Tabernáculo había sido famoso desde que Billy Sunday predicara allí. Y las reuniones de allí fueron tan gloriosas como si los últimos ocho años jamás hubieran existido.

> *Kathryn salió del "desierto" y entró en la "Tierra Prometida" de su verdadero ministerio.*

LAS MUCHAS VOCES

Poco después de iniciar sus reuniones en el tabernáculo, comenzó un programa diario en la radio WKRZ en Oil City, Pensilvania. A los pocos meses, la respuesta de la gente era tal, que sumó otra estación en Pittsburgh.

Repentinamente, en lugar de que las personas la acosaran, Kathryn se vio inundada de correspondencia; la estación de Oil City finalmente debió prohibir a las personas que entraran al estudio, porque no se podía trabajar.

La Segunda Guerra Mundial acababa de terminar y muchas cosas escaseaban aún; pero la estación se llenó de medias de nailon después de que Kathryn mencionara en el aire que se le había corrido el último par que tenía.

En esta época del fin de la guerra, el Espíritu Santo se movía para restaurar al cuerpo de Cristo por medio del don de la sanidad. Las grandes campañas de sanidad estaban al orden del día, y grandes sanidades se producían a través de los ministerios de hombres como Oral Roberts, William Branham y el ya fallecido Jack Coe. Gordon Lindsay, fundador de la revista *The Voice of Healing* (La voz de sanidad), y del Instituto Cristo para las Naciones, publicaba las noticias de estas grandes campañas en su revista.

En ese momento Kathryn aún oraba principalmente para que las personas fueran salvas. Pero también comenzó a orar e imponer las manos a quienes necesitaban sanidad. Aunque no le agradaba que la consideraran una de los que "sanaba por fe", comenzó a asistir a las reuniones de estos ministros, para averiguar más sobre este fenómeno de Dios. No tenía la más mínima idea de que esta área del ministerio le daría fama internacional.

Después de observar las diversas campañas, Kathryn salía de ellas con mayor entendimiento. Aunque siempre tuvo preguntas sin respuesta sobre la sanidad divina, estableció un patrón para su ministerio:

> **"En los comienzos de mi ministerio, me perturbaban en gran manera muchas cosas que veía que sucedían en el campo de las sanidades divinas. Me confundían muchos de los métodos que vi que se empleaban. Me disgustaban las formas poco sabias de actuar que veía, ninguna de las cuales podía yo asociar con la acción del Espíritu Santo o la naturaleza de Dios.**
> **"...Y hasta el día de hoy, no hay nada que me sea más repulsivo que la falta de sabiduría... Hay algo que no puedo soportar, y es el fanatismo; las manifestaciones de la carne que traen reprobación sobre algo que es tan maravilloso y sagrado".**[21]

Kathryn continuó hablando de las cosas que había visto en estas reuniones, y que le habían hecho doler el corazón. Durante el resto de su vida, continuó exhortando a las personas a concentrarse en Jesús y en nadie más. Después de asistir a una reunión en Erie, Pensilvania, dijo:

> **"Comencé a llorar. Era un llanto incontrolable. Las miradas de desesperación y decepción que vi reflejadas en aquellos rostros, cuando les indicaron que su falta de fe los apartaba de Dios, me atormentaron durante muchas semanas. ¿Era este el Dios tan misericordioso y compasivo? Abandoné la carpa llorando de indignación y levantando los ojos al cielo, exclamé: "¡Se han llevado a mi Señor y no sé dónde le han puesto!"**[22]

Es interesante notar que Kathryn Kuhlman decidió no asociar su ministerio con la publicación de Gordon Lindsay, *La voz de sanidad.* La publicación era la promoción preferida por los evangelistas de la

sanidad de esa época, y Kathryn prefirió no ser parte de ella. Muchos de estos evangelistas eran sinceros y honestos, pero otros se dieron al sensacionalismo y utilizaban métodos cuestionables en su ministerio.

¡AQUÍ VIENEN LOS MILAGROS!

El momento en que Kathryn vio en la Palabra de Dios que había sanidad para el creyente al mismo tiempo que salvación, fue también el momento en que comenzó a comprender la relación del cristiano con el Espíritu Santo. En 1947, Kathryn comenzó a enseñar varias lecciones sobre el Espíritu Santo en las reuniones del Tabernáculo.

> *El momento en que Kathryn vio en la Palabra de Dios que había sanidad para el creyente al mismo tiempo que salvación, fue también el momento en que comenzó a comprender la relación del cristiano con el Espíritu Santo.*

Algunas de las cosas que dijo la primera noche fueron revelaciones hasta para ella misma. Más tarde relató que estuvo levantada toda la noche, orando y leyendo más de la Palabra.

La segunda noche fue una ocasión muy especial. Una persona dio testimonio diciendo que había sido sanada en una reunión de Kathryn Kuhlman. Una mujer se puso en pie y testificó que había sido sanada mientras Kathryn predicaba la noche anterior. Sin imposición de manos, sin que Kathryn siquiera supiera lo que estaba sucediendo, esta mujer había sido sanada de un tumor. Había ido al médico ese mismo día, para confirmar su sanidad, antes de asistir al culto vespertino.

Al domingo siguiente se produjo el segundo milagro. Un veterano de la Primera Guerra Mundial que había sido declarado legalmente ciego después de un accidente industrial recibió el 85% de la visión del ojo que tenía afectado en forma permanente, y visión completa en el otro ojo.

TIBURONES, COMISARIOS Y GLORIA

Una vez que comenzaron las sanidades y los milagros, las multitudes que Kathryn atraía al Tabernáculo eran aún mayores que las de Billy Sunday. Dios comenzó a prosperar el ministerio en gran manera, pero los adversarios movidos por el diablo también se infiltraron, tratando de socavar la obra y el fluir del Espíritu Santo en el ministerio de Kathryn.

El ataque vino de parte de M. J. Maloney y otros que estaban en la junta directiva del Tabernáculo. Maloney insistía en que, según el contrato, tenía que recibir un porcentaje determinado de todos los ingresos del ministerio, incluyendo aquellos obtenidos por medio del ministerio radial y de la propaganda postal. Kathryn no accedió a sus exigencias. Maloney la amenazó con entablar una demanda legal.

El "espectáculo" se produjo cuando Maloney cerró con candado el edificio, impidiendo entrar a Kathryn. Luego se inició una pelea entre los seguidores de Kathryn, que eran mineros, y los hombres de Maloney, que culminó con los mineros rompiendo los candados para que los cultos pudieran continuar. La confrontación terminó cuando la gente de Kathryn reunió $ 10.000 y compró una vieja pista de patinaje sobre hielo y abrió un nuevo tabernáculo, el Templo de la Fe, en las cercanías de Sugar Creek. Era el doble de grande que el edificio de Maloney y estuvo repleto de gente desde el primer culto.

Irónicamente, durante estos días cruciales y agitados de 1947, sucedió otra cosa sorprendente. Una noche, Kathryn escuchó un golpe en la puerta. Cuando abrió, se encontró con el comisario vestido en ropa de civil. Venía a decirle que "Mister" había iniciado una demanda de divorcio en Nevada, y que esa mañana su oficina había recibido los papeles, en los que ella figuraba como demandada.

Kathryn bajó la vista y vio los papeles en la mano del comisario. No levantó la cabeza. Comprendiendo su pena y su vergüenza, el hombre la tocó en el brazo, ya que había estado asistiendo a los cultos de Kathryn y sabía que ella había sido enviada por Dios a ese lugar. Sabiendo que las demandas de divorcio que incluían nombres de personas famosas muchas veces se entregaban a la prensa para ser publicados, el comisario se aseguró de que los papeles quedaran bien guardados para poder entregarlos personalmente.

Además, el comisario aseguró a Kathryn que nadie, excepto ellos dos, sabría jamás de esa acción legal. Ella le respondió que le estaría agradecida por el resto de su vida.

La bondad de este hombre evitó a Kathryn un terrible dolor. Siete años más tarde, los reporteros finalmente se enteraron del divorcio. Pero para ese entonces, ya el ministerio de Kathryn estaba tan extendido que no podía ser afectado por viejas noticias.

Los cultos continuaron realizándose en la renovada pista de hielo y se extendieron a las ciudades vecinas, y al Auditorio Stambaugh en Youngstown, Ohio. El Espíritu Santo había encontrado un ministerio que no se trataría de quitarle la gloria por lo que él hacía ni por los resultados de su obrar.

Una ex secretaria recordó:

> "La señorita Kuhlman era tan sensible a Dios... Yo estaba en el Tabernáculo después de un culto, y podía ver dentro del salón de radio. Allí, la señorita Kuhlman, sin darse cuenta de que alguien podía verla, estaba de rodillas, alabando a Dios por el culto".[23]

A medida que su ministerio se desarrollaba, Kathryn comenzó a poner menos énfasis en la fe, y más en la soberanía del Espíritu Santo. En sus reuniones no había tarjetas de oración, ni carpas para los inválidos, ni largas filas de personas enfermas esperando que ella les impusiera las manos. Kathryn nunca acusó a los que no recibían sanidad de ser débiles en la fe. Parecía que las sanidades se producían en todo el auditorio mientras la gente estaba simplemente en sus asientos, concentrados en Jesús, mirando al cielo.

¡Y EL TECHO SE CAYÓ!

En su primera reunión en el Carnegie Hall, en Pittsburgh, el custodio le dijo que ni siquiera las estrellas de la ópera podían llenarlo. Pero ella insistió en que pusieran suficientes sillas para llenar el auditorio. Fue bueno que lo hiciera, porque todas las sillas fueron ocupadas.

El primer culto fue una tarde, y el salón estaba atestado de gente. Esa misma noche se realizó un nuevo culto para dar lugar a la multitud. Jimmy Miller y Charles Beebee ministraron en música en estos cultos, y continuaron ministrando con Kathryn hasta el final.

El ministerio radial se expandió, y para noviembre de 1950, la gente comenzó a insistir para que Kathryn se mudara a Pittsburgh en forma permanente. Hasta Maggie Hartner, la mujer que se convertiría en su "brazo derecho", insistió para que se mudaran. Kathryn se rehusaba, queriendo ser fiel a la gente de Franklin que la había apoyado y

había estado a su lado, quienes la habían aceptado y amado cuando nadie más la quería.

Pero una señal del cielo finalmente convenció a Kathryn de que se mudara a Pittsburgh.

En respuesta a los pedidos, Kathryn anunció:

> *Una señal del cielo finalmente convenció a Kathryn de que se mudara a Pittsburgh.*

";¡No! Tendría que caerse el techo del Templo de la Fe, literalmente, para que yo creyera que Dios desea que me mude a Pittsburgh".

El Día de Acción de Gracias de 1950, el techo del templo se desplomó bajo el peso de la mayor acumulación de nieve de toda la historia de la región.[24]

Tres semanas más tarde, Kathryn se mudó a Fox Chapel, en los suburbios de Pittsburgh, donde viviría durante el resto de su vida.

"QUIERO SER COMO AIMEE"

En 1950 comenzó a desarrollarse gradualmente un ministerio de alcance mundial. Años después, Kathryn diría que Dios no la había llamado a construir una iglesia. Su ministerio, sostenía, no debía confundirse con un edificio. Algunos son llamados a construir edificios, pero ese no era el caso de Kathryn Kuhlman.

El hecho de que ella sí construyó iglesias quedó en la sombra, tras la publicidad que atraían los cultos de milagros. La Fundación Kathryn Kuhlman, establecida en Pittsburgh, financió más de veinte iglesias en campos misioneros de otros países, pastoreados por ministros locales.

Muchos la llamaban "pastora", con amor y respeto, pero ella nunca fue ordenada pastora. Después de su estadía en Denver, nunca más pastoreó una iglesia. Kathryn decía que ella no había sido llamada a cumplir los cinco ministerios (Efesios 4:11). Ella andaba en la sencillez de ser una "sierva" del Señor.

Los que conformaban su círculo más íntimo dicen que Kathryn anunció al comenzar su ministerio, que ella sería la próxima Aimee Semple McPherson, fundadora de la Iglesia Cuadrangular. Aimee era, sin dudas, el modelo que Kathryn seguiría. Cuando la vivaz "Hermana"

construyó el Angelus Temple en Los Ángeles, Kathryn estuvo presente allí en su momento de mayor popularidad. Se dice que Kathryn asistió al instituto bíblico de Aimee, y que solía sentarse en la planta alta de su iglesia, captando cada aspecto de los ungidos mensajes y la presentación teatralizada de la "Hermana". A diferencia de los demás estudiantes del instituto, Kathryn decidió no quedarse dentro de la denominación cuadrangular, sino que eligió un camino independiente. Es interesante que Rolf McPherson, hijo de Aimee, no recuerda que Kathryn haya estudiado en su instituto.

Aunque Kathryn nunca conoció personalmente a Aimee, los efectos de su ministerio influyeron sobre ella. Había una gran diferencia fundamental entre ambas: Aimee enseñaba a las personas a buscar el bautismo en el Espíritu Santo; Kathryn pensaba que "buscarlo" era forzarlo. Kathryn era pentecostal pero no hacía demasiado énfasis en ese hecho. La gente siempre la comparó con Aimee, pero fue sólo seis años después de la prematura muerte de Aimee que Kathryn llegó a los titulares de todo el país.[26]

UNA IGLESIA MEDIÁTICA

Los mensajes radiales de Kathryn finalmente llegaron a ser escuchados en todos los Estados Unidos, y en algunos lugares del exterior, vía onda corta. Parecía que todo el país estaba ansioso por escuchar esa voz cálida y agradable que preguntaba a su audiencia al principio del programa: **"Hola a todos... ¿Estaban esperándome?"**

Su programa radial no era religioso ni recargado. Por el contrario, el programa hacía sentir a quienes lo escuchaban como si Kathryn Kuhlman acabara de llegar para sentarse a tomar una taza de café con ellos. Kathryn ministraba a las necesidades, preocupaciones y dolores de sus escuchas, y su aliento cambió muchas vidas. Con frecuencia emitía unas breves risitas, que hacían que la gente sintiera que habían estado hablando cara a cara con ella. Si tenía ganas de llorar, lloraba; si deseaba cantar, cantaba. Kathryn tenía la capacidad de ministrar por radio de la misma manera que lo hacía en público. No muchos podían hacerlo, pero Kathryn sí. Debido a la demanda del público, la Fundación Kathryn Kuhlman debió permitir el uso de las grabaciones de sus viejos programas a las estaciones radiales, durante seis años después de su muerte.

Durante más de ocho años antes de su muerte, su programa de TV diario fue emitido en todo el país. En ese momento, fue en el programa de media hora de duración producido por la CBS (aunque no era emitido por esta cadena) que permaneció en el aire durante más largo tiempo.

TODO TENÍA QUE HACERSE A SU MANERA

Sus reuniones pasaron del Carnegie Hall a la Primera Iglesia Presbiteriana de Pittsburgh, y durante años, asistieron a ellas algunos de los más exclusivos eruditos de la Biblia en Pittsburgh. Y durante los últimos diez años de su vida, una vez por mes, Kathryn realizó cultos en el Auditorio Shrine en Los Ángeles, donde ministró a incontables miles de personas, y cientos fueron sanadas. También habló en grandes iglesias, conferencias y reuniones internacionales. Kathryn disfrutaba especialmente cuando ministraba en la Fraternidad de Hombres de Negocios del Evangelio Completo, una organización laica fundada por Demos Shakarian.

Pasaron muchos años antes que Kathryn consintiera en integrar los cultos de milagros con sus otras conferencias. Sentía que los límites de una conferencia general, con su organización y sus horarios estrictos, restringirían la libertad del Espíritu que era parte tan vital de sus reuniones.

Si algún grupo deseaba que Kathryn hablara para ellos, debían ajustar el programa que tenían a su estilo. Ella sabía que Dios la había llamado a ministrar de determinada manera, y no habría cambios. Si parecía que no tendría libertad, o si estaban presentes personas cuestionables que podrían manchar su ministerio, cancelaba el compromiso. Algunos decían que "los que estaban a cargo, no estaban a cargo" cuando Kathryn estaba presente.[27]

> *Si parecía que no tendría libertad, o si estaban presentes personas cuestionables que podrían manchar su ministerio, cancelaba el compromiso. Algunos decían que "los que estaban a cargo, no estaban a cargo" cuando Kathryn estaba presente.*

ELLA MORÍA MIL VECES

Kathryn nunca predicó en contra de fumar o beber alcohol. No defendía estos comportamientos, pero se negaba a aislar a la gente. Tampoco le gustaba la forma

en que ministraban algunos de los evangelistas de la sanidad. Le parecía que eran "rudos", y no soportaba esa clase de ministerio.

Ella nunca enseñó que la enfermedad fuera del diablo. Evitaba el tema, señalando, en cambio, cuán grande es Dios. Sentía que si podía hacer que los ojos de las personas se volvieran hacia Dios, entonces cada cosa ocuparía el lugar que le correspondía. A principios de su ministerio, Kathryn solía decir a las personas que abandonaran sus denominaciones. En sus últimos años, las alentaba a regresar y ser una luz y una fuerza sanadora para ellas.[28]

Se dice que la vida de Kathryn era una oración. Viajaba constantemente, por lo que no tenía sus devocionales en forma convencional; así que aprendió a hacer de cualquier lugar donde estuviera su cuarto de oración. Antes de las reuniones, Kathryn podía ser vista "caminando de un lado para otro, subiendo y bajando la cabeza, con las manos elevadas hacia el cielo o unidas detrás de la espalda". Su rostro estaba cubierto de lágrimas. Parecía que estaba rogando al Señor, pidiéndole: "**...querido Jesús... no apartes tu Santo Espíritu de mí**".[29]

Aunque esta profundidad de oración parecería ser algo muy personal, para Kathryn no lo era. Muchas veces, alguien la interrumpía con una pregunta, ella contestaba, y luego regresaba a su oración, en la misma profundidad que tenía al momento de la interrupción. Oral Roberts describió su relación con el Espíritu en esta forma:

> "Era como si estuvieran hablando entre ellos, y uno no
> sabía nunca dónde terminaba el Espíritu Santo y comen-
> zaba Kathryn. Era una unidad".[30]

Personas de todas clases y denominaciones asistían a sus reuniones: católicos, episcopales, bautistas, pentecostales, ebrios, enfermos, moribundos, personas muy espirituales, personas no creyentes. Y Kathryn sabía que ella era el instrumento que podía señalarles el camino a Dios. De alguna manera, ella cruzaba todas las barreras y llevaba a todos a un mismo nivel de entendimiento. ¿Cómo podía hacerlo? Creo que era porque vivía totalmente rendida al Espíritu Santo. Siempre decía: "**Yo muero mil veces antes de cada culto**".[31]

Dado que era una evangelista ecuménica, Kathryn nunca permitió que los dones espirituales de las lenguas, de la interpretación de lenguas, o de la profecía operaran en sus cultos. Si alguien hablaba en

lenguas repetidas veces, en voz suficientemente alta como para resultar molesto, Kathryn discretamente hacía que lo sacaran del lugar. Ella creía en todos los dones del Espíritu, pero no quería hacer nada que obstaculizara o distrajera a los no iniciados de una simple creencia en Dios.

Pero sí permitía que las personas "cayeran bajo el poder del Espíritu". Muchos llegaron a creer en el tremendo poder de Dios solamente con ser testigos de esta manifestación. Kathryn ofrecía una sencilla explicación al fenómeno:

> **"Lo único que puedo creer es que nuestro ser espiritual no está preparado para recibir la plenitud del poder de Dios, y cuando nos conectamos con ese poder, sencillamente no podemos contenerlo. Estamos preparados para un voltaje bajo, pero Dios es alto voltaje por medio del Espíritu Santo".[32]**

Nunca dejaba la plataforma, ni siquiera cuando un músico o un cantante estaba ministrando. Generalmente se ubicaba a un costado, pero siempre a la vista del público, de pie, sonriendo, levantando sus manos a Dios.

Kathryn siempre fue consciente de que un día estaría delante del Señor y daría cuentas por su ministerio. Nunca creyó que había sido elegida especialmente por él para llevarlo a cabo. Creía que Dios había llamado a un hombre para hacerlo, pero ese hombre no había estado dispuesto a pagar el precio. Kathryn no estaba segura siquiera de ser la segunda o la tercera persona que Dios había llamado para esa tarea, pero sí sabía que había dicho que "Sí" al Señor. Su ministerio se destaca como uno de los más importantes, sino el más importante, del movimiento carismático.

DEMASIADOS COMO PARA NOMBRARLOS A TODOS

¿Cuáles fueron algunos de los milagros más destacados? Aunque hubo miles y miles de milagros, el mayor milagro, para Kathryn, era que una persona naciera de nuevo. En cierta ocasión, un niño de cinco años, paralítico de nacimiento, caminó hacia la plataforma sin ayuda de nadie. Otra vez, una mujer que había estado paralítica y confinada a una silla de ruedas durante doce años, caminó hacia la plataforma sin

Aunque hubo miles y miles de milagros, el mayor milagro, para Kathryn, era que una persona naciera de nuevo.

ayuda de su esposo. En Filadelfia, un hombre al que le habían colocado un marcapasos ocho meses antes, sintió un dolor intenso en su pecho cuando Kathryn le impuso las manos. Al llegar a su casa, descubrió que la cicatriz de la operación había desaparecido, y no estaba seguro de si el marcapasos estaba funcionando. Más tarde, cuando el médico ordenó tomarle algunas radiografías, descubrieron que el marcapasos había desaparecido ¡y el corazón del hombre estaba totalmente sano!

Era común que los tumores se disolvieran, los cánceres desaparecieran, los ciegos vieran y los sordos oyeran. Las migrañas eran sanadas instantáneamente. Aun los huecos en los dientes eran rellenados por intervención divina. Sería imposible dar una lista de los milagros que se produjeron a través del ministerio de Kathryn Kuhlman. Sólo Dios lo sabe.

Kathryn solía llorar de gozo al ver los miles de personas sanadas por el poder de Dios. Algunos recuerdan que las lágrimas caían hasta sobre sus manos.

También se dice que Kathryn lloraba al ver las personas que se iban de sus cultos aún en sus sillas de ruedas, o enfermas. Nunca trató de explicar por qué algunos recibían su sanidad, y otros no. Ella creía que la responsabilidad era de Dios. Le agradaba referirse a sí misma como "vendedora", no "gerenta". Cualquier cosa que la Gerencia decidiera hacer, ella estaba obligada a obedecer. Pero solía decir que esa era una de las primeras preguntas que le haría a Dios cuando llegara al cielo.

EN EL NORTE

En agosto de 1952, Kathryn predicó a más de quince mil personas en la carpa de Rex Humbard en Akron, Ohio. En la madrugada del domingo, antes del primer culto de Kathryn, los Humbard fueron despertados por un fuerte golpe en la puerta de su casa rodante. Era un policía que les dijo: "Reverendo Humbard, tiene que hacer algo. Hay casi dieciocho mil personas en esa carpa". Eran las 4:00 de la mañana, y el culto comenzaría a las 11:00.

La gente se apresura a conseguir asiento en una reunión de Kathryn Kuhlman

Seattle, Washington, 1974

Imponiendo las manos a los enfermos

Ministrando a los inválidos

Más sillas de ruedas vacías

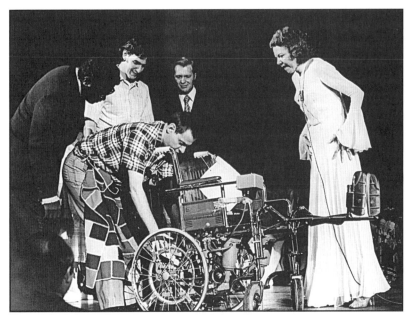

"¡Levántate y empuja!"

Kathryn con Oral Roberts

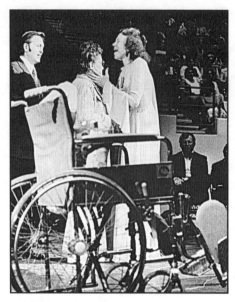

"¡Sé libre en el nombre de Jesús!"

"Querido, ¿no es amoroso Jesús?"

Kathryn estaba acostumbrada a las multitudes que superaban la capacidad de un salón o una carpa, así que dijo a Humbard que sólo podrían hacer una cosa: comenzar el culto a las 8:00. ¡Y eso fue lo que hicieron! Maude Aimee, esposa de Rex, recordó que Kathryn ministró hasta las 14:30 esa tarde.

Después de estas reuniones, los Humbard estacionaron su casa rodante en Akron y construyeron allí una de las iglesias y ministerios televisivos más grandes de esa época, las décadas de 1960 y 1970. Kathryn y los Humbard también iniciaron así una amistad que se prolongaría por el resto de sus vidas.

Aproximadamente en esta época a Kathryn le diagnosticaron un corazón agrandado con una válvula mitral defectuosa. Pero ella continuó hacia delante, dependiendo enteramente del Espíritu Santo.

BRILLO Y ESTRELLAS FUGACES

Para este entonces, Kathryn se había convertido en una celebridad en el ambiente cristiano y también en el secular. Las estrellas de cine asistían a sus reuniones. Aun la comediante Phyllis Diller recomendó uno de los libros de Kathryn a una admiradora suya que estaba mortalmente enferma.[33] El Papa le otorgó una audiencia privada en el Vaticano, y le regaló un colgante con una paloma grabada. Las ciudades más importantes de los Estados Unidos le entregaron las "llaves" de la ciudad. Hasta Vietnam le entregó la Medalla de Honor por sus contribuciones a los que sufrían.

> *Aun la comediante Phyllis Diller recomendó uno de los libros de Kathryn a una admiradora suya que estaba mortalmente enferma.*

Naturalmente, en medio de todos los honores también había ataques, algunos de los cuales Kathryn logró ignorar. Pero otros la hirieron profundamente. Entre ellos se encontró la traición de su empleado Dino Kartsonakis y su cuñado, Paul Bartholomew.

En resumen, Dino y su cuñado exigieron un elevado aumento de sueldo en sus contratos al descubrir que la Fundación Kuhlman había firmado un contrato con diversos medios.

Kathryn había disfrutado mucho de la compañía de Dino. Sin duda, muchas de las personas que asistieron a sus cruzadas recuerdan la forma cariñosa en que solía presentarlo, diciendo con un ampuloso

movimiento de brazos: "Aquí está...¡Diiiinooooo!" Kathryn había sacado a Kartsonakis de la oscuridad y lo había lanzado a un ministerio internacional. Se decía que lo hacía vestir con las mejores ropas y lo elogiaba constantemente delante de los medios.

Pero Dino aparentemente cayó bajo la influencia de su cuñado, Paul Bartholomew. Aunque Bartholomew había sido la persona que más ganaba del personal, quería más, y finalmente demandó a Kathryn por una suma exorbitante de dinero. Y cuando Kathryn expresó su desaprobación por la altamente publicitada relación de Dino con una joven del mundo del espectáculo secular, él se llenó de amargura y también pidió más dinero. Como consecuencia, Kathryn despidió a ambos. Pero no antes que ellos hicieran muchas denuncias públicas contra ella en relación con su carácter, que fueron oídas en todo el mundo.[34]

En sus últimos años, Kathryn no pasaba mucho tiempo analizando el carácter de los integrantes de su equipo. En cambio, elegía a las personas que disfrutaba, pero muchas veces, esa relación placentera era de breve duración y provocaba muchos dolores al terminar. Es posible que sus errores al elegir a ciertos colaboradores se debieran a la fatiga física y mental. Su programa de actividades era terrible. Aunque le advirtieron que contratar a Kartsonakis y Bartholomew era un error, Kathryn los contrató y finalmente debió sufrir la situación que ya hemos relatado.

Aunque seguramente hubo muchos errores de juicio, por falta de entendimiento, o errores cometidos por las personas que la rodeaban, Kathryn nunca permitió que la carne participara en ningún mover del Espíritu Santo, y jamás se llevó el crédito por nada. Kathryn siempre dio la gloria a Dios.

Con el ministerio avanzando a toda máquina, las denominaciones más importantes daban crédito a Kathryn por tener la forma más pura del ministerio del Espíritu Santo en su época. No tenía planes ni motivos ocultos; lo que uno veía en ella era lo que realmente era. Jamás simuló tener respuestas que no tenía, y siempre se preocupó de no contristar al Espíritu Santo. Kathryn fue honesta, sincera, comprometida con Dios y sometida a él durante toda su vida.

¡SE CAEN LAS GRADAS!

En 1968, ministró para Pat Robertson y su compañero de ministerio, Jim Bakker, ante más de tres mil personas. Poco después que comenzara la reunión, una grada se rompió y cayó contra la pared. Muchos cayeron al suelo o quedaron suspendidos en el aire. La patrulla de emergencias llegó al lugar y se llevó algunas personas heridas en camillas. La grada fue reemplazada por sillas plegables y la reunión continuó normalmente... ¡mientras tanto, Kathryn, que no había notado nada de lo que había sucedido, ya iba por la mitad de su sermón!

Durante 1968, viajó a Israel, Finlandia y Suecia. Fue invitada al Show de Johnny Carlson, al Show de Dinah Shore, y a muchos otros. Aunque era muy diplomática y era bien aceptada en medio de toda clase de personas, continuaba manifestando el poder del Espíritu Santo que había sobre su vida, aun en estos programas televisivos. Se dice que los empleados de los estudios de la CBS siempre sabían cuándo Kathryn entraba al edificio, porque la atmósfera toda del lugar cambiaba.

En 1975, aunque ya estaba casi llegando a los setenta años, y su enfermedad la había debilitado, Kathryn hizo un viaje ministerial a Israel para hablar en la Segunda Conferencia Mundial sobre el Espíritu Santo. A pesar de su edad y su enfermedad, aún era osada en su ministerio.

Kathryn se había enterado de que Bob Mumford iba a predicar en esa conferencia, por lo cual amenazó con suspender su presencia allí. Dijo que las enseñanzas de Mumford sobre el discipulado eran una herejía total y que ella no participaría. Pero finalmente, Kathryn fue a Israel y ayudó a muchos habitantes del Oriente Medio a experimentar el ministerio del Espíritu Santo.

ESTOY BIEN CON MI DIOS

El último culto de milagros del ministerio de Kathryn Kuhlman fue realizado en el Auditorio Shrine de Los Ángeles, California, el 16 de noviembre de 1975. Cuando Kathryn abandonaba el auditorio, una empleada de su oficina de Hollywood vio algo que nunca olvidaría.

Mientras todos salían del auditorio, Kathryn caminó en silencio hasta el final de la plataforma. Una vez allí, levantó la cabeza y recorrió lentamente con su mirada la planta alta de asientos, como si estuviera estudiando cada uno, durante un tiempo que pareció una eternidad. Luego bajó la mirada a la segunda sección, siguiendo cada fila y cada asiento con la mirada. Finalmente estudió detalladamente cada uno de los asientos de la planta baja.

Sólo podemos imaginar lo que pasaba por la mente de Kathryn; los recuerdos, las victorias, las sanidades, las risas, las lágrimas. ¿Sería posible que ella supiera que jamás volvería a pisar la plataforma? ¿Sería posible que en ese momento, estuviera despidiéndose de su ministerio terrenal?

> *¿Sería posible que ella supiera que jamás volvería a pisar la plataforma? ¿Sería posible que en ese momento, estuviera despidiéndose de su ministerio terrenal?*

Sólo tres semanas después de ese día de noviembre, Kathryn agonizaba en el Centro Médico Hillcrest de Tulsa, Oklahoma, después de una operación a corazón abierto.[35]

Para entonces, había dado el control total de su ministerio a Tink Wilkerson, que anteriormente había trabajado vendiendo automóviles en Tulsa. Wilkerson es el hijo de la fallecida Jeannie Wilkerson, una verdadera profetisa del Señor.

Wilkerson estuvo con Kathryn solamente durante diez breves meses. Ella confiaba en él. Fue él quien eligió el lugar donde le practicaron la operación a corazón abierto. Al morir, Kathryn le dejó la mayor parte de sus bienes. Cuando se les preguntó sobre Wilkerson, los integrantes del equipo de Kathryn se mostraron divididos en sus opiniones. Algunos creían que él había engañado a Kathryn; otros, que había sido enviado por Dios para sostenerla en sus últimas horas. No obstante, los medios especularon mucho preguntándose por qué Wilkerson había recibido tantos de los bienes de Kathryn, y Maggie Hartner, su compañera de tantos años, había recibido tan poco.

En 1992, Wilkerson fue condenado en dos tribunales de distrito de Oklahoma por fraude en un negocio de automóviles que había tenido. Su salida de la cárcel estaba planeada para el verano de 1993, y pensaba en ese momento escribir un libro sobre la amistad que él y su esposa tuvieron con Kathryn.[36] Durante todos estos años, Wilkerson ha guardado silencio, posiblemente por respeto. Creo que él tiene una historia que debe ser contada.

"QUIERO IRME A CASA"

Oral y Evelyn Roberts estuvieron entre las pocas personas a las que se permitió visitar a Kathryn en el Centro Médico Hillcrest. Cuando entraron a su cuarto y se acercaron a su cama para orar por su sanidad, Oral recuerda que sucedió algo muy importante. "Cuando Kathryn se dio cuenta de que estábamos allí para orar por su recuperación, extendió sus manos como formando una barrera y las levantó hacia el cielo". Evelyn Roberts miró a su esposo y dijo: "No quiere que oremos. Quiere irse a casa".

Myrtle, hermana de Kathryn, recibió el mismo mensaje de ella, y le dijo a Wilkerson: "Kathryn desea ir a casa".[37]

La maravillosa dama pelirroja que presentó el ministerio del Espíritu Santo a nuestra generación y emocionó a millones de personas, finalmente recibió lo que deseaba con todo su corazón. Se dice que el Espíritu Santo descendió sobre ella una vez más y su rostro comenzó a brillar. La enfermera que la cuidaba notó un fulgor que rodeaba su cama, creando una paz indescriptible.[38] A las 20:20 del viernes 20 de febrero de 1976, Kathryn Kuhlman fue a su hogar, a estar con Jesús. Tenía sesenta y ocho años de edad.

Oral Roberts presidió su funeral en el Cementerio Privado Forest Lawn, en Glendale, California. Kathryn fue sepultada en el mismo cementerio, a ochocientos metros de donde se encuentra el cuerpo de Aimee Semple McPherson. A la muerte de Kathryn, Oral tuvo una visión de que Dios levantaría y extendería ministerios similares por todo el mundo, haciendo que la magnitud del poder del Señor fuera aún más grande de lo que fue en la vida de Kathryn.

Kathryn Kuhlman fue un tesoro muy especial. Su ministerio fue pionero en llevar a nuestra generación al conocimiento del Espíritu Santo. Ella intentó mostrarnos cómo tener comunión con él, y amarlo. Kathryn verdaderamente tenía la capacidad de revelarnos el Espíritu Santo como nuestro Amigo. Por esto, nadie puede cerrar este capítulo mejor que ella misma:

> **"El mundo me ha llamado tonta por haberle dado mi vida entera a Alguien que nunca he visto. Sé exactamente lo que voy a decir cuando esté en su presencia. Cuando mire el maravilloso rostro de Jesús, tendré**

sólo una cosa para decir: 'Lo intenté'. Me entregué lo mejor que pude. Mi redención será completada cuando me encuentre frente a quien todo lo hizo posible".[39]

CAPÍTULO NUEVE: KATHRYN KUHLMAN
Referencias

1 Roberts Liardon, Kathryn Kuhlman: Su biografía espiritual (Buenos Aires: Editorial Peniel, 1996), pág. 61.
2 Helen Hosier, Kathryn Kuhlman: The Life She Led, the Legacy She Left (Kathryn Kuhlman: La vida que vivió, el legado que dejó), (Wheaton, IL: Tyndale House Publishers, 1971), pág. 38.
3 Jamie Buckingham, Hija del destino (Buenos Aires: Ed. Peniel, 1995), págs. 22-23
4 Hosier, Kathryn Kuhlman: The Life She Led..., págs. 32-33.
5 Buckingham, Hija del destino, pág. 27.
6 Hosier, Kathryn Kuhlman..., pág. 44.
7 Buckingham, Hija del destino, pág. 64-65.
8 Sermón de Kathryn Kuhlman: "No hacer lo que nos gusta, sino que nos guste lo que tenemos que hacer".
9 Buckingham, Hija del destino, Cap. 3
10 Sermón de Kathryn Kuhlman: "Indicaciones para la virtud más importante de la vida".
11 Fundación Kathryn Kuhlman: "Heart to Heart with Kathryn Kuhlman" (De corazón a corazón con Kathryn Kuhlman), pág. 58.
12 Ver nota al pie No. 10.
13 Buckingham, Hija del destino, pág. 54.
14 Hosier, Kathryn Kuhlman..., págs. 60-64.
15 Wayne E. Warner, Kathryn Kuhlman: The Woman Behind the Miracles (Kathryn Kuhlman: La mujer detrás de los milagros), (Ann Arbor, MI: Vine Books, una división de Servant Publications, 1993), pág. 84, nota al pie No. 5, pág. 263.
16 Ibid., págs. 93-94.
17 Buckingham, Hija del destino, Cap. 6.
18 Ibid., pág. 78.
19 Sermón de Kuhlman, "El ministerio de sanidad".
20 Warner, Kathryn Kuhlman, pág. 104.
21 Sermón de Kathryn Kuhlman, "El secreto de todos los milagros en la vida de Jesús".
22 Buckingham, Hija del destino, pág. 88.
23 Warner, Kathryn Kuhlman, pág. 120.
24 Buckingham, Hija del destino, págs. 102, 103.

25 Entrevista personal con Rolf McPherson, febrero de 1996.

26 Warner, Kathryn Kuhlman, págs. 203-205, 276, nota al pie No. 4.

27 Ibid., pág. 210.

28 Ibid., pág. 162.

29 Buckingham, Hija del destino, pág. 130.

30 Warner, Kathryn Kuhlman, pág. 234.

31 Ibid., pág. 212.

32 Ibid., pág. 220.

33 Ibid., pág. 164.

34 Ibid., págs. 186-189.

35 Ibid., pág. 236.

36 Ibid., pág. 242.

37 Ibid., pág. 240.

38 Buckingham, Hija del destino, pág. 252.

39 "Tributo a la sierva del Señor", citado de la revista Abundant Li
fe (Vida abundante), (Tulsa, OK: Oral Roberts Evangelistic As
sociation, mayo de 1976), tapa.

William Branham

*"Un Hombre de Notables
Señales y Prodigios"*

"UN HOMBRE DE NOTABLES SEÑALES Y PRODIGIOS"

"¡Usted es del diablo, y está engañando a la gente!', gritó. '¡Un impostor, una serpiente en el césped, un falso, y yo voy a mostrarles a estas personas quién es usted!' Era un osado desafío, y todo el público podía ver que no eran sólo palabras... Parecía ser un mal momento para la pequeña figura que estaba sobre la plataforma, y la mayoría de los presentes seguramente sentían mucha pena por él. Ciertamente, podían ver que no había lugar para trucos. El hombre que estaba en la plataforma tendría que probar que su poder era verdadero o, de lo contrario, sufrir las consecuencias.

"Los segundos pasaban... En realidad, parecía que algo no permitía que el desafiante llevara a cabo sus malignos designios. Suavemente, pero con determinación, la voz del evangelista... que podía ser oída sólo a corta distancia, dijo... 'Satanás, por haber desafiado al siervo de Dios delante de esta gran congregación, ahora deberás inclinarte ante mí. En el nombre de Jesucristo, caerás a mis pies'.

"Repentinamente, quien momentos antes había desafiado tan furiosamente al hombre de Dios con sus amenazas y acusaciones destinadas a causar temor, emitió un terrible gemido y cayó al suelo sollozando histéricamente. El evangelista continuó con el culto, calmado, como si nada hubiera pasado, mientras el hombre yacía mordiendo el polvo".[1]

William Branham fue un hombre humilde, de hablar pausado, que conoció de cerca la tragedia, los dolores del corazón, y la pobreza.

Semianalfabeto según los patrones del mundo, fue educado por medio de sucesos sobrenaturales. Gordon Lindsay, fundador de Cristo para las Naciones, fue amigo personal de Branham y su biógrafo oficial. Dijo que la vida de Branham fue tan "fuera de este mundo, tan extraordinaria" que si no hubiera sido por las verdades que han sido documentadas, una persona podría, bajo circunstancias normales, considerar que las historias de su vida y su ministerio eran "inventadas e increíbles".[2]

Simple en sus razonamientos, y con escaso dominio del idioma, Branham se convirtió en el líder del avivamiento de La Voz de Sanidad, que se originó a fines de los años cuarenta. Hubo muchos evangelistas de la sanidad que llegaron a la preeminencia en esta época, y cada uno tenía algo que lo hacía único. Pero ninguno pudo combinar el oficio profético, las manifestaciones sobrenaturales, y la sanidad divina, como lo hizo William Branham.

> *Simple en sus razonamientos, y con escaso dominio del idioma, Branham se convirtió en el líder del avivamiento de La Voz de Sanidad, que se originó a fines de los años cuarenta.*

Lamentablemente, la fase final de su ministerio está cubierta por una sombra. A medida que avancemos en este capítulo sobre Branham, lo que verán escrito escandalizará a algunos y entristecerá a otros. Comprendamos que los detalles dados son para nuestra instrucción. Su vida es una trágica y triste ilustración de lo que sucede cuando no seguimos los tiempos y las sazones del cielo. Sin embargo, el comienzo de la vida y el ministerio de Branham son un tributo a la sobrenatural influencia de Dios en la Tierra. Si existe alguna "tradición" religiosa en ti, sin duda, los primeros años y tiempos de William Branham sin duda enviarán una oleada que sacudirá todo tu sistema.

UN REMOLINO DE LUZ

Justo cuando la primera luz del amanecer asomaba, el 6 de abril de 1909, un pequeño niño de sólo 2,5 kg de peso nacía en las colinas de Kentucky. Caminando de un lado a otro de la vieja cabaña, el padre, de dieciocho años de edad, estaba vestido con su overol nuevo, especialmente para la ocasión. La madre, de apenas quince años, sostuvo

en sus brazos al niño mientras decidían su nombre: William Marrion Branham.

Con la luz que comenzaba a abrirse paso en el cielo de la temprana mañana, la abuela decidió abrir una ventana para que los Branham pudieran ver mejor a su hijo recién nacido. Allí fue cuando sucedió el primer evento sobrenatural en la vida del joven Branham. En sus propias palabras, él nos cuenta la historia tal como se la relataron a él:

> **"Repentinamente, una luz del tamaño de una almohada vino como un remolino por la ventana, y giró alrededor de donde yo estaba, y bajó sobre la cama".**[3]

Los vecinos que fueron testigos del hecho estaban boquiabiertos, preguntándose qué clase de niño había nacido de los Branham. Mientras acariciaba sus pequeñas manitas, la señora Branham no tenía idea de que esas mismas manos serían utilizadas por Dios para sanar a multitud de personas, y para liderar uno de los más grandes avivamientos de sanidad que se ha producido hasta hoy.

Dos semanas más tarde, el pequeño William Branham hizo su primera visita a una iglesia bautista misionera.

PISOS DE TIERRA Y SILLAS PRECARIAS

La familia de William Branham era la más pobre de las familias pobres. Vivían en las colinas de Kentucky, con pisos de tierra y sillas hechas con planchas de madera. Estas personas no tenían ninguna educación, según los parámetros del mundo. Para ellos, leer la Biblia, o cualquier otro libro, era casi imposible.

Las condiciones de vida eran malas, y se hacía poco énfasis en servir a Dios. Los Branham tenían un conocimiento general de Dios, y eso era todo. El ambiente en que vivían era duro, y todos sus esfuerzos estaban dedicados a sobrevivir. Los Branham iban a la iglesia principalmente como un deber moral o, en ocasiones, como un evento social.

Cuando comprendemos el trasfondo del que provenía Branham, es más fácil ver por qué Dios utilizó señales soberanas y sobrenaturales para hablarle. Él no sabía leer ni estudiar la Biblia por sí mismo. No sabía orar, y durante toda su juventud, nunca oyó orar a nadie.

LOS GENERALES DE DIOS

Cabaña donde nació y vivió Branham, cerca de Berksville, Kentucky

Si alguien no sabe leer, no puede oír a Dios hablar por medio de su Palabra. Si alguien no sabe orar, no puede escuchar su propia voz interior, el espíritu. Sin nadie a nuestro alrededor conoce a Dios, no hay nadie que pueda enseñarnos.

En esta clase de situación, Dios debe dar su mensaje a una persona por medio de señales y prodigios. Es raro que suceda, pero Dios no está limitado por la pobreza y la ignorancia. Sucedió entonces, y puede suceder ahora. Dios hará que su mensaje llegue a la persona, de una manera o de otra.

En el Antiguo Testamento, un asno habló a Balaam. Era la única manera en que Balaam escucharía la Palabra del Señor.

Dios habló a Moisés por medio de una zarza ardiente. En el Libro de los Hechos, las señales y los prodigios dieron poder a los creyentes para dar vuelta un mundo oscuro y "religioso".

Dios no se limita a los confines de la educación religiosa. Él es Dios; y algunas veces, llamará a una persona como William Branham

para que venga y rompa todos los "moldes" religiosos. La religión quiere hacernos olvidar que la palabra "sobrenatural" es la que describe la presencia de Dios. Algunas personas se ponen nerviosas cuando Dios rompe los confines de su "religiosidad".

Fue Dios, obrando señales y prodigios, quien hizo que Branham lo conociera, comprendiera el llamado de Dios sobre su vida, y finalmente lo siguiera.

SALVADO DE MORIR CONGELADO

La providencia de Dios estuvo con Branham desde su nacimiento. Su padre, que era hachero, debía alejarse de su hogar durante largos períodos. Cuando Branham tenía sólo seis meses de edad, una terrible tormenta de nieve cubrió las montañas, y dejó atrapados a la madre y a su hijo dentro de la cabaña. La leña y las provisiones se habían acabado, y la muerte parecía segura. Así que la madre de Branham se arropó junto con su hijo con unas mantas rotas, y se acostó, hambrienta y temblando, para esperar la muerte en su cama.

> *Dios no se limita a los confines de la educación religiosa. Él es Dios; y algunas veces, llamará a una persona como William Branham para que venga y rompa todos los "moldes" religiosos. La religión quiere hacernos olvidar que la palabra "sobrenatural" es la que describe la presencia de Dios. Algunas personas se ponen nerviosas cuando Dios rompe los confines de su "religiosidad".*

Pero la muerte no puede cambiar los planes de Dios, que en esos momentos estaba observándolos a través de los ojos de un vecino. Este vecino, preocupado porque no veía salir humo de la chimenea de la cabaña, se abrió paso entre la montaña de nieve hacia el hogar de los Branham y rompió la puerta de entrada. Rápidamente reunió algo de madera para encender un fuego y regresó a su casa, cruzando la nieve una vez más, para traer algo de comida para la madre y su hijo. La bondad y la vigilancia de este hombre salvó sus vidas.

Poco después de este hecho, el padre de Branham mudó a la familia de los bosques perdidos de Kentucky a Utica, en Indiana, donde comenzó a trabajar como granjero. Luego, la familia se mudó a Jeffersonville, Indiana, que sería conocido como el lugar donde William Branham creció.

Aunque se habían mudado a Jeffersonville, una ciudad mediana, los Branham continuaban siendo extremadamente pobres. A los siete años de edad, Branham no tenía siquiera una camisa para ir a la escuela; sólo un saco. Muchas veces se quedaba sudando por el calor de la pequeña escuela, sin querer quitarse el saco, avergonzado por no tener una camisa debajo. Dios nunca elige entre los ricos y los pobres. Dios mira el corazón.

EL VIENTO DEL CIELO

La escuela había terminado y los amigos de Branham iban a la laguna a pescar. Branham quería ir con ellos, pero su padre le dijo que buscara agua para la comida de la noche.

Branham lloraba mientras sacaba el agua, molesto por tener que trabajar en lugar de poder ir a pescar. Mientras llevaba el pesado balde de agua desde el granero hasta la casa, se sentó bajo un viejo álamo para descansar un poco.

Repentinamente escuchó el sonido del viento soplando en la copa del árbol. Se puso de pie de un salto para mirar, y entonces notó que el viento no soplaba en ningún otro lugar. Dando un paso atrás, miró al árbol, y escuchó una voz que decía: "Nunca bebas, fumes, ni contamines tu cuerpo de ninguna forma, porque tengo una obra para que hagas cuando seas mayor".

Asustado por la voz, y temblando, el niño corrió a casa llorando, y se echó en los brazos de su madre. Esta, preguntándose si su hijo había sido mordido por una serpiente, trató de calmarlo, pero no lo logró. Entonces lo llevó a la cama y llamó a un médico, temiendo que William sufriera de alguna clase de problema nervioso.

Durante el resto de su infancia, Branham hizo todo lo que pudo para evitar pasar nuevamente junto a ese árbol.[4]

Extraña como la experiencia seguramente le pareció a Branham, este descubrió que nunca podría fumar, beber o contaminar su cuerpo. Varias veces, cediendo a la presión de sus amigos, lo intentó. Pero tan pronto como llevaba un cigarrillo o un trago a sus labios, comenzaba a escuchar nuevamente el sonido del viento soplando en la copa del álamo, e inmediatamente miraba a su alrededor... donde todo estaba calmo y tranquilo como siempre. Pero ese mismo terror volvía a abrumarlo y dejaba caer el cigarrillo o la botella, y huía.

Como resultado de su extraño comportamiento, Branham tuvo

muy pocos amigos en su adolescencia. Solía decir de sí mismo: **"Parecería que toda mi vida fui sólo una oveja negra que no conocía a nadie que me comprendiera, y ni siquiera yo me entendía a mí mismo"**. Muchas veces comentó que tenía una sensación peculiar, **"como si alguien estuviera de pie junto a mí, tratando de decirme algo, especialmente cuando estaba solo"**.[5] Así que Branham pasó los años de su juventud frustrado y buscando, sin poder responder ni comprender el llamado de Dios sobre su vida.

NO HAY LUGAR ADONDE HUIR

Aunque Branham había recibido manifestaciones sobrenaturales en su vida, aún no había nacido de nuevo. Cuando tenía catorce años, sufrió una herida en un accidente de caza, que lo dejó internado en un hospital durante siete meses. Pero ni siquiera entonces comprendió la urgencia del llamado de Dios que pesaba sobre él. No tenía idea de lo que le estaba sucediendo. Sus padres no conocían a Dios, así que no recibía ningún aliento de su parte. Lo único que tenía era su propio y limitado conocimiento, por lo que se resistía al llamado.

A los diecinueve años, Branham decidió mudarse, creyendo que en otro lugar la presión desaparecería. Sabiendo que debería enfrentar la desaprobación de su madre, le dijo que iba a estar en un terreno para campamentos que quedaba a sólo 20 km de allí, cuando en realidad estaba yendo a Phoenix, Arizona.

En un nuevo ambiente y con una forma de vida diferente, Branham se procuró un trabajo en un rancho local. Por las noches, practicaba boxeo en forma profesional, y llegó a ganar algunas medallas. Pero aunque lo intentara con todas sus fuerzas, no podía escapar de Dios, ni siquiera en el desierto. Al mirar a las estrellas, por las noches, volvía a sentir el llamado de Dios sobre él.

Un día recibió la noticia de que su hermano Edward, el más cercano a él en edad, estaba seriamente enfermo. Branham creyó que su hermano se repondría pronto, y continuó trabajando en el rancho. Pero unos pocos días después recibido la desoladora noticia de que su hermano había muerto.

El dolor fue casi insoportable para él. **"Lo primero que pensé fue si él estaría preparado para morir... Entonces, otra vez, Dios me llamó, pero como siempre, traté de espantarlo"**, recordó Branham.[6]

Mientras viajaba de regreso a su hogar, las lágrimas caían por sus mejillas al recordar su infancia junto a su hermano. Recordando cuán dura había sido la vida para ellos, se preguntaba si Dios había llevado a Edward a un lugar mejor.

Esta muerte fue muy dura para la familia, porque ninguno de ellos conocía a Dios, y les era imposible encontrar paz. En realidad, fue en el funeral de su hermano que Branham escuchó por primera vez una oración, según recordaba.[7] Allí decidió aprender a orar. Después del entierro, deseaba regresar a Arizona, pero su madre le rogó que se quedara. Entonces buscó trabajo en la compañía proveedora de gas en New Albany.

ENFRENTANDO A LA MUERTE

Aproximadamente dos años después, mientras probaba unos medidores, absorbió demasiado gas, y toda la capa de tejido que recubría su estómago quedó cubierta de ácido químico. Pero Branham sufrió durante semanas antes de buscar la ayuda de un especialista.

El médico le diagnosticó apendicitis e hizo que lo internaran para operarlo. Dado que no experimentaba ningún dolor, Branham pidió que le colocaran solamente una anestesia local. De esa manera podría permanecer consciente y observar la operación. Aunque aún no había nacido de nuevo, Branham pidió a un ministro bautista que lo acompañara a la sala de operaciones.

Después de la cirugía, Branham fue trasladado a su cuarto, y comenzó a debilitarse cada vez más. El latido de su corazón se hacía cada vez más débil, y sintió que la muerte se aproximaba.

Gradualmente, el cuarto comenzó a volverse oscuro para él, y en la distancia pudo escuchar el sonido del viento. Parecía como si ese viento estuviera soplando por un bosque, acariciando las hojas de los árboles. Branham recordaba que en ese momento pensó: **"Bien, esta es la muerte que viene a buscarme"**.

El viento se acercaba... y el sonido era cada vez más fuerte.

"De repente, me fui", recordó Branham. **"Volví a ser un niño descalzo sentado en el mismo lugar, debajo del mismo árbol. Y volví a escuchar esa voz: 'Nunca bebas ni fumes'. Pero esta vez la voz dijo: 'Te he llamado, y tú no quieres ir'.** Y repitió esas palabras tres veces.

"Entonces dije: 'Señor, si eres tú, déjame regresar a la tierra y predicaré tu evangelio desde las esquinas de las calles y desde lo alto de los techos. ¡Les contaré a todos!"

Repentinamente Branham despertó y vio que estaba en su cuarto de hospital y se sentía mejor. Pero el cirujano pensaba que ya estaba muerto. Cuando entró y vio a Branham, dijo: "Yo no soy de ir a la iglesia... pero sé que Dios visitó a este joven".[8]

Unos días después, Branham fue dado de alta, y, fiel a su palabra, comenzó inmediatamente a buscar al Señor.

¡SANADO! ¡Y ORGULLOSO DE SERLO!

Buscó de iglesia en iglesia, tratando en vano de encontrar alguna que predicara el arrepentimiento. Finalmente, desesperado, se dirigió al viejo cobertizo en la parte trasera de su casa y trató de orar. No tenía idea de qué decir, así que simplemente comenzó a hablar con Dios como hablaría con cualquier persona.

Repentinamente, una luz brilló en una pared del cobertizo, formando una cruz. Branham creyó que era del Señor, ya que parecía que "le habían quitado de encima un peso de quinientos kilos". Fue allí, en ese viejo cobertizo, que Branham nació de nuevo.

El accidente que había sufrido con el ácido químico dejó en Branham algunos efectos colaterales bastante curiosos, como que cuando miraba algo durante demasiado tiempo, su cabeza comenzaba a temblar. Branham le dijo al Señor que si él iba a predicar, tendría que estar completamente sano. Así que encontró una pequeña iglesia bautista independiente que creía en la sanidad, pasó al frente para que oraran por él y fue sanado instantáneamente. Al ver el poder que esta iglesia demostraba, Branham comenzó a orar y pedir a Dios ese mismo tipo de poder en su vida. Seis meses después, recibió la respuesta.

Después de aceptar el llamado a predicar, Branham fue ordenado como ministro bautista independiente. Consiguió una pequeña carpa y comenzó inmediatamente a ministrar, con grandes resultados.

Branham en sus primeros años de ministerio.

¡ESA LUZ OTRA VEZ!

En junio de 1933, a los veinticuatro años de edad, Branham realizó su primer gran campaña en la carpa, en Jeffersonville. En una noche asistieron tres mil personas.

El 11 de junio realizó un culto de bautismos en el río Ohio, donde bautizó ciento treinta personas. Al bautizar a la número diecisiete, se produjo otro suceso sobrenatural. Con sus propias palabras, Branham lo describió así:

> **"Vino un remolino de los cielos, y venía esa luz, brillando... se quedó como colgada justo encima de donde yo estaba, y yo me moría de miedo".**

Muchas de las cuatro mil personas que estaban junto al río vieron la luz y corrieron, llenas de temor; otras se quedaron y cayeron a tierra, en adoración. Algunos dijeron haber oído una voz; otros, no.[9]

Ese otoño, las personas que habían asistido a sus reuniones construyeron un tabernáculo al que llamaron "Tabernáculo Branham". Desde 1933 hasta 1946, Branham fue el ministro bivocacional del Tabernáculo, mientras al mismo tiempo trabajaba en un empleo secular.

> *Ese otoño, las personas que habían asistido a sus reuniones construyeron un tabernáculo al que llamaron "Tabernáculo Branham".*

UNA ESPOSA MARAVILLOSA

Fue durante esta época feliz de la década del '30 que conoció a una maravillosa joven cristiana. Su nombre era Hope Brumback y cumplía los requisitos necesarios para Branham: no fumaba ni bebía. Él la amaba profundamente.

Después de varios meses, decidió pedirle a Hope que se casara con él, pero dado que era demasiado tímido como para hablarle, hizo lo más parecido: le escribió una carta. Temiendo que su madre encontrara la carta antes que ella, la deslizó con cierta incertidumbre en la casilla del correo. Pero Hope recibió la carta antes que nadie y rápidamente le contestó que sí.

Se casaron poco después, y Branham recordaba: **"No creo que hubiera lugar alguno en el mundo que fuera más feliz que nuestro pequeño hogar"**. Dos años después, tuvieron un hijo, Billy Paul. Al describir ese momento, Branham dijo: **"Cuando lo oí llorar por primera vez en el hospital, supe que era un varón, y lo entregué a Dios aun antes de verlo"**.[10]

UNA NUEVA DOSIS DE PODER

La Gran Depresión de la década del '30 pronto azotó también al Tabernáculo Branham, y las cosas se pusieron un poco difíciles. Branham comenzó a predicar sin recibir contribución alguna, al tiempo que continuaba trabajando en un empleo secular para mantener a su familia. Después de ahorrar algún dinero, decidió hacer una excursión de pesca a Michigan. Pero pronto se quedó sin dinero y debió regresar a su casa.

En el viaje de regreso, vio a un gran grupo de gente reunida para una reunión evangelística y preguntó qué clase de gente era. Allí se quedó, y tuvo su primer experiencia con el "pentecostalismo".

La reunión era una campaña de la "Unicidad". (Los partidarios de

la "Unicidad" eran una denominación que creía, tal como ellos lo explicaban, "sólo en Jesús"). Branham se quedó muy impresionado con sus cantos y aplausos. Cuanto más se quedaba, más descubría que había algo especial en ese poder del que hablaban.

Esa noche, Branham manejó con su Ford "T" hasta un campo de maíz, y durmió en el auto. Estaba ansioso por regresar a la reunión al día siguiente. Se había presentado como ministro, y ese mismo día el líder anunció que el grupo deseaba escuchar al segundo ministro más joven presente: William Branham.

Branham estaba tan sorprendido, que bajó la cabeza, avergonzado. No quería que nadie supiera que estaba allí. Había usado sus pantalones de vestir como almohada la noche anterior, y tenía puesto un par de pantalones muy viejos.

El que dirigía el culto preguntó nuevamente por William Branham, pidiéndole que subiera a la plataforma, pero Branham se quedó sentado muy quieto, demasiado avergonzado como para responder. Después de todo, nadie sabía quién era, así que estaba a salvo.

Finalmente, un hombre se inclinó hacia él y le preguntó: "¿Sabe usted quién es William Branham?" Este respondió: "Soy yo", pero luego explicó que no podía predicar delante de esas personas tal como estaba. El hombre le dijo: "A ellos les importa más su corazón que su apariencia", y luego se puso en pie y gritó, señalando a Branham: "¡Aquí está!"

Branham, reticente, subió a la plataforma. Cuando comenzó a predicar, el poder de Dios lo absorbió y la reunión duró dos horas. Después, pastores de todo el país se le acercaron, pidiendo que fuera a sus iglesias a predicar. Cuando Branham salió, su calendario estaba lleno para todo el año. ¡Esta gente de la Unicidad no tenía idea de que había pedido a un ministro bautista que tuviera campañas en sus iglesias!

"BASURA" Y TRAGEDIA

Branham se apresuró a regresar a su casa. Al verlo llegar, Hope corrió a recibirlo. Branham, entusiasmado por su experiencia, le contó sobre la campaña en la que había estado y las reuniones que tenía planeadas. Ella parecía tan entusiasmada como él, pero su familia y sus amigos no estaban igualmente felices. La principal oposición vino de la suegra de Branham, que era inflexible en su posición: "¿Sabe usted que esa gente se la pasa rodando por el piso? ¿Cree que puede arrastrar a mi hija a una cosa como esa? ¡Eso es ridículo! No es nada más que basura que las otras iglesias han descartado".[11]

Influenciado por su suegra, Branham canceló las reuniones que había planeado con los pentecostales de la Unicidad. Más tarde lo lamentó como al error más grande de su vida. Si hubiera ido a predicar en esas reuniones, su familia no habría estado en la gran inundación de Ohio en 1937.

El invierno de 1937 fue muy duro. Después, los grandes bloques de nieve comenzaron a derretirse, y el río Ohio creció mucho más allá de sus límites naturales. Ni los diques podían contener la gran masa de agua.

La principal oposición vino de la suegra de Branham, que era inflexible en su posición: "¿Sabe usted que esa gente se la pasa rodando por el piso? ¿Cree que puede arrastrar a mi hija a una cosa como esa? ¡Eso es ridículo! No es nada más que basura que las otras iglesias han descartado".

La inundación no podía haber llegado en peor momento para los Branham. Hope acababa de tener otro hijo, y esta vez habían sido bendecidos con una niña, a la que llamaron Sharon Rose. Debido al parto, el sistema inmunológico de Hope no se había recuperado por completo, y como consecuencia, contrajo una seria enfermedad pulmonar.

Fue durante la convalecencia de Hope que el dique del río Ohio cedió ante la presión del agua, que rápidamente inundó la región. Las sirenas sonaron anunciando que todos debían evacuar la zona por su propia seguridad. Hope no estaba en condiciones de ser trasladada, pero no había opción. A pesar del frío y de la lluvia, fue transportada a un hospital improvisado en un terreno más alto. También, durante esta gran inundación, los dos hijos de los Branham contrajeron neumonía y llegaron a estar muy graves.

"¿DÓNDE ESTÁ MI FAMILIA?"

A pesar de lo mucho que deseaba quedarse con sus seres queridos, Branham sabía que debía ayudar al pueblo a luchar contra la inundación, así que se unió a la patrulla de rescate. Al regresar al hospital cuatro horas más tarde, descubrió que las aguas habían roto las paredes y su familia había desaparecido.

Desesperado, Branham buscó a los suyos toda la noche. Finalmente le dijeron que los habían subido a un tren para enviarlos a otra ciudad. Febrilmente intentó seguirlos, pero las aguas de la inundación lo atraparon. Durante dos semanas se encontró aislado, sin poder salir ni tener noticias de su familia.

Tan pronto como las aguas bajaron, salió en su camión para buscarlos. No sabía si estaban vivos o muertos. Cuando llegó al siguiente pueblo, donde supuestamente los habían enviado, nadie sabía que hubiera allí un hospital, ni mucho menos sabían acerca de su familia.

Totalmente desalentado, anduvo por las calles con su sombrero en las manos, orando, caminando, clamando por su familia. Alguien lo reconoció y le dijo adónde habían enviado a su familia, pero las aguas habían cortado todas las rutas de acceso a esa ciudad. Branham agradeció al hombre y continuó buscando.

Repentinamente, como por la mano de Dios, se encontró con un amigo que le dijo dónde estaba su familia, y que su esposa estaba al borde de la muerte. Los dos hombres buscaron hasta hallar una forma de rodear la inundación, y esa noche y su amigo llegaron a la ciudad y encontraron a su familia.

"CASI HABÍA LLEGADO A CASA..."

La iglesia bautista de la ciudad se había convertido en un hospital improvisado. Cuando Branham encontró a Hope, se arrodilló junto a su cama, sólo para descubrir que las radiografías indicaban que la tuberculosis se infiltraba cada vez más profundamente en sus pulmones. Branham habló suavemente con Hope, y ella le dijo que los niños estaban con su madre. Cuando él los encontró, vio que su salud también estaba muy deteriorada.

Branham decidió que trabajaría y ganaría todo el dinero que fuera necesario para que Hope y los niños se recuperaran. Un día, mientras estaba trabajando, recibió un llamado del hospital. El médico le dijo que si quería ver a su esposa con vida, debía ir al hospital inmediatamente.

Corrió al hospital, donde el médico lo recibió y lo llevó directamente al cuarto de su esposa. Ya habían corrido las sábanas sobre su rostro. Sin embargo, Branham la tomó y la sacudió, llorando: **"¡Mi amor! ¡Dios, por favor, déjame hablar con ella una vez más!"**

Entonces, repentinamente, Hope abrió los ojos y trató de extender una mano hacia Branham, pero estaba demasiado débil.

Entonces lo miró y susurró: **"Ya casi había llegado a casa... ¿Por qué me llamaste?"** Y con voz débil y entrecortada, comenzó a contarle a Branham sobre el cielo. Le dijo: **"Querido, has predicado sobre él, has hablado sobre él, pero no tienes idea de cuán glorioso es"**.

Con lágrimas en los ojos, Hope agradeció a Branham por haber sido un buen esposo, y luego comenzó a quedarse en silencio... Branham termina así la historia: **"Me hizo inclinarme sobre ella y me dio el beso del adiós... Y se fue a estar con Dios"**.

Mientras Branham regresaba a su casa, en la oscuridad, todo lo que veía le recordaba a Hope. Su dolor parecía insoportable. En su hogar, pensando en sus hijos que ya no tenían madre, cayó dormido, hasta que un golpe en la puerta lo despertó.

LA NOCHE MÁS TRISTE DE LA TIERRA

"Billy, tu bebé está se muriendo", dijo el hombre que estaba a la puerta.

Sintiendo que su propia vida se acababa, Branham se subió al camión de su amigo y ambos transportaron a la pequeña Sharon al hospital, pero de nada sirvió. Las radiografías mostraron que la niña tenía meningitis espinal.

El hospital trasladó a Sharon al sótano, donde mantenían a los casos de cuarentena. La enfermedad fatal había hecho que su piernita quedara doblada en una posición anormal, y el dolor la hacía quedar bizca. Incapaz de ver a su hija en tal agonía, Branham puso sus manos sobre ella y oró, pidiendo a Dios que salvara su vida. Él pensaba, amargamente, que Dios lo estaba castigando por no haber ido a predicar a las campañas de la Unicidad. Poco después de esta oración, la pequeña Sharon se fue al cielo con su mamá.[12]

En sólo una noche, Branham había perdido a dos de las tres personas más preciosas en el mundo para él. Sólo le quedaba Billy Paul.

Dos días después, un hombre con el corazón destrozado enterraba a su hija en los brazos de su madre. Parecía que su dolor era imposible de soportar. Pero en los años por venir, mientras William Branham oraba por los enfermos, el recuerdo de estos sufrimientos traería lágrimas de compasión a sus ojos.

EL VIENTO REGRESA

Los cinco años siguientes fueron un "desierto" para Branham. Nadie parecía comprenderlo. Su iglesia bautista se había vuelto impaciente con él, y consideraba que sus visiones eran demoníacas. Hasta llegaron a sugerir que la luz que apareciera en el momento de su nacimiento probablemente indicaba la presencia de un demonio en su vida, y advirtieron a Branham que terminara con esas visiones, o su ministerio "caería en el descrédito".[13]

> *Los cinco años siguientes fueron un "desierto" para Branham. Nadie parecía comprenderlo. Su iglesia bautista se había vuelto impaciente con él, y consideraba que sus visiones eran demoníacas.*

Durante esos años, Branham volvió a casarse. Muchas veces dijo que él nunca hubiera deseado hacerlo, pero Hope se lo había pedido por los niños.

Continuó predicando en el Tabernáculo Branham, trabajando como guardia al mismo tiempo. El 7 de mayo de 1946, un hermoso día de primavera, vino a su casa a almorzar, y un amigo vino a visitarlo. Los dos hombres estaban en el parque, sentados bajo un gran arce, cuando, según Branham, "**pareció que toda la copa del árbol se soltaba... era como si algo bajara de ese árbol, algo como un gran viento impetuoso**".

Su esposa vino corriendo desde la casa para ver si estaban bien. Tratando de controlar sus emociones, Branham se sentó y le relató la historia de lo que había sucedido más de veinte años atrás. En ese momento, tomó la decisión de averiguar, de una vez por todas, qué había detrás de ese "viento". Dijo: "**Les dije adiós a ella [su esposa] y a mi hijo, y le advertí que si no regresaba en unos días, quizá nunca regresaría**".

EL ÁNGEL DEL SEÑOR VINO

Branham fue a un lugar apartado a orar y leer la Biblia. Tan profundo era su clamor, que parecía que el alma se le iba a separar del cuerpo. "**¿Querrás hablarme en alguna forma, Dios? Si tú no me ayudas, yo no puedo continuar**", lloraba.

Esa misma noche, aproximadamente a las 23:00, notó una luz que parpadeaba en el cuarto. Pensando que alguien estaba entrando con una linterna, miró por la ventana, pero no vio a nadie. Repentinamente, la luz comenzó a extenderse por el suelo. Alarmado, saltó de su silla cuando vio una bola de fuego refulgiendo en el piso. Entonces oyó unas pisadas y vio los pies de un hombre que se acercaba. Al levantar la mirada, vio a un hombre que parecía pesar unos cien kilos, vestido con una túnica blanca.

Mientras Branham temblaba de miedo, el hombre habló: **"No temas. Fui enviado de la presencia del Dios Todopoderoso para decirte que tu peculiar vida y tus incomprensibles caminos, han sido la forma de indicarte que Dios te ha enviado para llevar el don de la sanidad divina a los pueblos del mundo".**

EL ÁNGEL CONTINUÓ DICIENDO...

"Si eres sincero, y haces que la gente te crea, nada se interpondrá en tu camino, ni siquiera el cáncer".

La primera respuesta de Branham fue como la de Gedeón en la Biblia. Le dijo al ángel que él era pobre e iletrado, y que por ello sentía que nadie aceptaría su ministerio ni lo escucharía.

Pero el ángel dijo a Branham que recibiría dos dones como señales para confirmar su ministerio. Primero, podría detectar las enfermedades por medio de una vibración física en su mano izquierda.

Algunos se han burlado de esta manifestación física, o la han llamado diabólica. Para comprender la Palabra del Señor, debemos captar la ley de la justicia y la ley del Espíritu, y luego formular el principio. Es posible que esa "vibración" pueda explicarse de esta manera: Cuando la impura enfermedad de la persona afligida se encontraba con el poder sobrenatural de Dios en Branham, producía una reacción física, una vibración. Cuando lo impuro se encuentra con lo puro, ¡se produce una reacción!

En años posteriores, Gordon Lindsay fue testigo de este fenómeno sobrenatural y dijo que la vibración era "una electricidad, como una corriente", tan fuerte, algunas veces, que detenía inmediatamente

> *Cuando la impura enfermedad de la persona afligida se encontraba con el poder sobrenatural de Dios en Branham, producía una reacción física, una vibración.*

el reloj de Branham. También dijo que después que el espíritu era echado fuera de la persona, la mano de Branham, "roja e hinchada", volvía a su estado normal.

El ángel continuó dando instrucciones a Branham, diciéndole que cuando sintiera la vibración, debía orar por la persona. Si la vibración se detenía, la persona era sanada. Si no, debía "sólo pedir una bendición y alejarse".

HABRÁ UNA SEGUNDA SEÑAL

Branham respondió al ángel: **"Señor, me temo que no me recibirán."** Y el ángel respondió: **"Entonces sucederá que conocerás el secreto más profundo de su corazón. Esto lo oirán".**[14]

En relación con esta segunda señal, el ángel dijo: **"Los pensamientos de una persona hablan más fuerte en los cielos que sus obras en la Tierra".** Cualquier pecado en la vida de una persona que estuviera bajo la sangre jamás sería revelado. Pero si el pecado no había sido confesado, o era encubierto, sería llevado a la luz por medio de este don espiritual, la palabra de ciencia. Cuando esto ocurría mientras Branham oraba por alguien, él se apartaba del micrófono y hablaba en privado con la persona, llevándola inmediatamente al arrepentimiento.

¿Fue esta una verdadera visitación de Dios? Sí. ¿Cómo lo sabemos? Porque los ángeles son enviados para ministrar a los herederos de la salvación (ver Hebreos 1:14). Los ángeles anunciaron el nacimiento de Jesús y le ministraron durante su vida en la Tierra. En toda la Biblia, los ángeles ministran, proclamando la Palabra de Dios a la humanidad.

El ángel del Señor jamás revelará nada que sea contrario a las Escrituras. Nunca agregará ni quitará nada de la Palabra. En otras palabras, el ángel del Señor nunca inventa otra Biblia, ni distorsiona las Escrituras. La Palabra de Dios es siempre el modelo.

Durante su visita, el ángel del Señor dijo a Branham muchas otras cosas en relación con su ministerio. Primero le dijo que él, un predicador desconocido, pronto estaría predicando delante de miles de personas en estadios repletos. Segundo, le dijo que si era fiel al llamado, los resultados alcanzarían a todo el mundo y sacudirían a las naciones. La visión duró aproximadamente media hora.[15]

SIN TIEMPO QUE PERDER

Después de la visitación del ángel, Branham regresó a su casa. El domingo siguiente, por la noche, relató a su congregación en el tabernáculo la historia de la visitación. Irónicamente, todos le creyeron.

La palabra del Señor se cumplió muy pronto. Mientras Branham hablaba, alguien vino y le entregó un telegrama. Era de un tal Rev. Robert Daughtery, y en él pedía a Branham que fuera a St. Louis y orara por su hija, que estaba enferma. Había consultado a todos los médicos sin resultado, y sentía que la oración sería la única respuesta.

Branham no tenía dinero para hacer el viaje, así que la congregación reunió una ofrenda, consiguiendo dinero suficiente para un viaje de ida y vuelta en tren. Tomó prestado un traje de uno de sus hermanos, y un abrigo de otro. A la medianoche, algunos miembros de su congregación lo acompañaron a abordar el tren que lo llevaría a St. Louis.

EL PRIMER MILAGRO

La pequeña niña estaba muriendo de una enfermedad desconocida. La iglesia había orado y ayunado por ella, sin éxito. Los mejores médicos de la ciudad habían sido llamados para atenderla, pero no podían llegar a un diagnóstico.

Branham se acercó a ella mientras las lágrimas caían de sus ojos. La niña estaba hecha piel y huesos y, tendida en la cama, se tomaba el rostro con las manos, como si fueran garras. Su voz había enronquecido de tanto gritar de dolor. Había sufrido este tormento durante tres meses.

Branham oró junto con los demás, sin resultado. Finalmente pidió que le mostraran un lugar tranquilo donde pudiera estar solo y en comunión con el Señor. Este se convirtió en su comportamiento típico en los principios de su ministerio. Al estar a solas con el Señor, muchas veces veía la respuesta en una visión. Entonces esperaba hasta que las condiciones eran exactamente como las había visto, y luego actuaba según la visión. Cuando seguía este comportamiento, los resultados siempre eran inmediatos.

Después de un rato, Branham entró caminando con gran seguridad en la casa y preguntó al padre y a los demás: **"¿Creen ustedes que yo soy el siervo de Dios?"** "¡Sí!", gritaron ellos. **"Entonces hagan**

lo que les digo, y no duden". Pidió varias cosas, y finalmente oró por la niña, según la visión que el Señor le había dado. Inmediatamente, el espíritu maligno dejó a la criatura y ella fue sanada. A partir de ese momento, vivió una niñez completamente normal y sin enfermedades.

Branham pidió varias cosas, y finalmente oró por la niña, según la visión que el Señor le había dado. Inmediatamente, el espíritu maligno dejó a la criatura y ella fue sanada.

Cuando se esparció la noticia de la sanidad, la gente se agolpó para ver a Branham, pero él se apartó de ellos y les prometió que regresaría más tarde. Pocas semanas después, cumplió su palabra.

LOS MUERTOS SON RESUCITADOS

En junio de 1946, Branham regresó a St. Louis y condujo una campaña de doce días en la que predicó y oró por los enfermos. La carpa estaba llena de gente y muchos quedaron afuera, aun bajo lluvias torrenciales. Tremendas manifestaciones se produjeron: los cojos andaban, los ciegos veían, los sordos oían. Un ministro que había sido ciego durante veinte años recibió la vista. Una mujer que rechazó el Espíritu de Dios cayó muerta fuera de la carpa, víctima de un ataque al corazón. Branham salió a verla y oró por ella. La mujer se levantó y aceptó la salvación en Cristo Jesús. Las sanidades se multiplicaron y se hicieron incontables. Muchas veces Branham se quedaba hasta las 2:00 de la madrugada orando por los enfermos.

Estando en St. Louis, le pidieron que realizara una campaña en Jonesboro, Arkansas, donde aproximadamente veinticinco mil personas asistieron a las reuniones.[16] Durante esta campaña, Branham se retiró discretamente del culto para ir a una ambulancia donde una anciana había muerto. Después que Branham orara una sencilla oración, la mujer se irguió y abrazó a su esposo. Había tantas personas paradas junto a la puerta trasera de la ambulancia, que no podían abrirla para que Branham saliera, así que el conductor de la misma puso su saco cubriendo la ventanilla delantera para que Branham pudiera salir por esa puerta.[17]

Una mujer, que había conducido su auto miles de kilómetros para estar allí, intentó, en medio de las lágrimas, describir a los demás la humildad, compasión y mansedumbre de Branham. Cuando lo miraba, dijo, "lo único que veía era a Cristo", y agregó: "Ustedes nunca volverán a ser los mismos después de haberlo visto".[18]

EXTENDIÉNDONOS

En Arkansas, Branham consiguió su primer administrador de campañas, W. E. Kidson, quien era jefe de redacción de The Apostolic Herald (El heraldo apostólico), el boletín que había publicado las noticias del ministerio de Branham. Kidson, un pionero intransigente de la doctrina de la Unicidad, había presentado a Branham en la denominación, y lo llevó a varias iglesias pequeñas.

El año 1947 fue de muy alto perfil para el ministerio de Branham. La revista Time publicó la noticia de sus campañas, y su equipo ministerial hizo su primera gira por los estados del Oeste.

Las reuniones de Branham en Portland, Oregon, tuvieron gran influencia sobre T. L. y Daisy Osborn. Ellos acababan de llegar de la India, donde habían servido como misioneros, vencidos, sin visión ni propósito, y casi dispuestos a dejar el ministerio.

Se dice que T. L. estaba presente cuando Branham hizo que una niña bizca que estaba con él en la plataforma girara para quedar de vista a la congregación, y mientras Branham le imponía las manos, T. L. vio cómo los ojos de la niña se enderezaban. Se dice que entonces, el misionero oyó una voz que decía: "¡Tú puedes hacer eso! ¡Tú puedes hacer eso!" Después de asistir a la reunión de Branham, los Osborn se sintieron fortalecidos, y la llama de su ministerio ardió brillantemente una vez más, con pleno propósito. Finalmente habían hallado la respuesta que necesitaban. El resultado fue un tremendo ministerio internacional de sanidad a las naciones, por medio de los Osborn.

También en 1947, Branham conoció a Gordon Lindsay. Jack Moore era un ministro de la Unicidad que había estado viajando con Branham cuando se unieron al ministerio de Lindsay. Aunque Lindsay seguía la doctrina de la Trinidad, él y Moore formaron una coalición que llegó a ser ingrediente fundamental del éxito de Branham.

Cuando Lindsay vio que había comenzado un mover divino sin precedentes, instó a Branham para que ministrara más allá de los círculos de la Unicidad y pasara a los del Evangelio Completo. Branham, comprendiendo que Lindsay estaba siendo utilizado para cumplir la

palabra que había recibido de boca del ángel, accedió. Lindsay era un maestro en organización, atributo del que Branham carecía, así que le dio la libertad de organizar y promover una de las campañas de sanidad más importantes realizadas hasta la actualidad.

Moore y Lindsay prepararon la primera Campaña de la Unidad en el otoño de 1947. Estas reuniones tenían como objetivo unir a los creyentes de la Unicidad y de la Trinidad en una gran campaña. La misma se llevó a cabo en los estados del noroeste y algunas partes de Canadá, y fue bien recibida, ya que los mensajes de Branham evitaban toda mención a las diferencias doctrinales. Quienes asistieron vivieron "las más grandes experiencias religiosas de toda su vida". Muchas veces, según decían algunos, había hasta mil quinientas personas que nacían de nuevo en un solo culto. W. J. Ern Baxter se unió al equipo ministerial en Canadá, y escribió que durante ese año de ministerio hubo treinta y cinco mil sanidades.[19]

NACE "LA VOZ DE SANIDAD"

En un esfuerzo por dar voz a este mensaje de sanidad por todo el territorio, el equipo de Branham creó un nuevo método publicitario, una publicación que circularía fuera del círculo aislado de la Unicidad y llegaría a todos los cristianos. Una vez más, Branham comprendió que esto hacía al cumplimiento del mensaje del ángel, y accedió. Pero Kidson, su jefe de redacción, no estaba de acuerdo, por lo que Branham lo relevó de sus tareas y nombró a Lindsay y Moore como jefes de redacción, y él mismo como editor. Juntos, concibieron la publicación, que se llamaría *La voz de sanidad*.

Originalmente, ellos pensaban publicar sólo una revista para presentar a Branham. Pero la demanda fue tan grande, que la revista piloto fue reimpresa varias veces, hasta que finalmente decidieron imprimir **La voz de sanidad** *una vez por mes.*

Originalmente, ellos pensaban publicar sólo una revista para presentar a Branham. Pero la demanda fue tan grande, que la revista piloto fue reimpresa varias veces, hasta que finalmente decidieron imprimir *La voz de sanidad* una vez por mes.

A partir de ese momento, Branham tomó como norma no discutir jamás temas doctrinales. Decía:

"**Dios no puso su sello de aprobación sobre ninguna iglesia en particular, sino que reveló que los puros de corazón verían a Dios**". Y solía agregar: "**Que cada uno crea lo que quiera. De todas maneras, estas cosas no tienen gran importancia. Seamos hermanos, tengamos comunión unos con otros**".

Branham muchas veces dijo que los creyentes deberían poder "**estar a millones de kilómetros de distancia en sus posturas doctrinarias**" pero que si alguna vez llegaban al punto de no poder abrazarse como hermanos, deberían sentirse "**apartados del Señor**".[20]

COMIENZAN LOS PROBLEMAS

En 1948, el ministerio de Branham se detuvo bruscamente cuando su líder sufrió un colapso nervioso, debido a su extremada fatiga mental y física por el exceso de trabajo en el ministerio. Antes de contratar a Lindsay como administrador de campañas, Branham oraba hasta la madrugada por la gente que pedía sanidad, hasta quedar completamente exhausto. No sabía cuándo detenerse. Bajó terriblemente de peso, y comenzaron a circular los rumores de que estaba a punto de morir.

Por lo tanto, Lindsay, administrador de sus campañas, cortó el tiempo de ministración de Branham a una hora o menos cada noche, y no permitió que las personas vinieran a verlo en su cuarto en el hotel. Lindsay extendió las reuniones, pero cortó las interrupciones y los excesos.

Cuando Branham sufrió ese colapso, comentó a acusar a quienes consideraba culpables del mismo, y culpó a Lindsay de hacerlo trabajar demasiado. También informó a Lindsay y Moore que de allí en adelante, *La voz de sanidad* sería exclusivamente responsabilidad de ellos.

Lindsay se quedó estupefacto ante las acusaciones de Branham. Acababa de planear una larga campaña de sanidad para él, y sintió que lo libraba a su suerte al darle toda la responsabilidad de la revista. Pero continuó publicándola, incluyendo también artículos sobre otros ministerios de sanidad. Aunque continuaron trabajando juntos, Lindsay y Branham nunca volvieron a disfrutar de la estrecha relación que habían vivido hasta entonces.

Durante este tiempo surgieron otros evangelistas de la sanidad. Oral Roberts, que había entrado al ministerio un año después que Branham, pidió que todos oraran por su recuperación. Seis meses después, Branham repentinamente volvió a la escena, diciendo que había sido milagrosamente sanado. Su regreso causó gran entusiasmo entre sus seguidores.

Branham realizó su primera gran cruzada después del colapso en 1950. Fue en este momento que F. F. Bosworth, el gran evangelista de la sanidad de la década del ´20, se unió a su equipo. Hasta ocho mil personas llegaron a asistir a esos cultos.

Fue en este tiempo que se tomó la fotografía más famosa de Branham, conocida como "la fotografía del halo". Un pastor bautista había desafiado a Branham a un debate sobre la sanidad, y este aceptó. El bautista contrató un fotógrafo para captar el evento. Una de las fotografías que este hombre tomó muestra un halo de luz descansando sobre la cabeza de Branham. Lindsay inmediatamente hizo documentar la fotografía como original, certificando que no se habían realizado retoques o modificaciones ni en el negativo ni en la copia.

SACUDIENDO NACIONES

En abril de 1950 Branham viajó a Escandinavia, siendo el primer evangelista de *La Voz de Sanidad* que viajara a Europa.

Antes de ir al Viejo Continente, tuvo una visión, que compartió en todos los Estados Unidos, de un niño pequeño que era atropellado por un auto y luego era resucitado.

Mientras estaba en Finlandia, el auto de Branham quedó detrás de un auto que había atropellado a dos pequeños niños. Sus compañeros recogieron a uno de los niños y se dirigieron al hospital. Branham notó que el pulso y la circulación del niño se habían detenido, por lo cual se arrodilló en el piso del auto y clamó a Dios por misericordia. El niño resucitó y comenzó a llorar. Tres días después lo dieron de alta en el hospital. Al día siguiente, Branham tuvo una visión que le mostraba que ambos niños vivirían.

> *Branham notó que el pulso y la circulación del niño se habían detenido, por lo cual se arrodilló en el piso del auto y clamó a Dios por misericordia. El niño resucitó y comenzó a llorar.*

El colaborador de Branham que viajaba con él escribió la primera visión de Branham sobre el niño en un papel, y la guardó en su billetera. Cuando el hecho sucedió finalmente, este hombre tomó el papel que había guardado y se lo leyó a Branham. Era el relato exacto de lo que el evangelista había compartido en todos los Estados Unidos.

Branham también había recibido muchos pedidos de oración desde África, algunos de los cuales venían acompañados por boletos de avión. Finalmente, en otoño de 1951, Él y su equipo viajaron a Sudáfrica, donde realizaron campañas hasta diciembre. Se dice que las reuniones fueron las más grandes realizadas en el país, con una asistencia de hasta cincuenta mil personas, y miles que quedaban afuera.

La ciudad de Durban tenía una población de más de 200.000 personas. Todos los autobuses de la ciudad fueron puestos a su disposición para transportar gente a la campaña, y aún así no todos los que deseaban pudieron llegar. Los resultados fueron tan increíbles, que para relatarlos se escribió un libro: A Prophet Visits South Africa (Un profeta visita Sudáfrica).

¿CÓMO OBRABA BRANHAM?

La personalidad de Branham era cautivante. No era carismático ni exuberante, sino que se lo recuerda por su humildad y por su pobre origen. Branham solía disculparse por su falta de educación y de habilidades culturales. No podía hablar bien delante de las multitudes. Cuando lo hacía, generalmente era con una voz muy suave y tartamudeando. Generalmente dejaba la predicación en manos de Bosworth y los otros, y luego él ministraba sanidad a la gente.

Todo, en su ministerio, estaba dirigido hacia lo sobrenatural. Refutaba a cualquier persona que se dejara guiar por el intelectualismo, y no permitía siquiera que estuvieran con él en la plataforma. Todo su equipo ministerial trabajaba para crear una atmósfera en la que pudiera manifestarse la sanidad divina. Baxter y Bosworth predicaban en los cultos matutinos y vespertinos. Baxter predicaba mensajes evangelísticos, y Bosworth daba instrucciones especiales para recibir y conservar la sanidad. Lindsay, el coordinador de las campañas, manejaba los llamados al altar. Aunque Branham insistía en que su rol principal era orar por los enfermos, siempre predicaba en los cultos de la noche.

Dado que la demanda por sus campañas era tan grande, sólo podía

quedarse unas pocas noches en cada ciudad. Para manejar el flujo de gente, Lindsay redactó y publicó un librito, *La sanidad divina en las reuniones de Branham*, que se distribuía ampliamente en las ciudades antes que el equipo llegara. A diferencia de los primeros evangelistas de la sanidad, Branham no podía pasar semanas instruyendo a la gente sobre la sanidad antes de orar por ellos. Este librito servía como herramienta de aprendizaje para aquellos que deseaban recibir sanidad, quienes entonces llegaban a las reuniones listos para recibirla. Branham oraba por ellos la primera noche de su campaña.

Él evitaba cualquier entrevista personal antes de los cultos de la noche. Generalmente pasaba tres días orando y ayunando antes de cada campaña. Además, nunca oraba por la gente hasta que sentía que su ángel estaba a su diestra.

"Si no está seguro de esto," decía Bosworth, "queda completamente indefenso. Cuando tiene conciencia de la presencia del ángel, aparentemente rompe el velo de la carne y pasa al mundo del Espíritu, y la sensación de lo invisible lo domina."

Unos pocos testigos dijeron haber visto al ángel de pie junto a Branham. Pero la mayoría de las personas que notaron esa presencia la describieron como "una luz celestial". Bosworth escribió que en la campaña en Sudáfrica, en 1951, sobre las cabezas de las personas cuya fe había llegado al nivel necesario se veía una luz, que Branham, estando bajo la unción, podía reconocer.[21]

Cuando él oraba por las personas que esperaban ser sanadas, les decía que formaran fila a su derecha. De esa manera, creía él, las personas recibirían una doble dosis de poder, porque pasaban en medio del ángel y de él. El equipo de Branham utilizaba las "tarjetas de oración", que se habían vuelto muy populares. Se trataba de tarjetas numeradas que se entregaban a las personas. Durante el culto, se llamaban diferentes números al azar. Branham también oraba sobre algunos pañuelos que luego eran llevados a las personas afligidas (ver Hechos 19:12).

SU DOCTRINA EN LOS PRIMEROS TIEMPOS

Branham creía que la sanidad era la obra completa del Calvario. También creía que toda enfermedad y pecado eran causados por Satanás. **"Lo que los médicos llaman 'cáncer', Dios lo llama demonio"**, predicaba.[22]

Branham también tenía un gran ministerio de liberación. Junto con el pecado y la enfermedad, consideraba la locura, los arranques violentos, la incredulidad y los hábitos lujuriosos como obra de demonios. No creía que la liberación sanara a una persona, pero sí que aclaraba el camino para que la sanidad pudiera producirse.

Antes de comenzar a echar fuera demonios en sus cultos, se detenía y decía a los escépticos presentes que él no sería responsable por "los males que pudieran acontecerles".[23]

Si una persona deseaba ser sanada en una de sus reuniones, debía hacer dos cosas: (1) creer y confesar que Jesús había muerto por su sanidad, y (2) creer que Branham era el profeta de Dios enviado para ministrar sanidad.

Branham creía que la fe era un sexto sentido. Para él, la fe era creer lo que Dios ha revelado. Una persona podía perder su sanidad si dejaba de creer lo que le había sido revelado. **"Así como la fe la mata [a la enfermedad], la incredulidad la resucita"**, razonaba.[24] Una persona no debía ser cristiana para ser sanada, pero sí debía convertirse para continuar sana, enseñaba.

Aunque Branham apoyaba la labor de los médicos, también creía que su trabajo era limitado. Creía que la medicina "sólo mantenía el cuerpo limpio mientras Dios realizaba la sanidad". Afirmaba: **"Ni un solo gramo de medicina ha curado jamás ninguna enfermedad"**. Se dice que Branham se erizaba cuando alguien describía la sanidad divina como fanatismo, y respondía que **"nunca dicen que la medicina sea fanatismo cuando una persona muere por un tratamiento médico equivocado"**.[25]

Branham también estaba en contra de "la prosperidad" de los cristianos, especialmente de los ministros. Muchas veces decía que podría haberse hecho millonario con los ingresos de su ministerio, pero prefería no serlo, y se negaba a recibir cuantiosos regalos diciendo: **"Quiero ser como las personas que vienen a que ore por ellas"**. Cuando finalmente aceptó un Cadillac que le regalaron, lo mantuvo guardado en el garaje durante dos años, por vergüenza.[26]

BRANHAM COMIENZA A DESVIARSE

Branham fue muy influyente en el ministerio de la sanidad divina durante nueve años. En este tiempo, muchos evangelistas de la sanidad comenzaron a surgir por todo el país, operando con grandes señales y prodigios. En 1952, en uno de los puntos más altos del avivamiento de *La voz de sanidad*, cuarenta y nueve prominentes evangelistas de la sanidad aparecieron en las páginas de la revista. La revelación de la sanidad divina había llegado a su punto máximo en todo el mundo. Pero a partir de ese año, los fuegos del avivamiento de sanidad comenzaron a menguar. Para 1955, Branham comenzó a experimentar ciertas dificultades, y su ministerio cambió en forma drástica.

SE VA LINDSAY

Gordon Lindsay fue una de las cosas más importantes que le sucedió al ministerio de Branham. Lindsay tenía la Palabra y Branham tenía el don. Lindsay también tenía la capacidad organizativa que podía multiplicar el ministerio y el don de Branham. Obviamente, eran un equipo ministerial armado en los cielos.

Pero Branham se negó a reconocer el valor de Lindsay. Por el contrario, lo acusó, lo culpó, y hasta cierto punto, lo abandonó. Creo firmemente que el Señor había ordenado a Lindsay que ayudara a Branham porque este no podía ayudarse a sí mismo. Por lo tanto, creo que separarse de Lindsay fue un gran error de Branham, y la causa por la cuál este cayó luego en serios errores doctrinales.

RODEADO DE OBSECUENTES

Debido a la frialdad de Branham hacia él, además del hecho de que su propio ministerio estaba creciendo, Lindsay dejó el equipo de Branham después de cuatro años. Los hombres que lo reemplazaron estaban lejos de llegar a su nivel en carácter e integridad.

Branham no tenía ingenio ni sofisticación suficiente como para estar a la par de quienes se acercaron para, sutilmente, aprovecharse de él. Era un hecho ampliamente conocido que Branham no tenía capacidad para los negocios, y realmente, no le importaban. Muchos creyeron que sin el manto de protección que lo había cubierto estando Lindsay con él, los administradores que Branham ahora empleaba se aprovechaban de él y de los fondos de su ministerio, utilizándolos para ellos mismos y su propio enriquecimiento. Durante la administración de Lindsay, el ministerio de Branham siempre había gozado de superávits financieros, pero bajo la nueva administración, sufría una gran falta de dinero. La situación llegó a ser tan mala, que Branham pensó que tendría que dejar el ministerio y ponerse a trabajar en un empleo secular.

La asistencia a sus campañas ya no era tan numerosa, y pronto el ministerio llegó a tener un déficit de $ 15.000. Después de recibir casi mil cartas por día, ahora el ministerio recibía apenas setenta y cinco.

En el pico del avivamiento, el descuido de Branham en cuanto a los temas financieros no era tan notorio. Pero ahora que los fondos eran escasos, su mala administración atrajo la atención de la Dirección General Impositiva. En 1956 se levantó un cargo por evasión de impuestos contra el evangelista. A pesar de sus objeciones, Branham arregló el tema fuera de la corte con un pago de $ 40.000 que se constituyó en una deuda que no podría cancelar durante el resto de su vida.[27]

Finalmente, se encontró con que se había armado una secta alrededor de su personalidad. Cuando otros evangelistas de la sanidad llegaban a un primer plano, el séquito de obsecuentes pacificaba su ego. Estos hombres alentaban a Branham en sus visiones extrañas, manifestando que él era el nuevo Elías, el precursor de la venida de Cristo, y la cabeza de la iglesia de la séptima era. Sostenían que sólo Branham podía llevar a cabo este llamado del mensajero de Laodicea, y que nadie más podría personalizarlo.

Para 1958, sólo había aproximadamente doce evangelistas de la sanidad prominentes. Era evidente para todos que los días de gloria del avivamiento de *La Voz de Sanidad* se habían acabado. Ahora era tiempo de buscar al Señor y descubrir qué rol debía ocupar cada uno en el próximo mover de Dios.

NO PERMANECIÓ EN SU LLAMADO

Branham no tomó bien el cambio. En realidad, nunca vivió la transición. En lugar de orar al Señor para saber cuál sería el lugar donde debería ministrar en el próximo mover de Dios, se volvió hacia

> *Finalmente, Branham se encontró con que se había armado una secta alrededor de su personalidad. Cuando otros evangelistas de la sanidad llegaban a un primer plano, el séquito de obsecuentes pacificaba su ego. Estos hombres alentaban a Branham en sus visiones extrañas, manifestando que él era el nuevo Elías, el precursor de la venida de Cristo, y la cabeza de la iglesia de la séptima era.*

doctrinas radicales y sensacionalistas. Tomó el oficio de maestro por voluntad propia, no por orden de Dios.

Es posible que por su don profético, Branham viera el despertar del don de enseñanza que se movería en la Tierra por medio del Movimiento de la Palabra de Fe, que comenzó a fines de los años ´70. Obviamente, se adelantó a su tiempo, quizá esperando recobrar su posición como líder. Branham no comprendió que él ya era, innegablemente, un líder de la iglesia; lo único que necesitaba hacer, era regresar a su propio llamado.

Dios no lo llamó a ser un maestro, porque él no conocía la Palabra. Como consecuencia, a través de su ministerio comenzaron a enseñarse y enfatizarse doctrinas problemáticas. Todo lo que había defendido en sus primeros años de ministerio, aparentemente, se le había escapado.

Sin duda, este gran error hizo que su vida terminara tempranamente, y continúa oscureciendo su ministerio hasta el día de hoy.

Oral Roberts asistió a la campaña de Branham en la ciudad de Kansas en 1948. Esta es una rara fotografía que muestra, de izquierda a derecha, a Young Brown, Jack Moore, William Branham, Oral Roberts, y Gordon Lindsay

Convención de evangelistas líderes de La Voz de Sanidad en diciembre de 1949, a la que asistió el hermano Branham. Última fila, de izquierda a derecha: Orrin Kingsriter, Clifton Erickson, Robert Bosworth, H. C. Noah, V. J. Gardner, H. T. Langley, Abraham Tannenbaum... Fila del medio: Raymond T. Richey, William Branham, Jack Moore, Dale Hanson, O. L. Jagger, Gayle Jackson, F. F. Bosworth, Gordon Lindsay... Primera fila: Sra. Erickson, Sra. Kingsriter, Sra. Lindsay, Srta. Anna Jeanne Moore, Sra. Bosworth, Sra. Jackson, y Sra. Langley

¡Predicando la Palabra!

Branham en Sudáfrica

Branham con F. F. Bosworth

Ministrando en una iglesia de habla hispana en Phoenix, Arizona, 1947

Gordon Lindsay, William Branham y W. V. Grant en Dallas, Texas, 1964

La famosa fotografía del halo

LO HIZO A SU MANERA

Branham decía tener extrañas visiones espirituales que aparentemente hacían que siempre estuviera buscando su cumplimiento con gran ansiedad. Durante la década del '60, lamentaba la declinación de su popularidad, notando que otros evangelistas lo habían superado.[28] Para él, se convirtió en una carrera competitiva.

Branham trató de recuperar su popularidad por medio de la enseñanza de doctrinas que, según él, le habían sido dadas por revelación profética. Pero, al abusar del don, sus profecías se pervirtieron. En lugar de utilizar su capacidad profética para llamar a los corazones de los hombres de regreso a Dios, trató de predecir eventos internacionales.

PREPÁRATE...

Cuando leas esta muestra de las doctrinas que Branham enseñaba, comprenderás por qué fue un error tan grande que permitiera que Lindsay se fuera. Si Lindsay se hubiera quedado, todos los demás errores de la vida de Branham habrían sido solucionados. Aquí damos una muestra de las extravagantes doctrinas "proféticas" que Branham enseñó hasta el fin de sus días.

NO HAY INFIERNO ETERNO

Presentándolo como una nueva revelación, Branham enseñaba que no existe el infierno eterno. Dijo que el infierno era para siempre, pero no para la eternidad. Para él, "para siempre" significaba un período de tiempo. Después de este período, los que estuvieran en el infierno serían aniquilados.[29]

LA SIMIENTE DE LA SERPIENTE

También enseñaba que la mujer no fue producida por creación de Dios, sino un producto secundario del hombre. Aun llegó a sugerir que los animales eran una especie de rango superior a la mujer, porque habían sido creados de la nada. Su posición secundaria, según Branham, señalaba a las mujeres como **"los seres más fácilmente engañados y más engañadores del mundo"**.

Branham también enseñaba que las mujeres llevaban la simiente de la serpiente. Esta doctrina enseñaba que Eva tuvo relaciones sexuales con la Serpiente en el huerto, y así había concebido a Caín. Branham dijo que la intención de Dios era que la multiplicación se produjera por medio del polvo de la tierra, como había sucedido con Adán, pero que el acto de Eva con Satanás había alterado el plan y debido a esto, se había creado un método inferior para la procreación. Según Branham, toda mujer lleva, literalmente, la simiente del diablo.

Cierta vez dijo:

> **"Cada vez que pasa una procesión fúnebre por la calle, es porque una mujer la ha causado... Todo lo que está mal, es a causa de la mujer. Y luego, ponerla como cabeza de la iglesia... la culpa es suya".**[30]

Debido a este acto desgraciado y hereditario con Satanás, las mujeres no podían predicar, según Branham. También enseñaba que el descendiente sobrenatural de Eva, Caín, había construido grandes ciudades donde habían nacido los científicos y los intelectuales. Por lo tanto, según Branham, toda persona intelectual y todo científico que rechaza la naturaleza sobrenatural del evangelio proviene de la simiente de la Serpiente.[31]

EL DIVORCIO

Según Branham, la poligamia había surgido debido a que las mujeres llevaron el sexo a los hombres. Por esto, las mujeres debían ser castigadas, así que un hombre podía tener muchas esposas, pero una mujer sólo podía tener un marido. Enseñaba que cuando Jesús habló del divorcio, habló para las mujeres, no para los hombres. Una mujer no podía volver a casarse bajo ninguna circunstancia, pero un hombre podía divorciarse cuando quisiera, y casarse nuevamente, con una mujer virgen.[32]

LA MARCA DE LA BESTIA

Branham enseñaba que el denominacionalismo era la marca de la Bestia, los protestantes las rameras, y los católicos la Bestia. Después de una visión insinuó (aunque nunca lo reconociera formalmente) que él era EL mensajero de los tiempos finales, y EL profeta de Laodicea, que podía abrir el séptimo sello del Libro del Apocalipsis. También predijo que la destrucción de los Estados Unidos comenzaría en 1977.[33]

> *Branham enseñaba que el denominacionalismo era la marca de la Bestia, los protestantes las rameras, y los católicos la Bestia.*

SU BOCA TENÍA PODER

Branham creía que llegaría el día en su ministerio, en que "la Palabra hablada" de su boca transformaría los cuerpos físicos en cuerpos glorificados para el arrebatamiento. Este tremendo poder sería desatado porque sus palabras restaurarían el nombre original de Dios, JHVH. Anteriormente, el nombre nunca había sido pronunciado correctamente, pero "la boca de Branham estaba formada especialmente para decirlo".[34]

UNICIDAD

Aunque al principio de su ministerio lo negaba, Branham ahora declaraba abiertamente la doctrina de la Unicidad. Pero criticaba a las iglesias que creían "sólo en Jesús", porque decía que **"hay muchas personas que se llaman 'Jesús', pero un solo Señor Jesucristo".** Un día, enseñaba que los trinitarios no eran nacidos de nuevo. Otro

día, decía que sólo algunos de ellos habían nacido de nuevo. Hasta llegó a profetizar diciendo que **"la doctrina trinitaria es del demonio"**, y luego ordenaba a todos los que escucharan la grabación de ese mensaje que se bautizaran en el nombre de Jesucristo.[35]

Muchas veces también cambiaba su doctrina sobre la salvación. Algunas veces decía que **"cualquiera podía ser salvo"**. Otras, hablaba según la doctrina calvinista, diciendo: **"Hubo millones que serían salvos si pudieran, pero no pueden. No es para ellos"**.[36]

De este grupo de discípulos surgió un grupo que se llamaban "Los mensajeros", y en la actualidad, también se los conoce como "Los branhamitas". Estas iglesias no están afiliadas a ninguna denominación, dado que Branham detestaba esa forma de organización. Son seguidores de él, y creen que él era el mensajero de Laodicea para esta era de la iglesia. Hasta hoy, un gran retrato de Branham cuelga de esta iglesia, donde lo presentan como su "pastor".

Los "mensajeros", o "branhamitas" son un movimiento mundial. En realidad, la cuarta iglesia más grande del Zaire pertenece a este grupo.[37]

LA HISTORIA DE SU MUERTE

Branham predicó su último mensaje en la semana del Día de Acción de Gracias de 1965, en la iglesia de Jack Moore. Aunque Moore no estaba de acuerdo con la doctrina de Branham, continuó siendo su amigo hasta el final.

El 18 de diciembre de 1965, mientras regresaba a Indiana cruzando Texas, Billy Paul Branham, su hijo, manejaba el auto que iba delante del de Branham y su esposa. Un conductor ebrio giró para evitar chocar contra el auto de Billy Paul, pero cruzó la línea del medio y chocó de frente contra el auto de Branham.

Billy Paul giró y regresó al lugar de accidente. Saltó de su auto y vio que Branham había atravesado la ventanilla y había vuelto a caer dentro del auto.

Billy Paul fue a controlar el estado de su padre y vio que tenía huesos rotos, pero aún tenía pulso. Al controlar el estado de su esposa, notó que no tenía pulso. Obviamente, estaba muerta.

Repentinamente, Branham se movió, y al ver a su hijo, le preguntó: **"¿Está bien mamá?"**

Billy Paul le contestó: "Papá, está muerta". Entonces Branham le dijo: **"Pon mi mano sobre ella".**

Su hijo obedeció, puso la mano ensangrentada de Branham sobre su esposa. Inmediatamente le regresó el pulso, y la mujer revivió.[38]

William Branham permaneció en coma durante seis días, antes de morir el 24 de diciembre de 1965. Su esposa le sobrevivió.

Aunque entristecido por su muerte, el mundo pentecostal no se sorprendió. Gordon Lindsay escribió en sus palabras de elogio para el funeral, que la muerte de Branham había sido voluntad de Dios: **"Dios puede ver que el ministerio especial de un hombre ha llegado a su cumplimiento, y que es hora de llevarlo a casa".**[39]

Creo que es interesante observar que Lindsay había aceptado la interpretación del joven evangelista Kenneth E. Hagin, de Tulsa, Oklahoma. Dios le había hablado a Hagin de la muerte de Branham dos años antes que sucediera. En una palabra profética hablada a través de Hagin, el Señor dijo que él "quitaría al profeta" de la escena. Branham murió exactamente cuando el Señor dijo a Hagin que moriría.

Hagin estaba dirigiendo una reunión cuando le llegó la noticia del accidente de Branham, y llamó a todos los santos a orar por él ante el altar. Mientras él mismo se arrodillaba para orar, el Espíritu del Señor le habló, diciendo: "¿Para qué oras? Te he dicho que me lo llevaré". Hagin, entonces, se levantó, incapaz de continuar orando.

Debido a la desobediencia de Branham a su llamado, y a la confusión doctrinal que había creado, Hagin creía que Dios había tenido que quitar al "padre" del avivamiento de sanidad, de la Tierra.

Cuatro veces el Espíritu Santo le había dicho a Lindsay que Branham iba a morir, y que él debía advertirle. Pero Lindsay no lograba atravesar la barrera de obsecuentes que rodeaban a Branham.

Finalmente, cuando pudo acercarse a él, sin ser anunciado, Lindsay intentó razonar con Branham, y le preguntó: "¿Por qué no trabajas donde Dios quiere que trabajes, y manifiestas el don que Dios te ha dado? ¡Quédate con eso! No trates de meterte en este otro ministerio".

Branham simplemente respondió: **"Pero yo quiero enseñar".**[40]

Tenía un increíble don de sanidad. Pero dado que su conocimiento bíblico no podía compararse con su don, se convirtió en un desastre doctrinal. La ignorancia no es una bendición, especialmente cuando afectamos a multitudes con nuestras palabras. Dios le había dado un

gran don que no podía quitarle. Ese don estaba llevando a las personas al error, haciendo que siguieran la doctrina de Branham, por lo que Dios practicó su derecho soberano según 1 Corintios 5:5: "...el tal sea entregado a Satanás para destrucción de la carne, a fin de que el Espíritu sea salvo en el día del Señor Jesús". En realidad, fue un acto de misericordia de parte de Dios. Se cree que salvó a Branham del infierno.

NO PUDO RESUCITAR

Aunque el funeral se realizó el 29 de diciembre de 1965, el cuerpo de Branham no fue enterrado sino hasta la Pascua de 1966. Toda clase de rumores circulaban. Uno de ellos era que su cuerpo había sido embalsamado y puesto en una cámara frigorífica. Muchos de sus seguidores creían que resucitaría de los muertos. Cualquiera fuera la razón, la declaración oficial fue dada por su hijo el 26 de enero de 1966, en el culto que se hizo en memoria de Branham.

Se dice que la demora se debía a que la Sra. Branham no había decidido aún si mudarse a Arizona o quedarse en Indiana, y deseaba enterrar el cuerpo de su esposo cerca de donde ella decidiera vivir. Hasta que ella decidió, el cuerpo de Branham permaneció en el ático de la casa de sepelios.

Pero todavía los "mensajeros" tenían grandes esperanzas de que Branham resucitara el domingo de Pascua. El hijo de Branham sostenía que su padre decía que la Pascua sería el momento del año en que se produciría el arrebatamiento.

Con gran reticencia y desilusión, William Branham fue sepultado el 11 de abril de 1966. Su monumento mortuorio es una gran pirámide con un águila en la punta (que lamentablemente ha sido robada ya varias veces). Branham es recordado en ese monumento como la única persona capaz de abrir el séptimo sello, como la cabeza de la iglesia de la séptima era.

Sus seguidores se niegan a verlo como un ser humano, y los rumores de su regreso continuaron circulando hasta la década del '80. Cada año, el Tabernáculo Branham realiza un culto muy especial en Pascua, en el cual los seguidores escuchan los sermones grabados de Branham. Algunos de ellos, secretamente, aún creen que regresará en cualquier momento. Se dice que el pastor actual no alienta especulaciones sobre la resurrección de Branham, pero los "branhamitas" jamás han aceptado su muerte.[41]

APRENDAMOS LA LECCIÓN

La historia de William Marrion Branham no fue escrita con ánimo de crítica. Creo que contiene una lección más poderosa que lo que pueda expresar este capítulo.

La lección aquí es esta: Haz lo que Dios te dice que hagas; nada más, nada menos. No se trata de un juego. Hay un solo movimiento, y le pertenece a Dios. Tu tarea es seguirlo.

En esta generación, el cielo debe determinar los tiempos de tu vida y de tu iglesia en general. O estás en la voluntad de Dios, o estás fuera de ella. Tu llamado debe atenerse a los tiempos del cielo.

Lo único que Branham quería ser, era una voz. Si hubiera permanecido dentro del plan de Dios, podría haber sido una de las voces más grandes que jamás hubiera vivido. Su grandeza para el ministerio nunca debería ser olvidada o dejada de lado; su don era legítimo. Pero debemos comprender que cuando no tenemos la Palabra y el Espíritu trabajando juntos en nuestras vidas, se producen grandes errores.

Muchos de nosotros no habíamos nacido aún cuando estos hombres y mujeres de Dios tuvieron sus grandes ministerios. Por ello, no pudimos observar y estudiar sus vidas. Esta es la razón por la que escribo este libro. Estudia lo que has leído, y aprende de ello. Clama a Dios para que te ayude en las cosas de las que no estás seguro. Pídele que te capacite y te enseñe cómo operar por medio de su Espíritu y dentro de sus tiempos. Sigue su plan, exactamente, todos los días de tu vida, y nunca te desvíes de él por tus propias ideas o por la presión de los demás. Tu unción sólo se manifestará cuando sigas el plan que Dios ha diseñado para ti. Adopta su plan, y no te apartes de él en lo más mínimo. Síguelo con firmeza y haz grandes proezas en el nombre de Jesús.

CAPÍTULO DIEZ: WILLIAM BRANHAM
Referencias

1 Gordon Lindsay, A Man Sent From God (Un hombre enviado por Dios), (Jefferson, IN: William Branham, 1950), págs. 23-25.
2 Ibid., pág. 11.
3 C. Douglas Weaver, The Healer-Prophet, William Marrion Branham: A Study of the Prophetic in American Pentecostalism (El sanador-profeta William Marrion Branham: Un estudio de lo profético en el pentecostalismo norteamericano), (Macon, GA: Mercer University Press, 1987), pág. 22.
4 Lindsay, William Branham, págs. 30-31.
5 Ibid., pág. 31.
6 Ibid., págs. 38-39.
7 Weaver, The Healer-Prophet, pág. 25.
8 Lindsay, William Branham, págs. 39-41.
9 Weaver, The Healer-Prophet, pág. 27.
10 Lindsay, William Branham, pág. 46.
11 Weaver, The Healer-Prophet, pág. 33.
12 Lindsay, William Branham, págs. 52-63.
13 Weaver, The Healer-Prophet, pág. 34.
14 Lindsay, William Branham, págs. 76-80, y Weaver, The Healer-Prophet, pág. 75.
15 Lindsay, William Branham, págs. 75-79.
16 Ibid., pág. 93.
17 Ibid., pág. 94.
18 Ibid, pág. 102.
19 Weaver, The Healer-Prophet, págs. 46-47.
20 Ibid., pág. 54.
21 Ibid., págs. 72, 74.
22 Ibid., pág. 62.
23 Ibid., pág. 63.
24 Ibid., pág. 65.
25 Ibid., págs. 66-67.
26 Ibid., pág. 109.
27 Ibid., pág. 94.
28 Ibid., pág. 96.
29 Ibid., págs. 118-119.

30 Ibid., págs. 110-113.
31 Ibid., pág. 113.
32 Ibid., pág. 112.
33 Ibid., pág. 116.
34 Ibid., pág. 138-139.
35 Ibid., pág. 120.
36 Ibid., pág. 121-122.
37 Ibid., págs. 152-153.
38 Entrevista personal con Billy Paul Branham.
39 Weaver, The Healer-Prophet, pág. 105.
40 Kenneth E. Hagin, Understanding the Anointing (Comprendiendo la unción), (Tulsa, OK: Faith Library Publications, 1983), págs. 60-61.
41 Weaver, The Healer-Prophet, págs. 153-155.

Jack Coe

"El Hombre de la fe Temeraria"

"EL HOMBRE DE LA FE TEMERARIA"

"Fui delante del juez y él me preguntó si yo era culpable de alterar la paz. Le respondí: "¿La paz... de quién?"

"'Bueno,' me dijo, '...ustedes aplauden y gritan, y cosas así.' 'Juez, ¿no es cierto que en un partido la gente hace mucho ruido? ¿Acaso no gritan, y aplauden, y hacen ruido?'

"Él respondió: 'Bueno, pero el hecho de que aplaudan ahí aparentemente no molesta a nadie, pero cuando ustedes lo hacen, la gente no puede dormir'.

"Entonces le pregunté: 'Juez, ¿quiere saber cuál es la diferencia?' Me respondió: 'Sí, quisiera saberlo'.

"'La diferencia es que el Espíritu Santo está en nuestros gritos, y esto molesta a los vecinos y los mantiene despiertos... y hace que los bares cierren sus puertas'."[1]

Jack Coe era un hombre grande y dominante que tenía un sentido del humor algo exento de tacto en la carpa. También era una figura de "padre" amoroso y compasivo para los huérfanos de su hogar de niños. Como uno de los principales líderes del avivamiento de La Voz de Sanidad, Coe era profundamente amado, o profundamente despreciado. Creció sin padre, así que de adulto aprendió a hacer de Dios su Padre. Como consecuencia, no tenía problemas en poner a los hombres en su lugar (sin importar cuál alto fuera su puesto dentro de su denominación), si intentaban pasar por encima de la voz de Dios. ¡La dinámica personalidad de este evangelista dejaba poco lugar para una respuesta a medias!

Coe fue considerado un evangelista radical porque, junto con otros, hizo mucho para combatir los prejuicios raciales en la iglesia.

En un momento en que la sociedad pedía la segregación, Coe invitaba enérgicamente a todas las razas y culturas de la comunidad a participar de sus reuniones.

Coe fue considerado un evangelista radical porque, junto con otros, hizo mucho para combatir los prejuicios raciales en la iglesia. En un momento en que la sociedad pedía la segregación, Coe invitaba enérgicamente a todas las razas y culturas de la comunidad a participar de sus reuniones.

UNA NIÑEZ DESOLADA

Jack Coe nació el 11 de marzo de 1918, hijo de Blanche y George Coe, de la ciudad de Oklahoma. Fue uno de sus siete hijos. Blanche había sido criada en la iglesia bautista, pero no era seguro si ella era salva cuando Jack nació. Se cree que George había nacido de nuevo en una reunión de Billy Sunday, pero el hombre nunca volvió a asistir a la iglesia después de ello.

Los abuelos de Coe eran cristianos, así que su padre había crecido en un buen hogar. Además de la atmósfera positiva, sus abuelos también proveyeron en abundancia, dejando una considerable herencia para el padre de Coe. Pero sus sólidos principios de mayordomía aparentemente no fueron seguidos por George, que tenía el mal hábito de jugar y beber. La madre de Jack intentó asistir a la iglesia durante un tiempo, pero como George no iba con ella, desistió. Coe siempre creyó que las cosas hubieran sido diferentes para su familia si su madre hubiera continuado en la iglesia y hubiera orado por su padre.

Cuando Coe tenía cinco años de edad, una camioneta estacionó delante de su casa. Cuando la vio, se entusiasmó, pensando que estarían por entregar algo interesante. Observó mientras los hombres bajaban y se acercaban a su madre para hablar con ella. Después vio cómo su madre se ponía pálido y rompía en llanto. Al ver a estos hombres, Coe comprendió que nada nuevo venía en esa camioneta. Por el contrario, ¡estos hombres venían a llevarse todos los muebles que tenían! George los había abandonado, después de perder en el juego todos los muebles de la casa... y estos hombres venían a llevárselos.

Mientras la camioneta se alejaba, su madre se quedaba sola para enfrentar el futuro con sus siete hijos, sin nadie a quién recurrir.

Entonces se arrodilló en el porche y comenzó a orar. ¡Era la primera vez que Coe veía orar a su madre!

Las cosas se pusieron aún peor. Al día siguiente, un hombre vino a ver la casa. Pensando que venía a comprarla, Blanche le dijo que no estaba en venta. "No vine a comprarla", dijo el hombre. "¡Ya es mía! Lo lamento, pero tendrá que mudarse". Era increíble. Su padre también había perdido la casa por deudas de juego.[2]

"¡BASTA DE DADOS, SEÑOR COE!"

Blanche Coe se mudó con sus hijos a Pensilvania, donde trató de darles una vida decente. Vivían en un sótano. Mientras la hermana mayor de Coe cuidaba de los niños, su madre trabajaba de lavandera durante el día y asistía a la escuela de enfermería por la noche. Era una lucha terrible para todos.

Pero un día, el padre de Coe apareció en la puerta de la casa, rogándole a Blanche que volviera con él, y prometiendo dejar de jugar. Blanche, para quien la vida sola había sido muy difícil, se reunió con él, y George llevó nuevamente a su familia a Oklahoma. Pero George comenzó a jugar nuevamente, y esta vez su esposa lo abandonó para siempre. Blanche se quedó con su hija y dejó a los demás hermanos con su padre.

NADIE LO QUERÍA

Muchas veces, los niños quedaban solos cuando su padre iba a jugar. Con frecuencia no tenían nada para comer. No pasó mucho tiempo antes que la Sra. Coe regresara y se llevara a sus hijos con ella.

Para cuando Coe tenía nueve años, su madre se sentía abrumada por la responsabilidad de cuidar ella sola a sus hijos. Entonces llevó a Coe y a su hermano a una casa muy grande. Después de hablar con las personas que vivían allí y despedirse de sus hijos, se alejó, dejando al pequeño Coe y su hermano en los escalones de entrada de un orfanato.

Más tarde, Jack escribiría sobre esta experiencia:

"Pensé: 'Papá no me quiso, y ahora mamá... la única amiga que he tenido... me da la espalda y me abandona'. Mientras la miraba alejarse por la calle, pensé

que mi corazón se rompería en mi interior. Durante un largo tiempo sólo me quedé allí, llorando".[3]

No sabía que su madre también pasaría días y días llorando.

El hermano de Coe, que era tres años mayor que él, huyó poco después del orfanato. Luego de saltar las vías del tren y robar una bicicleta, fue atropellado por un auto en la carretera y murió instantáneamente. En el funeral de su hermano, el joven Jack se sintió aún más solo.

LA BOTELLA NO ES TU AMIGA

Jack permaneció en el orfanato durante ocho años. Durante este tiempo, sabía muy poco sobre Dios. Cuando cumplió diecisiete años, comenzó a beber y andar de juerga, y al poco tiempo se había convertido en un alcohólico como su padre.

> *Cuando cumplió diecisiete años, comenzó a beber y andar de juerga, y al poco tiempo se había convertido en un alcohólico como su padre.*

Hubo momentos en que, en medio de su esclavitud del alcohol, intentó conocer a Dios. Pero todos los que iban a la iglesia a la que asistía ocasionalmente vivían vidas muy poco comprometidas. No tenían las respuestas que él buscaba, así que se hundió aún más profundamente en el pecado.

Pronto, su salud comenzó a deteriorarse. Debido al alcohol ahora tenía úlceras en el estómago, y su corazón latía al doble del ritmo normal. Cierta vez, casi muere bebiendo, y el médico le advirtió que la próxima borrachera lo mataría.

Así que intentó tomar la resolución de ayudarse a sí mismo. Pero dado que aún no conocía a Dios, se preguntaba quién podría ayudarlo a cumplir con su compromiso. Esto hizo que se mudara a California. Su madre vivía allí, y si alguien podía ayudarlo, seguramente sería ella.

Al llegar, su hermana lo invitó a un baile. Pronto se encontró en el bar mientras los demás bailaban. Esa noche lo llevaron a su casa, en un estado de sopor causado por el alcohol, sin que su madre supiera lo que había sucedido.

"¡DIOS, DAME TIEMPO HASTA EL DOMINGO!"

A la noche siguiente, Coe pensó que moría. Estaba muy débil y apenas podía caminar. Una ambulancia lo llevó a un hospital y allí lo auscultaron. Sentado en una silla en el consultorio, Coe levantó las manos y dijo: **"Oh Dios, no me dejes morir. Por favor, dame una oportunidad más. No quiero ir al infierno"**.[4] Repentinamente, mejoró: la debilidad y los demás síntomas desaparecieron. ¡En ese momento él no sabía lo que le había ocurrido, pero sí sabía que estaba muy contento!

Después de esto, decidió dejar California, y se llevó a su madre con él. Fueron a Fort Worth, Texas, donde consiguió un trabajo como administrador de la fábrica de máquinas de coser Singer. Pronto olvidó las promesas que había hecho a Dios y una noche volvió a su casa nuevamente envuelto en el sopor del alcohol. Pero esta vez, al caer en su cama, no logró dormir, y la convicción de Dios lo hacía dar vueltas en la cama. Finalmente se levantó y decidió tomar otra medida de whisky para quedar totalmente inconsciente. Pocos días después, se produjo una experiencia única que cambiaría su vida para siempre.

Acababa de llegar a su hogar después de estar bebiendo. Eran aproximadamente las 3:00 de la madrugada. Intentó dormir, pero no lo logró. Entonces, al buscar un vaso de whisky, escuchó que alguien estaba con él en el cuarto.

Sorprendido, notó que su corazón le molestaba. Comenzaba a latir, y luego se detenía. Entonces escuchó una voz: "Esta es tu última oportunidad", le dijo la voz. "Te he llamado varias veces, y esta es la última".

Ante estas palabras, saltó de su cama y cayó de rodillas, llorando: **"Oh, Dios, dame hasta el domingo. Si me das tiempo hasta el domingo, arreglaré mis cuentas contigo"**.

"¡CARACOLES, LO TENGO!"

Llegó el domingo, y Coe no tenía idea de dónde ir. De joven, había sido bautizado en varios lugares, pero nada había cambiado su vida ni había respondido sus preguntas. Dado que las reuniones de las iglesias empezaban mucho más tarde en esa época, recién a la tarde comenzó a considerar seriamente dónde ir. Realmente no tenía idea.

Así que a las 17:00 fue a su oficina para buscar en la guía telefónica. Coe había escuchado que había gente que abría la Biblia en cualquier versículo en donde caía su dedo, y lo tomaba como un mensaje de Dios. Así que pensó que él haría lo mismo con la guía telefónica.

Tomó el grueso libro y lo dejó caer, y al abrir los ojos, vio el nombre y la dirección de una iglesia nazarena. Llegó al estacionamiento de la iglesia dos horas antes que comenzara el culto. Cuando las puertas finalmente se abrieron, salió del auto de un salto y encontró un asiento al fondo. Después del sermón, cuando el pastor preguntó si alguien quería ir al cielo, diciendo: "Tenemos para usted una experiencia en la que puede nacer de nuevo", Coe corrió hacia el altar, gritando: "¡Eso es lo que yo quiero! ¡Eso es lo que yo quiero!" Una pequeña señora de cabello gris oró con él. Entonces, repentinamente, sintió algo que nunca antes había sentido. Dado que no conocía la "jerga cristiana", comenzó a correr por toda la iglesia, gritando: "¡Caracoles, lo tengo! ¡Caracoles, lo tengo!" Tiempo después, recordando este momento, diría: **"Yo no sabía qué quería decir 'Gloria', o 'Aleluya'. Tenía que gritar algo... ¡había algo en mi interior!"**

> *Coe corrió hacia el altar, gritando: "¡Eso es lo que yo quiero! ¡Eso es lo que yo quiero!" Una pequeña señora de cabello gris oró con él. Entonces, repentinamente, sintió algo que nunca antes había sentido.*

Regresó a su casa a las 4:00 de la madrugada. Se había quedado en la iglesia todo ese tiempo, orando y alabando a Dios.

"¿QUÉ TE HAN HECHO?"

Durante los seis meses siguientes, Jack Coe fue un hombre "hambriento". Iba a la iglesia todas las noches y allí se quedaba hasta la madrugada. Devoraba la Biblia, y muchas veces se imaginaba ocupando el lugar de ciertos personajes bíblicos. Su madre observaba su comportamiento y estaba bastante preocupada por él. Finalmente, una noche, le preguntó si estaba yendo a la iglesia. Naturalmente, así era, así que su madre le dijo: "Esta noche iremos contigo para ver qué es lo que te han hecho ahí". Al final del mensaje, Blanche pasó al frente. No sabía orar, así que sólo dijo: "Oh, Dios, dame lo que tiene Jack". Repentinamente, se volvió con lágrimas en los ojos, gritando:

"¡Jack! ¡Lo tengo! ¡Lo tengo!" Sentados juntos en el banco, Coe y su madre se abrazaron, alabando a Dios.

En el camino a casa, muy tarde esa noche, se detuvieron en un almacén para comprar comida. Había muy pocas personas comprando, y ni Coe ni su madre podían contener su gozo, así que ambos corrieron de un lado a otro por los pasillos, gritando, riendo y alabando a Dios. El carnicero les dijo: "Seguramente ustedes acaban de ser salvos." Mientras hablaban con el hombre, este comenzó a llorar, e instantes después estaba de rodillas, pidiendo a Dios que lo salvara a él también.[5]

"¡TE HARÁN UN HECHIZO!"

Después de un año y medio de ser salvo, Coe se enteró de la primera reunión donde la gente "rodaba por el suelo". Así que, por curiosidad, él y su hermana fueron a ver de qué se trataba. En realidad, sintió que la reunión era muy similar a la de su iglesia nazarena, excepto que estas personas hablaban en otras lenguas. Y cuando se acercaban al altar, caían bajo el poder de Dios. Al principio, pensó que era porque se desmayaban.

Finalmente, el predicador vio a Coe, y señalándolo, preguntó: "¿Eres cristiano?" Cuando Coe le dijo que sí, el predicador dijo: "¿Has recibido el bautismo en el Espíritu Santo?" ¿Hablaste en lenguas?" Coe respondió: **"No, señor. No lo hice, ni quiero hacerlo"**.

Entonces el predicador formuló otra pregunta a Coe: "¿Por qué no vas a tu casa y lees todo lo que encuentres sobre el bautismo del Espíritu Santo? Después, ponte de rodillas, y ora para que, si es para ti, lo recibas, y si no, es que esto no tiene sentido".

Coe respondió: **"Claro... yo sé que en la Biblia no dice nada sobre las lenguas"**, a lo cual el predicador respondió, mientras él se alejaba: "Muy bien, ve a casa y lee la Biblia".

En cada lugar del Libro de los Hechos donde Coe buscaba, encontraba la expresión "otras lenguas". Así que a la noche siguiente, fue a la casa de su pastor nazareno. Cuando Coe le mostró los pasajes sobre las lenguas en Hechos, el pastor respondió: "Si Dios desea que hables en lenguas, te permitirá hacerlo cuando te llame a ser un misionero, para que los nativos puedan entenderte". Para Coe, esto tenía sentido. Cuando se estaba yendo, el pastor le advirtió: "Aléjate de esos que ruedan por el piso en las reuniones, o te harán un hechizo".

"¡MORIRÉ SI NO LO RECIBO!"

Esa noche, Coe se negó a ir a la reunión con su hermana, y llegó a decirle que esas reuniones eran del diablo, a lo que ella respondió: "Entonces, ¿por qué esta gente deja de mentir y de robar, y de hacer otras cosas malas?" Y se fue sin él.

Coe dio vueltas y más vueltas en la cama esa noche, hasta que finalmente se levantó de un salto, se vistió y fue a la reunión. Cuando llegó, el pastor lo señaló nuevamente, y una vez más, Coe le dijo que no deseaba hablar en lenguas. Así que el pastor le dijo: "Haremos una excepción contigo. Si Dios desea llenarte sin que hables en lenguas, no tendremos problema".

"Si es así, iré", dijo Coe. Y pasó al frente. Pero la gente que lo rodeaba gritaba cosas contradictorias: "¡Suéltate! ¡Firme! ¡Vacíalo! ¡Llénalo!" Después de unos minutos, se levantó y corrió hacia la puerta.

Una vez afuera, respiró profundamente y logró recobrar su compostura. Alisó las arrugas de sus pantalones y forzó una sonrisa, diciéndose a sí mismo: **"Pues bien, he comprobado que esto no tiene ningún sentido".** Entonces Dios le habló a su corazón: "Lo deseas tanto que no sabes qué hacer. Sabes que es para ti; y sabes que es real". Después de esto, gimió: **"Dios... si no lo recibo, moriré".** En todo el camino de regreso a su casa, fue gritando: **"¡Bendito sea Dios por su gloria!"**

La noche siguiente, Coe fue corriendo al culto. Cuando hicieron el llamado para los que deseaban recibir el bautismo del Espíritu Santo, pasó inmediatamente al frente. Las mismas personas lo rodearon, pero esta vez, se quedó. Repentinamente, vio una luz muy brillante. Cuanto más brillante era la luz, más parecía apagarse Coe. Cuanto más alababa a Dios, más brillante era la luz. Finalmente, una mano se extendió y tomó su mano.

Cuanto más brillante era la luz, más parecía apagarse Coe. Cuanto más alababa a Dios, más brillante era la luz. Finalmente, una mano se extendió y tomó su mano.

Era Jesús, y ambos caminaron y hablaron juntos durante bastante tiempo.

Cuando Coe recobró la conciencia, estaba tendido en el piso. Eran las 4:00 de la madrugada y estaba hablando en otra lengua. En realidad, lo único que pudo hacer durante los tres días siguientes, fue hablar en lenguas. Para hacerse entender en inglés, tenía que escribir en un papel. Durante estos días, vivió en una atmósfera celestial, en la que toda la creación parecía estar alabando a Dios.[6]

INSTITUTO BÍBLICO, JUANITA Y EL EJÉRCITO

Desde 1939 a 1940, Coe asistió al Instituto Bíblico Southwestern, de las Asambleas de Dios. P. C. Nelson era presidente del instituto en ese momento. Mientras estudiaba allí, Coe conoció a una joven llamada Juanita Scott. Su encuentro, según verían más tarde, era algo más que una simple coincidencia.

En 1941, después que Japón bombardeó Pearl Harbor, Coe se unió al ejército. Al principio, le daba un poco de vergüenza orar y actuar como un cristiano frente a sus compañeros soldados. Pero una vez que comprendió que estos hombres no sentían vergüenza alguna por su propio comportamiento, decidió actuar como un creyente, y sufrió gran persecución por ello. Pero la persecución no lo detuvo. En realidad, podía ser tan rudo como ellos. La única diferencia era que él escuchaba la voz de Dios. Así que continuó predicando en cada oportunidad que tenía.

Mientras estaba estacionado con el escuadrón bombardero 130 en Walter Boro, Carolina del Sur, recibió un pase para ir adonde quisiera. El escuadrón estaba "en el medio de la nada", y la iglesia más cercana estaba a más de 70 km de distancia. Así que cada noche, caminaba ocho kilómetros, y luego esperaba que algún auto lo recogiera y lo llevara hasta donde estaba la iglesia. No le importaba que lloviera. Nunca se perdió ningún culto durante seis meses.

Un día, el sargento le dijo que reuniera sus efectos personales, ya que sería enviado al dispensario. De allí, fue enviado al hospital. Coe protestó, especialmente al enterarse de que había sido enviado al pabellón psiquiátrico. Cuando el psiquiatra lo entrevistó, Coe le dijo que el que estaba loco era el que desobedecía la Biblia, no al contrario... y lo encerraron.

LA VIDA EN EL PABELLÓN PSIQUIÁTRICO

Coe deseaba orar y ayunar, pero al hacerlo, sólo convencía más a los médicos de que estaba "loco". Después de haber sido confinado durante nueve días, comenzó a clamar a Dios. Abrió su Biblia en el

Libro de los Hechos y leyó cómo Dios había enviado a un ángel a liberar a Pablo y Silas, abriendo las puertas de la cárcel donde estaban mientras ellos cantaban. Coe se sintió avergonzado de su propia actitud de debilidad, y elevó su voz para cantar.

Entonces escuchó un golpe en la puerta. El joven guarda entró con lágrimas en los ojos, y balbuceando: "Pastor, aguanté todo lo que pude. Vengo aquí todas las noches, y tengo que escucharlo a usted orando y clamando a Dios durante horas. Me voy a volver loco si no tengo lo que usted tiene. Mi papá era un pastor pentecostal, pero yo nunca fui salvo. ¿Quiere orar por mí, para que Dios me salve?"

El soldado Coe

Coe se arrodilló con el joven, lloró con él, y oró y el muchacho fue gloriosamente salvo. Después de orar, gritaron tan fuerte ¡que los demás internos se despertaron y comenzaron a protestar a los gritos!

Abrumado por la gratitud que sentía, el joven dijo a Coe: "No sé qué puedo hacer por usted, pero intentaré algo". A la mañana siguiente, fue liberado. El médico, a regañadientes, le indicó que sufría de una enfermedad muy seria (psiconeurosis, o fanatismo religioso), pero que no era peligroso.

Coe cambió de compañía varias veces durante su estadía en el ejército. Cada vez, tarde o temprano, lo llevaban al pabellón psiquiátrico por un tiempo, porque no sabían cómo manejarlo.[7]

HACER... ¿QUÉ?

Después de servir en el ejército quince meses, ansiaba predicar el evangelio. Acostado en su camastro, por las noches, se imaginaba predicando a las multitudes. Durante el día, se predicaba a sí mismo.

Finalmente decidió visitar al pastor de la Iglesia de Dios de la ciudad, esperando tener la oportunidad de predicar. El pastor lo invitó a participar de la oración ante el altar y colaborar con el trabajo en esa área. Esto no era lo que Coe deseaba oír, así que se fue. Pero cuando comenzaba a salir, el Señor le habló a su corazón indicándole que fuera al pastor y le dijera que haría cualquier cosa que él le pidiera.

"Bien, me alegra oír eso", dijo el pastor. "Nuestro hombre de limpieza acaba de irse y yo te agradecería si pudieras hacerte cargo de la limpieza de la iglesia".

Coe se sintió ofendido y le dijo muy seriamente al pastor que él se sentía llamado a predicar; no a limpiar templos. Seguidamente, dio media vuelta y se fue. Pero el Señor continuó hablando a su corazón, y después de otra noche sin poder dormir, regresó a la iglesia dispuesto a comenzar las tareas de limpieza.

> *Coe se sintió ofendido y le dijo muy seriamente al pastor que él se sentía llamado a predicar; no a limpiar templos. Seguidamente, dio media vuelta y se fue. Pero el Señor continuó hablando a su corazón, y después de otra noche sin poder dormir, regresó a la iglesia dispuesto a comenzar las tareas de limpieza.*

CAMPAMENTO MILITAR ESPIRITUAL

Coe diría más tarde que este pastor era el inspector más estricto que jamás hubiera tenido. Pasaba la mano sobre la madera recién lustrada, para asegurarse de que estuviera limpia. Después de un tiempo, el pastor invitó a Coe a ser maestro de una clase de la escuela dominical. Coe estaba fascinado: ¡Finalmente podría predicar! Claro, el entusiasmo le duró hasta que se enteró de que sería maestro de la clase de... preescolares. Se quedó pasmado. Al principio se negó, pero finalmente, con gran reticencia, aceptó. La clase estaba compuesta por niños de dos y tres años.

Después de un tiempo, fue promovido a líder de adoración, luego a ministro de jóvenes, luego a pastor asociado. Cuando el pastor fue llamado a pastorear otra iglesia, la congregación pidió a Coe que lo reemplazara temporalmente. ¡Finalmente estaba listo para predicarle a alguien![8]

MATRIMONIO Y UNA VISIÓN

Mientras estaba en esta iglesia, se enteró de que Juanita Scott estaba viajando por el país con un grupo de canto. Coe y Juanita habían

intercambiado cartas durante años, pero su relación nunca había tenido visos de romanticismo. Cuando la iglesia consiguió un nuevo pastor, Coe decidió comenzar su propia congregación. Entonces escribió al grupo con el que cantaba Juanita, las Southern Carolers, pidiéndoles que vinieran a la ciudad para ayudarle a comenzar la obra. Para cuando el grupo llegó a la ciudad, los planes de Coe se habían venido abajo. Había sido limitado a su puesto en el ejército, y no podía llevar a cabo reuniones con regularidad.

Coe consiguió otra campaña para el grupo de Juanita, y se encontraba con ella después de las reuniones. Durante este tiempo, Coe y Juanita se hicieron cada vez más amigos. Pronto se casaron, y Coe consiguió una casa provista por el gobierno. No tenían dinero, así que durmieron sobre el suelo de cemento con mantas del ejército, y ayunaron durante tres días hasta tener dinero para poder comprar comida. Pero no mucho después, los Coe ya tenían tres cuartos amueblados, un auto y mil dólares en el banco. Jack era bueno arreglando cosas, así que reparó una radio que estaba rota y la vendió por $ 60. Además vendió algunas gallinas, ganando el triple en la operación. Y por ayudar a un amigo, recibió como recompensa un auto.

Durante este tiempo, también comenzó a orar y pedir entendimiento con relación a la sanidad divina. Había escuchado de personas que habían sido sanadas, pero no sabía nada al respecto. Un día, mientras leía un libro de P. C. Nelson sobre la sanidad, Coe se durmió y soñó que su hermana estaba en un cuarto de hospital, agonizando. Repentinamente, una luz brillante llenó el cuarto, y ella se levantó de un salto, corriendo y gritando: "¡Fui sanada! ¡Fui sanada!"

Al día siguiente, Coe descubrió que el sueño era real. Su hermana tenía neumonía doble y los médicos habían dado por perdidas todas las esperanzas. Coe fue inmediatamente a verla.

Cuando Coe entró a la habitación en el hospital, vio que todo era exactamente igual que en su sueño. También supo que, después de una serie de críticos eventos totalmente fuera de lo común, Dios había sanado a su hermana... a último momento. Fue un milagro tremendo, que afectó profundamente su vida.[9]

LISTO PARA MORIR

Cuando Juanita estaba esperando su primer hijo, en 1944, enfermó. Había contraído malaria tropical, a la edad de veintiséis años, y ahora su peso había bajado de 115 a menos de 70 kilos. Era, literalmente, piel y huesos. Cierta vez llegó a tener 41° de fiebre, ¡durante cincuenta y cuatro horas! Su hígado y su vejiga se inflamaron hasta el doble de su tamaño normal, y el dolor era tan fuerte que se mordía la lengua hasta sangrar.

Finalmente, cuando la fiebre bajó lo suficiente como para que Coe pudiera comprender una conversación, los médicos le dijeron cuál era su estado. Ellos no veían nada que pudieran hacer por él, así que unos días después, lo dieron de alta y lo enviaron a casa con su familia. **"Ahora, Dios, ¿qué haré?"**, fue la angustiosa oración de Coe. La respuesta del Señor fue: "Te he llamado a predicar el evangelio. ¡Ve y predícalo!"

Durante un tiempo, Coe estaba aparentemente bien. Entonces, otro ataque de malaria lo enviaba a la cama. La fiebre y los escalofríos hacían que cayera de rodillas. Era difícil para él tener una vida normal. El dolor en el hígado y la vejiga era casi insoportable. Juanita pasaba horas sentada a su lado, aplicándole bolsas de hielo para tratar de aliviarlo.

Finalmente, Coe pensó que ya no podría soportarlo más. Pensando que a su esposo le había llegado el momento de morir, Juanita dejó el trailer, llorando. Fue entonces que el Señor comenzó a mostrar a Jack varias cosas de las que tenía que arrepentirse, y a medida que lo hacía, comenzó a sentirse interiormente libre. **"Bien, Señor, estoy listo para irme ahora"**, fueron sus palabras al final de este tiempo. Pero una voz le habló a su corazón: "Estás listo para irte, pero no tienes por qué hacerlo". Repentinamente, Coe sintió como si estuviese cubierto de aceite tibio de la cabeza a los pies, mientras el Señor le decía: "Ahora estás sano".

Coe saltó fuera de la cama y sacudió a su esposa, que para entonces estaba dormida cerca de él, gritando: **"¡Querida! ¡Querida! ¡Estoy sano! ¡Fui sanado!"**

A la noche siguiente, a pesar de los pensamientos que el diablo intentaba infiltrar en su mente, se vistió y salió a predicar a la calle. Tres personas fueron salvas. Más tarde, ese mismo año, las Asambleas de Dios lo ordenaron al ministerio.[10] Coe jamás volvió a tener un ataque de malaria: ¡Dios lo había sanado verdaderamente!

¡OH NO! ¡UNA PERSONA CIEGA!

En 1945, fue a Longview, Texas, donde estudió y oró continuamente por el tema de la sanidad divina. Pidió a Dios una manifestación especial de su poder, y luego decidió anunciar una reunión de sanidad. **"Dios va a abrir los ojos de los ciegos esta noche, y hará que los cojos caminen, y los sordos oigan. Lo hará aquí, en esta iglesia, mañana por la noche",** fue su osada confesión de fe.

La noche siguiente, la iglesia estaba atestada de gente. Después que predicó, la gente formó una fila. Las enfermedades no parecían gran cosa. Algunos dolores de estómago, de cabeza, dolencias menores. Pero entonces Coe levantó la vista y vio... a una mujer ciega. **"Oh, Señor, ¿qué voy a hacer con ella?",** pensó. Lo preocupaba lo que la gente diría si la mujer no recobraba la vista.

Cuando a la mujer le llegó el turno de que orara por ella, Coe la envió al final de la fila. Estaba esperando que para cuando ella regresara, él tendría suficiente fe. Pronto, la mujer comenzó a acercarse nuevamente. Desesperado, Coe oró: **"Señor, esta mujer está casi frente a mí otra vez. ¿Qué voy a hacer?"** Pero el Señor lo reprendió rápidamente, diciendo: "Hijo, ¿qué te hizo pensar que tú podías abrir los ojos de los ciegos? Haz lo que se supone que debes hacer, y yo haré lo que tengo que hacer".

Coe se arrepintió, y luego oró y ungió a la mujer con aceite. Sus ojos se abrieron y pudo ver algo que se movía en la parte posterior de la iglesia, pero no claramente. Entonces, recordando que Jesús había orado dos veces por una persona, oró otra vez, y la mujer comenzó a gritar: "¡Puedo ver! ¡Puedo ver!"[11]

> *Desesperado, Coe oró: "Señor, esta mujer está casi frente a mí otra vez. ¿Qué voy a hacer?" Pero el Señor lo reprendió rápidamente, diciendo: "Hijo, ¿qué te hizo pensar que tú podías abrir los ojos de los ciegos? Haz lo que se supone que debes hacer, y yo haré lo que tengo que hacer".*

¡ALLÁ VAMOS!

La noticia de la sanidad de esta mujer pronto inundó la ciudad, y la fe de Coe se elevó a los cielos. Un pastor de Oklahoma le pidió que fuera a tener una campaña de tres días. Después de la primera noche, tuvieron que alquilar el gimnasio de la escuela secundaria para que entrara toda la gente, porque los ojos ciegos y los oídos sordos eran abiertos, y las personas se levantaban de las camillas y caminaban.

En ese momento, Coe pensaba que tenía que quedarse a orar por todos los que vinieran. Así que muchas veces continuaba ministrando hasta las 5:00 de la mañana. Entonces comenzó a viajar por Oklahoma, orando por los enfermos, y durmiendo muy poco.

En diferentes ciudades, siempre se quedaba en hogares de hermanos. Cuando lo hacía, la gente iba a esas casas para que orara por ellos. Si estaba dormido, esperaban hasta que se despertaba. Si había muchas personas esperando, lo despertaban para que orara por sus necesidades. Algunas veces esto sucedía cuatro o cinco veces por día.

Pronto, el cuerpo de Coe comenzó a caer bajo el peso de la fatiga. Sólo dormía una hora o poco más, cada noche. Pero las necesidades de la gente eran tan grandes y tan demandantes, que siempre oraba por ellos, sin importar cuándo vinieran. En esos días, las campañas de sanidad eran algo relativamente nuevo, y había muchos principios prácticos del ministerio que la gente no comprendía. Finalmente, Dios dijo a Coe que debía actuar sabiamente y descansar un poco. Obedeció y recobró fuerzas para un ministerio más poderoso hacia los enfermos.

DILE ADIÓS A LA CASA

En 1946, Coe unió sus esfuerzos editoriales a la publicación de Gordon Lindsay, *La voz de sanidad*, y fue nombrado jefe de redacción conjuntamente con él. En 1947, Coe y su esposa tomaron una decisión drástica que afectaría el resto de sus vidas. Habían comprado una pequeña casita, y Juanita estaba muy orgullosa de ella; la había amueblado adecuadamente, y trabajaba en el jardín para mantenerlo impecable.

Pero después de regresar a su casa después de un culto, una noche, Juanita comenzó a llorar. Sabía que Dios les estaba diciendo que vendieran todo lo que tenían para entrar de tiempo completo en el ministerio, así que decidieron vender. A la mañana siguiente, antes que Coe despertara, una persona estaba esperando a la puerta para comprar la casa. Pocos días después, Coe compró una vieja carpa, un camión nuevo y una casa rodante.

Los Coe estaban listos para partir, y el primer lugar donde fueron fue Chickasha, Oklahoma. La segunda noche de la campaña allí, experimentaron el primer verdadero desafío de su ministerio. Una tormenta destrozó la tela de la carpa, dejando sólo las cuerdas. Después de la tormenta el pastor los desafió a averiguar si estaban verdaderamente en la voluntad de Dios, o no. A esto, Juanita respondió: "Aunque perdamos todo lo que tenemos, seguiré creyendo que estamos en la voluntad de Dios". Mientras se volvía para irse, el pastor les dijo: "Si tienen tanta fe en Dios, yo tengo fe suficiente para ayudarlos". Y les entregó cien dólares.[12]

Para cuando la primera campaña terminó, los Coe tenían dinero suficiente para comprar nueva lona para su carpa y un camión más grande para transportarla.

Sanando a los enfermos

Jack y Juanita Coe

La Carpa Grande

Jack Coe

Tras las rejas

Bajo la Carpa Grande

CUENTOS DE LA CARPA

En 1948, Coe se dirigió hacia Redding, California, para su próxima campaña, con instrucciones específicas de ir a esa ciudad. Antes de escuchar la Palabra de Dios y sus directivas, él nunca había oído hablar de Redding. Una vez que estuvo allí, el diablo se ocupó de poner obstáculos a las reuniones. El jefe del escuadrón de bomberos dijo a Coe que su carpa no era a prueba de incendios, y que no le permitiría armarla. El costo de hacerla a prueba de incendios era de $ 1.700, aunque la carpa sólo había costado $ 400.

Coe compró el líquido incombustible él mismo, y sumergió en él cada parte de la carpa hasta que toda la lona quedó cubierta. Pero esta solución "casera" no pasó la inspección del jefe de bomberos.

> *Una vez que estuvo allí, el diablo se ocupó de poner obstáculos a las reuniones. El jefe del escuadrón de bomberos dijo a Coe que su carpa no era a prueba de incendios, y que no le permitiría armarla. El costo de hacerla a prueba de incendios era de $ 1.700, aunque la carpa sólo había costado $ 400.*

Totalmente frustrado, Coe se puso a llorar. Cuando el jefe lo vio llorar, le dijo que si eso era tan importante para él, podía continuar con la tarea y armar la carpa.

Las primeras noches asistía poca gente. Pero Coe continuaba orando fielmente por los enfermos. Una señora que llegó con un aparato ortopédico y muletas fue sanada, y esa noche, por primera vez en años, pudo arrodillarse para orar junto a su cama. Oró hasta el amanecer, y luego fue caminando a la próxima reunión. Su testimonio conmovió a toda la ciudad. La mujer comentó que los médicos se habían estado preparando para amputarle la pierna.

Coe compartió el testimonio por radio y la mujer que administraba la estación fue salva. Una importante dama católica había llegado a la reunión esa noche, en su Cadillac con chofer. La mujer fue salva e inmediatamente cerró todos los establecimientos de venta de bebidas alcohólicas que poseía. Llegaba a las reuniones con las manos levantadas, y se iba de la misma manera.

Hasta este momento, las ofrendas habían sido muy escasas, y los acreedores amenazaban con quitarle el camión, así que Coe se puso frente a la gente y les dijo que necesitaba desesperadamente $ 740. Cuando lo hizo, una señora se acercó y le dio un cheque por la suma exacta que necesitaba. Dos noches después, Coe dijo: **"Realmente me gustaría tener un órgano Hammond, o alguna clase de música para esta carpa"**, y la misma mujer le compró un órgano. El equipo de campaña de Coe se quedó en Redding durante siete semanas, y recibió suficiente dinero como para poder llevar a cabo la siguiente cruzada.[13]

Después de unas merecidas vacaciones, los Coe continuaron ministrando en California. En Fresno, fue arrestado por perturbar el orden público. Él se declaró "inocente", y el caso fue a juicio varios meses después. Pero fue desestimado debido a la falta de pruebas, y nunca volvió a ser mencionado.

EL HOMBRE Y EL MINISTRO

Coe era un hombre bullicioso que se presentaba brillantemente ante las multitudes. También se decía de él que era insolente, propenso a enfadarse, frívolo, humilde y siempre nervioso. También se dice que amaba las controversias, y siempre las atraía. Aparentemente, le gustaban las buenas peleas. De él, Gordon Lindsay dijo:

"En su juventud, era cuestión de pelear para sobrevivir. Por esa razón, siempre se metía en líos".[14]

La fe de Coe era "temeraria y desafiante", pero a la gente que era sanada, esto no parecía molestarle en absoluto. Muchas veces se lo veía golpear o sacudir a alguien. Pero esas personas salían del lugar... sanadas. Algunos ni siquiera sentían cuando las golpeaba. También fue el primer evangelista que atrajo y recibió a grandes cantidades de personas de la comunidad negra en sus reuniones. Predicaba en forma directa y brusca, y llamaba a las cosas por su nombre. Sus predicaciones eran punzantes. Cierta vez, al ver un grupo de jóvenes que se paraban sobre las sillas, en la carpa, les gritó: **"¡Esas sillas son mías! ¡Ustedes no harían eso en su casa!"**[15]

Otra vez, la patrulla policial se acercó a Coe para decirle que la gente que iba a su reunión estaba bloqueando la carretera, y que él debía hacer algo para que salieran. Él les respondió que no tenía nada que ver con la carretera, y que de ellos dependía arrestar a la gente si querían que se fueran. Y continuó con la reunión, sin perturbarse en lo más mínimo.[16]

Para 1950, Coe parecía estar siempre compitiendo con otros predicadores. Competía pidiendo carpas cada vez más grandes. Y aun así, su equipo debía dejar fuera a miles de personas cada noche.

En 1951, después de asistir a una reunión de Oral Roberts, Coe midió la carpa en que este predicaba y pidió una un poco más grande. En julio de ese año, publicó un aviso en la revista *La voz de sanidad*, que decía:

"Una carta de la Compañía Smith, de Dalton, Georgia, declara que según sus mediciones, la carpa de Coe es, por un pequeño margen, la más grande del mundo. Dado que Oral Roberts tiene una carpa de oración de 27 x 39 m, el hermano Roberts tiene la mayor cantidad de equipamiento de carpa. Tanto la carpa de Roberts como la de Coe son más grandes que la [carpa grande] del circo de los hermanos Ringling".[17]

LA VISIÓN DEL ROSTRO CON PECAS

Una noche, en Lubbock, Texas, durante una reunión, un niño pecoso se acercó al evangelista. Abrazado a sus piernas, el niño dijo, con una pronunciación algo extraña: "Por favor, ministro, déjame ir a casa contigo". Entonces, una mujer lo apartó, mientras Coe se quedaba mirando. Pero la impresión causada por ese niño permaneció en Coe toda la noche. Al día siguiente, lo buscó, pero no pudo encontrarlo.

Coe siempre había sentido que algún día abriría un hogar para otros niños sin hogar, como él lo había sido. Pero también sabía que si Dios le hablaba sobre esto a él, también le hablaría a Juanita. No podía borrar de su mente el recuerdo del rostro pecoso de ese niño.

> *Coe siempre había sentido que algún día abriría un hogar para otros niños sin hogar, como él lo había sido. Pero también sabía que si Dios le hablaba sobre esto a él, también le hablaría a Juanita.*

Finalmente, mientras conducía hacia su casa después de una reunión, Coe preguntó a su esposa: **"Querida, ¿qué dirías si te dijera que Dios me ha estado hablando de abrir un hogar para niños?"** Económicamente, parecía imposible. Pero Juanita dijo: "Siempre pensé que debería trabajar en un hogar de niños, así que quizá sea este el momento. ¡Adelante, obedezcamos a Dios!"[18]

DE A POCO Y EN PAZ

En obediencia, los Coe dieron un anticipo por un pequeño lote en Dallas, y continuaron con sus cruzadas de sanidad. En cada campaña, informaba a la gente de sus planes de construir un hogar para niños, y pronto comenzó a recibir donaciones de madera y materiales. Los Coe pusieron en venta su propio hogar, que se vendió en sólo una semana. Entonces se mudaron a una parte del hogar de niños que aún estaba en construcción, y vivieron allí hasta que estuvo terminado.

No había agua corriente, y el calefactor no llegaba a calentar todo el cuarto, por lo que el bebé de los Coe enfermó de neumonía. Sus padres pusieron la salud del pequeño en manos de Dios y salieron para la próxima reunión. Después de viajar unos ochenta kilómetros, la fiebre cesó, y el bebé comenzó a jugar en el auto, completamente sano.

Poco a poco, Dios fue proveyendo los recursos para el hogar de niños. La gente comenzó a donar cortinas, mantas y ropas, y poco después, pudieron tener su inauguración. El hogar estaba listo, y comenzaron a recibir niños.

Un día, mientras Jack observaba jugar a los niños, un jovencito se acercó y le dijo: "Ahora tú serás mi papá". Enseguida, varios otros

niños lo abrazaron, deseosos de su afecto. Luego, Jack diría, comentando este hecho: **"Parecía que al fin, mi sueño se había cumplido"**.[19]

DIOS DICE "NO"

Bob Davidson era un niñito que vivía en el hogar. Su padre era paralítico, y no podía cuidar de su familia. Aunque Coe era un evangelista a nivel nacional, Davidson decía que era "un padre compasivo" cuando estaba en casa. Muchos recuerdan a Coe siempre feliz. Era un hombre amante de la diversión, a quien le gustaba hacer bromas. Pero también escuchaba la voz de Dios hablándole sobre los niños, y sabía cuándo detenerse.

Cierta vez, después de estar en el hogar varios años, Davidson quiso ir a una feria estatal con unos amigos. Cuando fue a pedirle dinero a Coe para ir, este le dijo que podría ir una vez que terminara sus labores.

Davidson trabajó duramente para completar sus tareas a tiempo para poder salir, y luego corrió a buscar a Coe, gritando que había terminado su trabajo. En ese momento, los chicos con los que iba a la feria estaban estacionando el auto, un Plymouth Fury nuevo, frente a la casa. Los muchachos hicieron señas a Davidson, diciéndole que se apurara y subiera al auto.

Observando la escena, Coe dio dinero a Davidson por sus tareas, pero cambió de idea en cuanto a que fuera a la feria, y le dijo:

"Dios me dijo que no te permitiera ir".[20]

Naturalmente, Davidson no comprendió, y gritando, dijo a Coe: "¡Me mentiste! ¡Me mentiste!" Y corrió a otra parte del hogar.

Después de un rato, Coe encontró al jovencito y le dijo: **"Si realmente quieres ir a la feria, te llevaré. Pero Dios me dijo que no podías ir con esos muchachos. No tenía paz para dejarte ir con ellos".**

Así que Davidson se secó las lágrimas y fue a la feria con Coe. Mientras andaban por la calle, vieron una ambulancia y una patrulla de policía que pasaban a gran velocidad, justo delante de ellos.

Cuando se adelantaron, se encontraron con un horror inenarrable. Allí, en la zanja, estaba el Plymouth Fury nuevo, totalmente aplastado. Junto a él, dispersos sobre la calle, estaban los cuerpos destrozados de los amigos de Davidson; todos muertos. Coe y Davidson se quedaron mirando junto al camino, abrazados y llorando.

VESTIDOS COMO REYES

Davidson jamás olvidó cómo Coe se preocupó por él lo suficiente como para escuchar lo que Dios le decía sobre él, y hasta el día de hoy siente que debe su vida a la estricta compasión de Jack Coe.

Algunas veces, había diecisiete niños en el hogar. Davidson recuerda que en cierto momento llegaron a ser cien. Algunos venían tan sucios, que tenían que lavarles el cabello cuatro o cinco veces sólo para poder verles el cuero cabelludo. La mayoría de los niños habían sido abandonados; algunos estaban muriendo de hambre. Los vecinos de los niños abandonados informaban a las autoridades, y el hogar recibía a los que podía.

Coe siempre decía a las personas que hacían donaciones: **"No me envíen ropas gastadas para los niños de mi hogar. Mis niños tienen que estar tan bien vestidos como los suyos"**. Se dice que después que Coe se hacía cargo de los niños, hasta el gobernador del estado se habría sentido orgulloso de reclamarlos para sí. Se les enseñaba a orar, se los llevaba a Cristo, y asistían regularmente a la iglesia. La mayoría de ellos hablaban en otras lenguas.

Finalmente, Coe pudo comprar ocho hectáreas en las afueras de Dallas, para su hogar. Esto era suficiente espacio como para tener una granja que se autoabasteciera y cuatro dormitorios grandes. Coe se fijó la meta de tener doscientos niños. Dios honró sus esfuerzos, y suplió en abundancia para las necesidades del hogar.

LA CARPA GRANDE

Para este entonces, había comprado y vendido varias carpas, abriéndose camino para llegar a tener la más grande del país. Finalmente lo logró, y comenzó a jactarse de que su nueva carpa era "más grande que la carpa grande". Las tormentas habían destruido otras carpas, pero Coe creía que esta sería sobrenaturalmente guardada por la mano de Dios.

Coe no tenía reuniones pequeñas. ¡Sus reuniones eran enormes! Una de las de mayor asistencia fue la realizada en Little Rock, Arkansas, donde el gobernador estimó que había más de veinte mil personas presentes. Los sordos oían, los ciegos veían y los cojos andaban después de ser milagrosamente sanados por Dios. Miles de personas nacían de nuevo.

Finalmente, otra temible tormenta comenzó a girar alrededor de la carpa de Coe. Esa noche, el viento era tan fuerte que el evangelista apenas si podía mantenerse en pie fuera de la carpa. Todavía quedaban tres mil quinientas personas dentro de la misma cuando la peor parte de la tormenta se desató: un rayo cayó sobre el sistema eléctrico y se apagaron todas las luces. Cuando esto sucedió, Coe corrió a su trailer y comenzó a orar. Repentinamente, el viento se detuvo y la tormenta se calmó.

Coe volvió a entrar en la carpa para ver cómo estaban los que habían quedado. Una mujer estaba tendida en el suelo, aparentemente con un ataque cardíaco. Jack podía oír el estertor de la muerte en su garganta. Alguien sugirió que llamaran a una ambulancia, pero Coe dijo: **"Oraremos y creeremos en Dios. Él la sanará".** Pocos minutos después, la mujer había vuelto a la normalidad y estaba alabando al Señor con el resto de los presentes.[21]

UN MODERNO DILUVIO

Coe también estaba presente cuando se produjo la inundación más grande de la historia de los Estados Unidos, en la ciudad de Kansas. Antes de llegar a la ciudad, soñó con una gran inundación que cubría todo. Pero esto no lo detuvo: levantó su gran carpa del lado de Kansas. Dios hablaba de juicio en las reuniones, por medio del don de profecía, pero la mayoría de la gente ignoraba las advertencias. Algunos de ellos, riendo y burlándose, abandonaban las reuniones. Llovía todas las noches, y mientras miles de personas respondían al llamado evangelístico, la tierra quedaba empapada. Pero Coe continuaba sintiéndose algo inquieto en espíritu. Durante dos noches, no pudo dormir.

Al día siguiente dijo a su esposa: **"¿Pensarías que estoy loco si desarmara la carpa? Algo me dice que debo desarmarla".** Mientras comenzaba a transformar sus palabras en acción, descubrió que sus camiones estaban empantanados, y que la humedad había afectado las baterías: no arrancaban. Después de trabajar febrilmente en ellos, el equipo logró hacerlos arrancar hacia el final de la tarde.

Mientras Coe se dirigía a desmontar la gran carpa, la gente comenzó a cuestionar sus motivos. "¿Qué está haciendo?" "¿No habrá culto esta noche?" "No creo que haya nada de qué preocuparse." "Lo máximo que podría hacer el agua si el río subiera, sería mojar las sillas".

"No hay peligro de que el agua rebase los diques." "No deje que el diablo lo detenga." Pero Dios le había hablado claramente a Coe: "Saca la carpa de aquí".

Pero para las 19:30, el equipo no había hecho grandes progresos, así que Coe los organizó, urgiéndolos para que se apresuraran. Estaban aprestándose para bajar la parte del techo, cuando otro ministro se acercó a Coe y le dijo: "No levantes la carpa. Dios puede cuidarla." A esto, Coe respondió: **Sé que Dios puede cuidar de ella, y por eso es que la estoy levantando. Dios me dijo que la quitara, y voy a quitarla".**

Finalmente, tres horas después, mientras estaban quitando la última estaca, el arrancador se trabó y no pudieron moverlo ni un solo centímetro más. En ese mismo momento, todos los silbatos y las sirenas de la ciudad comenzaron a sonar a todo volumen. Y llegó el aviso: "¡Los diques se están rompiendo!"

Coe estaba listo para salir, pero no podía cargar toda la lona en los camiones, y los hombres huían. Así que se subió a una caja grande y comenzó a rogarles. **"Por favor, no me dejen ahora. La carpa ya está enrollada. ¡No se vayan!"** Para este entonces, el puente de salida de la región estaba atestado de gente llena de pánico que se peleaba por cruzarlo. Los hombres observaron la congestión de tránsito, luego a Coe. Finalmente uno dijo: "Deberíamos ser lo suficientemente hombres como para quedarnos y ayudarle. Si él no tiene miedo de ahogarse, yo tampoco". Con eso, cuarenta hombres comenzaron a trabajar con Coe para cargar la lona. Cuando terminaron, salieron rápidamente de la ciudad.

Mientras los camiones de Coe abandonaban la zona, algunos de los que se negaban a irse se sentaban en los porches de sus casas y se burlaban de él. "Bueno, pero si los que se revuelcan por el piso se están yendo. ¿Qué pasa? ¿Dónde está tu fe en Dios?" Así que Coe les respondió, también a los gritos: **"Es por eso que nos vamos. Tenemos fe en Dios, y Dios nos dijo que nos fuéramos".** Otros se ponían a la puerta de sus casas y se reían al verlos pasar. Nunca pensaron que la

> *"Bueno, pero si los que se revuelcan por el piso se están yendo. ¿Qué pasa? ¿Dónde está tu fe en Dios?" Así que Coe les respondió, también a los gritos: "Es por eso que nos vamos. Tenemos fe en Dios, y Dios nos dijo que nos fuéramos".*

inundación destruiría todo lo que tenían, pero en muchos casos eso fue lo que sucedió.

Mientras salía de la ciudad, Coe se detuvo para ayudar al pastor Barnett a sacar sus muebles y sus pertenencias de la iglesia (El pastor Barnett fue el padre de Tommy Barnett, que hoy pastorea una de las iglesias más grandes de los Estados Unidos en Phoenix, Arizona). Pero la ayuda fue demasiado poca y llegó demasiado tarde: Barnett sin poder hacer nada, debió observar junto con Coe desde el camión mientras el agua se estrellaba contra las ventanas de la iglesia. Después de perder todo lo que había tenido, Barnett se comprometió nuevamente a comenzar de cero en la ciudad de Kansas.

Barnett y Coe intentaron salvar a muchos del desastre. Pero mientras lo hacían, también tuvieron que ver cómo muchos se ahogaban. Después de haber hecho todo lo posible, comenzaron a cruzar el puente hacia un lugar seguro, y al mirar atrás, Coe vio que en el lugar donde había estado la carpa, el nivel del agua era de aproximadamente seis metros. La carpa habría quedado completamente destruida, y sólo una pequeña parte del templo de Barnett aún sobresalía del agua.[22]

Los dos hombres, entonces, se volvieron y dieron gracias a Dios por haberlos liberado y haber provisto la ayuda necesaria.

¿AVERGONZADOS? ¿QUÉ HAY DE NUEVO?

En 1952, Coe fue por todo el Sur realizando cruzadas de sanidad masivas. Dos años antes había comenzado a publicar *The Herald of Healing* (El heraldo de sanidad) y en 1951, su circulación había llegado a 35.000 ejemplares. En la tapa de la publicación se anunciaba con orgullo que esta era una de las publicaciones de más rápido crecimiento en los Estados Unidos, renovada en un 100% cada año. En 1956, la circulación había llegado a 250.000 ejemplares.[23]

En agosto de 1952, Coe comenzó a llevar el evangelio a la radio. Sus programas crecieron hasta llegar a ser emitidos en cien estaciones radiales por semana. Miles de personas eran salvadas y sanadas como resultado de su programa. Aproximadamente en este tiempo comenzaron a producirse milagros creativos (es decir, la aparición milagrosa de partes faltantes en el cuerpo de una persona) en sus reuniones.

Cuando Coe finalmente realizó una reunión en Springfield, Misuri,

las Asambleas de Dios comenzaron a oponerse a su obra. Los ministerios de liberación y sanidad divina los hacían sentirse incómodos. Pero Coe tenía una personalidad volcánica, especialmente cuando se trataba de alguien que quisiera dirigir o controlar su llamado. Intentó incorporar sus sugerencias y críticas, y hasta promocionó la publicación oficial de las Asambleas de Dios, *Pentecostal Evangel* (Evangelio pentecostal) en una de sus reuniones, con lo que logró ciento veinte nuevas suscripciones, y también levantó una gran ofrenda para el programa de misiones de las Asambleas.

Pero Coe no era un hombre que pudiera estar atado a una denominación. Por más que lo intentara, no soportaba todas las restricciones y normas que le eran impuestas. Sentía que los líderes de las Asambleas ya no creían en los milagros, así que escribió una carta sumamente osada, sugiriendo que reemplazaran a los líderes de ese momento por otros, que creyeran en el poder milagroso de Dios. El Consejo General consideró que su carta era ofensiva.

Finalmente, en 1953, Coe fue expulsado de las Asambleas de Dios. Su "extrema independencia" los irritaba, y los avergonzaban algunos de sus métodos. Lo que siguió fue una amarga enemistad. Se dice que Coe pensó en establecer un grupo disidente llamado Asambleas de Dios Fundamentalistas, pero luego prefirió continuar con su propio llamado.[24]

NUEVA IGLESIA, NUEVO HOGAR, NUEVO ENTENDIMIENTO

Pronto Coe comenzó a captar la visión de su propia iglesia independiente. Sería un centro evangelístico donde los evangelistas pudieran llevar a cabo campañas continuamente. Contaría con suficiente espacio para acomodar a todas las personas que trajeran sus ministerios. Y finalmente se multiplicaría en todo el país, en cada ciudad importante. Coe comprendió que sería ferozmente criticado por este emprendimiento, pero decidió continuar con su sueño, sin importar las persecuciones, y en 1953 comenzó el primero, el Centro Evangelístico de Dallas.

En la primavera, comenzó a preguntar a Dios por qué las personas no eran sanadas. Aunque había visto sanarse a miles

Aquí se permitiría estar a los enfermos hasta que recibieran su sanidad. Diariamente habría oración y clases sobre sanidad.

de personas, también había visto a miles volver a sus casas sin recibir sanidad. Después que Coe orara durante un tiempo, Dios le reveló que había muchos que no comprendían cómo recibir la sanidad, y necesitaban ser instruidos en su Palabra, en lo relativo a su poder y su voluntad. Esta era una revelación tremenda para la época. Hasta entonces, la mayoría de los evangelistas de La Voz de Sanidad dependían de la unción de su don de sanidad, y muchos sabían muy poco sobre lo que la Palabra de Dios tenía para decir al respecto.

Así que, en un intento por fortalecer la fe y disipar las dudas de aquellos que buscaban sanidad, Coe construyó un "hogar de fe". Aquí se permitiría estar a los enfermos hasta que recibieran su sanidad. Diariamente habría oración y clases sobre sanidad. Finalmente, después de meses de luchar contra la resistencia de la ciudad ante sus planos de construcción, el Hogar de Fe de Coe abrió al lado de su Hogar de Niños Heraldo de Sanidad, en el verano de 1954. En septiembre, el Hogar de Fe recibió el primer paciente de tiempo completo. A partir de entonces, el número de pacientes se multiplicó. En el Hogar no se administraban medicinas ni se permitía tenerlas, y los pacientes eran llevados cada noche al Centro Evangelístico de Dallas.

En julio de ese año, Coe tuvo la campaña en carpa más grande de

En el Hogar no se administraban medicinas ni se permitía tenerlas, y los pacientes eran llevados cada noche al Centro Evangelístico de Dallas.

la historia de su ministerio. Había llevado la "Carpa Grande" a Pittsburgh, Pensilvania, donde se estima que nacieron de nuevo 30.000 personas. Una noche se dedicó solamente a los "casos de camillas". Más del 75% de quienes llegaron en camilla se levantaron y caminaron. Una estación de televisión local transmitía las reuniones, atrayendo aún más gente. Aunque mientras estaban en Pittsburgh grandes vientos rasgaron la carpa, esta campaña de un mes de duración fue la culminación del ministerio de Coe.

Durante todo 1953, su iglesia, el Centro Evangelístico de Dallas, continuó creciendo. Las reuniones se realizaban en un gran teatro alquilado, que él y otro pastor habían renovado para permitir que pudiera asistir gente todas las noches. El amor de Coe por los niños lo llevó a crear una escuela cristiana en su iglesia, donde los niños recibían enseñanza y amor de parte de maestros llenos del Espíritu Santo.

La planta alta y la planta baja de la iglesia estaban llenas de gente todas las noches, y para el otoño, la congregación había crecido tanto que pudieron comenzar a construir su propio edificio.

En enero de 1954, Coe abrió la nueva Iglesia Centro Evangelístico de Dallas. Era un edificio sencillo y bello, con una enorme cruz blanca que brillaba en el frente. En el Centro se realizaban reuniones todas las noches. Un autobús recogía a quienes no tenían otra forma de llegar, y una ambulancia estaba lista para trasladar a cualquier persona que deseara venir de un hospital, o de su hogar, para recibir oración.

VARIAS PRUEBAS: EN EL MINISTERIO Y EN LA VIDA PERSONAL

Coe continuó evangelizando por todo el país, intentando reunir dinero para un programa de televisión. Pero en 1956 fue arrestado en Miami, Florida, por práctica ilegal de la medicina.

Quisiera aclarar algo aquí: En ese tiempo, la ciudad de Miami era famosa por perseguir a los ministros, especialmente aquellos que predicaban la sanidad divina. Cuando la persecución se desataba, generalmente los ministros empacaban y se iban. Pero Coe no; él se quedó, dispuesto a luchar. Recordemos que a Jack le gustaba una buena pelea. Así que la policía de Miami lo arrestó y lo metió en la cárcel. Más tarde, después de pagar una fianza de $ 5.000, pudo salir.

Después de ser encarcelado, Coe comenzó a exhortar a otros evangelistas de la sanidad a que fueran a Miami y defendieran lo que creían. Y cuando su caso llegó a juicio, era evidente que varios de ellos habían hecho caso a sus palabras. Muchos prominentes evangelistas de la sanidad fueron a testificar en su favor. En realidad, hay documentos que prueban que hubo casos de sanidad que se produjeron ¡mientras estos evangelistas estaban en el estrado! Dios dio vuelta la situación a su favor, y finalmente el juez desestimó el caso.

El incidente de Miami fue una gran victoria. Pero pronto Coe llegó a un punto sin retorno en su ministerio. En diciembre, mientras predicaba en Hot Springs, Arkansas, el evangelista de la sanidad cayó gravemente enfermo.

Era un hecho sabido que Coe había descuidado terriblemente su propia salud. Tenía un programa de actividades tremendamente riguroso, con tres reuniones por día, durante tres a seis semanas por

campaña. El exceso de trabajo, el estrés, y la falta del reposo necesario pronto se hicieron sentir. Debido a los desgastes excesivos a que sometía su cuerpo, se dice que su organismo era el de un hombre de noventa años.

Hoy, la familia de Coe sostiene que el Señor le advirtió de su muerte un año antes que sucediera, y que él aceptó que pronto moriría. También dicen que creía que la venida del Señor se produciría poco después de su muerte. A causa de estas dos cosas, Coe trabajaba sin descanso para dar a conocer el evangelio... hasta el extremo.

Además de un programa de actividades casi suicida, sus hábitos alimenticios eran irregulares y poco saludables. Muchas veces, después de una cruzada, Coe comía una comida pesada a las 3:00 de la madrugada. Como consecuencia, estaba extremadamente excedido de peso.

Irónicamente, parecería que muchos de la generación de La Voz de Sanidad no tenían la misma comprensión de la mayordomía del cuerpo físico que nosotros tenemos hoy. Debemos comprender que el cuerpo físico es lo único que aloja a nuestro espíritu en la Tierra. Debemos practicar un sano control de nuestros hábitos de alimentación, nuestras actitudes mentales, y nuestro bienestar general. De lo contrario, nuestra "casa" –nuestro cuerpo– se destruirá, y morirá. Y nuestros espíritus deberán dejar la Tierra e ir al cielo.

> *Irónicamente, parecería que muchos de la generación de La Voz de Sanidad no tenían la misma comprensión de la mayordomía del cuerpo físico que nosotros tenemos hoy.*

Me agrada comparar nuestro cuerpo físico con un traje espacial. Si vamos a la Luna, lo único que mantendrá nuestros cuerpos sobre la superficie de la Luna, es el traje espacial. Este traje tiene provisión de oxígeno, un escudo protector para el cuerpo, y es lo suficientemente pesado como para permitirnos caminar erguidos a pesar de la falta de peso en el espacio. Pero si dañamos el traje espacial, la provisión de oxígeno se cortará, el escudo se romperá, y nuestro cuerpo saldrá flotando muy lejos de la superficie de la Luna. ¿Por qué? Porque necesitamos el traje para permanecer sobre la Luna.

Lo mismo se aplica a nuestros cuerpos físicos. Si no practicamos una correcta mayordomía de nuestra carne, nuestro cuerpo muere

tempranamente y nuestro espíritu debe partir. Por lo tanto, si no cuidas tu cuerpo físico, tú y tu ministerio se acabarán.

UNA MUERTE TEMPRANA

Al principio, Coe pensó que estaba sufriendo de agotamiento, pero pronto llegó el diagnóstico: polio. Su esposa quiso que lo internaran en un hospital, y Coe accedió para dejarla tranquila.

Si no practicamos una correcta mayordomía de nuestra carne, nuestro cuerpo muere tempranamente y nuestro espíritu debe partir.

En el hospital, permaneció inconsciente la mayor parte del tiempo. Hubo muy pocos momentos en que pudo recobrar la capacidad de hablar y hacer conocer sus deseos. Según su esposa, el Señor habló a Coe y le dijo que se lo llevaría a su Casa.[25] A principios de 1957, Jack Coe fue a estar con el Señor.

Muchos evangelistas criticaron a Juanita Coe por no permitirles orar por su esposo. Pero Gordon Lindsay dice que su muerte debe de haber sido voluntad de Dios, o "la Providencia habría permitido que alguien orara por él. Su ministerio, simplemente, había sido cumplido".

Un relato dice que Coe había sido advertido de la muerte que se aproximaba, debido a la falta de cuidado de su salud, a algunos hábitos personales y a su riguroso plan de actividades. El relato dice que el Señor había hablado al respecto, varias veces, a un ministro en particular. Este hombre, profeta de su tiempo, escuchó la advertencia del Señor para Jack Coe, y se dice que obedeció a Dios y fue a hablar con él.

Según continúa el relato, Coe recibió la advertencia de juzgarse en tres áreas: (1) su amor por los hermanos; (2) su problema de peso; (3) el amor al dinero. El profeta, según se dice, advirtió a Coe que si no se juzgaba en estas áreas, moriría tempranamente. Y Coe murió tempranamente. Tenía sólo treinta y ocho años cuando falleció.

Es importante destacar que la familia de Coe refuta categóricamente que este profeta en particular haya hablado alguna vez con Coe. La familia sostiene que uno de sus miembros se acercó al profeta para confrontarlo con respecto a este relato, que ya había circulado ampliamente, y según este hombre, él jamás había hablado con Coe directamente, aunque Dios le dijo que lo hiciera.

EL MINISTERIO CONTINÚA

Después de la muerte de Coe, Juanita anunció que ella y los líderes de los departamentos continuarían con el ministerio de su esposo. Ella era co-pastora del Centro Evangelístico de Dallas, y durante un tiempo continuó realizando campañas de sanidad. Muchos creían que Juanita podría haber lanzado su propio ministerio evangelístico, pero ella decidió permitir que esa fase del ministerio concluyera. Cada vez más, Juanita Coe dedicó sus energías a las misiones foráneas y al Hogar de Niños Heraldo de Sanidad. Aún después de la muerte de Jack, su publicación, el *Heraldo de Sanidad*, tenía una circulación de 300.000 ejemplares. Fue sólo cuando Juanita decidió terminar con esa fase del ministerio, que la popularidad de su esposo se debilitó.

Hoy, los dos hijos de Coe, Jack Jr. y Steve, están en el ministerio, pastoreando sus propias iglesias, y la Sra. Coe aún es activa en la iglesia. Los Coe continúan predicando y enseñando a Jesucristo a esta generación y la siguiente, cumpliendo con el plan de Dios para cada una de sus vidas.

DEJA AL PASADO EN EL PASADO

Una de las características más importantes de Jack Coe fue que nunca permitió que su pasado lo detuviera. Su pasado podría haber influido en su actitud, pero nunca lo detuvo ni lo obligó a retirarse.

Una de las características más importantes de Jack Coe fue que nunca permitió que su pasado lo detuviera. Su pasado podría haber influido en su actitud, pero nunca lo detuvo ni lo obligó a retirarse.

Cuando niño, la situación en su hogar lo hirió profundamente, pero nunca hizo que se sentara en un rincón a sentir compasión por sí mismo. En lugar de empujarlo hacia abajo, esos tiempos tan duros le hicieron comprender la necesidad de liberarse de ellos. Él sabía que no podía depender de que los demás lo descubrieran por él. Coe era un luchador. Y es cierto que algunas veces luchó en la carne.

¡Pero era un hombre dispuesto a hacer algo con ese anhelo que había en su corazón! Estaba decidido a tomar control de esa vida que lo había puesto en una terrible desventaja, en lugar de permitir que continuara controlándolo.

Por ello, Coe saltó directamente al lugar que le correspondía como uno de los líderes del avivamiento de La Voz de Sanidad. Tenía la clase de independencia que es necesaria para estar siempre en la vanguardia. Es cuando basamos nuestras vidas y nuestra fe en las palabras de los hombres, o en los horrores de nuestro pasado, que somos vencidos. Pero cuando seguimos el clamor de nuestro corazón y corremos tras él, Dios nos sale al encuentro y manifiesta su gloria.

Otra importante lección que podemos sacar de la vida de Coe es esta: Comprende que no tienes que exagerar los hechos ni competir con otra persona para demostrar lo que vales. Este es el único aspecto en que puedo ver algo criticable en el ministerio de Jack Coe. Algunas veces, si en un ministerio prevalece la inseguridad, la persona se retira o se va a los extremos para probar su valor. Cuando seguimos el camino de la carne, tenemos que confiar en nuestras propias fuerzas, y nos desgastamos antes de tiempo.

Tu pasado nunca determinará tu futuro, a menos que tú le des el poder de hacerlo. Hay todo un nuevo futuro para ti, en fe. Es limpio, impecable, y espera que tú lo alcances siguiendo el sueño que hay en tu corazón. Haz que Dios sea siempre tu primera pasión, y el deseo de tu corazón seguramente te seguirá.

CAPÍTULO ONCE: JACK COE
Referencias

1 Jack Coe, The Story of Jack Coe, (La historia de Jack Coe), (Dallas, TX: Herald of Healing, Inc., 1955), págs. 78-79.

2 Ibid., págs. 5-6.

3 Ibid., pág. 12.

4 Ibid., pág. 15.

5 Ibid., págs. 16-20.

6 Ibid., págs. 21-26.

7 Ibid., págs. 29-34.

8 Ibid., págs. 42-44.

9 Ibid., págs. 48-54.

10 Ibid., págs. 55-59.

11 Ibid., págs. 60-62.

12 Ibid., págs. 68-69.

13 Ibid., págs. 72-75.

14 David Harrell, Jr., All Things Are Possible (Todo es posible), (Bloomington: Indiana University Press, 1975), págs. 58-59.

15 Entrevista con el pastor Gary Ladd, quien asistió a reuniones de Coe en Tyler, Texas, en 1949.

16 Coe, The Story of Jack Coe, págs. 79-80.

17 Harrell, All Things Are Possible, págs. 59-60.

18 Coe, The Story of Jack Coe, pág. 86.

19 Ibid., pág. 90.

20 Entrevista con Bob Davidson, 25 de julio de 1995.

21 Coe, The Story of Jack Coe, pág. 98.

22 Ibid., págs. 99-106.

23 Harrell, All Things Are Possible, pág. 60.

24 Ibid., pág. 61.

25 Comentario personal de la familia Coe, abril de 1996.

A. A. Allen

"El Hombre de los Milagros"

"EL HOMBRE DE LOS MILAGROS"

Antes de pasar a la historia de A. A. Allen, quisiera hacer unos pocos comentarios que, según creo, nos ayudarán a ver este relato desde la perspectiva correcta.

Todos tenemos una cierta preferencia en lo relativo a los dones del ministerio. Hay ciertos ministerios que disfrutamos más que otros, pero no todo don ministerial se rige por nuestras preferencias personales.

Algunos nos sorprenderíamos si descubriéramos que nuestra idea del ministerio, o de cómo debería operar un ministerio, no es la idea que Jesús tenía de ese ministerio, en absoluto. Me gusta referirme a las "preferencias" como "ideas que tenemos en nuestra mente", más que "revelaciones que recibimos en el espíritu".

Nuestras preferencias personales son sólo eso: preferencias. No son reglas. Por lo tanto, debemos tener mucho cuidado de no juzgar al llamado o al don ministerial de otra persona según nuestras preferencias personales. Rodearnos solamente de ministerios que satisfagan nuestras preferencias podría hacer que nos perdiéramos algo realmente importante.

Siento una gran compasión por A. A. Allen. Sí, él cometió errores. Todos los Generales lo hicieron, y todos los futuros Generales lo harán. También creo que hubo cosas que Allen dijo hacer en el Espíritu, cuando en realidad las hacía en la carne.

Pero cuando estudiamos los orígenes desastrosos de Allen, debemos tener en cuenta cómo triunfó sobre todo eso y llegó a hacer un impacto en el mundo para Jesús.

Muy pocas personas, si es que existe alguna, han superado lo que Allen superó, para luego responder al llamado de Dios. Su historia debería ser escuchada por todas las generaciones. Ten esto en mente al leer su biografía.

UN POCO DE LECHE, MUCHO WHISKY

Asa Alonzo Allen nació una tormentosa mañana de Pascua, el 27 de marzo de 1911. Sus padres, Asa y Leona, decidieron ponerle los nombres de su padre y un tío de su padre que era ministro presbiteriano. Su nombre era la única conexión con Dios que sus padres le dieron, y seguramente no pensaban que este hijo acabaría siendo un predicador. Pero Asa Alonzo llegó a elevarse desde esa región poco conocida de Sulphur Springs, en Arkansas, para convertirse en uno de los evangelistas más sensacionales de los tiempos modernos.

Fue seriamente criticado por su sensacionalismo y su forma dramática de actuar...
Sin embargo, algunos consideran que Allen fue el más importante de los evangelistas surgidos del avivamiento de La Voz de Sanidad.

Es cierto que A. A. Allen provocó más controversias que ningún otro de los evangelistas de La Voz de Sanidad, y fue seriamente criticado por su sensacionalismo y su forma dramática de actuar, y mucho más, por sus hábitos personales. Los medios lo trataron con total desprecio, y los líderes denominacionales lo proscribieron y ordenaron a los demás que se apartaran de él tanto como fuera posible. Sin embargo, algunos consideran que Allen fue el más importante de los evangelistas surgidos del avivamiento de La Voz de Sanidad.[1] También es importante destacar que quienes criticaban a Allen fueron mucho menos productivos en el ministerio, que él.

Allen nació en un hogar problemático en el que "alboroto" era una palabra común. Al nacer, Allen tenía dos hermanos y cuatro hermanas. De pequeño, sus hermanas le brindaron el único gozo que conoció: lo amaban, jugaban con él y lo trataban como un pequeño príncipe. Pero sus padres eran alcohólicos y criaron a sus hijos en medio de una total pobreza. El primer par de zapatos que Allen tuvo en su vida fue regalo totalmente extraño.

Los padres de Allen también destilaban licor detrás de su casucha. Su madre bebía sin medida mientras estaba embarazada de él, y siendo pobres como ellos eran, un nuevo bebé no era algo que les produjera demasiado gozo.

El pasatiempo favorito de sus padres era darles a Allen y sus hermanas del licor que destilaban ellos mismos, hasta que los niños se emborrachaban. Entonces se sentaban y se reían del comportamiento errático de sus hijos hasta que caían al suelo o quedaban inconscientes.[2] Se dice que la madre de Allen muchas veces llenaba su biberón de licor, para evitar que el niño llorara, y Allen se iba todas las noches a dormir con un biberón lleno de licor hecho en casa.

El tabaco también abundaba en el hogar de los Allen, y dado que era cosechado en su propio jardín, era muy fuerte. Allen aprendió a fumar antes de tener edad de ir a la escuela. Cuando encendía los cigarrillos para su madre, siempre daba unas pitadas antes de entregárselos.[3]

Su padre era un músico talentoso, y aunque no era cristiano, la iglesia local le pedía que dirigiera el coro y tocara con ellos, cosa que él solía hacer estando ebrio. El joven Allen heredó ese talento y algunas veces se ubicaba en alguna esquina para cantar delante de la gente. Debe de haber sido todo un espectáculo, escuchar esa voz infantil cantando los himnos que había aprendido de su padre borracho. El pequeño Allen cantaba los himnos de la iglesia una y otra vez, ya que la gente le arrojaba monedas por hacerlo. Comenzó en el mundo del espectáculo siendo muy joven, y aparentemente había nacido para ello.

UN CUBO DE CERVEZA Y PROBLEMAS

Los padres de Allen estaban siempre peleándose, tirándose con muebles, y amenazándose mutuamente con armas. Finalmente, cuando Allen tenía cuatro años, su madre dejó a su padre y se fue con los niños a Cartaghe, Misuri.

Poco después de abandonar al padre de los niños, su madre volvió a casarse, pero el infierno continuó. Bajo los efectos del alcohol, su madre y padrastro peleaban de tal manera que los niños salían corriendo de la casa, aterrorizados. Para cuando Allen tenía seis años de edad, una de sus tareas era llevar cubos de cerveza del salón de bebidas local a su casa, para su padrastro.

Allen recordaba:

"Todos crecimos con el gusto por el licor. Yo sólo tenía dos hermanos. Uno de ellos murió cuando yo era un bebé. Apenas lo recuerdo. Pero mi hermano mayor murió borracho. Mi padre fue al entierro; estaba borracho. Mi madre dejó de beber antes que yo creciera, pero mis cuatro hermanas y yo ya estábamos bien avanzados en el camino al infierno de los borrachos".[4]

Además del problema de la bebida, su madre tenía ataques de celos. Se había casado con un hombre menor que ella, y cuando el padrastro de Allen iba a trabajar, ella lo observaba con binoculares para ver si se detenía a hablar con alguna mujer. Vivían muy cerca de su trabajo, así que ella observaba todo lo que él hacía y lo hacía rendir cuentas el día en que cobraba su sueldo. Si le parecía que traía menos dinero que lo usual, lo acusaba de gastar el dinero faltante en alguna mujer. El hombre finalmente se cansó y la abandonó, así como el joven Allen.

A los once años de edad, Allen huyó de su casa, decidido a volver a Arkansas y buscar a su padre. Pero no estaba seguro de qué camino tomar, y poco después de salir, el tiempo se descompuso, así que regresó a casa con su madre. Aun así, comenzó a planear cuidadosamente el próximo intento, decidido a no fallar esta vez.

Cuando tenía catorce años, Allen era maduro como un hombre adulto, así que volvió a huir. Esta vez había decidido que haría todo lo que fuera necesario para lograrlo, así que pidió a diversos conductores que lo llevaran por la ruta y viajó por gran parte del Sur. Mientras viajaba con otros amigos vagabundos, trabajó cosechando algodón, desmotando y cavando zanjas; pero de todos modos terminó preso por robar maíz.

"¡SÁCALO DE AQUÍ O MÁTALO!"

Dondequiera que fuera, Allen era el alma de la fiesta. Tenía una hermosa voz de tenor y un gran sentido del ritmo. Siempre estaba cantando, bailando, bebiendo y fumando. Aunque su energía parecía ilimitada, diría más tarde que se sentía muy miserable. Muchas veces salía de las fiestas y se iba al bosque a llorar amargamente.

Para cuando tenía veintiún años, Allen era un manojo de nervios.

Cuando encendía un cigarrillo, tenía que sostener su muñeca con la otra mano, debido a los temblores. Se dice que ni siquiera podía sostener una taza de café sin derramarla. Le ardía el pecho, lo acosaba una tos profunda y desgarradora, y su memoria era muy frágil. En pocas palabras, cuando debería haber estado en la flor de la vida, Asa Alonzo Allen estaba muriendo.

Sin tener otro lugar donde ir, volvió al hogar con su madre. Pensaba que la vida de campo y comer con frecuencia le haría bien; esperó que su salud mejorara.

> *Para cuando tenía veintiún años, Allen era un manojo de nervios. Cuando encendía un cigarrillo, tenía que sostener su muñeca con la otra mano, debido a los temblores.*

Pero una vez de vuelta en casa, regresó a sus antiguas costumbres. En ese ambiente duro y campesino, Allen y su madre construyeron una destilería ilegal para preparar su propio licor. Además de la destilería, los sábados por la noche convertían el lugar en un salón de baile, y así pronto atrajeron grandes cantidades de gente tosca ansiosa de entretenimiento.

Calle abajo, otro hombre al que llamaban "el hermano Hunter" abría su casa, pero por un motivo completamente diferente. Aunque era un hombre inculto, era nacido de nuevo y estaba lleno del Espíritu Santo. Así que decidió formar una iglesia y ser el pastor. Pero lo inquietaba el salón de baile que estaba en el otro extremo de la calle.

El hermano Hunter buscaba ganar a los jóvenes, pero la mayoría de ellos estaban tan atrapados por la "Destilería y Salón de Baile Allen", que no les interesaba ir a la iglesia. Así que el predicador llegó a la conclusión de que para que la comunidad pudiera vivir un avivamiento, ese salón de baile tendría que cerrar. Un grupo de hermanos se reunió y comenzó a orar, clamando:

"Dios, ¡cierra ese salón de baile de Allen! Sálvalo si puedes.
Pero si no se rinde a Dios, sácalo del vecindario o mátalo.
¡Pero cierra ese salón de baile, de una u otra manera!"[5]
Bueno, ¡gracias a Dios que sólo una parte de su oración fue cumplida!

LA DAMA DEL VESTIDO BLANCO

En junio de 1934, las cosas comenzaron a cambiar cuando uno de los amigos de Allen le pidió que lo acompañara a hacer unas compras. Mientras estaban en camino, pasaron por una Iglesia Metodista rural. Las luces estaban prendidas, y adentro había una celebración con música fuerte, aplausos y danzas.

Allen estaba sorprendido: ¡esa gente se estaba divirtiendo! Él siempre había pensado que la iglesia debía ser solemne y con una nota de tristeza, así que le pidió a su amigo que entraran para ver.

Cuando entró, recibió una sorpresa aún mayor: La predicadora era una mujer, y estaba vestida de blanco. Escuchándola hablar, Allan pensó que la mujer debía de ser un ángel. No quería que ella lo viera; ¡parecía tan pura! Así que cada vez que se acercaba a él, Allen se escondía detrás de un caño de la estufa. Por primera vez en su vida sentía convicción de pecado. Pero antes que se hiciera el llamado evangelístico, él y su amigo se retiraron sin llamar la atención.

Toda esa noche, y el día siguiente, Allen estuvo luchando con Dios y con su corazón. Ansiaba la paz y el gozo que había visto en los rostros de esas personas en la iglesia rural. Finalmente, decidió dejar de luchar y volvió al culto a la noche siguiente.

Desde que comenzó la reunión, escuchó atentamente cada canción y cada testimonio. El sermón hablaba de la sangre de Jesús, y cómo ella lavaba todo pecado. Tan pronto como se hizo la invitación para aceptar a Cristo, levantó la mano bien en alto.

La dama evangelista lo conocía, y pensaba que estaba allí sólo para causar problemas, así que pidió que quienes realmente querían entregarse a Cristo se pusieran de pie. Sin pensarlo dos veces, Allen se puso de pie.

Ella temió que él quisiera causar un escándalo, pero continuó, y pidió a quienes se habían puesto de pie que pasaran al frente si de veras habían tomado una decisión. Allen fue el primero en adelantarse por el pasillo. En realidad, fue el único que se había puesto en pie que se animó a pasar al frente. Pensando que aún quería causar problemas, la dama le preguntó: "¿Realmente quieres ser salvo?"

"Claro, para eso he venido aquí", respondió Allen.

Para gran sorpresa de la mujer, Allen cayó de rodillas y pidió a Jesús que fuera el Señor de su vida. A partir de ese momento hubo un

nuevo A. A. Allen. No más bailes, no más destilería. Sus viejos amigos se reían de él, pero eso no lo hizo caer en su viejo comportamiento. Allen era una nueva creación.[6]

"¡SON DEL DIABLO!"

En un viejo cofre guardado en el ático, Allen encontró una Biblia que una de sus hermanas había ganado en un concurso y nunca nadie había leído. La tomó y la leyó de tapa a tapa. Se la llevaba al campo y la leía; también la leía antes de cada comida. Según Allen, realmente no podía leer lo suficiente de la Biblia.

Mientras tanto, en la iglesia pentecostal del hermano Hunter había gran regocijo. ¡"El joven Allen" se había convertido! Sus oraciones habían sido respondidas, y parecía que muchos de los jóvenes que iban al salón de baile de los Allen ahora aparecían por la iglesia, intrigados por los cantos y la adoración. La mayor sorpresa de todas fue cuando Allen mismo se apareció en uno de los cultos. Después que se fue, la congregación oró para que Dios lo llenara con el Espíritu Santo y lo utilizara para ganar almas.

La mañana siguiente a haber participado de la reunión en la iglesia pentecostal, Allen visitó a un pastor metodista que le advirtió que se mantuviera alejado de esos pentecostales, diciéndole que eran del diablo porque hablaban en lenguas.

"Después de eso, yo no veía la hora de regresar allí", dijo Allen. **"Tenía mucha curiosidad por escucharlos hablar en lenguas."**[7]

Unos días después, el don de lenguas y el de interpretación se manifestaron en una de las reuniones, y Allen, sentado allí escuchando, comprendió que esto era de Dios. Ahora él realmente quería lo que esta gente tenía.

La mañana siguiente a haber participado de la reunión en la iglesia pentecostal, Allen visitó a un pastor metodista que le advirtió que se mantuviera alejado de esos pentecostales, diciéndole que eran del diablo porque hablaban en lenguas.

Al día siguiente, se reunió nuevamente con el pastor metodista y compartió la experiencia que había vivido, mostrándole textos bíblicos que probaban que hablar en lenguas era también para la época actual. El pastor declaró: "¡No puedes tener ese don! ¡Nadie recibe ese tipo de experiencia ahora!"

"Pues bien, yo lo voy a tener", dijo Allen. **"Y, pastor... es exactamente lo que usted necesita"**.[8]

El pastor se fue, enfurecido, y Allen cortó toda conexión con la Iglesia Metodista.

Poco después de esto, una de las hermanas de Allen nació de nuevo, y no mucho más tarde, Allen fue finalmente bautizado en el Espíritu Santo, hablando en lenguas en un campamento pentecostal en Oklahoma al que su hermana y él habían asistido juntos.

Esos días fueron como el cielo en la Tierra para él. La noche que fue lleno del Espíritu, tenía puesto el único juego de ropa con que contaba: una camisa blanca lisa y pantalones blancos. Allen cayó al suelo que estaba cubierto de aserrín, pero no le importó. Lo único que deseaba era a Dios. Pronto sintió como si una corriente eléctrica se abriera paso en él lentamente, comenzando por las puntas de los dedos, hasta cubrir todo su cuerpo. Entonces sucedió. Allen no tenía conciencia de nada más que de la presencia de Dios. Se puso en pie y gritó en otras lenguas. Su traje blanco estaba arruinado, pero Allen había recibido lo que su corazón anhelaba.

COLORADO Y LEXIE = AMOR

La sequía azotó Misuri en 1934, y no había trabajo en ninguna parte. Entonces, un día, Allen recibió una carta de un viejo amigo que lo invitaba a trabajar en un rancho.

Así que en septiembre de 1934, se encontró caminando por las llanuras de Colorado, cansado y sediento, sintiéndose un poco aislado por la falta de hermanos pentecostales. Aunque iba a un nuevo lugar a trabajar, le preocupaba que no hubiera allí cristianos con quienes compartir su nueva creencia. Mientras caminaba, el viento hizo volar una hoja impresa a su camino. Allen se inclinó para levantarla, y al ver lo que era, sonrió ampliamente. Era una página de la publicación de la Iglesia Cuadrangular, *Bridal Call* (El llamado de la esposa). Entonces supo que en algún lugar, alguien en estas llanuras conocía el poder de Dios como él lo conocía.

Tan pronto como llegó al rancho, preguntó si alguien asistía a la Iglesia Cuadrangular. Sus amigos le dijeron que una jovencita que vivía

calle arriba probablemente asistiera allí, y llegaron a decirle: "Ella hasta cree que ha sido llamada a predicar".[9]

Poco después, Allen se presentaba ante Lexie Scriben, quien había sido llamada a predicar y acababa de llegar a su hogar después de viajar con algunos amigos evangelistas. Ambos se hicieron amigos muy pronto, y comenzaron a estudiar juntos la Biblia diariamente, buscando en las Escrituras las respuestas a muchas preguntas. Lexie sentía una nueva frescura al escuchar a Allen, que con frecuencia desafiaba las tradiciones religiosas a las que ella se aferraba. Él no había sido criado dentro de ninguna tradición, por lo que creía ver las cosas más claramente que ella. Pronto ella se convenció de que era verdadera la manera en que él entendía las Escrituras, y comenzaron a asistir juntos a la iglesia. Aunque parecían inseparables, no eran nada más que íntimos amigos.

Pronto, Allen regresó a Misuri a ayudar a su madre a mudar sus pertenencias a su nuevo hogar en Idaho. Lexie partió para asistir al Instituto Bíblico Central en Springfield, Misuri. Todos los días recibía una carta de Allen. Ambos comenzaron a darse cuenta de que se amaban, así que él le escribió para pedirle matrimonio, ella aceptó, y se casaron el 19 de septiembre de 1936, en Colorado. Su matrimonio fue bendecido con tres hijos y una hija.

UNA ZARIGÜEYA PARA EL DÍA DE ACCIÓN DE GRACIAS

Los Allen comenzaron su nueva vida juntos con cien dólares, unos pocos regalos y un viejo Ford A. No tenían trabajo ni promesa de empleo, pero sabían que habían sido llamados por Dios para predicar.

Ahorraron el dinero que pudieron para inscribirse en el Instituto Bíblico Central ese septiembre, y dejaron Colorado, camino a Misuri, planeando detenerse para visitar a la madre de Allen. Pero la encontraron muy enferma, sin ingreso alguno y sin nadie que la cuidara. Así que inmediatamente le compraron alimentos y las cosas más necesarias, se ocuparon del hogar, y pagaron las cuentas

> *Los Allen comenzaron su nueva vida juntos con cien dólares, unos pocos regalos y un viejo Ford A. No tenían trabajo ni promesa de empleo, pero sabían que habían sido llamados por Dios para predicar.*

pendientes. Pronto descubrieron que su dinero se había acabado y con él, sus esperanzas de asistir al instituto bíblico.

Cuando la salud de la madre de Allen mejoró, la pareja continuó su camino, buscando trabajo y un lugar para vivir. Mientras buscaban, alguien les sugirió que tuvieran una reunión evangelística en un hogar. Así Dios dio a Allen su primera oportunidad de predicar, y antes que la reunión terminara, salieron de ese hogar con planes para realizar la primera campaña evangelística en que Allen predicaría.

Pero había un problema: no tenían dinero, ni esperanzas de recibir ninguno, así que comenzaron a cortar madera y venderla durante el día. El dinero que ganaban les permitía comprar gasolina para sus viajes para predicar. Durante dos semanas estuvieron cortando y cargando madera, deteniéndose solamente para escribir los pensamientos que Dios les daba para la predicación de esa noche.

Los héroes de Allen eran Dwight L. Moody y Charles Finney. El primer sermón que predicó estaba basado en los sermones de estos hombres.

En su primera cena del Día de Acción de Gracias, en lugar de comer pavo, comieron una zarigüeya, que alegremente recibieron de parte de la congregación. Lexie la rellenó y la preparó como si hubiera sido un pavo. Al final de las dos semanas, la congregación levantó una ofrenda para sorprender al predicador... y reunieron treinta y cinco centavos.

FRIJOLES Y MADERAS

Cuando terminó la última reunión, los Allen fueron invitados a realizar otra campaña, pero había un problema: el lugar era demasiado lejos de su hogar para poder regresar en el día, así que tendrían que conseguir algún alojamiento más cerca del nuevo lugar de reuniones. El único lugar vacante era una cabaña de dos cuartos que estaba siendo utilizada como granero, pero el amable anciano que era dueño de la misma accedió a quitar el grano y permitirles quedarse allí. Había enormes huecos en el suelo, las ventanas estaban rotas, y la puerta trasera había desaparecido. Pero los Allen la aprovecharon lo mejor posible, colgando una manta en lugar de la puerta, telas para cubrir las ventanas, y utilizando los asientos de su auto para armar una cama. Lexie utilizó viejos cajones de naranjas cubiertos con manteles para el té como mesa y sillas, y durante semanas, vivieron a frijoles y pan de maíz, confiando totalmente en el Señor para suplir sus necesidades. En su diario anotaban las ofrendas especiales, que generalmente llegaban a sumas tales como "cinco centavos".

Durante estas campañas, los Allen aprendieron el poder de la oración. Después de una reunión de oración, todos los que asistieron a los siguientes cultos nacieron de nuevo, con un total de treinta personas salvadas en dos semanas, muchas de las cuales habían caminado casi diez kilómetros para asistir. Después de realizar un culto de bautismos, los Allen siguieron su camino.

Si hubiera habido trabajo en ese momento, Allen habría conseguido un empleo secular, pero no había ninguno, así que trabajó estudiando la Biblia y orando. El resto de su tiempo lo pasaba visitando gente y orando por sus necesidades.

"COMO UN REMOLINO, ESCUCHÉ SU VOZ"

A fines de la década del '30, pocas semanas después que naciera su hijo, Allen aceptó el pastorado de la Iglesia de las Asambleas de Dios Tower Memorial, en Holly, Colorado. Mientras estaba allí, Allen recibió el nombramiento de las Asambleas de Dios.

Decidido a encontrar el secreto del poder de Dios, comenzó a ayunar y orar buscando al Señor. El ayuno era algo nuevo para él, por lo que le resultó bastante problemático. Justo cuando comenzaba a orar, olía la comida que su esposa estaba cocinando para ella y su hijo, y por más que deseara concentrarse, el espíritu estaba dispuesto pero la carne era débil, y finalmente Allen salía de su cuarto de oración y se sentaba a comer con su familia.

Un día, después de tomar un bocado, sintió una repentina convicción. Dejando caer el tenedor, anunció a su esposa que no saldría de su cuarto de oración hasta haber oído algo de parte del Señor, y llegó a indicarle que lo encerrara con llave en el cuarto. Ella rió y predijo que después de una hora, él estaría golpeando desesperado a la puerta, tratando de salir.

Pero pasaron las horas, y Allen no golpeó para que le abrieran la puerta. Luchando con su carne, encontró la victoria en su cuarto de oración, y en sus propias palabras, relató luego su experiencia con el Señor:

"¡...comencé a darme cuenta de que la luz que llenaba mi cuarto era la gloria de Dios!... La presencia de

Dios era tan real y poderosa que sentí que moriría allí mismo, de rodillas... Entonces, como un remolino, escuché su voz. ¡Era Dios! ¡Estaba hablándome a mí! Esta era la gloriosa respuesta que yo había estado buscando tan diligentemente y por la cual había esperado desde mi conversión, cuando tenía veintitrés años... Más rápido de lo que cualquier ser humano podría hablar, más rápido de lo que yo podía seguir mentalmente, Dios me estaba hablando... Dios estaba dándome una lista de las cosas que se interponían entre mí y su poder. Después de agregar cada requisito a la lista que estaba formándose en mi mente, había una breve explicación, o breve sermón, explicando ese requisito y su importancia... Mientras Dios me hablaba, yo los anotaba".

> *Más rápido de lo que cualquier ser humano podría hablar, más rápido de lo que yo podía seguir mentalmente, Dios me estaba hablando... Dios estaba dándome una lista de las cosas que se interponían entre mí y su poder.*

EL PRECIO DE LOS MILAGROS

"...Cuando hube escrito el último requisito de la lista, Dios habló una vez más, y me dijo: 'Esta es la respuesta. Cuando hayas puesto en el altar de la consagración y la obediencia hasta el último punto de esta lista, no sólo sanarás a los enfermos, sino que en mi Nombre echarás fuera demonios, y verás portentosos milagros en mi Nombre al predicar la Palabra, porque, he aquí, yo te doy poder sobre todo poder del enemigo.'

"Dios me reveló al mismo tiempo que las cosas que eran obstáculos para mi ministerio... eran las mismas que eran obstáculo para tantos miles de otros.

"Finalmente, aquí estaba detallado el precio que debía pagar por el poder de Dios en mi vida y en mi ministerio. ¡EL PRECIO DEL PODER DE DIOS QUE OBRA MILAGROS!"[10]

Estas son las trece cosas que A. A. Allen dijo que el Señor le señaló. Él vería el poder milagroso de Dios si comprendía y hacía estas cosas:

1. Debía comprender que no podía hacer milagros de mayor calidad que los de Jesús.
2. Podía caminar como Jesús había caminado.
3. Debía ser irreprochable, como Dios mismo.
4. Debía tomar como medida sólo a Jesús.
5. Debía negar sus deseos carnales ayunando.
6. Después de negarse a sí mismo, debía seguir a Jesús siete días por semana.
7. ¡Sin Dios, no podría hacer nada!
8. Debía echar fuera todo el pecado de su cuerpo.
9. No debía continuar con discusiones superficiales e inútiles.
10. Debía entregar a Dios su cuerpo enteramente, para siempre.
11. Debía creer todas las promesas de Dios.

Las dos últimas indicaciones eran "pecados favoritos" de Allen, que Dios le señaló con detalle, y que él sintió que jamás podría revelar a nadie.[11]

UNA VISITA DEL CIELO: EL PRIMER MILAGRO

Finalmente, Allen comenzó a golpear la puerta de la habitación para que su esposa la abriera, y tan pronto como ella vio su rostro, exclamó: "¡Ya tienes la respuesta!"

"Sí.... Dios me visitó desde el cielo, y esta es la respuesta."

Escritos en un trozo de cartón estaban los once requisitos del Señor. La pareja se sentó ante la mesa de la cocina. Ambos lloraron mientras Allen le contaba lo sucedido y compartía con ella la lista.

Poco después de esa visitación de Dios, los Allen renunciaron a su iglesia, sintiéndose llamados al campo evangelístico, y al recibir una invitación de Misuri, salieron hacia allí, donde vieron su primer culto de milagros.

Un anciano minero que estaba totalmente ciego a causa de una explosión en una mina ocurrida años antes, comenzó a asistir a los cultos. Noche tras noche se sentaba allí escuchando la Palabra de Dios, hasta que finalmente, en respuesta a la invitación, pasó al frente para pedir sanidad.

Los Allen se sorprendieron al ver su fe, y ambos admitirían luego que sería necesaria más fe de la que ellos tenían para que este hombre fuera sanado. Oraron por todos los que habían pasado al frente y

pusieron al hombre en el último lugar de la fila. Personas que sufrían dolores de cabeza, resfríos, personas sordas fueron sanadas, y siguieron su camino regocijándose, pero el hombre ciego continuaba allí.

Entonces, repentinamente, Allen pidió a todos los que tuvieran fe por la sanidad de este hombre para que vinieran a orar con ellos. Entonces dijo: **"Hay incredulidad en este lugar. ¡Puedo sentirla!"** Al oírlo, un hombre se levantó y salió bruscamente del salón.

A. A. Allen

Dios contestó su oración. Cuando terminaron de orar, el hombre ciego podía decir de qué color era la corbata de Allen y señalar diferentes objetos en distintos lugares del salón.[12]

LA MUJER Y EL LLAMADO

Durante los siguientes cuatro años y medio, Allen viajó como evangelista de las Asambleas de Dios. Aunque tenía una posición de prestigio, recibía un sueldo muy bajo, y durante la primera mitad de la década de 1940, en el aspecto económico, las cosas fueron muy difíciles para él y su familia, especialmente ahora que tenían cuatro hijos. Lexie se quedaba en la casa cuidando a los bebés, y algunas veces, Allen estaba fuera del hogar hasta tres meses seguidos.

> *Lexie tenía que soportar la frustración de no ver a su esposo regularmente, al mismo tiempo que luchaba con la frustración de no poder seguir su propio llamado.*

Lexie tenía que soportar la frustración de no ver a su esposo regularmente, al mismo tiempo que luchaba con la frustración de no poder seguir su propio llamado.

Aunque anhelaba la estabilidad de una vida de hogar normal, Lexie aprendió una valiosa lección en lo relativo al ministerio. Ella había sido llamada al ministerio, pero su ministerio también consistía

en ser madre. Lexie comprendió que hay un tiempo para cada cosa. La maternidad y el hogar estable jamás deberían ser sacrificados por la otra parte de su llamado al ministerio, porque esos días volverían para ella, y entonces podría sentirse realizada, sabiendo que todas las facetas de su llamado habían sido completadas.

Años después, cuando los niños fueron mayores, Allen continuó evangelizando solo. Lexie buscó en su comunidad y encontró una zona donde no había ninguna Iglesia Cuadrangular, así que inició una y se convirtió en la pastora. Cuando Allen pudo costear llevarla a ella y a los niños en los viajes, ella renunció al pastorado y entregó la iglesia a otro pastor.[13]

EL CIELO EN LA TIERRA: ¡TEXAS!

Entonces, en 1947, Lexie recibió un llamado telefónico de Allen, diciéndole que se preparara para mudarse a Corpus Christi, Texas. Le habían pedido que pastoreara una de las iglesias de las Asambleas de Dios más grandes de la región, y estaba muy entusiasmado, pensando en la estabilidad que esto brindaría a su familia. Allen dijo a Lexie que probablemente se quedarían allí hasta que Jesús volviera.

La familia Allen amaba a Corpus Christi y a la iglesia donde estaban allí, pero en una ciudad de más de cien mil personas, sólo había unas pocas iglesias del evangelio completo.

Los Allen llegaron cuando la iglesia estaba haciendo planes para construir, y mientras algunos se habrían sentido abrumados, Allen sintió que esto lo estimulaba a la acción. Por lo tanto, se lanzó de lleno a esta nueva fase del trabajo, soñando con una iglesia que operaría en los dones del Espíritu, evangelizando y avanzando progresivamente en las cosas del cielo. Esta iglesia parecía ser su respuesta. Los miembros lo escucharon predicar durante dos semanas antes de invitarlo a ser su pastor. Él predicó con toda su fuerza, sin callarse nada de lo que creía... ¡y aún así lo quisieron!

Allen entregaba a cada área del ministerio toda su atención, elegía a cada obrero y lo capacitaba en forma especial. La congregación creció, y pronto se quedaron sin espacio.

UN GOLPE MORTAL

Ahora la iglesia estaba llegando a unos pocos cientos de personas, y Allen estaba buscando la forma de alcanzar a toda la ciudad por

medio de la radio. Entonces comenzó a hacer planes para un ministerio de radio efectivo, y hasta llegó a asistir a un seminario sobre radio en Springfield, Misuri.

Allen regresó a su hogar entusiasmado y lleno de energía, y convocó una reunión de la junta directiva especial en la que explicó cuidadosamente sus planes para alcanzar a la ciudad por medio de la radio, sabiendo que los hombres de la junta captarían su visión.

Pero uno de ellos le informó que la junta no aprobaba lo que él estaba haciendo, y que en realidad, él los estaba cansando. Este hombre continuó diciendo que Allen los había ayudado a construir una de las mejores iglesias de Texas, pero ahora necesitaban recuperarse de eso, y no podían seguirle el paso.

Entonces, otro se puso de pie y llamó la atención al tema del enorme costo y la carga que ese plan sería para la iglesia. La opinión generalizada era que se había logrado bastante por el momento, y que no deberían avanzar más por un tiempo.[14]

Allen se sintió totalmente destrozado, y rápidamente dio por terminada la reunión.

Quisiera destacar algo aquí: Era el llamado de Allen el que le daba energía para seguir adelante. Él no había sido llamado al pastorado, sino a evangelizar las naciones. Allen estaba espiritualmente hecho para esta clase de empuje: era parte de su llamado. Los laicos no son hechos así automáticamente, y no hay nada de malo en ello. Es simplemente un hecho. Dios nos dio cinco ministerios con sus dones para que podamos crecer en el proceso espiritual, de manera de seguir los tiempos del cielo. Necesitamos laicos, y necesitamos, definitivamente, pastores. Pero igualmente necesitamos que todos cumplan con su oficio y operen dentro de la unción divina.

Lamentablemente, sin embargo, Allen, inocentemente, trató de esconder y confinar su llamado al pastorado. ¿Te imaginas cómo se habrá sentido al tratar de restringir el llamado de un evangelista y conductor de campañas? Cuando la junta vetó la iniciativa de Allen, sin saberlo, mataron una gran parte de su ser, al limitarlo y cortar una parte de su destino.

Allen había tratado de ceder parte de su llamado celestial a cambio de cierta seguridad terrenal, lo cual es comprensible, ya que quería ser un buen padre para sus hijos.

Pero pronto vería que el precio era demasiado alto. Hubiera sido

mejor, aunque posiblemente más difícil, buscar la voluntad de Dios y encontrar otra manera de continuar.

NEGRURA, TORMENTA, INFIERNO: EL COLAPSO

Allen no dijo nada a su esposa al regresar a su casa, y trató de actuar como si nada hubiera sucedido. Hasta comentó algunos planes para irse de vacaciones con ella.

> *Allen había tratado de ceder parte de su llamado celestial a cambio de cierta seguridad terrenal, lo cual es comprensible, ya que quería ser un buen padre para sus hijos.*

Pero durante la noche, Lexie despertó y escuchó a Allen sollozando en el cuarto contiguo. Pensó que estaba intercediendo por alguien, hasta que lo vio entrar al cuarto, aún llorando desconsoladamente.

Sorprendida, le preguntó por qué lloraba. Entonces él le dijo lo que había sucedido en la reunión de la junta, y ella vio que, más que decepcionado, su esposo se sentía devastado. No había amargura, ni ira, ni culpa; sólo un corazón destrozado.

Allen presentó su renuncia, sintiendo que nunca podría volver a predicar. Pero la iglesia realmente lo amaba, y le ofrecieron varios meses de vacaciones pagas. Incluso insistieron en entregarle algunas ofrendas adicionales para que pudiera pagar los gastos que tuviera en el viaje.

Era evidente que Allen sufría de un colapso nervioso. La iglesia pensaba que había trabajado demasiado, pero su esposa, que conocía su fortaleza y su fervor, sabía que esto era imposible. Ella sabía que el problema se debía a un corazón quebrantado. Una parte de su ser estaba cautiva, y él pensaba que la había perdido para siempre.

Lexie lo llevó a unas largas vacaciones, pero él se sentía tan atormentado que sólo pudo descansar parcialmente en el viaje, y al empeorar su estado, se les hizo imposible descansar a ambos. Después de pasar sólo una semana en las montañas, sin sentir alivio alguno, Allen quiso regresar a su casa, pensando que jamás volvería a la normalidad.

"¡SAL DE ÉL!"

Lexie comenzó a orar desesperadamente al Señor, hasta que, en un instante, se le ocurrió algo. Ellos no habían fallado... ¡Dios no había terminado con ellos! El llamado y el propósito de Dios para A. A.

Allen era el mismo de siempre. Cuando finalmente Lexie comprendió que Satanás se había aprovechado de la profunda herida que había recibido su esposo, comenzó a orar en contra del ataque. Pronto Allen también pudo ver que estaba siendo atormentado por un demonio que se estaba aprovechando de su herida emocional. Comprendió que estaba siendo atacado por un espíritu que lo atormentaba.

Mientras regresaban a Texas en el auto, Allen se desvió a un costado del camino y pidió a su esposa que le impusiera las manos. Según Allen, en el preciso instante en que Lexie dijo: "Sal de él, ¡te ordeno que TE VAYAS!" el espíritu maligno lo dejó, y pudo regocijarse con su esposa sentir una liberación física, como un peso que le era quitado de encima, en lugar de la pesada carga que había sentido. Entonces comenzó a sentir sueño, y antes que Lexie regresara el auto al camino, Allen estaba dormido. Más tarde, no recordó haber llegado a su casa, ni meterse en la cama. Durmió como un bebé durante tres días sin parar, y cuando se levantó, estaba totalmente recuperado.

"NO PAGASTE EL PRECIO"

Para el otoño de 1949, los Allen comenzaron a escuchar relatos de reuniones de sanidades milagrosas. Los evangelistas que conducían las reuniones no eran necesariamente predicadores extraordinarios; en realidad, muchos predicadores eran mucho más elocuentes en sus mensajes que estos hombres, pero cuando los evangelistas de la sanidad oraban por los enfermos, se producían milagros tan rápidamente, que nadie podía contarlos. Los Allen no creían ni la mitad de las historias que les contaban, pero su curiosidad iba en aumento.

> *Cuando los evangelistas de la sanidad oraban por los enfermos, se producían milagros tan rápidamente, que nadie podía contarlos.*

Un día, un amigo le dio a Allen un ejemplar de *La voz de sanidad*. Después de leerla, Allen dijo: **"Después de leer estas páginas, reí, pensando que todo eso era ridículo. 'Son fanáticos', pensé, mientras cerraba la revista y la dejaba a un costado en mi estudio".**[15] Algunos miembros de su iglesia venían de estas reuniones en la carpa con historias espectaculares, pero Allen les restaba importancia, creyendo que estas personas se estaban inclinando hacia el fanatismo.

Personalmente, no creo que él realmente pensara esto. Quizá lo haya dicho, pero creo que en su interior se sentía tremendamente conmovido, porque sabía que este era su propio llamado, manifiesto delante de sus ojos. Pero podemos apartarnos tanto de nuestro llamado que las cosas que alguna vez fueron preciosas y estaban al alcance de nuestra mano, ahora son sólo un recuerdo distante.

No mucho después, algunos ministros amigos suyos persuadieron a Allen de que fuera a Dallas para asistir a una campaña de Oral Roberts. En el camino, Allen recordó la experiencia que había tenido con Dios en su cuarto de oración hacía muchos años, y las once cosas que se interponían entre él y su entrada al ámbito de los milagros. Haber estado fuera de su oficio espiritual, y tratar, en cambio, de trabajar como pastor, había causado que esa visión que Dios le había dado quedara como guardada en un cajón.

Al acercarse a Dallas, cada vez Allen tomaba más conciencia de que allí podría ver precisamente aquello que Dios lo había llamado a hacer. **"Pero yo nunca había pagado el precio por el poder milagroso de Dios en mi vida"**, agregó.[16]

Allen se quedó fascinado con la reunión en la carpa y con el poder de Dios que Roberts mostraba, sintiendo que estaba experimentando lo que relataba el Libro de los Hechos. Milagro tras milagro se producían mientras él observaba, pero no era fanatismo; era el poder de Dios que obraba milagros.

Mientras observaba la fila de gente esperando para que oraran por ella, Allen oyó una vez más la voz de Dios:

> **"Hijo mío, hace once años tú buscaste mi rostro... Hace once años te llamé a este mismo ministerio... Pero no pagaste el precio ni te consagraste. Por lo tanto, no has logrado hacer aquello para lo que te llamé".** Con lágrimas corriendo por sus mejillas, Allen levantó sus manos y clamó: **"¡Señor, lo haré!"**[17]

A LA UNA, A LAS DOS...¡VENDIDA!

Dos domingos después de esto, Allen renunció al pastorado. Él quería haber renunciado el primer domingo, pero su esposa le pidió que esperara y se asegurara de que estaba haciendo lo correcto.

Inmediatamente, pastores de todo el país comenzaron a requerir su

presencia como evangelista, y en menos de un mes, un nuevo pastor ocupaba el púlpito de la iglesia que había pastoreado. Los Allen continuaron asistiendo a la iglesia de Corpus Christi, tomándola como punto de regreso después de sus viajes.

Mudaron todas sus pertenencias a una casa rodante, y en menos de tres meses después de su "crisis", A. A. Allen estaba dedicado de lleno al evangelismo.

Allen comenzó por estudiar la lista de once requisitos que el Señor le había dado once años atrás. No podía creer todo el tiempo que había perdido. ¡Once años! Al estudiar la lista, notó que los números diez y once no habían sido cumplidos en su vida, pero todos los demás, sí. Finalmente, con gran determinación, pudo marcar los últimos dos. Después de eso comenzaron a producirse notables milagros a través de su ministerio.

En mayo de 1950, Allen envió su primer informe a la revista *La voz de sanidad*, con el resultado de una gran campaña en Oakland, California. Sobre esta campaña, escribió:

> **"Muchos dicen que este es el más grande avivamiento en la historia de Oakland... Noche tras noche, las oleadas de la Gloria Divina barren la congregación de tal manera que muchos testifican haber sido sanados mientras estaban en sus asientos"**.[18]

En 1951, dio un gran salto. Decidió comprar una carpa y promocionarse como "evangelista de la sanidad". Se había enterado de que había una carpa a la venta, con asientos, luces, plataforma y sistema de sonido, por $ 8.500.

Pero sólo tenía $ 1.500, así que llamó al ministro y le ofreció darle esa suma como seña. El dueño le dijo que otro predicador acababa de llamar para ofrecer todo el dinero, pero que él oraría por este asunto y lo llamaría al día siguiente.

Al día siguiente, cuando Allen llamó al hombre, no le sorprendió enterarse de que este había decidido entregarle la carpa contra la seña de $ 1.500. El resto sería pagadero en cuotas de $ 100, a medida que Allen pudiera costearlas, así que la carpa ya era suya.

El 4 de julio de 1951, la Carpa Evangelística de A. A. Allen estaba lista para realizar la primera campaña en Yakima, Washington.[19]

FINALMENTE... ¡LA RADIO!

En noviembre de 1953, Allen finalmente vio su sueño hacerse realidad, cuando comenzó el programa que sería conocido en todo el país, *La hora del avivamiento con Allen*, en nueve estaciones y dos estaciones extraordinarias. Para 1955, el programa de Allen se emitía en dieciocho estaciones en Estados Unidos y diecisiete en América Latina.[20] Pronto tuvo que organizar una oficina permanente para que contestara toda la correspondencia que llegaba como una inundación. Comenzó a realizar campañas anuales en Cuba y México. Muchos respondían a su invitación a aceptar a Cristo renunciando a la hechicería y destruyendo sus ídolos en la plataforma. Estas campañas se realizaron desde 1955 hasta 1959, cuando Castro subió al poder.

Allen parecía fortalecerse en medio de la persecución y las presiones. Era un hombre de baja estatura, con papada, que fruncía el entrecejo al gritar, y un segundo después, hablaba en susurros. Era un predicador "de los viejos tiempos", así que pisaba fuerte, gritaba, sollozaba, gritaba "**¡Gloria a Dios!**", hablaba en lenguas a los gritos, y danzaba dramática y furiosamente. Algunas veces saltaba arriba y abajo mientras golpeaba un pandero, y durante sus reuniones era común ver a alguien dando vueltas carnero por los pasillos, temblando sobre la plataforma, o danzando "ballet" en medio de la gente.

Allen nunca se dejó influir por las modas cambiantes, pero creía que su tarea era predicar de esa forma. No tenía pelos en la lengua cuando predicaba, y parecía siempre convertir la adversidad en una ventaja. Decía lo que pensaba, y eso era lo que la gente iba a escuchar.

> *Allen parecía fortalecerse en medio de la persecución y las presiones. Era un hombre de baja estatura, con papada, que fruncía el entrecejo al gritar, y un segundo después, hablaba en susurros.*

UN GOLPE DURO EN KNOXVILLE

En 1955 comenzaron a surgir acusaciones, cada una más seria que la anterior, y cada una de ellas afectó seriamente a Allen.

La acusación de que Allen bebía demasiado siempre lo siguió a lo largo de todo su ministerio. Si la gente creía o no la acusación, dependía

de si escuchaban a sus amigos o a sus enemigos.[21] Algunos nunca creyeron que hubiera podido superar el abuso de alcohol que caracterizara en forma tan marcada su juventud.

Pero su mayor crisis se produjo en el otoño de 1955, mientras llevaba a cabo una campaña en Knoxville, Tennessee. Allen fue arrestado por conducir en estado de ebriedad, pero el caso nunca llegó al tribunal porque nunca se presentó ante el juez, así que perdió el derecho a la fianza de $ 1000 y abandonó el estado.[22]

Todo el incidente es poco claro. Pero Allen sostuvo que los medios de Knoxville eran notorios por sus ataques a los evangelistas, y dijo que habían llegado a mostrarle una lista de predicadores que pagaban a ciertos periódicos para calumniarlo. Según un colaborador cercano, Allen dijo a sus amigos que había sido secuestrado y golpeado hasta quedar inconsciente. Cuando despertó, dijo su amigo, "estaba en un cuarto lleno de humo, y alguien estaba echándole licor por la garganta". Pero ya se había corrido la voz de que Allen había confesado a los ministros prominentes de Knoxville que la acusación en su contra era cierta.[23]

¿RETIRARME? ¡JAMÁS!

En 1956, al enterarse de los cargos y la controversia, Ralph M. Riggs, superintendente del Consejo General de las Asambleas de Dios, envió a Allen una carta pidiéndole que se abstuviera de realizar reuniones públicas hasta que el tema se aclarara. Allen sentía que hacerlo era imposible, y que su organización lo abandonaba cuando él más los necesitaba, para salvar su reputación. Por ello le envió una carta furiosa a Riggs recordándole que había ministrado con él **durante "dieciocho años, sin que se cuestionara jamás mi integridad",** y luego devolvió sus credenciales ministeriales a las Asambleas de Dios, declarando que hacerlo **"no era una gran pérdida"** para él. También dijo a Riggs que **"retirarme del ministerio público en este momento sería la ruina de mi ministerio, ya que aparecería como una admisión de culpa".**[24]

La acusación también le causó grandes problemas en la asociación de La Voz de Sanidad. Aunque Lexie aseguró a los líderes de la misma que los cargos no eran ciertos, Gordon Lindsay sostenía que quienes pertenecían a este grupo debían tener una posición ética muy firme, así que Allen renunció también a ese grupo.

La hija de Allen dijo que La Voz de Sanidad era, en realidad, una organización de evangelistas de las Asambleas de Dios, y que "se esforzaban mucho por trabajar dentro del marco de las Asambleas". Si un ministro no obedecía las reglas de la denominación general, posiblemente también tendría problemas con la red de La Voz de Sanidad.[25]

HABLA R. W. SCHAMBACH

Uno de los más grandes ministerios evangelísticos de nuestras generación es el de R. W. Schambach, de Tyler, Texas. Cuando estaba aún comenzando su ministerio, Schambach se unió al equipo de Allen y pronto se convirtió en su mano derecha. Siendo un hombre de carácter e integridad, sabía lo que era pagar el precio del avivamiento.

Recientemente, Schambach y yo estuvimos en la misma ciudad y asistimos al mismo evento. Entonces compartí con él mi punto de vista sobre la importancia de preservar la historia para las generaciones venideras.

Él accedió entonces a contarme su punto de vista sobre la historia de A. A. Allen, y mientras conversábamos, me compartió algunas cosas muy interesantes. Schambach me dijo que él se había unido al equipo de A. A. Allen la noche anterior al incidente de Knoxville y luego hizo una afirmación sorprendente, opuesta a todo otro relato escrito de A. A. Allen.

Schambach dijo que Allen no estaba ebrio. "Lo sé," me dijo, "porque yo estaba con él en el auto". Dijo que todo el incidente había sido una conspiración para arruinar el ministerio de Allen, y que después de este problema, él fue testigo de la terrible persecución que el evangelista sufrió. Fue allí que Schambach comenzó a aprender a pagar el precio del avivamiento. No importa qué clase de acusación se hiciera en contra de Allen; Schambach sabía que el hombre era inocente, porque estuvo con él todo el tiempo. Schambach continuó sirviendo fielmente a Allen en el ministerio. Durante los seis años que estuvo con él, fue a todas las cruzadas con el evangelista.

"Era un hombre de Dios", recordó Schambach. "Yo estaba todo el tiempo con él, éramos como carne y uña. Cuando teníamos que viajar juntos, yo dormía en el mismo cuarto que él. Nunca hizo nada contrario a la Palabra de Dios. Era un hombre de oración y un hombre de milagros. Así lo conocí yo".

Schambach también describió a Allen como alguien muy "tocable", muy accesible a toda persona en todo momento. "No había ni una pizca de celos en su ser", sonrió. "Si yo comenzaba a hablar sobre algo, él gritaba: **'¡Vamos, Schambach, ahí lo tienes!'** Y se sentaba y me dejaba predicar, sin importar dónde estuviéramos." Schambach comparó graciosamente la personalidad y la forma de vestir de Allen como "una cruza entre James Cagney y Spike Jones".

Mientras Schambach y yo salíamos del hotel para continuar nuestra charla, vimos un camión de bomberos en el estacionamiento.

"Esto me recuerda otra historia, Roberts".

Schambach dijo que la historia sobre el fuego sobre el techo de la carpa durante la reunión de Los Ángeles era cierta. Parece que los camiones de bomberos andaban corriendo por todas partes buscando el fuego, pero no lo encontraron. Sabían que había un incendio en alguna parte, porque veían el humo. Finalmente, fueron en dirección a la carpa, pero cuando llegaron no había ningún incendio.

"Dios quería que todos supiéramos que estábamos en la ciudad", sonrió Schambach. "Así que puso su fuego santo en el techo de esa carpa sólo para que la gente supiera dónde estábamos."

¿Y el 'aceite milagroso' que aparecía en las palmas de las manos de las personas?

"Eso también era real. Yo mismo tuve un poco de eso en mis propias manos", respondió Schambach.

En Los Ángeles, en una de las reuniones de Allen, "todos recibieron ese aceite en las manos, excepto Allen", sonrió Schambach. "Creo que Dios permitió que sucediera eso para probar que era de verdad, no un engaño".[26]

Schambach dejó a A. A. Allen para comenzar su propio ministerio en 1961. Pero siempre lo apoyó durante el resto de su vida. Si hay alguien que opere en forma similar al ministerio de A. A. Allen, es el gran evangelista R. W. Schambach.

AVANZANDO... POR UN TIEMPO

Así que Allen había devuelto su licencia a las Asambleas de Dios y cortado sus conexiones con la asociación de La Voz de Sanidad, y se convirtió en un evangelista independiente. Muchos dijeron que esto lo favoreció, y los libros de historia están de acuerdo.

La mayoría de los evangelistas trabajan bien en forma independiente,

siempre que se mantengan "conectados" con aquellos que comprenden su llamado y pueden hablar bíblicamente a sus vidas. Puede ser que tengan una "iglesia base", pero esa iglesia local debe darles la libertad de seguir su llamado individual. Algunas veces es difícil que sus métodos sean aprobados por el "establishment" organizado, porque difieren mucho de él. Los evangelistas son veloces, dramáticos, algo alocados y tienen fuerza de buey. Si un pastor comprende el llamado de un evangelista, ambos pueden trabajar juntos, pero si trata de controlarlo para que se ajuste a las necesidades de una iglesia local, habrá problemas.

El año 1956 parecía ser un tiempo en que los ministerios estaban cambiando. Pero Allen encontró la forma de avanzar cuando muchos retrocedían. Tenía una gran capacidad para reunir fondos, y en este momento, aún intentaba seguir su llamado.

Así que Allen progresó lanzando su propia publicación, *Miracle Magazine* (Revista de milagros), que incluía sus mensajes de sanidad y liberación y varios testimonios de sanidad. Para fines de 1956, la revista tenía una lista de suscriptores pagos de doscientas mil personas.

Para el otoño, Allen había iniciado la Fraternidad Evangelística de Milagros, una organización independiente que daba licencias a ministros y sostenía obras misioneras. Allen negaba firmemente que tuviera una "mentalidad denominacional". Y según sus propios registros, en la primera ocasión, ordenó a quinientos ministros.[27]

SENSACIONALISMO, CONTROVERSIA Y MILAGROS

Después del incidente de Knoxville, Allen se convirtió en una figura extremadamente controvertida, y los medios lo seguían a todas partes esperando captar alguna noticia interesante. Se decía que en sus campañas se producían hechos extraños y sensacionales, pero muchos de estos comentarios solamente tenían como fin desacreditar su ministerio. Lexie dijo que durante este tiempo, los enemigos de Allen hicieron todo lo posible por destruirlo. Parecía que cuando la persecución lo atacaba, Allen contraatacaba con algún suceso o milagro completamente inusual, yendo a los extremos con el fin de probar la legitimidad de su llamado.

En Los Ángeles, se dijo que una cruz apareció en la frente de Allen, y llamas de fuego sobre su carpa, como mencionara R. W.

LOS GENERALES DE DIOS

Schambach en este capítulo. Según Allen, eso fue una señal, citando, como prueba, Ezequiel 9:4, que dice que un ángel fue enviado del cielo para colocar una marca en las frentes de todas las personas que claman al Señor por los males de la Tierra. Estos sucesos fueron informados por los medios.

> *En Los Ángeles, se dijo que una cruz apareció en la frente de Allen, y llamas de fuego sobre su carpa*

El cameraman de Allen, R. E. Kemery, tomó una fotografía de un hombre que tenía cicatrices de clavos en las manos. En otra reunión, apareció "un aceite milagroso" que comenzó a fluir de las manos y las cabezas de quienes asistían a la reunión de Allen. Este respondía a quienes cuestionaban estos sucesos haciendo referencia a Hebreos 1:9, que dice que la recompensa por odiar el mal y amar el bien es ser ungido con óleo de alegría.

Allen también fue criticado por vender una grabación de los sonidos emitidos por una mujer poseída por demonios, y también vendió un librito que contenía dieciocho dibujos de demonios realizados por una persona insana, poseída.

Algunas sanidades eran sensacionales: en una reunión cerca de Los Ángeles, una mujer que pesaba doscientos cincuenta kilos bajó cien instantáneamente cuando Allen le impuso las manos. Muchas personas testificaron haber visto cómo la mujer "se encogía".

Un pastor del evangelio completo que había tenido escamas "como de lagarto" en sus brazos durante casi cincuenta años, fue sanado estando sobre la plataforma detrás de Allen. Las escamas se secaron y cayeron. Una nueva piel apareció en su lugar, y el pastor pudo volver a utilizar camisas de manga corta.

Otro hombre iba manejando por la carretera, y mientras escuchaba el programa radial de Allen, se conmovió en su corazón. Entonces estacionó a un costado del camino, puso sus manos sobre la radio y oró con Allen, pidiendo a Dios que "volviera a poner en su lugar todo lo que faltaba". Había perdido su pulmón derecho, tres costillas y un hueso del pecho en diferentes operaciones, y le faltaba un dedo del pie izquierdo debido a una enfermedad. Esa noche, el dedo del pie de este hombre creció, con uña y todo, y su médico se quedó atónito cuando, al sacar una radiografía, encontró que los órganos y huesos que habían sido extraídos estaban nuevamente ubicados en su lugar.

★★★★★
470

Cuando Allen intentó poner un aviso en el Akron Journal en 1957, fue rechazado. En cambio, el periódico publicó en la tapa un informe calumnioso de su ministerio, advirtiendo a la ciudad sobre esta campaña. Allen anunció entonces que había recibido, absolutamente gratis, una publicidad que le hubiera costado $ 25.000.[28]

A mediados de los años cincuenta, Allen lanzó un ataque feroz contra el denominacionalismo y "las religiones hechas por hombres". Aunque muchas cosas que dijo y escribió sobre el denominacionalismo eran ciertas, también era obvio que estaba hablando movido por su propia frustración y su propio despecho. Cuando intentó abrir nuevamente las líneas de comunicación con las Asambleas de Dios, según él, lo ignoraron e instaron a otros a ignorarlo también. Aunque el Consejo General negó esta acusación, sí manifestaron que su ministerio "arrojaba una sombra".[29] En otras palabras, si alguien se relacionaba con Allen, el mismo carácter de esa persona sería considerado cuestionable.

MILAGROS EN EL VALLE

Aun con toda la controversia, el ministerio de Allen continuó creciendo. Pronto Allen lanzó el Campamento de Capacitación para Campañas de Milagros, donde enseñaba a los ministros los principios de la prosperidad, la sanidad, el echar fuera demonios, y varios temas más.

En enero de 1958, mientras conducía una campaña en Phoenix, Arizona, Dios le indicó que construyera un instituto bíblico allí. Esa misma mañana, Allen recibió 50 hectáreas de tierra a pocas millas de Tombstone, Arizona. Llamó al lugar "Miracle Valley" (Valle de los milagros), y comenzó la construcción de sus oficinas centrales y el centro de capacitación. Pronto adquirió el doble de tierras, y muchos indios estadounidenses nacieron de nuevo como resultado de su ministerio. Los cristianos de la región recibieron una tremenda renovación, y para la década del '60 el lugar se convirtió en una ciudad pujante.

El año de 1958 fue un tiempo de crisis para el avivamiento de La Voz de Sanidad, pero no pareció serlo para Allen. Ese año, anunció un programa quíntuple para su ministerio en Miracle Valley: campañas en carpa, el programa radial, los programas de misiones en el exterior, el Centro de Capacitación de Miracle Valley, y un departamento de publicaciones.[30] Fue durante este tiempo que comenzó a enseñar la prosperidad según la Biblia. En realidad, casi todo lo que enseñaba estaba, en cierta forma, relacionado con la prosperidad económica.

Personas de todos los estratos sociales asistían a sus reuniones, y él predicaba el mismo mensaje, con igual fervor, a todos los públicos, sin cambiar jamás el texto para adecuarlo a la clase de gente. En sus reuniones se veía de todo, desde abrigos de piel y perlas, hasta pies descalzos y overols de trabajo. Cuando la gente cruzaba el estacionamiento, veía de todo, desde brillantes Cadillacs hasta autos viejos atados con alambres oxidados.

> *El predicaba el mismo mensaje, con igual fervor, a todos los públicos, sin cambiar jamás el texto para adecuarlo a la clase de gente.*

Pero en 1960, durante el pico de tensión racial, el Klu-Klux-Klan amenazó con interrumpir una reunión de Allen donde había blancos y negros. El KKK logró volar un puente cercano con dinamita, esperando

¡El Señor está aquí para hacerte libre!

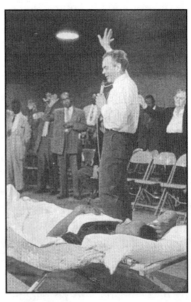

"¡Ahora te pedimos, Señor, que sanes!"

A. A. Allen - "El Hombre de los Milagros"

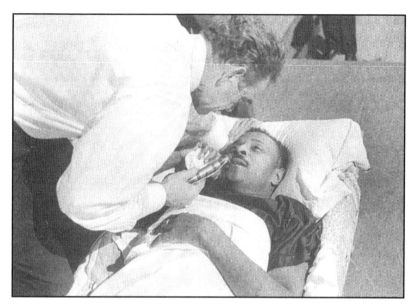

"¿Qué quieres que Jesús haga por ti?"

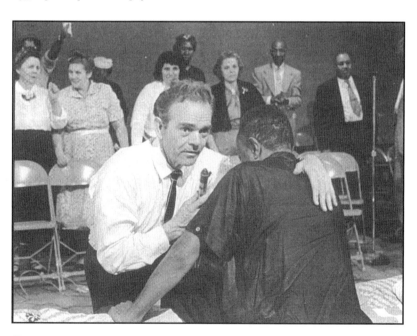

"Si crees que Dios te está sanando, levántate ahora, en fe"

★★★★★
473

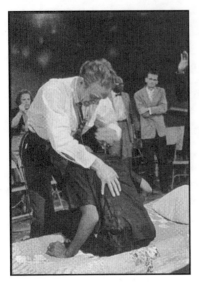

"Así es..."

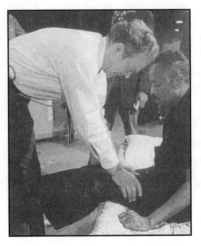

"Ahora haz algo con esas piernas que no podías hacer antes"

"¡Sanado en el Nombre de Jesús!"

"Caminemos un poco"

que esto asustara a Allen y a su grupo, pero tanto el culto de adoración como los bautismos continuaron sin el menor trazo de temor.

También fue en 1960 que Allen construyó una iglesia en Miracle Valley, con capacidad para 4.000 personas sentadas. Tenía grandes planes para esta ciudad y deseaba construir casas, lugares de esparcimiento, y centros de medios.

UN FINAL TRÁGICO

Algo sucedió durante los últimos años de la vida y el ministerio de Allen. Aunque no hay muchos detalles sobre el caso, debió enfrentar un juicio por cobro de impuestos atrasados por $ 300.000. Y en 1967, él y su esposa Lexie se separaron. Los detalles sobre este hecho no son demasiado claros, pero los amigos más cercanos a la familia sostienen que los Allen nunca se divorciaron.

Los pocos detalles con que contamos señalan que antes de separarse, cada uno estuvo totalmente dedicado a servir al Señor hasta el momento de su muerte. Lexie, periodista, pasaba su tiempo en casa, mientras Allen viajaba mucho y rara vez regresaba a su casa. Algunos creen que si Allen no hubiera muerto poco tiempo después de la separación, él y Lexie habrían vuelto a estar juntos. Al morir, ambos fueron sepultados juntos, con una misma lápida, en Miracle Valley.

En 1969, Allen estaba enfermo. Sufría de un caso severo de artritis en una de sus rodillas. Pasaba gran parte del tiempo recordando sus humildes orígenes. Según él, ese año su revista tuvo una circulación de 340.000 ejemplares, y recibía correspondencia de noventa naciones.

Pero su problema de artritis pronto empeoró, así que se sometió a una operación en la rodilla izquierda. Tal era su dolor que un joven lleno de fervor, Don Stewart, comenzó a reemplazarlo en las cruzadas.

El 11 de junio de 1970, viajó a San Francisco y se alojó en el Jack Tar Hotel (ahora conocido como el Cathedral Hills Quality Hotel). Se registró a las 12:56 del mediodía. Debía ver a un médico al día siguiente, a las 9:00 de la mañana, en el Centro Médico de la Universidad de California en San Francisco, para conversar sobre si sería necesario realizar una segunda operación.

En algún momento antes de las 21:00 de esa noche, Allen hizo una llamada a un amigo cercano, Bernard Schwartz. No se sabe exactamente qué hablaron, pero Schwartz se alarmó y fue inmediatamente al hotel. Al llegar al cuarto de Allen, la puerta estaba cerrada con llave y Allen no respondía. Schwartz contó el problema al administrador y abrieron la puerta con una llave general.

> *Al llegar al cuarto de Allen, la puerta estaba cerrada con llave y Allen no respondía.*

A las 21:15, Allen fue hallado muerto por Schwartz y el administrador. El informe forense señala que Allen estaba sentado en una silla, frente a la televisión. Fue declarado oficialmente muerto el 11 de junio de 1970 a las 23:23. A. A. Allen tenía cincuenta y nueve años de edad.

¿QUÉ SUCEDIÓ? EL INFORME DEL FORENSE

Hay algunos detalles de la muerte de A. A. Allen que son sumamente importantes. Aunque no era sabido por muchos, sufría de un cuadro grave de artritis. En realidad, está documentado que su médico personal, el Dr. Seymour Farber, le había recetado Percodan, Seconal y Valium para aliviar los dolores y el insomnio que estos causaban.

Estos son los hechos: El informe forense del caso No. 1151 de Asa Alonzo Allen registra una concentración de alcohol en sangre en su cuerpo de .036 por ciento, una concentración muy alta en el sistema sanguíneo. La causa de la muerte en el informe fue establecida como "alcoholismo agudo e infiltración de lípidos en el hígado".

En principio, parecería que Allen murió siendo un alcohólico crónico, pero después de investigar más en profundidad, creo todo lo opuesto. Esta es mi opinión de lo que yo creo que sucedió.

¡ESPERA! INVESTIGUEMOS

Primero, su médico personal conocía muy bien a Allen. Un alcohólico crónico puede engañar a un novato, pero no a su médico personal; especialmente si este lo ve tantas veces como el Dr. Farber vio a Allen y le efectuó análisis. El Dr. Farber no habría prescripto drogas tan altamente adictivas a un alcohólico crónico. Habría sido una sentencia de muerte, dado que la mezcla de alcohol, barbitúricos y narcóticos prescriptos lo habrían matado. Cuando se realizó el análisis de la sangre de Allen y se lo envió a un laboratorio de toxicología, no había señales de drogas en su organismo, aunque en la escena del crimen había varias pastillas de las recetadas por el médico.

Los amigos más cercanos de Allen decían que él detestaba, incluso odiaba las medicinas. Continuamente decía que no podía tomar medicinas y predicar, ya que los efectos de las drogas le impedían pensar con claridad.

Recordando la niñez de Allen, creo que aquí estamos hablando de un caso de una actitud especial. Allen estaba sufriendo un terrible dolor por su artritis; tanto, que apenas podía moverse.

El personal médico que trabaja con pacientes de artritis dice que no es extraño que los mismos utilicen el alcohol como medicina. Muchos de ellos se vuelven al alcohol en lugar de hacerse adictos a las drogas recetadas. No estoy presentando una excusa; simplemente presento una realidad.

Deberíamos recordar que en el informe forense dice que Allen murió de alcoholismo "agudo", no "crónico". Hay una marcada diferencia entre ambos.

"Agudo" significa de surgimiento rápido, súbito; "crónico" sugiere algo continuado: en otras palabras, un alcohólico. El informe forense dice que Allen murió de una dosis súbita de alcohol, no de alcoholismo.

Otro hecho: Según el informe de la autopsia, el tejido adiposo encontrado en el hígado se corresponde con el que se forma en estado de ebriedad.

Debemos comprender que hay una diferencia médica entre los bebedores crónicos y los habituales. Los bebedores crónicos han bebido durante un período de tiempo, y permanecido ebrios la mayor parte de ese período, se note o no. Un bebedor habitual ha estado bebiendo sólo durante unas semanas; son los que también se conocen como "bebedores sociales".

Al comentar los resultados de la autopsia con varios prominentes médicos y especialistas de todo el país, ellos me explicaron que este estado del hígado no es cirrosis. La cirrosis del hígado es producida por alcoholismo crónico y es una muerte del tejido del hígado que se extiende gradualmente durante un período de tiempo. El tejido adiposo en el hígado debido a la consumición habitual de alcohol, puede llegar a causar cirrosis.

La ingestión habitual de alcohol produce tejido adiposo. Después

de varios días, si no se ingiere más alcohol, el tejido se disuelve y todo regresa a la normalidad. Allen tenía el hígado de alguien que había estado bebiendo habitualmente por un período de semanas o meses, hasta el punto de ebriedad.

En todo el informe forense, la mayor parte de la discusión se centra en la artritis de Allen, no en el contenido de alcohol hallado en su sangre. En realidad, no hay pruebas de que Allen fuera un alcohólico, como prueba el estado de su hígado. Hay muchas más evidencias de que el alcohol era ingerido con fines medicinales.

> *En realidad, no hay pruebas de que Allen fuera un alcohólico, como prueba el estado de su hígado.*

Esto es lo que yo también creo. Allen no era alcohólico, pero creo que periódicamente bebía hasta embriagarse para dar alivio a su dolor, y honestamente, no creo que Allen viera mucha diferencia entre el alcohol y las drogas recetadas. Él odiaba las drogas recetadas y sus efectos que tardaban en desaparecer. El alcohol puede disiparse rápidamente y los efectos probablemente fueran menos severos para él. Quizá no siempre elegía al alcohol en lugar de las drogas; pero médicamente sabemos que al menos por unas semanas sí lo hizo.

Es fácil pensar claramente si el cuerpo está libre de dolor, pero las actitudes son algo diferentes cuando la persona está experimentando un dolor constante e insoportable.

En mi opinión, la noche de su muerte, Allen sufría un dolor atroz. Esto parece obvio si recordamos que había volado a San Francisco para ver al médico al día siguiente.

Por los hechos que he investigado, es mi opinión que, en esta noche en particular del 11 de junio de 1970, Allen, en un intento desesperado por detener el dolor, bebió hasta morir.

EL VALLE DE LAS SOMBRAS

Aunque algunos de los detalles del ministerio al final de su vida son vagos, la ex directora del departamento financiero de Allen, la Sra. Helen McMaines, tiene un gran amor y respeto por él, y dice que no podía haber otro igual. Según la Sra. McMaines, Allen era honesto y directo con relación a todos los fondos que su ministerio recibía, y recuerda que él solía traerle las ofrendas y dejar las pesadas bolsas sobre su escritorio. **"Póngalo todo de vuelta en el ministerio, Helen"**, decía Allen según la Sra. McMaines. **"Todo esto le pertenece a Dios."** McMaines dice que Allen trabajaba de día y noche por la gente, aparentemente sin cansarse.

"No se puso nada a su nombre, ni la casa ni nada en Miracle Valley", dijo la Sra. McMaines. "Según él, cuando muriera, toda la propiedad debía volver a manos de Dios." La Sra. McMaines reiteró con tristeza que ella creía que nunca ha habido otro ministro como A. A. Allen. "No tenía miedo de luchar contra el demonio," proclama, "y cuando uno no tiene miedo de oponerse al demonio, todas clases de persecuciones se levantarán en su contra." Los McMaines son una pareja encantadora, y aún mantienen una relación estrecha con el hijo de Allen, James. Según ellos, James Allen tiene en alta estima el ministerio de su madre y de su padre.[31]

A pesar del fervor de Allen, parece que su carismática personalidad y la dirección de su ministerio cambiaron en los últimos años, cuando publicaba violentas críticas a algunas iglesias, y se concentraba demasiado en las promesas económicas y la prosperidad monetaria. ¿Acaso las heridas profundas, las traiciones y las conspiraciones denominacionales en su contra lo empujaron a este tipo de ministerio? ¿Quitó Dios el enfoque de Allen del ministerio de lo milagroso y la sanidad divina? Cualquiera sea la razón, creo que el ministerio de A. A. Allen terminó, tristemente, en forma muy similar al de John Alexander Dowie.

Así como en el caso de la ciudad de Sión, de Dowie, el "Valle de los Milagros" de Allen ya no tiene ningún propósito espiritual.

Hoy, Miracle Valley es simplemente cincuenta hectáreas de terreno. Hace poco me informaron que un granjero había comprado la tierra con intenciones de cultivarla. Los edificios fueron demolidos o alquilados.

Organicé un grupo que fue a Miracle Valley a buscar recuerdos de Allen. Lo que ellos encontraron fue muy triste.

En una pila enorme fuera de un edificio, el grupo encontró cientos de cartas con testimonios, libros de notas personales, registros financieros, fotografías del ministerio, textos originales de Miracle Magazine, trozos de película, negativos sin revelar, y un cuaderno con testimonios de sanidades con fotografías de valor incalculable. Los testimonios se referían a centenares de sanidades: sorderas, alergias,

migrañas, enfermedades pulmonares, úlceras, cáncer, artritis, problemas óseos, cegueras. Estaba todo allí, y quienquiera arrojó estas cosas a la basura obviamente había hecho un final intento por destruir todo rastro del ministerio de A. A. Allen.

Pero Dios tenía otros planes.

Hoy, estos materiales están registrados en el museo histórico de la Biblioteca de los Reformadores y Líderes de Avivamientos, en Irvine, California. Allí serán preservados en forma segura para esta generación y las generaciones que vendrán. Aquí no sólo se puede estudiar la historia espiritual, sino también verla y ser testigo de ella.

VAYAMOS MÁS ALLÁ

Sé que Allen cometió errores. No tengo problemas con eso. Pero a pesar de sus errores, intentó mostrar cómo se puede pagar el precio del poder espiritual. En realidad, R. W. Schambach aprendió a pagar ese precio observando a Allen.

Allen se sobrepuso a una niñez espantosa para seguir el llamado de Dios, y esto es un gran crédito para el y su ministerio, porque casi llegó a tener éxito. Pero no fue lo suficientemente lejos. Nosotros debemos ir más lejos que él para lograrlo.

> *¿Qué se necesita? Parece un disco rayado, pero lo diré una vez más: Permanece firme en tu llamado.*

¿Qué se necesita? Parece un disco rayado, pero lo diré una vez más: Permanece firme en tu llamado. No te salgas de él para darle el gusto a alguna otra persona o para seguir un deseo personal tuyo, y no permitas que las persecuciones y las críticas te arrinconen.

¿Qué más es necesario? Comienza a desarrollar inmunidad a las cosas que te afectan en forma negativa. ¿Cómo? Guarda tu corazón; permite que Dios te guíe con su Palabra hasta que no haya ni rastros de retroceso ni de autopropulsión en ti, y pronto, la persecución en esa área ya no te afectará. Entonces, si comienzas a sentir otro "golpe", o algo comienza a molestarte, comienza a armarte de inmunidad en esa área también. Busca pasajes bíblicos que se relacionen con ese tema, según tu llamado. Y repítelos en tu corazón hasta que saturen tu ser y se vuelvan parte de ti; así se desarrolla la inmunidad. Entonces, cuando eso trate de atraparte, podrás atravesarlo limpiamente, y la Palabra guardará tu corazón. Habrás fortalecido especialmente esa área en lo espiritual.

Sé lleno diariamente del ministerio del Espíritu Santo. Permítele que imparta el óleo de gozo y alegría a tu vida. Su gozo es el que te da la fortaleza para tener éxito.

No trates de mantenerte en pie solo, sino rodéate de personas que conozcan tu llamado y que estén llenas de la fortaleza de la Palabra y el Espíritu. Si esto no sucede en tu vida y tu ministerio, pídele a Dios que Él te dé esas conexiones y relaciones divinas. Estas personas no son obsecuentes que te mimarán y te alentarán en cada decisión que tomes, sea correcta o no; son relaciones divinas, con personas que saben cómo permanecer firmes en el Espíritu debido a su experiencia personal. Si ellas se mantienen limpias, estarán equipadas para hablar a tu vida y ayudarte cuando se acerque una crisis.

No busques en las Escrituras algo que te permita vengarte de tus acusadores. Si lo haces, tendrás un ministerio amargo y duro. Algunas veces uno se siente tentado a hacerlo, ¡pero Dios es quien defiende a los suyos! Deja que Dios haga su parte, y tú haz la tuya. Busca primero en la Palabra para ti mismo. Y cuando la Palabra te sane, y te hayas inmunizado con ella, y estés lleno diariamente del Espíritu Santo, entonces podrás pasar al siguiente nivel de ministerio. Pero si te detienes a señalar a los demás, te quedarás en eso. Si permaneces demasiado tiempo en un nivel, te estancarás y comenzarás a buscar otros caminos para ministrar. O quizá busques algo "extraordinario" en tu actual ministerio. Algunos se han quedado estancados tanto tiempo que ya no pueden encontrar el camino de regreso.

No hay nada nuevo bajo el Sol. Lo que sucedió a estos grandes hombres y mujeres del pasado, podría pasar otra vez; así que, aprende de sus vidas, y fortalece tu hombre interior. Se necesita fortaleza espiritual para cumplir la voluntad de Dios. ¡Decídete a que tu vida y tu ministerio sean un éxito espiritual en la Tierra y en el cielo, para la gloria de Dios!

CAPÍTULO DOCE: A. A. ALLEN
Referencias

1 David Harrel Jr., All Things Are Possible (Todo es posible), (Bloomington, IN: Indiana University Press, 1975), pág. 66.
2 Lexie E. Allen, God's Man of Faith and Power (Un hombre de Dios de fe y poder), (Hereford, AZ: A. A. Allen Publications, 1954), pág. 55.
3 Ibid.
4 Ibid., pág. 56.
5 Ibid., pág. 17.
6 Ibid., págs. 18-20.
7 Ibid., pág. 22.
8 Ibid., pág. 25.
9 Ibid., pág. 29.
10 Ibid., págs. 98-104.
11 A. A. Allen: Price of God's Miracle Working Power (El precio del poder milagroso de Dios), (Miracle Valley, AZ: A. A. Allen Revivals Inc., 1950).
12 L. Allen, God's Man of Faith and Power, págs. 106-108.
13 Ibid., págs. 167-169.
14 Ibid., págs. 143-144.
15 Ibid., pág. 155.
16 Ibid., pág. 159.
17 Ibid., págs. 161-162.
18 Ibid., pág. 165.
19 Ibid., págs. 173-175.
20 Harrell, All Things Are Possible, pág. 68.
21 Ibid., pág. 70.
22 Allen Spragget, Kathryn Kuhlman: A Woman Who Believed in Miracles, (Kathryn Kuhlman. La mujer que creía en milagros) sección sobre Allen, según el Tribunal en lo Penal del Condado de Knox. (New York: Signet Classics, publicado por New American Library Inc., 1970), págs. 32-33.
23 Harrell, All Things Are Possible, pág. 70.
24 Ibid., pág. 71.
25 Ibid., págs. 70-71.

[26] Entrevista personal con R. W. Schambach, 22 de marzo de 1996, El Paso, Texas.
[27] Harrell, All Things Are Possible, pág. 74.
[28] Ibid., pág. 72.
[29] Ibid., pág. 71.
[30] Ibid., pág. 74.
[31] Entrevista personal con la Sra. Helen McMaines, 20 de abril de 1996.

MINISTERIOS
ROBERTS LIARDON

USA

ROBERTS LIARDON
P.O. BOX 2989
SARASOTA, FL 34230
WWW.ROBERTSLIARDON.COM

UNITED KINGDOM/EUROPE

ROBERTS LIARDON
P.O. BOX 332
KNUTSFORD, CHESHIRE
ENGLAND WA169 WQ

ASIA

ROBERTS LIARDON
#1 URANUS STREET
GSIS SUBDIVISION
MATING HEIGHTS
DAVO CITY, PHILIPPINES 8000

ROBERTS LIARDON/IMPACT INDONESIA

P.O. BOX 1731-JKS 12017
JAKARTA, SELATON
INDONESIA

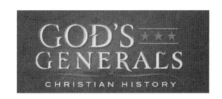

★ ★ ★ ★ ★

Si desea información adicional
acerca de Los Generales de
Dios, como grabaciones, videos
y otros materiales en inglés,
por favor visite:
WWW.GODSGENERALS.ORG

★ ★ ★ ★ ★

Esperamos que este libro
haya sido de tu agrado.
Para información o comentarios,
comunícate con nosotros.

Muchas gracias.

PENIEL

info@peniel.com
www.peniel.com

/editorialpeniel

SERIE LOS GENERALES DE DIOS

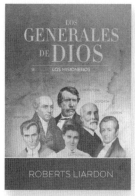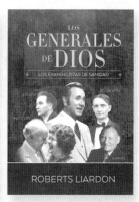

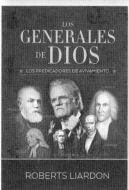

Descubra en cada tomo diferentes biografías de hombres y mujeres que Dios eligió en el pasado y que han trazado un camino por el que ahora transitamos. ¡Permita que estos gigantes de la fe inspiren su vida y ministerio!

PENIEL | *Libros para siempre*
www.peniel.com

El Siglo del Espíritu Santo

Cien años de renuevo pentecostal y carismático

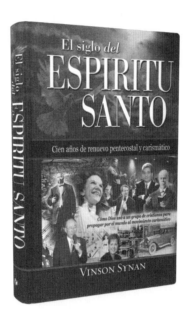

Más de 520 millones de personas en todo el mundo
abrazaron el movimiento de renovación pentecostal.
Esta es la historia de cómo comenzó todo, las raíces
y experiencias del derramamiento del Espíritu Santo;
cómo se expandió en todo el mundo; los evangelistas
sanadores; las mujeres llenas del Espíritu; los sitios de
avivamiento; 560 páginas de apasionantes historias.

PENIEL | *Libros para siempre*
www.peniel.com

LA CORRIENTE

**TU PORTAL DE NOTICIAS, ENTREVISTAS Y RECURSOS
CREADOS PARA INFORMARTE Y EDIFICARTE**

WWW.LACORRIENTE.COM

¡SÍGUENOS!

/LACORRIENTECOM